本书为2012年国家社科基金项目
"认知理论框架下的庭审叙事研究"阶段性成果
项目编号12BYY040

LAW & LITERATURE

JOURNEYS FROM HER TO ETERNITY

法律与文学

从她走向永恒

〔英〕玛丽亚·阿里斯托戴默(Maria Aristodemou) 著

薛朝凤 译

著作权合同登记号　图字：01-2014-6579
图书在版编目(CIP)数据

法律与文学：从她走向永恒/(英)玛丽亚·阿里斯托戴默(Maria Aristodemou)著；薛朝凤译.—北京：北京大学出版社，2017.7
ISBN 978-7-301-28428-5

Ⅰ.①法… Ⅱ.①玛… ②薛… Ⅲ.①法律—关系—文学—研究 Ⅳ.①D90-059

中国版本图书馆 CIP 数据核字(2017)第 137206 号

ⓒ Maria Aristodemou 2000

"Law and Literature: Journeys from Her to Eternity, First Edition" was originally published in English in 2000. This translation is published by arrangement with Oxford University Press.

《法律与文学：从她走向永恒》(第 1 版)最初于 2000 年以英文出版。该书中文翻译版经版权所有者牛津大学出版社授权出版。

书　　　　名	法律与文学：从她走向永恒 FALÜ YU WENXUE: CONG TA ZOUXIANG YONGHENG
著作责任者	〔英〕玛丽亚·阿里斯托戴默（Maria Aristodemou）　著 薛朝凤　译
责 任 编 辑	尹　璐　王业龙
标 准 书 号	ISBN 978-7-301-28428-5
出 版 发 行	北京大学出版社
地　　　　址	北京市海淀区成府路 205 号　100871
网　　　　址	http://www.pup.cn
电 子 信 箱	sdyy_2005@126.com
新 浪 微 博	@北京大学出版社
电　　　　话	邮购部 62752015　发行部 62750672　编辑部 021-62071998
印 刷 者	北京宏伟双华印刷有限公司
经 销 者	新华书店 730 毫米×980 毫米　16 开本　24 印张　418 千字 2017 年 7 月第 1 版　2017 年 7 月第 1 次印刷
定　　　　价	59.00 元

未经许可，不得以任何方式复制或抄袭本书之部分或全部内容。
版权所有，侵权必究
举报电话：010-62752024　电子信箱：fd@pup.pku.edu.cn
图书如有印装质量问题，请与出版部联系，电话：010-62756370

游历人间,撒旦横行的人间,
遭天谴的,推倒了再藏起来,
舍弃所有:只为给你我的爱。

P. J. 哈维

(P. J. Harvey)

赢得芳心的欲望,
就像一道伤口,
喋喋不休如同泼妇,
然而正是为了追求她,
却不要对她想入非非,
那位小姑娘非得要走了,
走吧,走吧,从她走向永恒。

尼克·凯夫与坏种子乐队

(Nick Cave and the Bad Seeds)

译者序

法,在西周金文中写为"灋",《说文解字》中这样解析:"灋,刑也。平之如水,从水;廌,所以触不直者去之,从去。"廌,乃神兽,"解廌,兽也。似牛一角。古者决讼,令触不直。象形,从豸省。凡廌之属,皆从廌。"① 由此可知,法之意义在于维持公平正义,其手段在于法器,如远古传说中的"廌"和"复仇女神",也如当今现实社会中的"司法系统"等国家公权力机构。

法律,无论是中国的还是西方的,都是由"天赋神权"的神之法逐渐演变为"契约精神"的人之法。在中国,封建王朝的历代天子们自诩为"天神之子",代理天庭履行神授君权的天神之法,如西周开始的"亲亲尊尊"的宗法礼制,秦朝推崇的"严刑峻法"的法家思想,汉朝独尊的"三纲五常"的儒家法律思想,这些替天所行的"道"在宋明理学时期被发挥到了极致——"存天理,灭人欲"。如此宗族礼教制度,是中国古代法律思想的具体表现形式。跟这种天子法律代理制度有着异曲同工之妙的是西方社会的人神共治,希腊神话中奥瑞斯提亚弑杀至亲遭复仇女神追究,直至雅典娜在战神山设立雅典娜法庭审判此案才得以平息,雅典娜法庭的成立标志着法律由神之法开始走向了人之法。从此,由自然法、神之法衍生出成文法、人定法,诸多法门正是为了"触不直者去之",以期实现托马斯·阿奎纳(Thomas Aquinas)的"趋善避恶"(that good is to be done and promoted, and evil is to be avoided)。② 东西方社会在商品充分发达、交易频繁发生的同时逐渐滋生出契约精神,买卖合同的出现基本保障了交易的有序推进,此时,个人作为法律主体的地位逐渐得以确立。交易合同的签订是法律发展史上继雅典娜法庭成立之后又一个里程碑式的跳跃,从此,人的自我意识开始独立于

---

① (东汉)许慎:《说文解字》,中华书局 2005 年版,第 202 页。
② 资料来源:https://en.wikipedia.org/wiki/Thomas_Aquinas。托马斯·阿奎纳在论述自然法时指出,自然法建立在一些"首要原则"基础之上,"趋善避恶"是首当其冲的第一准则。

神的旨意,法律由保护神的旨意更多地倾向于保护人的意愿,于是法律实用主义大行其道,这也给人类带来了更多的关于情、理、法之三角关系的困惑,苏格拉底之死是人之法开始独立于神之法的一个投名状。

法律,是统治阶级的统治工具,是反映了统治阶级意志且依靠国家公权力机构来实施的具有普遍约束力的行为规范。法律的本质在于阶级性,在于一时一地的统治阶级的统治约束力,而文学的生命力在于想象,想象不受时空的约束。如果说文学是一个筋斗十万八千里的"孙悟空",那么法律则是企图规范心猿意马的"紧箍咒",然而,法律本身也是一种欲望,是统治阶级的统治欲望,跟其他欲望相比,法律这种欲望具有强制性、普遍性、归约性以及时空性,法律是想要对欲望加以控制的欲望。

文学是作者通过语言文字表达作者思想情感、反映社会现实的语言艺术作品,按体裁分类,文学主要有诗歌、散文、戏剧和小说等,文学与宗教、哲学、法律、政治等都属于社会上层建筑的意识形态领域。文学离不开语言,也离不开语言的想象,想象是文学创作的心理机制。

想象,是一种心理活动过程,是人类认识世界的一种方式,这种认知方式可以根据现有事物的表象进行加工创造,或者根据已经认识的事物规律进行合理的逻辑判断和预测。想象,可以不受时间和空间的束缚,包括有意识的想象(如文学创作)和无意识的想象(如做梦)。想象是认清事实和发现真理不可缺少的一个环节。从某种角度上说,事后证明为真实可信的想象即为真相。对于真相的认识和表述由于感知和想象的不同而表现不一,如盲人摸象,也如小镇居民对于圣地亚哥被杀当天天气的回忆。真相,是像一堵墙,还是像一根绳索?真相,是阳光明媚,还是细雨迷蒙?如果真相就是"大象"或"天气",那么每个摸大象的人和每个回忆那桩凶杀案的人都认为自己认识的和表述的就是真相。认知的局限性和表述的片面性表明,人们自以为是的真相不过是假象,是虚妄。如果真相和真理果真存在,那么只有那个"阿莱夫"(the aleph)才能认识和映射出它们,因为"阿莱夫"虽小,可是却包含了整个宇宙。真相弥诺陶洛斯或许根本就不存在,如果说弥诺陶洛斯真的被杀死了,那么帮助忒修斯杀死弥诺陶洛斯的不仅是阿里阿德涅(Ariadne)的线团,更是那个"阿莱夫"。

顾名思义,法律文学主要研究法律中的文学和文学中的法律。法律与文学两者都是借助语言来表达和理解人和事的问题,区别主要在于,文学中的那些人和事可以是虚构的,而法律中的那些人和事则通常确有发生,法律对于言行有一定的约束力,文学却可以超越现实世界的束缚且能拓展意识的自由空间。法律文学通过认知能力特别是想象力告诉世人,文学作品中的法律思想、法律知识和法律技术可以是现实生活中法律体系的基质、发展和升华。希腊神话中所叙述的复仇、审判和乱伦禁忌正是西方法律制度的缘起。法律体系通过公权力机构维持社会秩序,从而企图控制眼耳鼻舌口身的欲望,文学作品通过语言文字明辨是非,引导心灵和意识去体验美学的享受。欲望本无善恶之分,可是欲望的满足不可以不择手段,个人或法人的欲望原则上需要受到法律制度和伦理道德的规约,如果欲望在实现的过程中侵犯了他人的权益或者违背了社会的公序良俗,那么欲望的主体则当受到法律和道义的惩罚。在司法实践和法理研究中,对欲望的研判不容小觑,如犯罪动机是量刑轻重的一个考量因素,犯罪心理学在犯罪动机和作案心理活动等方面的探究对于预防犯罪、惩治犯罪和矫正罪犯有着一定的意义,这些当然也是法律文学描写和论述的一个主要内容。然而,法律所惩处的欲望只能是已经导致既成犯罪事实的显性欲望,腹诽罪的废除是法律的一大进步,法律文学通过对于文学作品中犯罪起因、情节和结果的描述不仅可以揭示显性欲望还可以揭示更多的隐性欲望。另一方面,如果欲望长期得不到满足,这反过来也可能会导致发生犯罪事实作为欲望的一种代偿式满足。法律意在通过理性来疏导和控制非理性的欲望,欲望和理性都是通过意识这个介质产生的,法律和理性对于欲望的控制归根结底是借助意识的参与才能产生作用。

意识也是认识客观世界的基础。中国科学院院士朱清时在介绍量子力学的时候声称,"人类的主观意识是客观物质世界的基础——客观世界很有可能并不存在!"[①]这种观点是对"薛定谔的猫之思想实验"(Schrödinger's cat thought experiment)[②]以及物质波理论最直白的解释,即意识是量子力学的基础。客观世界在意识作用之前处于一个叠加状态(superposition),如猫既死了又活着,而一旦意识参与进来,客观世界就处于坍缩状态(collapse),则猫要么死了要么活着,不可兼得。意识就是这样通过波函数坍缩来改变客观世界。路易·维克多·德布罗意(Louis Victor de Broglie)的物质波理论[③]指出,一切物质(包括光和实物粒子)都具有波粒二象性。由此可见,物质和精神都是波动的现象,区别在于波动的频率不同,眼耳鼻舌口身所感观到的,是物质现象,而心灵和意识所识别的

[①] 参见《中国科学院朱清时:客观世界很有可能并不存在!》,http://learning.sohu.com/20161126/n474184095.shtml。

[②] 资料来源:https://en.wikipedia.org/wiki/Erwin_Schr?dinger。

[③] 资料来源:https://en.wikipedia.org/wiki/Louis_de_Broglie。路易·维克多·德布罗意,法国物理学家,量子力学奠基人之一,他在 1924 年的博士论文《量子理论研究》(Recherches sur la théorie des quanta)中指出电子具有波动的本性,认为波动是一切物质的属性,这个观点就是著名的"德布罗意物质波假说",作为物质与波动—粒子双重性(即波粒二象性)的一个例证,并构成了量子力学的主要内容。

则是心理现象。现象来源于意识,即念头,物质是意念累积的连续相。念头无处不在,念头遍法界虚空界。念头也无时不在,弥勒菩萨说,一弹指三十二亿百千念。认识客观世界,就是认识所有呈现在时空世界里的现象,也就是认识人类自身投射时空里的观想行识。量子力学创始人马克斯·普朗克(Max Planck)早就断言,这个世界根本就没有物质这回事①,因为物质是个幻象,是意念累积连续产生的幻象,也就是常说的心有所念。意念之多变化之快,导致了对客观世界和事实真相的认识存在着太多不确定性,正是这个不确定性才是人类痛苦的根源,对于人类而言,唯一可以确定的真理恐怕就是人类向死而生。于是阿波罗下达法令:"人啊,认识你自己吧!"

《法律与文学:从她走向永恒》主要从女权主义角度分析了西方经典文学艺术作品中的法律思想、法律现象、法律问题及其表达方式,揭示出西方法律一直在为父权法律背书,女性是父权法律得以建立的牺牲品,也是维持同性交往社会关系的交易对象。《法律与文学:从她走向永恒》不仅是一部揭示了女性在父权法律社会遭受压抑的"她史"(herstory),也是一部研究法律文学发展的鸿篇巨制。该论著研究语料丰富,包括西方经典戏剧和小说等文学著作、流行音乐、影视作品以及南美魔幻现实主义作品;研究对象的时空跨度极大,从远古的希腊神话到当代的文学艺术,从欧洲到美洲。本书作者玛丽亚·阿里斯托戴默(Maria Aristodemou)是全英国开设"法律文学"(Law and Literature)这门课程的第一人。她认为法律,即父权法律,只会导致更多的谋杀—复仇—谋杀的循环,死亡才是它的唯一归宿,因为法律有意抑制了女性的法律主体地位,法律是走向法律它自己的旅途,人类的成长就是俄狄浦斯的回家之旅。于是,作者呼吁创造另一种语言即女性语言去书写另一种法律即女性法律,当女人不再映射男人所需的自我满足反而是女性自身欲望的时候,就更加迫切需要这种新法律即女性法律,当女人开始在黑夜为她自己书写的时候,也就是女性法律得以建立的开端,跟着她才能走向永恒。

《法律与文学:从她走向永恒》全书共有十一章,可以分为两部分。第一部分包括前四章,旨在揭示女性是父权法律制度这个迷宫建立的起因、女性是法律迷宫排挤和吞噬的对象,同性交往的父权社会害怕差异性、害怕模仿、害怕女人,为

---

① 资料来源:https://en.wikipedia.org/wiki/Max_Planck。马克斯·普朗克在1944年意大利佛罗伦萨的一次题为"物质的本质"(Das Wesen der Materie)的讲座中指出:"作为一个终其一生研究最清醒的科学即物质的人,我可以明确地告诉你,我对于原子的研究结论是:根本就没有物质这回事。所有物质产生于且存在于一种力量,这种力量让原子的粒子震动起来,而且把这个微小的太阳系凝聚在一起。我们必须承认,在这种力量的背后存在着一个有意识的、聪明的心智。这个心智就是所有物质的母体。"

了维护同性社会交往的秩序、为了控制欲望、为了避免乱伦禁忌,法律应运而生,法律的制定和修改反映了父权意志,是男人欠缺生育能力的一种代偿。第二部分包括第五章到第十一章,旨在揭示女性法律主体意识的觉醒和抗争历程,女性在父权法律面前长期以来只是局外人,被迫保持沉默,充其量不过是法律制度的装扮物,"让法律迷宫蓬荜生辉的第一批尸体就是女人的尸体:一个惨遭杀害的母亲克吕泰墨斯特拉和一个作为祭品而被牺牲掉的女儿伊菲革涅亚。"跟伊菲革涅亚们不同,安吉拉们不再甘心成为男人书写的对象,她要为自己书写,她要亲口讲述自己被人玷污的那个羞耻,她还原谅了作为父权法律帮凶的母亲。同样地,阿里阿德涅们勇闯法律迷宫,直视弥诺陶洛斯,这回害怕的却是弥诺陶洛斯,"卷缩进他的壳里,冷冰冰地,像只蜗牛"。当安吉拉向巴亚多讲述她的她史的时候,弱者的名字便成了男人,"整个社会开始营救受伤的那一方:即悲痛欲绝的男人"。觉悟后的女人们"打碎了词语的脊梁",用自己的书写和回视来反抗家长制和法律暴力,提醒法律尊重他异性,敦促法律还给女人所有的亏欠,因为"一个女人就是所有的男人"。

《法律与文学:从她走向永恒》对于法律文学研究的参考价值主要有如下几个方面:

(1)文学是法律的基石。西方传统法律思想在希腊神话中得到充分的论述,谋杀—复仇—正义声张是西方法律的因果循环,谋杀的动因在于满足行凶者自己的欲望,乱伦禁忌是建造法律迷宫的主要驱动力。

(2)法律无法解决法律意欲解决的问题。法律控制欲望的企图在谋杀—复仇这个父权法律迷宫中难以得逞,法律本身也是欲望,是控制欲望的欲望,是男人对生育能力欲望的一种替代性表达方式,法律其实也是一种模仿,尽管它害怕模仿、差异性和女人,破解谋杀—复仇这个报应循环的出路在于另外的语言和另外的法律,特别是女性的语言和女性的法律,一种用"身体"和"感观"打碎了"词语的脊梁"之后所书写的爱的语言和法律。

(3)女人的存在不能只为父权法律而正名,女人应该建立自己的法律。女人是父权法律的牺牲品、交易对象和帮凶,女人一开始就是男人的附属品,夏娃是从亚当身上一个肋骨造出来的,雅典娜是从她父亲宙斯头颅里出生的。母亲,是每个人的"第一个家、第一个身体、第一个爱",然而母亲有时候实际上又有意无意地扮演了家长制和法律暴力的帮凶,在安吉拉无法"在自家庭院晾晒污迹斑斑的亚麻床单"从而玷污了维卡略家族的荣誉之后,最想活埋安吉拉的却是她的母亲。安吉拉的写作和阿里阿德涅的回视都是在挣脱父权法律的桎梏从而开始建立另类法律:她们建立的"不是法律而是爱,不是死亡而是永恒,不是责任而是美好事物"。

（4）文学的幻想是法律的理性在认识世界时的必要补充。宇宙万物无外乎能量、信息和物质，波动定律认为，所有的物质现象都是波动的，万物不同，皆因频率不一。文学作品认识世界的观点和角度跟现代量子力学很接近：那个"阿莱夫"虽小却包含了整个宇宙，这个"阿莱夫"就是一粒小光子，就是量子；人人都想得到两毛五硬币"扎希尔"(the Zahir)，因为在这个硬币的背后可以发现上帝，这就无须像《神秘奇迹》中死囚犯那样只有在临死前的祷告中才听见上帝的回答；虚构的特隆星球(Tlon)甚至会入侵地球；《圆形废墟》中主人公可以通过做梦"梦出了一个儿子"，或许我们每个人"都是别人梦中的人"。地球与"扎希尔"究竟哪个是梦，哪个是现实？一切法从心想生，心外无法，法外无心。境由心转，相由心生。宇宙的真相就是那一念，就是幻想。

（5）真相在立场和情绪面前已不重要。在发生了那桩事先张扬出去的凶杀案之后，小镇居民对当时天气的回忆都相互矛盾，那么，那些亲历者对于这场凶杀案的证言又有多少可信度？小镇居民争相讲述所谓的事实与其说在揭示真相倒不如说是在表达自己的立场、看法和情绪，真相不可得，"凡有所相，皆为虚妄"。一念迷，念念迷；一念觉，念念觉。法律注重规范性，而文学注重解释性、差异性和多样性。法律讲究证据，文学讲究情理。法律迷宫里的真相就是弥诺陶洛斯，弥诺陶洛斯也许本就不存在，"一切法无所有，毕竟空，不可得。"法律在詹姆斯一世看来"是规定道德品行和社会生活的规则，而不是诱捕良民的圈套；因此，法律必须根据法律意义而不是文字本义来解释"。

《法律与文学：从她走向永恒》是法律、文学以及法律文学爱好者的良师益友。笔者在翻译此书的过程中不断停下来查阅有关量子力学、佛学经典、犯罪心理学等有关认知、意识和世界观的前辈所思考的智慧结晶，深感受益匪浅，非常感谢《法律与文学：从她走向永恒》英文原著丰富的启智性的语言和思想，非常感谢华东政法大学外语学院对这个中译本出版的支持，非常感谢我的家人特别是家里的女人们给予我的爱，感谢父母任劳任怨照顾全家饮食起居，感谢妻子一直以来给予我的分担和鼓励。此刻透过窗外灰蒙蒙的天空直视月亮般的太阳，一股强烈的冲动想把那些写满凌乱词语的草稿撕碎扔掉陪女儿出去寻找一片蓝天，哪怕蓝天下的阳光强烈不可视，"爸爸，你什么时候可以做完作业陪我玩"，"宝贝，现在就可以"。

薛朝凤
2017年1月1日于集英楼

目　录

第一章　开端……虚构现实,一个短篇谋杀迷案　// 001
    第一节　叙述性回避、奇幻小说与等级制度　// 003
    第二节　早期开端　// 007
    第三节　法律、文学,以及作为战场的法律文学　// 011
    第四节　为抗争而写作:作为战场的语言　// 014
    第五节　理性之外:情感、审美、想象、身体、女性……　// 017
    第六节　害怕模仿、害怕差异、害怕女性　// 022
    第七节　另类语言　// 025
    第八节　另类现实　// 029

第二章　起源的神话和神话的起源:超越俄狄浦斯之旅　// 033
    第一节　神话与理性　// 035
    第二节　神话与悲剧　// 037
    第三节　潜在迹象:命运还是机缘?　// 039
    第四节　"人啊,认识你自己!"　// 044
    第五节　掩藏的身世:无意识　// 046

第六节　无意识成为律法:阴茎法则　// 049

第七节　潜在结构:亲属法则　// 051

第八节　神谕命名:父之名　// 054

第九节　名之意　// 056

第十节　父与子　// 058

第十一节　母与子　// 061

第十二节　潜在神话:母之法　// 064

第三章　剧院里女人重演人世间:埃斯库罗斯《奥瑞斯提亚》的血肉之躯走向胜利　// 067

第一节　害怕模仿、害怕女人　// 069

第二节　公民会所、男人(men)会所　// 072

第三节　走进剧院的神话:词语的胜利　// 075

第四节　谋杀母亲　// 078

第五节　牺牲贞女　// 082

第六节　怀孕的男人们　// 085

第七节　跨越市场规则关注交易竞争　// 087

第八节　谋杀父亲与通过表演来写作　// 089

第九节　没完没了的表征　// 092

第四章　《一报还一报》中死亡与欲望之间的婚姻　// 095

第一节　挪用莎士比亚　// 097

第二节　欲望及其禁令　// 099

第三节　创造"正常的"公民　// 104

第四节　政治权威　// 105

第五节　喜剧颠覆　// 108

第六节　威权铭文与贩卖妇女　// 111

第七节　欲望与制度　// 114

第八节　法律与语言中的情欲主体　// 118

第九节　欲望文化及其末日　// 120

第五章　差异之前的世界与超越差异的世界：艾米莉·勃朗特的《呼啸山庄》 // 125

第一节　女性写给女性的文本？　// 127

第二节　法律暴力及其他暴力　// 129

第三节　家长制及其受害者　// 132

第四节　前语言的欲望以及差异的消失　// 135

第五节　拒绝传统道德　// 138

第六节　颠覆性的欲望　// 140

第七节　死亡，抑或用肉体写作　// 144

第八节　混合使用的各个流派　// 146

第九节　社会场景中的爱　// 149

第十节　叙事性法律　// 152

第六章　感官世界中的法制：论加缪的《局外人》 // 157

第一节　叙事与紊乱之间　// 159

第二节　想要解释的意愿与拒绝解释的荒诞　// 161

第三节　书写荒诞　// 163

第四节　想要解释的法律意愿　// 165

第五节　对法律主体的书写与沉默的证人们　// 167

第六节　荒诞之道德　// 171

第七节　其他沉默　// 174

第八节　沉默的欲望　// 178

第九节　叙事秩序　// 181

第七章　女性作为立法人的奇幻小说：安吉拉·卡特的《血室》是赋权还是诱捕　// 185

　　第一节　互文性　// 187

　　第二节　童话世界中的立法魅力　// 189

　　第三节　立法中的性别差异　// 191

　　第四节　女人生，男人造　// 193

　　第五节　卡特改写　// 195

　　　　（一）蓝胡子　// 195

　　　　（二）美女与野兽　// 197

　　　　（三）与狼为伴　// 200

　　第六节　将色情想象占为己有　// 201

　　第七节　他异性的伦理观　// 204

　　第八节　女性作家：共谋还是满足？　// 206

第八章　逃过火灾的档案热：《一桩事先张扬的凶杀案》中的法律记忆以及其他文本记忆　// 211

　　第一节　故事与历史　// 213

　　第二节　法律与历史的文本　// 215

　　第三节　挪用历史　// 218

　　第四节　挫败侦探　// 221

　　第五节　法律及其他记忆　// 223

　　第六节　荣誉的污点　// 227

　　第七节　替罪羊与集体犯罪　// 229

　　第八节　母亲与女儿　// 232

　　第九节　作为文学的女人　// 235

　　第十节　历史：书写自我　// 236

　　第十一节　死亡与结局　// 240

第九章 托尼·莫里森《宠儿》的语言、道德和想象力 // 243

第一节 后现代的幽灵 // 245

第二节 后基本伦理观念 // 247

第三节 挪用语言 // 250

第四节 是赛思的故事,是玛格丽特的故事,还是托尼的故事? // 252

第五节 其他知识与其他历史 // 255

第六节 映射新的自我 // 259

第七节 构想的基础 // 262

第八节 母性原型的再思考 // 265

第九节 窃窃私语那些难以言喻的东西 // 268

第十节 欲望的坚持不懈 // 271

第十章 "努力梦想":博尔赫斯小说中女神的梦想 // 275

第一节 双重欲望:作者和读者 // 277

第二节 起源的梦想与整体的梦想 // 279

第三节 结构的梦想 // 281

第四节 "天堂就是图书馆"?(《诗选》,129) // 285

第五节 偶然造就的秩序 // 287

第六节 一个人就是所有人,就是一种文学 // 289

第七节 其他时间与其他地点 // 292

第八节 梦想出一个世界或者一个人 // 295

第九节 性的缺席:一个女人就是所有男人 // 298

第十节 "困惑而不是确信" // 302

第十一节 幸运的是,女人一直在梦想 // 305

第十一章 重新开始:身陷迷宫的律师以及"从她走向永恒" // 311

第一节 诞生 // 313

第二节　旅程　// 317

第三节　身陷迷宫的律师　// 325

第四节　与弥诺陶洛斯共眠　// 328

第五节　历史：边缘处境中的女人　// 332

第六节　重新开始　// 334

第七节　害怕镜子，害怕女人　// 340

第八节　"欠母亲的尊敬"　// 345

第九节　欢笑的侦探　// 349

第十节　致谢　// 353

索引　// 357

第一章

开端……虚构现实，一个短篇谋杀迷案

> 我们生活在一个由各种虚构主导的世界——大宗销售,广告,像做广告一样做出来的政治,电视荧屏造就的对经验世界任何最初回应的抢先占有。我们生活在一个鸿篇巨制的小说里。如今,作家已经越来越少需要创造其小说中虚构的内容。虚构早已存在。作家的任务就是要创造现实。
>
> ——巴拉德(J. G. Ballard)《撞车》(*Crash*)

第一节　叙述性回避、奇幻小说与等级制度

　　法律和文学的本体论地位是什么？或者,按照拉康(Lacan)的说法,"真实是不可能的"[①],也是不可思议的,什么是法律和文学可以想象出来的地位？然而,我们赞同法律和文学不同,法律是处理生与死这个物质世界里的东西,法律和文学二者首先都是书面的符号。法律世界和文学世界都是词语的定义和存在所建构起来的,并且依附于后者。就是这些词语创造了不同的虚构的世界,而这些世界看起来又是那么不可避免。

　　任何企图通过法律或者文学的符号和语言来管理世界,企图俘获、驯化和统治这个如迷宫般复杂的世界都是枉费心机,这个世界的起源、设计及其设计者,我们都无从知晓。法律和文学都是人为的构念、人为的概念或者人为的抽象化,如同时间或身份一样,它们意在从混乱中创造出秩序,特别是律法方面,意在强加自以为是的秩序:对于当事人的身体乃至其灵魂深处进行书写,以便实现且取代他们无法实现的欲望。在这个书写过程中,这些企图成为他们自己的迷宫,不仅对于那些想要闯入该迷宫的人,同时对于他们本人而言都是迷惑难解却又明

---

① "因为可能的对立面当然就是真实,所以我们倾向于把真实定义为不可能的东西":*The Four Fundamental Concepts of Psychoanalysis* (Paris, 1973; Harmondsworth: Penguin, 1979), trans. Alan Sheridan, at 167.

心益智。① 然而,艺术家承认甚至有时候就是要吸引大家去关注其构造物的偶然性和人造性,可是律法语言却要竭力掩饰其人造痕迹。虽然艺术家坦白承认自己的作品是任意的、不完整的、假定的和临时的,但是律师却坚持假装他们是自然的、必然的,坚持认为他们不仅可以提供所有答案而且能够提供所有正确答案。因为他们渴望信奉原始点论,他们相信这个世界是有开端、中端和终端这三端的,这个世界的运行有规可循,清晰可辨,并且结果也是可预见的,对此他们深信不疑,如同这个世界本身是不可知的一样都牢不可破。

我们对过去的无知、对现在的不解以及对将来的担心,无论是有意识的还是无意识的,都促使我们无论是作为法律和文学的作者还是读者努力认识并进而掌控我们的世界。所有这些阅读和写作都是在欲望中发生,在我们对他人以及他人欲望所产生的欲望中发生,拉康的镜子赋予我们充实感并且帮助我们夺回我们丢失的丰富童年。故事在这样的寻求中扮演着特殊的角色;通过故事我们试图回忆过去,应对当下并展望未来,我们创造故事来掩盖我们所不了解的和无法接受的东西。对叙述的渴望,对开端、中端和终端的渴望,就是对于我们那不堪一击的身份的自我识别和确认。法律和文学的写作以及阅读给这个缺乏根基的世界临时提供了已被锚定的幻觉。然而,真相、统一以及终止只会带来自我的解体,带来只有死亡才会有的最终结局。

很久以前,亚里士多德(Aristotle)称赞叙述和悲剧特别具有净化的能力,因而能够抚慰听众和观众心中的恐惧和悲哀。叙述是理解我们自己以及我们所处世界的一种方式,渴望叙述不仅对于悲剧至关重要,而且对于所有叙事作品同样重要,无论这些叙事作品是法律的、文学的还是法律文学的。有关法律起源及终止的那些理论,有关正义、自由、权利、判决以及解释的那些理论,它们共同参与管理我们世界的企图,企图将潜在的混乱缩减至可控范围之内。想要在我们的信仰、词句以及行动中发现意义的企图似乎没完没了,这些企图反映了我们妄想找到一个根基,一个超验的能指去对抗我们对于未知的恐惧。观念、理论和神话在这个方面有着特别的作用:它们都是人类的成果(或许如同我在最后一章所提出的它们是**男性的**),渴望秩序和共性,渴望起源和目的,减少混乱和异质,减少对于已知的差异,最后达到天下大同。

不过,没有哪个叙述是完整的,总会有缺口、沉默和无知。叙述看起来解决了矛盾,而矛盾的存在又第一时间导致了叙述的必要性。线性叙述似乎非得有

---

① 我在本书最后一章进一步论述了这个主题。

个结论,当它们再给出答案时似乎就给出了新的答案,而这些答案总是早已预先假定的。① 叙述因此发明了而不是反映了我们的生活、我们自己以及我们的世界。不论是法律的还是文学的还是就像我们这本书所探讨的法律与文学的,叙述不是中立的:它们在追究、揭示和创造意义,并且将意义合法化。

进一步来说,在我们文化中有些叙述相比其他叙述享有特权:诗歌从哲学中脱颖而出,伦理学从美学中脱颖而出,理性从情感中脱颖而出,法学从文学中脱颖而出。在法学教育中,关于法律的起源、功能和需求,法官和法律哲学家对此的叙述要比其他叙述更有说服力。特别是哲学,它声称最有资格告诉别人说什么做什么、什么是真什么是假、什么是合理的什么是荒唐的。在柏拉图(Plato)看来,外行对于社会的认识不足信,因为外行既没有才智也没有闲暇去判断对错。哲学否定了门外汉的知识,并以追求真理为名为社会等级的分化作辩护。小说、修辞以及文学都认为自己关乎文体和哲学,同时它们也都认为自己是追求永恒真理的独立学科,即便不能超越神学也是有别于神学的。反过来,哲学家是知识的"载体"而不是观点或信仰的"载体",他的工作不是艺术家所做的事情,而是立法者所做的事情,是给人类的理性制定法律。②

不过,企图把哲学从文学中独立出来维持它的优越话语地位是注定要失败的,因为即便是哲学也无法奢望脱离语言。哲学自身的定义和存在是通过把自身区别于其他类型的语言,特别是小说的、文学的和修辞的语言。哲学虽然声称是要宣告那些无可辩驳的真理,但是也只能通过忽视语言的本构性和隐喻性的本质来作此宣告。德里达(Derrida)对于哲学的基础主义的批判取代了哲学和文学的界限:那些想要写哲学论文的人所使用的语言以及所选择的语言形式是无法与哲学内容分开的;相反,文学文本以及文学评论作出了大量哲学式的假定,跟那些声称要做纯哲学式的写作一样多。德里达揭示了语言是如何使那些探求真理和存在的哲学家们分心甚至感到沮丧,并且由此得出结论认为哲学、政治理论当然还有法律都是以与文学相同的方式发挥作用。③ 哲学依赖语言意味

---

① 那个幻想就是一个叙述(反之亦然),see Slavoj Žižek, 'The Seven veils of Narrative' in Dany Rebus(ed.), *Key Concepts of Lacanian Psychoanalysis*(London: Rebus Press, 1998).

② 对于知识分子是"解释者"而不是"立法者"的探讨参见 Zygmunt Bauman, *Intimations of Postmodernity*(London and New York: Routledge, 1992), at 1-25. 我会在第九章再次论述这个主题。

③ See, for example, Jacques Derrida, 'Force and Significance' in *Writing and Difference*, trans. Alan Bass, (London: Routledge, 1978), at 27:"隐喻,通常而言是指从一个存在物(existent)通往另一个存在物,或者从一个所指意义通往另一所指意义,是存在(Being)主动同意服从那个存在物,是存在(Being)的类比替代,隐喻是锚定形而上学话语的基本重量,把话语死死摁住在它的形而上学状态中。"

着它不再比其他的语言形式优越,因而也不再声称是构成其他学科的基础。特别是在解构的和心理分析的诠释中,这个据说是纯粹的、自我参照的语言再次回来,不断指涉文本的统一性、连贯性和独立性。随之而散的还有法律和理性的专横,哲学家和立法者都无法挣脱修辞抑或文学:与所有作者一样,他们都是任由语言摆布,对语言我们既不拥有也未掌控。

我们区分各种不同的阅读、写作和学习,我们区分各种不同学科,这都是法律文学研究的灵感的一部分,我们的区分因而是文化上的而不是自然的,我们是在建构而不是在施舍。这样的区分由我们语言实践活动创造出来,与此同时也依靠我们的语言实践,并且作出这些区分的人认为自己对真理的表述比其他人的表述都要优越,所以这些区分是分层次的。这个研究赞同我们当下的怀疑,即我们对于任何一种试图发现"真理"的方法、故事、理论或者学科都不信任,这不仅是因为后者只不过是掩盖权力斗争的一种幻象,谁有权谁就界定我们所在的世界,人们对此钩心斗角。尼采(Nietzsche)重新回到审美体验,这不仅有启发性而且也很有价值,福柯(Foucault)对于人文科学的批判以及德里达对于哲学中基础主义的抨击都是重写了诗学与哲学由来已久的恩怨。柏拉图发起了这场争辩,对此他的解决方式就是把诗人从他的理想王国中驱逐出境。不过,这场争辩的解决使哲学付出了代价。自柏拉图以来,一代又一代的哲学家们热衷于为哲学开拓出单独的角色,即作为真理的仲裁者,他们使用与诗学相同的技艺,却对诗学技艺大肆诋毁,只为达到自身的目的。总之,法律一直以来早就是文学的,同时文学一直以来早就是法律的,对此我即将论述。

企图将哲学和法律从文学中区分开来,正如我这本书最后一章所指出的,就是企图将女性从法律迷宫中排挤出去:尼采诉诸美学并没有妨碍他宣称女性是真理的敌人。[①] 相反,维特根斯坦(Wittgenstein)就是一代又一代男性哲学家的一位代表,他将自己的研究看作努力去证实抽象的语言、理性和常识,藉此来抵抗女性游戏、引诱和欺骗的语言所带来的诱惑和祸害。[②] 因此,正如德里达所认

[①] See Friedrich Nietzsche, *Beyond Good and Evil: Prelude to a Philosophy of the Future*, trans. R. J. Hollingdale,(London: Penguin, 1973),[1886], para. 232:女性"不想要真理:这就是女性的真理!从一开始,在女性看来没有什么比真理更加奇怪、更加讨厌、更加有害——她的伟大艺术就是谎言,她最关心的就是外表和美丽。"

[②] See discussion by Peter Middleton in *Literature Teaching Politics*, Vol. 6 (1985); quoted and discussed by Janet Todd, *Female Literature History*(Oxford: Polity Press, 1988),at 130.

为的,"把艺术、风格和真理的问题与女性的问题分离出来"①是不可能的。男性律师偏爱抽象的语言、理性和智力也是企图否定触觉的、身体的和感官的东西:据说他们是通过克服词语来抑制女性用身体繁殖的能力,然而实际上正相反,他们是通过模仿词语来抑制女性用身体繁殖的能力。也就是说,否定每个人的"第一个家、第一个身体、第一个爱"②:母亲。

第二节　早期开端

　　法律文学研究迄今停留在两种相关的观点中:首先就是工具论,该观点认为文学通过教会律师如何更加有效地阅读、说话和写作来帮助培养优秀的律师;第二个观点就是人文信仰,该观点认为通过让律师感知"伟大"著作中所描述的人文环境的复杂本质来帮助律师成为好人。据说,文学能够开阔学生的视野提高学生的"伦理意识",通过让他们全身心体会并时刻提醒他们所从事的工作中隐含的价值取向,方方面面地考虑问题,把法律诉求简单化,鼓励自我批评和社会批评,促进变化和改革,简言之,促进"解放"!③

　　这两个观点都有问题。无法确定的是,文学所培养的那些技能是否可以通过其他方式获得,那些精通人文学科的人是否比其他人"更好"。通过文学改变律师乃至整个世界的这个理想主义观点忽视了这样一个事实,正如伊格尔顿(Eagleton)所指出的,不是每个读《李尔王》(King Lear)的人都是"好"人。④ 道德究竟是否可以后天教授?果真如此那么如何来教?在没有探讨这个问题之前,我们无法假定文学具有"解放"或者"人性化"的潜能。了解道德是否必然会成为一个有道德的人?那些认识"道德法则"的人是否必然会根据他们的认识来为人处世?那种认为教育可以转化人的观点忽视了这样一个事实,即教育本身是社会的一部分,教育者总是由某个人来教育他们的。正如伊格尔顿总结的那样,人文阅读在文学文本中搜索并且总是能找到统一性和连贯性,调停和解决诸多危险的矛盾和差异,偏爱有序、稳定和单一意义。意义在评论家看来各不相

---

① Jacques Derrida, *Spurs*: *Nietzsche's Styles*, trans. Barbara Harlow (Chicago: Chicago University Press, 1979), at 71.
② Luce Irigaray, 'The bodily encounter with the mother' in Margaret Whitford(ed.), *The Irigaray Reader* (Oxford: Blackwell, 1991), at 39.
③ 我在下文中讨论了这些看法, 'Studies in Law and Literature: Directions and Concerns' *Anglo-American Law Review*, 1993, 157。
④ Terry Eagleton, *Literary Theory*: *An Introduction* (Oxford: Basil Blackwell, 1996), at 30.

同,可是这一点并没有抑制他们寻找意义的热情。对每个文本表达了一个连贯的人生观,并藉此阐明了我们的道德体验,不过此观点也引出这样的批评,即人文评论家把他们自身体验的连贯理解强加在这个文本身上。① 苏格拉底(Socrates)认为不道德是因为对善良的无知,他的观点一定是与柏拉图的独裁精英主义相平衡,后者认为道德知识是哲学王者的特权,因为只有智者方能获得良知。因此,理想的而且也是危险的看法是——当然也没有理由这样认为——熟读文学作品的律师一定会比其他律师更有能力去识别和应用道德的以及政治的价值观。

假使我们不能认为文学可以教导道德价值观,那么对于那种认为文学可以提供法律标准和改革建议的看法我们同样也必须重新审视;反对文学可以教导道德观的同时必须记住文学阅读本身就是一场争论,从文学作品中获得的价值观因人而异,理论家们众说纷纭。因此,利维斯(F. R. Leavis)认为文学拥有整个人类经验,马克思主义批评家在文本中读出了中产阶级意识形态的固化,女性主义者读出了男性比女性优先,同性恋评论家读出了异性恋霸权,后殖民主义者读出了欧洲主子的偏爱,尼采哲学追随者读出了愤恨的个人,解构主义者读出了矛盾。如果我们还在谋求从文学中得到教训,谋求把文学看作法律的一个标准,那么我们也必须知晓文学标准本身:由于文学本身就是一种意识形态,那么谋求把文学看作可以让律师"具有人文主义情怀"可以让律师"心灵更加柔软",实际上这就是在选择一种意识形态。

更重要的是,这类观点可能有损本研究的创新本质,而本研究对于我们理解法律的本质以及对于法律教育方法的改进都有着相当重要的意义。问题主要在于,评论家们愿意把文学看作法律话语标准的一个形式,却没有探究那些文学作品本身写作、阅读和解释所产生的话语。作家对于文学常常怀着几乎是宗教式的敬畏,却忘了文学文本同法律文本一样都是社会意识形态实践的一部分,忘了评论必须勇于挑战而不是屈服于所有无论是文学文本还是法律文本中所隐含的意识形态信息。关键是不要忘了文学不仅是代表或反映现实,文学同时也参与现实和改造现实,并帮助我们认识到什么是自然的、什么是常识的以及什么是不可避免的。艺术连同法律、政府、教育、大众娱乐等共同或独自让社会获得且维系自身的特质。文学参与了文化中既有的秩序,它跟法律一样帮助创建并维持

---

① Terry Eagleton, *Literary Theory: An Introduction* (Oxford: Basil Blackwell, 1996), especially at 15-46.

社会主流形态。① 的确,文学对于习惯的影响和现状的再现所具有的能量远远超过诸如警察或刑事司法等公然镇压机构所具有的能量。法律被看作外在的压制性力量,不如艺术和文学那么有说服力,特别是当后者超然在社会制度和社会风俗之外独立自治的时候。总之,正如巴塔耶(Bataille)所言,"文学不是无辜的。它是有罪的,它自己应该承认这一点"②。

例如,在文学和流行文化中仍占主导地位的古典现实主义由于主张将个人主体看作博学的、负责的和自治的而受到特别批评。现实主义小说依靠一个全能的叙述者能够裁定从一开始到中间阶段再到结尾的整个叙述过程,这就促进了启蒙运动思想把人看作对其自身以及语言的完全掌控时是现实社会的透明中介。③ 然而,在后殖民主义评论家看来,这类小说不仅涉及肯定资产阶级文化而且肯定帝国的构建,正如爱德华·萨义德(Edward Said)所指出的,该类小说的内容和结构都是培育了一套价值观,该价值观给欧洲白人作家和读者赋予了核心地位,而给那些在文学上"被捕的"或者在隐喻意义上"被捕的"被殖民群体贴上了异质(Other)的标签。④ 文学因而分享了帝国主义的意识形态传达了"道德"优越感,对于帝国的幸存来说这跟经济的、法律的以及军事的优越感同等重要。法律当然承担了互补的功能,通过自称为中立地、普遍地以及客观地对被殖民者身体以及心灵的写作来支持西方统治。批发出口到殖民地的法律,不仅仅对于法律规则、法院以及司法机构的强制执行,而且对于让这些强权看起来理所当然的意识形态方面都是意义非凡。⑤ 文学与法律文本因此相互共存交叉重叠,相互支撑相互提携,提出思考问题,对于男人、女人以及世界的所有看法都是由这些文本提供的。

认为属于此类文本而不是彼类文本的"文学"身份同时也取决于历史、经济、

---

① 在阿尔都塞看来,文化生产是意识形态国家机器的组成部分,国家藉此获得并维系默认的社会主流价值观和现行惯例: Louis Althusser, 'Ideology and Ideological State Apparatus', *Lenin and Philosophy* (New York: Monthly Review Press, 1971).

② Georges Bataille, *Literature and Evil*, trans. Alastair Hamilton, (London and New York: Marion Boyars, 1973), [1957], at x.

③ Ian Watt, *The Rise of the Novel* (London: Chatto & Windus, 1957);认为现实主义小说是随着18世纪和19世纪资产阶级崛起而出现的,这类小说所肯定的价值观(比如个人主义、冒险精神和婚姻)是资本主义社会所信奉的价值观。

④ See especially Edward W. Said, *Orientalism* (New York: Pantheon, 1978) and Edward W. Said, *Culture and Imperialism* (London: Vintage, 1994).

⑤ See for example, Peter Fitzpatrick, *The Mythology of Modern Law* (London and New York: Routledge, 1992).

法律和政治等因素的共同作用,这些因素在每个文化以及每代人中都不相同。不像是文学写作的那些文本,如法律文书以及政治的、历史的、科学的或者哲学的论著,它们的艺术价值或者诗学价值可以被人分析;然而,有些充满想象力的作品在那些精英们看来反而不是文学作品,因为他们给文学强加了很多限制。正如德里达指出的,文学同法律一样是由社会、法律以及政治加工创造出来的一种制度,而在每个文化以及每个历史阶段这些加工处理又是各不相同。①

总之,法律与文学评论家在解释学暴力以及尼采权力意志方面的参与不比其他评论家少。法律与文学都是置身某个文化里的社会制度,这个文化使得它们成为与众不同的话语,与此同时这个文化也是由它们构成的。这两门学科传统上在更大的语境中是彼此分开的,我们直面它们的比较,探求它们在文本和主题上的亲密关系和差异对比,可以藉此探究法律与文学的制度和话语是如何构成了人类主题,然后进而探索文学是否有助于启蒙或加强那些使法律秩序合法化的叙述,果真如此那么又是如何才能做到这一点的。这一研究方法是基于这样一个信念,即我们从文本、基本假定以及阅读效果中解读意义的方式对于社会、政治和伦理道德而言都是至关重要的。

对于某些评论家而言,研究文学是为了享乐而不是为了教育价值的这种论调是由功利主义者和道德家提出的,爱伦·坡(Allan Poe)称其为"说教的异端",该论调忽视了"为艺术而艺术"的主张,忽视了用爱默生(Emerson)的话来说"美是它自己存在的借口"。文学是意识形态的构念这个事实使我们可以应答反对意见即我们求助文学来解决法律问题实际上是在用我们的政治议程玷污了艺术的正直。对于这类批评的回应是:文学从来就是政治的。相反,对于那些认为我们把文学变成了哲学论著的批评,我们可以回应:我们是肯定了哲学和法律的文学属性以及审美属性而不是把文学改成了哲学。

近年来,有关修辞和美学在法律的制定、维护和延续中所起的关键作用,彼得·古德里奇(Peter Goodrich)已经作出了研究。他在《法律的语言》(*The Language of Law*)、《俄狄浦斯法律》(*Oedipus Lex*)以及《爱之法庭中的法律》(*Law in the Courts of Love*)等著作中论述了美学在法律判决以及法律主体构成中的主要作用:

---

① Jacques Derrida, *Acts of Literature*, (ed.) Derek Attridge (London: Routledge, 1992),特别是德里克·阿特里奇的导言"这个称作文学的奇怪制度"(*This Strange Institution Called Literature*)以及"首届会议"(*The First Session*)。

法律是否定其文学性的文学。它是宣告绝对严肃的文字游戏，它是一种修辞，是抑制其创作和虚构时刻的一种修辞，它是在伸张正义的判决话语中掩盖了自己闪烁其词的一种语言，它是基于类比、隐喻和重复而作出的流程，同时还声称是客观冷峻或者无实体的散文，是没有诗情画意或七情六欲的科学之作，它是承载了大量事实的叙事作品，总之，它是一篇忘记词语暴力、文本恐怖以及文本审判的讲演或写作。[1]

基于"修辞是精神分析的前现代形式"这个假定，他的研究已经包括了通过对法律的表层文本、符号、征兆和疏漏的分析来揭示法律中含糊的情感以及潜意识情感。他的目的就是要脱掉法律文本的外衣解开法律的潜意识王国，这个王国依存于"理性之外的东西"即想象或感情。在弗洛伊德(Freud)看来，梦的解析是认识大脑无意识活动的康庄大道，同样在古德里奇看来，法律语言不是偶然的而是通往制度无意识的康庄大道。他断定"合法性不是属于道德秩序而是属于审美秩序。审美判断是有时效性的，但它是基于感觉而不是概念之上的。"[2]此外，法律语篇试图否认自己对于意象和审美的依赖总体上不是与性别无关的：它试图否认和抑制的是，"在古老制度中存在女性家谱，在普通法学说中存在女性无意识"；解读法律文本因而就是要揭示它依靠意象和女性来巩固自己的根基，通过提醒法律它"从来就不是独自为阵的"以期挑战它所宣称的统一性和连贯性。[3]

简言之，我们不支持把法律和文学看作不同的学科，我们需要一个敏感的方法来研究**法律的文学属性**以及**文学的立法属性**。换言之，这个方法可以随时响应这两门非截然不同却又相互渗透的学科的喜怒哀乐。

第三节　法律、文学，以及作为战场的法律文学

对于法律范围和文学范围的轮番界定表明，两者的差异不是自然的或一成不变的，相反却是文化的、相关联的和偶然的。法律作品和文学作品试图把世界

---

[1] Peter Goodrich, *Law in the Courts of Love: Literature and other minor jurisprudences* (London and NewYork: Routledge, 1996), at 112. 关于古德里奇作品的概述特别参见 Adam Gearey, 'Mad and Delirious Words: Feminist Theory and Critical Legal Studies in the Work of Peter Goodrich', *Feminist Legal Studies*, Vol. 6(1), (1998) 121-33.

[2] Peter Goodrich, 'Jani anglorum: signs, symptoms, slips and interpretation in law', in Costas Douzinas, Peter Goodrich and Yifat Hachamovitch (eds.), *Politics, Postmodernity and Critical Legal Studies: The Legality of the Contingent* (London and New York: Routledge, 1994), at 107, and 26-7.

[3] Peter Goodrich, *Oedipus Lex: Psychoanalysis, History Law* (Los Angeles and London: University of California Press, 1995), at 146 and 155.

减小到一个可控范围内,二者之间的差异只是程度的问题而不是性质的问题。但是任何一种意识形态,无论其说服力有多么强大,其效果从来就没有完全成功。跟法律一样,文学跟主流价值观的关系不是整体的而是矛盾的碎片化的。虽然文化是同意维持现状的一条途径,但是所有文本都可能有缝隙可钻有沉默可破,这个同意和控制都面临挑战的可能。①

本书更加温和的希冀就是,相较于法律文本,文学文本,尤其是我们对它们的解读,更能够反映世界的各种意义。文学具有自己的意识形态,表达自己的价值观和偏见,但是它比法律更有可能去挑战既有的意识形态、价值观和偏见。例如,伊格尔顿承认文学和审美大体上虽然来自且分享主流意识形态,不过却能够"给主流意识形态的形式提出异常强大的挑战和替代,从这种意义上来讲这是个非常矛盾的现象"②。这就是它的矛盾本质,它能够抵抗主流社会实践甚至超越后者。假如称作文学的这种制度正如我提出的是一种立法形式,那么通常它也是比其他立法形式更快更有可能去挑战现存的法律和主流价值观。就像阿多诺(Adorno)指出的,这部分是因为资本主义文化中审美由于强调功利价值而失信,可是却保障了它的相对自主权。③ 因此,文学可以反映和加强现有的假定,同时它也能够批评和质疑既定的范畴和价值观。

例如,福柯承认,美学如果远离包罗万象的权力斗争那么它的作用则会相对有限。正如西蒙·杜林(Simon During)指出的,问题是,虽然文学**研究**属于认知知识,但是文学本身可以逃离人文科学的假定并承担解放的功能。④ 德里达也认可了文学的激进潜能:他说,文学作为一种制度可以游离于制度之外,文学可以破坏规则并建立新的规则:"它允许人用任何新的方式说任何东西……去挣脱规则,去取代规则,因而去制定、发明甚至怀疑自然与制度之间、自然与习惯法之间、自然与历史之间的传统差异。"⑤ 小说因而不是仅仅复制文化,跟法律文本一样,小说就是战场,在这个战场上文化意义与主流假定可

---

① Walter Adamson, *Hegemony and Revolution*: *A Study of Antonio Gramsci's Political and Cultural Theory* (Berkeley and Los Angeles: University of California Press, 1980), at 183.

② Terry Eagleton, *The Ideology of the Aesthetic* (Oxford: Basil Blackwell, 1990), at 3.

③ 诚如阿多诺所承认的,这也意味着艺术注定相对无能:"作品在初见日光时最为关键,随后日趋平庸,因为此外社会条件已经发生了变化。平庸是艺术为自主权付出的社会代价": Theodor Adorno, *Aesthetic Theory*, trans. C. Lenhardt, (London: Routledge, 1984), at 325。

④ Simon During, *Foucault and Literature*: *Towards a Genealogy of Writing* (London: Routledge, 1992), at 113-118.

⑤ Jacques Derrida, *Acts of Literature*, *supra*, at 36-7.

以被批评可以相互竞争。从这个意义上讲,文学与美学大体上就是一个矛盾现象,正是通过质问这些矛盾,一个更加自觉和批判的方法才可以应用于法律与文化中。

法律文学研究表明,对于法律制度和法律原则的理解不会来自法律本身,也不是仅仅从它的社会背景、经济背景和历史背景中加以理解。这样的理解必须是伴随着对文化领域的理解,离开后者不会发生什么有意义的社会变化。法律与文学都是相同的社会、历史和文化等力量共同作用的产物。文学产生在一个社会语境下,它是我们社会文化的一部分,而且与其他社会制度紧密相关,这一事实意味着通过文学可以研究社会的各个方面包括法律框架。此外,文学以及特别是流行文化影响大众对于法律体系、法律职业的看法,影响大众对于将法律视作与其他规范体系既协作又竞争的看法。该研究提倡回归跨学科、语境以及透视法以便将法律原理再置入它所属的文化背景中,在法律研究中法律原理从文化背景中脱离出来。这个研究方法有助于提高我们理解法律是文化的一部分这个观点,而这个文化是法律与文学共享的,同时该方法也有望促进我们认识到我们自身才是语言、法律和文化的主体。

这样的研究方法拒绝知识形式和信仰形式之间的层级分化,它允许在法律教育中有其他观察和学习的方法,它不认为法律及法律研究在对待那些更加广泛的相关和关注的问题时可以置身事外,也不认为法律及法律研究在处理的确是"痛苦和死亡"(借用罗伯特·科弗(Robert Cover)的话)的事情时可以置身事外。[①] 将这两个传统上分开的学科合在一起或许有助于我们理解将二者分开的好处;特别是正如我在最后一章提出的,将阿里阿德涅排除在法律迷宫之外也是有好处的。意识到当前的法律界定和法律教育涵盖了它们自身的意识形态喜好,这可以有助于扩大法律以及法律教育中所谓的"相关"内容。只要法律迷宫看起来神圣不可侵犯,本书最后一章论述的阿里阿德涅方法就可以打开新的大门,毕竟这一切都是在不断移动、不断变化、不断成长。

在法官和立法者受到先前的、金钱的和政治的利益束缚之时,文学逍遥自在地尝试冒险、扰乱旧有的法律和结构、明确表达出新的设想,这些想象可能渐次成为法律。事实上这些法律是寄居在梦想或可能的世界里而不是所谓的真实世界里,这个真实世界使得那些法律让我们有更多而不是更少的必要去描述和设想新的自我和新的环境。实际上,正如我在本章后文中强调的,艺术的"人为性"

---

① Robert Cover, 'Violence and the Word' 95 *Yale Law Journal* (1986) 1601.

可能就是它的优点：提醒我们所有看起来是"真实的"或者自然的东西实际上是历史和文化的意外产物，因而不比我们梦的声音真实到哪里甚至反而更加是人为的，这有助于我们承认我们自己的人为性。的确，正如我在解读博尔赫斯（Borges）的《小说》（Ficciones）时所提出的，构成梦的东西也就是把我们描述为人这个主体的东西，于是拒绝承认梦就是拒绝承认我们的真实欲望（借用拉康的术语）。

第四节　为抗争而写作：作为战场的语言

要质问法律小说和文学小说所创作和描述的信息，我们必须不仅要追溯它们讲述的内容还要追溯它们叙述所使用的语言。法律或文学中的语言不是经验和现实之间透明的传递者，而是提供了构成现实的术语。正是通过语言我们才了解并建构我们作为主体的自己，语言塑造了我们对自身和对世界的理解，同时也束缚了我们的思考，束缚了我们表达自己所梦到东西的能力，束缚了我们展望改革的能力。

强调文学反映世界，强调作者描述这个世界的意图，这就使我们有可能把作者的观点、意图以及构想这些观点和意图的体验区分开来。不过这类构想只能发生在语言中，而且这个语言不是属于作者的，这个语言表达同样也浇铸和构造出那些思想。后现代理论家批评统一真理无异于痴心妄想，他们还反对那种认为意义要么是静止的要么是可操控的观点，这两者不可截然分；启蒙主义规范世界的理想和热情依赖于符号反映了真实世界这个语言观。然而符号单凭本身没有什么意义，但是它们在所使用的语境里久而久之便获得了意义。相反，文本的意义在于它与其他要素的关系，在于差异性，最终在于它所努力排除的那些东西。德里达证明了所有文本中享有特权的术语是如何依赖于补充说明来彰显身份的，并藉此进一步说明每个文本都给自己的假定前提招致了怀疑而且最终是自相矛盾。① 意义不是符号所固有的这个见解质疑了语言命题与现实是一一对应的这个观点，我们的语言不是反映一个单一的、物理的现实，我们所拥有的一切是由语言所构成的现实。结果就是，文本不是只有单一意义的封闭实体而是可以有许多不同的解释和看法，这就要看是谁在阅读是在什么情况下阅读。表层和深层的区别，能指和所指的区别，主体和客体的区别，内容和风格的区别，符号和意义的区别不再看起来是自然的或是既定的，相反，跟知识以及求真意志一

---

① See especially '… That Dangerous Supplement …' in *Of Grammatology*, trans. Gayatri Chakravorty Spivak (Baltimore and London: Johns Hopkins University Press, 1976)[1976].

样，它们都是权力意志的一部分。

　　意义是固定的这个观点本身建立在把"人"看作负责的自主的观点之上，后者认为人有使用语言创造和表达自我的能力。可是，一旦语言表达现实的能力受到质疑，关于"人"的这种看法似乎也是理想化的，而且也是历史和文化环境的产物。现代理论家青睐的这个独特、稳定和真实的个体也是任由语言摆布，因而也不过是个神话。在拉康看来，自我不是人格的核心代理而是一个在语言符号笼罩下为无意识和概念化所困扰的虚假自我。即便人类生物学和人的身体不是永恒的实质，却还是通过语言棱镜传递给我们的概念，并且我们同意学着与之对话。① 人这个主体就像马尔考姆·波微（Malcolm Bowie）所说的，"不再是被赋予质量的物质或者具有维度的固定形态……它是语言里面的一系列事件，是一系列变化、修辞和反思"② 。我们的思想、言语和写作是特定语言和特定语篇的产物。正是借助语言婴儿才开始（错误）意识到自己是一个统一的主体，并且在家庭、法律和社会中获取自己的位置，同时接受用"显然的"和"自然的"现有符号秩序所描述的归因于自身的主体性。

　　女性主义评论家、同性恋理论家以及后殖民批评家进一步加入到对主体的解构行列，他们指出理性构想的主体是异性恋的，而且拒绝继续扮演他人的角色，后者是用来确保主体的自主感。就像安吉拉·卡特（Angela Carter）问笛卡尔（Descartes）那样，"我思故我在，不过要是我不花时间思考，那么我会是什么呢？"③ 由此推理出来的是，语言、文化和理性都是有历史的，那么同样如此，男人和女人的本质也不是永恒的或普遍的而是临时的偶然的。诚如福柯指出的，我们基于人的思维来看待这个世界还是最近的事情："人是近期才创造出来的。而且或许就要结束了。"④

　　变革的希望和可能性来自这样一个事实，即语言不是静止的现象而是一个不断变化的过程。索绪尔（Saussure）认为语言是一个没有绝对术语的差异系统，这也就意味着有潜能充当改革以及理解自身的释放媒介。人作为主体的身份就像克里斯蒂娃（Kristeva）所阐述的不是静止的却总是不断变化：人类因此

---

　　① See especially 'The Function and Field of Speech and Language in Psychoanalysis' Jacques Lacan, *Ecrits: A Selection*, trans. Alan Sheridan, (London: Tavistock, 1977); 我在第二章和第四章对此作了进一步论述。

　　② Malcolm Bowie, *Lacan* (London: Fontana, 1991), at 76.

　　③ Angela Carter, *Heroes and Villains* (London: Heinemann, 1969), at 98.

　　④ Michel Foucault, *The Order of Things: An Archaeology of the Human Sciences*, trans. Alan Sheridan, (New York: Vintage, 1970), at 387.

可以争辩主要意义并且可以根据现有符号创造出新的意义。符号语言域作为遭受压抑的前语言能指的资源库，它的再度出现打乱了符号秩序并使我们用英语重构自己。① 这一点得益于这个事实，即语言符号不是封闭的而是包含了矛盾，因而能够被解构，能够被去神秘化。法律符号以及文学符号是多义的而不是单义的，是混合的而不是单纯的，因而对个人和集体的谈判是敞开的，而个人和集体可以利用它们的裂缝和矛盾创造出新的意义："我们出生在语言之中"，西克苏（Cixous）这样写道，"要不然我就不可能在词语面前找到我自己……因此没有什么事情可做，除了摇晃它们，就像摇晃苹果树一样，一直不断地摇晃"。②

总之，人类主体性的建构与语言之间的辩证关系表明，正是在语言中才应当质疑语言所铭写的意识形态，也正是在语言中变化才有可能发生。文学作为一门具有说服力的公共用途可以通过对意义的重新谈判来影响和加快这种谈判，与之相随的是影响和加快我们对自己和对世界的理解。正如托多罗夫（Todorov）所提出的，文学是借助词语而存在的，但是文学的辩证天职就是要言说比语言所言说的更多东西，文学要超越且要胜过言语部分："文学是杀人凶器，语言借助文学来自杀"。③ 文学文本"谋杀"语言的能力可以与法律裁定人们的生死权、财产权和自由权相媲美。

法律理论家一般是对法律语言和法律主体感兴趣。不过人的主体性的产生不是仅限于法律领域，法律语言也不能脱离社会其他领域对语言的使用。法律中前仆后继的理论也没有实现它们所期望的在法律形式或在法律内容上实现根本变革。假使我们对于"法律王国"范围内的批评和改革的机遇感到不满意，那么我们必须将注意力转向更加广阔的语言和文化领域。语言是理解人类主体性是如何产生和持续的一个关键范畴，也是促进其他方面变革的一个主要工具。正如德里达所陈述的，"这个制度不能忍受的就是任何人都想用语言横加干预……民族主义和普世主义可以产生革命的意识形态，它们只要不挑战语言的边界就会挑战语言的内容，它们也会产生语言所保障的司法体系——政治

---

① Julia Kristeva, *Revolution in Poetic Language*, trans. Margaret Waller, (New York: Columbia University Press, 1984) at 37: "当说话主体不再被视作现象学的先验自我，也不再被视作笛卡尔的自我，而是在变化之中的/接受考验的[*sujet en proces*]主体，文本的实际情况就是如此，深层结构或者至少转换规则被打乱了，与之相随的还有语义的以及/或者语法的范畴解释也被打乱了"。

② 'Extreme Fidelity' in Susan Sellers (ed.), *The Hélène Cixous Reader* (London and New York: Routledge, 1994), at 132.

③ Tzvetan Todorov, *The Fantastic: A Structural Approach to a Literary Genre*, trans. Richard Howard, (Ithaca, New York: Cornell University Press, 1975), at 156.

契约"。① 相反,正如乔治·奥威尔(George Orwell)在《1984》中论述的,对词语意义的主宰就是许可极权主义。利奥塔(Lyotard)说得更简洁:"一劳永逸地逮捕了词语的意义,这就是恐怖主义需要做的事"。②

女性主义理论家和后殖民主义的男女是对语言特别关注的两大群体,的确正如亨利·路易斯·盖茨(Henry Louis Gates)所说的,他们一直在写作就像他们的生活全部依靠写作一样。③ 正如我在后文提及的阿里阿德涅一样,这两个群体都意识到,虽然法律一夜之间可能会发生变化,但是语言却是一个决不妥协的无形的竞争对手,因此必须是他们斗争的焦点。对人性和语言是固定的这个观点的质疑并非要否定那些概念而是要**发展**它们。这样的发展可能使我们能够表达迄今为止没有表达出来的梦想和可能性,无论是在法律领域还是在文学领域,那些梦想和可能性都是同样多。

第五节 理性之外:情感、审美、想象、身体、女性……

在柏拉图前后各类诗人和意象制作者都在承担着教导市民从家规到市规的雅典社会价值观和义务这个重担,同时给予这个城市它自己的身份、过去历史和未来希望。剧作家和戏迷都没有把写作和观看戏剧的体验看作跟他们参与市政相分离,正如我们在讨论有关《俄狄浦斯》(Oedipus)和《奥瑞斯提亚》(Oresteia)的章节里论述的那样,有关如何生存和管理的伦理道德问题如果不是必须要解决的那就是剧院里常规性审查和辩论的话题。同时,剧作家所描述和引起的"私人"情感都是观众对于"集体"或政治问题的体验和反映的一部分。不过,现代主义者将情感斥之为无差别和不可预知的本能,因而认为情感在处理立法或管理事务上皆不可信。④ 现代主义者倾向于将文学和艺术大体上看作跟情感、游戏

---

① 'Living on: Border Lines' in Harold Bloom (ed.), *Deconstruction and Criticism* (London: Routledge, 1979), at 94-5.

② Quoted in Michel de Certeau, *The Practice of Everyday Life* (Berkley, Calif. University Press, 1984), at 165.

③ 'Writing Race and the Difference it Makes' in Henry Louis Gates Jr (ed.), *Race, Writing and Difference* (Chicago and London: University of Chicago Press, 1985), at 13.

④ 从柏拉图到斯多葛(Stoic)学派再到斯宾诺莎(Spinoza)的哲学家们都把情感斥为虚假的或不相干的,可是正如玛莎·努斯鲍姆(Martha Nussbaum)指出的,亚里士多德也认为在事情究竟怎么样以及什么重要等方面的判决和真相寻求中情感拥有一席之地。"亚里士多德概念包含的学习观非常适合支持文学的诉求。因为这里教与学不是仅仅涉及对规则和原则的学习。大部分学习都是发生在具体体验中":Martha Nussbaum, *Love's Knowledge: Essays in Philosophy and Literature* (Oxford: Oxford University Press, 1990), at 44。

和审美有关而将法律看作跟理性和道德有关,同时与具体情况和特殊情况形成对比的是,他们更加看重普遍的规则和原则。正如玛莎·努斯鲍姆(Martha Nussbaum)所主张的,文学对特殊情况的承诺避免了傲慢专横地企图推崇我们用生活中的偶然所不许可的方式来为人处世。① 男性哲学家不信任情感,认为它给清晰的判断蒙上了一层阴影,他试图将情感从伦理思考中剔除出去,正如我在最后一章所论述的,这再次与他对女性的害怕分不开:专注特殊的和情感的问题可能会导致现代主义和男权主义偏离正义和权利的模式,从而转向以相关联为基础的模式,也就是说转而承认阿里阿德涅的差异以及女性的不同声音。②

哲学王(philosopher-kings)③渴望将自身塑造成真理的载体,他们一手造成了自己与诗人和艺术家相分离且高高在上,想象也因而被斥为谎言和对神灵的亵渎。在柏拉图们看来,意在模拟现实事实上是要挑战和背叛诸神。理查德·科尔尼(Richard Kearney)对于想象作用的研究揭示了古典思想家和中世纪思想家追随柏拉图谴责想象并且视之为不可靠、不可预见和大不敬,认为想象甚至会威胁到万物的自然秩序,因为想象可以自己创造一切,就像阿奎纳(Aquinas)指出的,想象可以创造出"不是它自己的自己"。④ 不过,正如我们在下文所见,即便是柏拉图在论述诗学和文学在理想国没有立足之地的时候他也是借助诗人和文学的技巧。的确,企图否定审美和情感判断的相关性是跟企图将阿里阿德涅从法律迷宫中排除出去没有什么不同。我在本书最后一章中指出,对于阿里阿德涅而言,"真理"未必就是来自或**仅仅**来自知识与理性,也不是法律实证主义者想让我们相信的那样仅限于视觉的、经验的和物质的:它也可能来自倾听、触摸或走向他者:**感觉**即为可信,而不仅仅只有**认识**才可信。

与柏拉图对诗人的谴责截然相反的是,正如理查德·科尔尼研究中所描述的,想象已经受到赞美,因为它可以改造现实而不仅仅是代表现实,它可以将现

---

① 这里"这些文章更加狭隘更加谦虚的论断是,关于人性选择[立法、裁判]范围内的几个相关议题以及广泛意义上理解的道德问题,有一派观点是追求真理时值得认真考虑的,因而也是值得任何认真对待这些问题的人关注和审视的,他们的观点完全、恰当并且(用詹姆斯的话说)荣幸地体现在这里所研究的小说所特有的术语中";同上,第8页。

② See, for example, Carol Gilligan, *In a Different Voice: Psychological Theory and Women's Development* (Cambridge, Mass.: Harvard University Press, 1982).

③ 哲学王,是柏拉图政治理论中的概念。——译者注

④ Richard Kearney, *Poetics of Imagining: From Husserl to Lyotard* (London and New York: Routledge, 1991), at 3.

实转化成理想,它可以使我们正视思考、存在和生活的全新可能。特别是小说通过想象社会组织的新形式让我们可以正视社会正义的新形式。浪漫主义运动对想象极力歌颂,雪莱(Shelley)总结道,诗人是这个世界上未被确认的立法者;波德莱尔(Baudelaire)也宣称,既然想象"创造了这个世界,那么理所当然它应该统治这个世界"。① 胡塞尔走得更远,他赋予想象以道德作用并且宣称想象是人类自由的前提。巴什拉(Bachelard)称赞诗学想象超越了过去和现在的现实,是复兴当今世界的垫脚石,使我们可以倾听和发现所有跟我们自己不相同的东西:"想象并没有伪造现实的形象却是构成了为改变现实而超越现实的形象。想象是超人性的力量"。② 在尼采看来,"艺术不是对自然的模仿而是为了克服自然在它旁边兴起的超自然的补充";艺术与诗歌不是寄居在现实之外的地方而是在寻求表达"未加修饰的真理",未被"文明人所谓的现实编织出来的吹嘘外衣"所玷污。③ 实际上,在亚里士多德看来,文学不是对现实的模仿,反而是现实在模仿并且确实应该**力求**模仿文学。

艺术家创造了另外的自主的世界,挑战上帝作为唯一的造物主,同时也挑战国家权力试图对关系的规范和命名。④ 我认为它也在挑战母亲给予生命的权利:假如我们认同,诚如伊格尔顿指出的,"美学生来就是身体的话语"⑤,特别是身体反感心智的暴政,歌颂想象的创造力就是试图要成为女性已经成为的人,并且借助隐喻和意象来做女性在物质世界里借助身体所能够做出的东西。我们不要忘了浪漫主义作家对自然的狂喜,想象也是对传统女性特质的挪用:正如安妮·梅勒(Anne Mellor)主张的,"男性浪漫主义诗人通过呈现同情、仁慈、温柔和悲悯的美德也可以像知识权威那样对话终极道德……通过篡夺母亲的子宫、赐予生命的力量以及女性的敏感,男性诗人方可声称是上帝,是世界的唯一主宰。"⑥

---

① Quoted by Kearney, *ibid.*, at 4.
② Gaston Bachelard, *L'Eau et les reves*; *essai sur l'imagination de la matiere* (Paris: Gallimard, 1938), at 23, quoted by Kearney, *ibid.*, at 93.
③ Friedrich Nietzsche, *The Birth of Tragedy* (New York: Doubleday, 1956), trans. Francis Golffing, at 142 and 53.
④ 例如,西克苏:"将来成为艺术家的人公然对抗法律对抗权威";Helene Cixou, *Readings: The Poetics of Blanchot*, *Joyce*, *Kafka*, *Kleist*, *Lispector*, *and Tsvetayeva*, trans. Andermatt Conley, (Hemel Hempstead: Harvester Wheatsheaf, 1992), at 3.
⑤ Terry Eagleton, *The Ideology of the Aesthetic*, *supra*, at 13.
⑥ Anne K. Mellor, *Romanticism and Gender* (London and New York: Routledge, 1993), at 23. See also Anne K. Mellor 'Romanticism and the Colonization of the Feminine' in Anne K. Mellor (ed.), *Romanticism and Feminism* (Bloomington, Ind.: Indiana University Press, 1988).

歌颂想象赋予了生命,这跟柏拉图谴责想象是虚伪形成了截然对立。诗歌跟真相不是相对立的,诗歌常常被引证揭示什么才是最真实的。所以,真相与诗歌之间的关系不是对立的关系而是"相互渗透"的关系。宗教语言使我们可以表达救赎的信息,法律语言可以用来表达什么是对什么是错,诗歌并没有这两种语言的相关性,就像伽达默尔(Gadamer)声称的,诗歌语言"担当了我们自我存在的见证人"①。在此,歌颂想象是因为它让那些不在场的在场了,它把我们从经验世界的禁锢中解放出来同时设计出存在的诸多新可能。因为,"假如有对现实的感知",穆西尔(Musil)写到,"那么也就必须有对可能性的感知……这种可能性不仅包括神经脆弱的人的幻觉,而且也包含了仍未苏醒的上帝意志。一个可能的体验或真相不是具体的体验或真相减去其'真实价值'的差,而是存在一些十分神圣的东西,它是需要去建构的激情、豪情和意愿,它是一个有意识的乌托邦主义,不会从现实中萎缩而是要把现实看作一个研究工程,一个仍待发明的东西。"②超越自我的力量此时此刻给想象带来了道德的角色:正如我在论述《宠儿》那一章中所主张的,想象的首要任务就是要见证那些被人遗忘或受到钳制的声音,见证被压迫的历史,见证不可说或没有说的往事。

想象是存在的另一种模式,这个观点揭示了存在的诸多新可能,这不是要回归到现代主义对于真实性和原创性的幻觉,也不是要回归到终极真相和终极意义这个概念。后现代理论中作者已死和读者庆生导致我们否定了将具有想象力的主体视作意义的源起这个见解,特别是这个说话的主体确实为她自己桀骜不驯的无意识以及不属于她自己的花言巧语所代言。相反,詹尼·瓦蒂莫(Gianni Vattimo)的"虚弱解释"以及"合理的非理性"的见解是对法律话语和科学话语要求意义明确的真理、统一的源起和最终的答案的一个解答。③ 特别是在后现代小说中我们关注到表象、意指其他符号的符号以及意指其他意象的意象,没有一个超验的能指给它们提供源起和有效性,符号就成了我们唯一拥有现实的东西,

---

① Hans-Georg Gadamer, *The Relevance of the Beautiful and Other Essays*, trans. Nicholas Walker, (Cambridge: Cambridge University Press, 1986), at 105 and 115.

② Robert Musil, *The Man Without Qualities*, trans. Sophie Wilkins and Burton Pike, (London: Picador, 1995), at 10-11.

③ Gianni Vattimo, *The End of Modernity: Nihilism and Hermeneutics in Postmodern Culture*, trans. J. Snyder (Oxford: Polity Press, 1988), 与"累积发展这个概念"相对比的是,瓦蒂莫承认审美的责任"不全属于也不仅属于作为哲学学科的美学,而是属于作为体验领域和作为存在维度的审美,具有堪称典范的价值,是大体上考虑史实性的一种方式";第 95 页。非常感谢帕努·闵启恩(Panu Minkkinen)提醒我关注瓦蒂莫的作品。

而且确实是唯一的现实。正如琳达·哈钦（Linda Hutcheon）所主张的，戏仿和拼凑的游戏挑战了现代主义者对于艺术创意和权威的坚持，而且通过混合了共谋和批判、反思和史实来离间、破坏甚至颠覆主流文化和社会力量的约定俗成和意识形态："我们根据经验不假思索地认为这些实体是'自然的'（这些实体可能包括资本主义、父权制度、自由人文主义）。实际上这些实体是我们自己创造的'文化'而不是'文化'给予我们的东西。"①因此，主张意义不是静止的不是要**否定意义**而是要**扩展**意义。

当然不是每个人都对美学和想象的变革能力充满热情。对于某些批评家而言，关注美学革命势必要放弃政治斗争，并陷入了一个系统的圈套，该系统将美学贬损为政治的无能。特里·伊格尔顿评论"对美学家族的本能、直觉和自主自觉令人陶醉的最年轻无经验的庆祝必须认定有罪。"②而且哈贝马斯（Habermas）坚持"现代性未完成的方案"，将文学语言和美学大体上斥为非"严肃"、非理性的话语，跟理性相比该话语不应该被用来追求哲学的"真理"或者立法的变革。③

不过，此类批评认为美学和政治彼此分离而且也是可分离的。这就忽视了美学对于我们理解自己以及理解世界的影响力，这个影响力比政治和法律制度更强大也更广泛。它也忽视了诸如海登·怀特（Hayden White）和多米尼克·拉·卡普拉（Dominic la Capra）等历史学家所主张的文学在创造我们过去、现在和未来的身份与历史的过程中有着举足轻重的作用。④而且，它还忽视了乔纳森·卡勒（Jonathan Culler）和斯蒂芬·康纳（Stephen Connor）所描述的文学（特别是我认为与文学相关的"女性"气质）是哲学（以及法律）的资源库，语言上任何难以驾驭的东西都可以在这个资源库里加以研究，因此使得哲学和法律可以捍卫它们自称的真理捍卫者。⑤诗学和艺术总体上也是同样如此，而法学拒绝意象可是却同时也依靠意象（常常是死亡女性的意象）来创造和维持它自

---

① Linda Hutcheon, *The Politics of Postmodernism* (London and New York: Routledge, 1989), at 1-2.

② Terry Eagleton, *The Ideology of the Aesthetic*, supra, at 269.

③ Jurgen Habermas, *The Philosophical Discourse of Modernity: Twelve Lectures*, trans. Frederick Lawrence, (Cambridge: Polity Press, 1987), at 205.

④ 我在第九章对此作进一步论述。

⑤ Jonathan Culler, 'Communicative Competence and Normative Force' 35 *New German Critique* (1985) 133-44, at 141; and further Steven Connor, *Theory and Cultural Value* (Oxford UK and Cambridge USA: Blackwell, 1992); "文学话语允许也提倡分析评价有效话语和无效话语之间的区别，该区别长期以来构成了文学话语", at 126-7 (emphasis in original).

己的根基。①

此外，我们认为文学与现实是可以区分的。然而正是艺术和文学的存在模糊了现实与虚构、表征与所指、先行物体与后继拷贝之间的界限。这就是我要指出的文学重要性的所在：文学想象创造出虚构的替代世界，但是跟法律想象不一样的是它不假装也不指望别人假装那些替代世界是"真实的"。

第六节　害怕模仿、害怕差异、害怕女性

文学与现实、表征与能指以及模仿客体与原创客体它们之间是什么关系？在柏拉图看来，模仿就是艺术家、诗人或者演员模仿的原创。柏拉图认为既然这个所谓的原创本身是对理想世界的模仿，那么艺术家被三次赶出真理之门这件事往好处想他们是多余的，往坏处想他们则是危险的。支持柏拉图不信任表象和模仿的是尼采的真理意志，即寻求永恒的存在和实质的真实世界。演员在模仿自己之外的东西可能摧毁了原创并且借助外表和意象欺骗了言语和理性所表达出来的真理。② 柏拉图焦虑的重点在于担心模仿侵犯了自我与他者之间的界限，以及担心在扮演他者的时候模仿会丢失真相失去自我。③

然而，对于诗人和模仿的批评不仅是诗学的也是模仿的。柏拉图这个诗人、模仿者和剧作家，召唤苏格拉底以及众多其他演员一起参演一出戏来谴责模仿的戏剧、艺术家、诗人以及演员，认为后者都是模仿他者的东西。更有意思的是，他诉诸洞穴意象来支持言语排斥意象。在此过程中他指出人是模仿性动物，人在不断创造、利用、使用和滥用符号，这一点却是亚里士多德所欣赏的。正如柏拉图模仿似地主张，模仿是一剂良药又是一剂毒药，必要时还可能会上瘾。因此在柏拉图看来，模仿只有掌握在那些哲学王手里才是安全的。④

原创跟表征相对比的层级关系维持了真实自己跟自我意象或自我表征相对

---

① 要参考最近关于法律上同时发生的"爱与恨"意象的论述可参见 Costas Douzinas and Lynda Nead (eds.), *Law and Image: The Authority of Art and the Aesthetics of Law* (Chicago and London: Chicago University Press, 1999).

② 柏拉图对于诡辩家也提出相同的质疑，他对于剧院的责难也推及像剧院一样的法律；尽管柏拉图不信任戏剧，可是他的担忧也在阿里斯托芬(Aristophanes)的《鸟》(*The Birds*)等剧作中得以分享和探究。

③ 我对于柏拉图有关模仿的探讨得益于阿恩·梅尔伯格(Arne Melberg)在《模仿的理论》(*Theories of Mimesis*)中的分析(Cambridge: Cambridge University Press, 1995).

④ Ibid., especially at 10-36.

比的看法。柏拉图坚持推崇真相、身份以及存在,认为模仿行为所重复的不仅存在一个优先的、原创的模型或身份而且该身份的复制品并未改变或触动该身份。这些优先的、先前的自我以及行为或许事实上就是由那些反映了它们的符号和代码所构成的结果或者所导致的效果,这一点并未得到深思。正是世界本身而不是被拷贝的图像才是幻象,才是模拟物的世界,这一点也未得到深思。① 基本概念与次要表征之间的层级关系是西方的弊病,德里达称之为在场的形而上学,它忽视了符号从来就不是简单的在场,相反,符号从它重复和再重复的概率中获得了自身的特性。德里达认为在场就是真实而表征就是虚构这种看法是不正确的,相反,他认为在场就是虚构而表征就是真实。亚里士多德认为表征是对原创客体的模仿,与此看法不同的是,德里达认为表征也混杂了被表征的客体;后者不是前者的影子或映像,二者是一同游戏、相互融合、相互引诱,因而难以区分表征与被表征、引诱与被引诱、舞蹈者与舞蹈:换句话说,很难判定原始点在哪里。②

因此,在表征中原创与拷贝、艺术与生活以及真品与仿制品之间的界限区分非常模糊。通过解构实质与外观之间的对立,通过解构客体理论化的世界与不受时间、语言以及我们主张的性别干扰的主体所表征的世界之间的对立,我们可以揭示柏拉图想要抑制的东西即差异性。柏拉图哲学的主要观点,正如伊利格瑞(Irigaray)指出的,在于指向统一性和相同性,这使得他能够给哲学话语赋予特权让哲学话语超越文学和戏剧之类的话语,而后者却可以敞开语言大门迎接差异和异质。柏拉图担心文学和戏剧提出差异性的威胁,因为差异性如同女性一样可以掩饰、构成、解构、再构以及在此过程中表达一个不同的系统、一个不同的法律。挑战原创与表征之间的区别就是要进一步质疑把模仿视作重复或相同的这个观念。允许自己参与模仿的游戏就是允许自己不要成为一个与他人一模一样的人而是要成为另一个人或者一个与众不同的人。模仿或剧院正如柏拉图

---

① Gilles Deleuze, *Logic of Sense* (New York: Columbia University Press, 1989 [1969]):"这是对世界两种解读的问题,其中一个解读要求我们根据早先建立的表征或身份来思考差异性,而另一个解读正好相反邀请我们思考表征甚至身份并将其视作基本差异的结果。第一个解读准确界定了拷贝或表征的世界;它把世界建构为图像。与第一个解读不同的是,第二个解读界定了模拟物的世界,它将世界本身呈现为幻象";quoted and discussed in J. Hillis Miller, *Fiction and Repetition* (Oxford: Blackwell, 1982), at 1-21. 德勒兹认为重复是不同的东西而不是相同的东西,这一看法在《差异与重复》(*Difference and Repetition*)中得到进一步论述(London: Athlone Press, 1994 [1969])。柏拉图在寻求实质时极力反对外观,他的研究如今受到了鲍德里亚(Baudrillard)研究的挑战,后者垂青外观却极力反对实质:'On Nihilism' 6 *On the Beach*, 38-9.

② See especially 'The Double Session' in Jacques Derrida, *Dissemination*, supra.

所担心的就是与严肃后果一起玩的游戏,它放开自我,面对差异,特别是面对性别的差异。

所谓的现实不仅是表征和幻象,它还是符号和文本,而且永远在重复以至于它的来源、兴趣和假想已被人遗忘或者无人问津。通过承认自己是符号系统,文学敞开这些符号供人把玩和展览,在此过程中允许我们为了各种不同的以及彼此竞争的目的来质疑它们或者重新整理或归纳它们。在现存实践开始成为神话和戏剧继而成为法律并且开始(特别)认真对待自己之前,文学可以表达社会建构中受抑制的修辞性、产品性以及偶然性,它们否定了自身的人为特性,并且再次打开表征与现实之间的缺口。政治社会与法律话语不会承认自己是人造产品,法律话语可能也不会承认自己的修辞性,但是文学可能提醒我们,我们自孩提时代起什么时候开始学着模仿,我们什么时候会问为什么是这些而不是那些惯例、规则、原则以及制度。总之,"我们认为自然的客体和制度实际上只是历史的产物:改变的结果就是它们自己到时候也是可以改变的"①。

在让·鲍德里亚(Jean Baudrillard)看来,当代媒体社会中符号、代码以及意象的繁殖已经导致了在拷贝与原创、表层与深层、现实与表征之间由来已久的区别的瓦解。符号不再指称外部的所指对象而是其他符号,符号确实是我们拥有的唯一现实,比所谓的现实更加真实或超现实。与柏拉图坚持认为表象后面存在本质的看法不同,鲍德里亚认为表象就是唯一的本质:无论是在法律、政治、经济方面还是在历史方面,区分真相与拟像现在已不可能,这就意味着"**真相或者证明真相**的过程现在不可能孤立产生"。② 他指出,一直处在危急关头的是,"意象的凶残能力:谋杀真相":真相的当代杀手,按照他的话来说就是"天衣无缝的犯罪"(perfect crime),这就进一步说明小说作者的任务不是要反映现实也不是审问现实而是要去**创造**现实:"这不再是模仿的问题,也不再是复制的问题,甚至也不再是戏仿的问题。这更是为了真相本身而用符号代替现实的问题。"③

---

① Fredric Jameson, *The Prison-House of Language* (Princeton University Press, 1972), at 58.
② 'Simulacra and Simulations' in Mark Poster (ed.), *Jean Baudrillard: Selected Writings*, (Oxford: Polity Press, 1988), at 179.
③ *Ibid.*, at 170, 167. See further, Jean Baudrillard, *The Perfect Crime* (London: Verso, 1996), at 43-4:"我们目前正在制造一个连它自己也不记得的史前年代,也就是说在这个时代里(我们文化)所剩下的甚可能遭受日后 20 世纪的骗子们的怀疑,他们怀疑这一切都是伪造的(18 世纪岩洞壁画就是这种情况),我们描述了一个晦涩的乃至最终无用的人类学的史前年代——天然的智慧现在被人工智能幸福地取代了"。我十分感激伊恩·格兰特(Iain Grant)给我推荐了这本著作,感谢他对于鲍德里亚作品一直以来极富感染力的热情,感谢他对于鲍德里亚部分作品的精准翻译。

特别是当代网络小说承认,正如我们开篇引自巴拉德的那段话所表明的,小说渗透现实程度如此之深以至于很难区分现实与小说的虚构:"过去我们总是认为周遭的外围世界代表了现实,不管它们是多么无常多么令人困惑,而我们的内心世界、梦想、希冀和抱负代表了幻象和想象的世界。在我看来这些角色正好相反。对待我们周遭世界最谨慎最有效的方法就是假定它彻头彻尾的就是一部小说,现实留给我们的一个小节点却留在我们大脑里。"① 由此而论,作者的作用就是像上帝一样主持线性叙事的发展,全能地也是权威地创造、描述和判定人物与事件。在一个现实就是小说的世界里,小说就成了**唯一的**现实。

第七节 另 类 语 言

现实就是小说,这一主张本身得到其他语言建构所需语言的坚定支持,无论是社会的还是法律的,特别是法律语言的支持,它们相互叠加强化并且永久保持了虚构就是"真实"这个印象。另一方面,艺术没有声称是**现实**或者**唯一的**现实,这可能表现了我们自身的**非现实性**。剧院提醒我们,我们总是在为其他观众表演,这些观众也在表演接受我们就是我们所扮演的角色。总之,艺术提醒我们,套一句简短古话,所有世界都是一出戏:这出戏可以经得起我们用解读文学文本的技巧来解读,而且这出戏会引起相似的恐怖、担心和怜悯。假如文学就像布朗肖(Blanchot)指出来的"是言而无信的作品",作者的言而无信和读者的言而无信双方都在扮演接受这种认为创造和虚构即为现实的观点,那么"这些言而无信的关系通常就不是小说或文学所特有的"②。法律也如我在解读《奥瑞斯提亚》时所探究以及进一步探究的那样开始成为一出戏并且继续成为一出戏。

然而,法律小说和法律语言关心的是如何掩饰自己的风格以便显得更加确定更加精确,可是对于诗人来说,语言不可以静止不变,也不可以唯有表征性。法律旨在泛意义,它希望把异常符号减少为单一的意义,而诗歌却乐于玩转符号

---

① J. G. Ballard, *Crash* (London: Vintage, 1995), at 4-5. 再次感谢伊恩·格兰特把他对于网络小说的热情不仅传给了我也传给了布里斯托尔一个幸运班级的同学们。我认为《撞车》就像本书封面符号一样恰当地绘制了 M4 高速公路的旅途……

② Michael Holland, *The Blanchot Reader* (Oxford: Blackwell, 1995), at 72.

和模糊语意,自相矛盾在诗歌里就十分常见。① 按照茱莉亚·克里斯蒂娃(Julia Kristeva)的理解,我们可以对比研究科学的、法律的语言和诗学语言这两种语言,前者在寻找唯一正确答案的过程中旨在消除矛盾,后者则是多元化的而不是单一化的,是动态的而不是静态的,更可能是多义的而不是单义的。② 诗歌通过盘问符号将语言的界限推出很远,与此同时也将法律的界限推出很远。文学或许可以指向政治制度的改革,特别是通过对语言各种可能性的关注:"主体不改革就不可能有社会—政治的改革;换句话说,我们与社会约束、与娱乐以及乃至与语言之间的关系也就不可能有改革。"③

文学不是坚持一个统一的、同质的语言来掩饰它的不一致、隔阂和矛盾,文学可以与含糊、歧义共存,因而给其他话语留下空间,文学没有借助抽象规则将它们收编统一起来。④ 法律语言拒绝怀疑、隔阂和不一致;另一方面诗歌却又可以打开缺口、打乱意义并且把意义开放为"一个问题、不确定性、迷惑性或可能性"。⑤ 在茱莉亚·克里斯蒂娃看来,文学就是此类质疑的主战场,因为在艺术游戏中,符号的前俄狄浦斯发音可能入侵、妨碍和搅乱了符号的有序语言。⑥ 艾

---

① 从这种意义上来讲,法律语言很像是神话语言,将自己的规范维度掩藏在中立外表的背后;参见例如罗兰·巴尔特(Roland Barthes):"神话旨在超意义,放大第一系统,可是相反,诗歌却企图重获内意义即语言的前符号学状态……这就是为什么诗歌蒙蔽了语言,尽可能多的增加了概念的抽象性和符号的任意性并且把能指和所指之间的联系拓展到了极限": *Mythologies* (London: Vintage, 1993), [1957], trans. Annette Lavers, at 133. 法律的和法律语言的神话身份以及法律自身为了确保自己的根基而对神话的依附在第二章作了进一步探究。

② "符号实践脱离了附属于哲学系统的科学目的论的愿景…符号的场所即模式和理论发展的地方没有形成一个系统,是争论和自我质疑的地方,一个依然开放的'循环'。它的'终点'并没有再次连接上'起点',可是相反却拒绝和摇动它,开辟了通往另一个话语的道路,也就是另一个主体以及另一个方法;更精确地说结束并不比开始多,终点就是起点,反之亦然。" 'Semiotics' in Toril Moi (ed.), *The Kristeva Reader* (Oxford: Blackwell, 1986), at 78.

③ Julia Kristeva, 'Woman can never be defined' in Elaine Marks and Isabelle de Courtivron (eds.), *New French Feminisms* (Brighton: Harvester Press, 1981), at 141.

④ 例如,西克苏:"与哲学话语的差异是我从未奢望掌控或命令或发明概念……我想要做的是阐释、描述碎片化的事物、人的生死、每个独一无二的东西而且是同时进行的。不是法规,是例外。" *The Hélène Cixous Reader*, supra, at xxii.

⑤ Barbara Johnson, *The feminist Difference: Literature, Psychoanalysis, Race and Gender* (Cambridge, Mass. and London, UK: Harvard University Press, 1998), at 174: "法律编纂拒绝将意义开放为一个问题、一个不确定、一个迷惑、一个可能性,作者的意图与读者的理解可能不是同一回事。法律评论风格的意识形态试图创造一个意义饱和的世界,没有隔阂而且毫无疑问没有女同性恋。"

⑥ "在'艺术'实践中符号——象征性的先决条件——展示为它也毁坏了象征性……没有纯粹的能指可以没有留下残余就能影响符号的灭亡(按照黑格尔的理解),任何愿意相信这个神话的人只需要质疑自己迷恋或者厌恶某首诗、某幅画或某支曲子": Julia Kristeva, *Revolution in Poetic Language*, supra, at 50-1.

伦·西克苏进一步声称,破裂和颠覆更加类似于女性性行为和女性写作:女性的写作通过避开男权主义的二元对立、线性关系以及等级划分能够激励新的观察和存在的方式,也可以充当跳板去改变社会和文化的意义以及价值观。①

对于模仿和诗学语言的谴责,正如我在解读《奥瑞斯提亚》以及在本书最后一章中所指出的那样,不能游离于把女性排除出法律迷宫的企图之外。柏拉图对于模仿的谴责就是企图将差异驱逐出理想国,特别是性别差异;企图保护一个基本的永恒的身份免受模仿的危害,就是企图保护一个基本的永恒**男性**身份。对于那些要进入法律城堡并且参与它的不断建设发展之中的女性来说,她们不仅需要不同的法律而且也需要一种不同的语言,这种语言承认她们不同的渴望、言语、梦想和旅途。尤其该旅途不是以自我为中心再回到自我,而是走向他者。诚如罗斯·伊利格瑞主张的,女性特异性只能通过一个"由散漫的一致性所强加的逻辑之外的逻辑来表达……它会拒绝话语中的所有闭合或者循环——拒绝任何**本源**(arche)和**目的**(telos)的建构;它会垂青于'近似'而不是'本身'……女性的'解放'要求改变文化及其操作机制,即语言。如果没有这样一个普通文化语法的解释,女性化就永远不会在历史中发生"。②诗学语言特别揭示了女性的秘密、无意识和夜间的自我:"身体、梦幻、秘密快乐、羞耻和第二性仇恨等诸多难解谜团。"③

我们可及的梦是由我们所掌控的语言发起并受之约束的。语言措施也包含了梦,同时也是一个用来扩展我们梦想的工具。我认为文学话语比其他言语形式特别是法律言语更少限制世界可能存在的意义,法律言语特别对于诸如本书最后一章的阿里阿德涅等门外汉而言就像是独白。④虽然语言在建构和模仿,但是它也在创造和再创造,它是永恒的**能量**。⑤正如托多罗夫所论,通常而言文学特别是奇幻文学虽然由词语构成但是能够表示远不止词语所能表示的东西,文学是"言词的同时又超越言词"。⑥诗学语言不是摧毁意义和存在而是能够打

---

① See especially 'The Laugh of the Medusa' in *New French Feminisms*, *supra*.

② Luce Irigaray, *This Sex Which Is Not One*, trans. Catherine Porter and Carolyn Burke, (Ithaca, New York: Cornell University Press, 1985), [1977], at 153-5.

③ Julia Kristeva, 'Women's Time' in Toril Moi (ed.), *The Kristeva Reader*, *supra*, at 207.

④ 作为对话的小说,参见 Michael Holquist, (ed.) *The Dialogic Imagination: Four Essays by M. M. Bakhtin*, trans. Caryl Emerson and Michael Holquist, (Austin: University of Texas Press, 1981).

⑤ 威尔海姆·冯·洪堡特(Wilhelm von Humboldt):"语言不是功(ergon)而是活性(energeia)"; quoted in 'The Way to Language' Martin Heidegger, Basic Writings (ed.) David Farrell Krell (London: Routledge, 1993), at 403.

⑥ Tzvetan Todorov, *The Fantastic*, *supra*, at 156, 166-7.

乱旧有意义创造新的意义;它不是否定身份而是揭示建构过程中的身份,这些身份表达了并且受制于法律,同时也能够超越、推翻和发展法律。

想象力丰富的作家愿意探索、扭曲、颠覆和分解现有的语言工具以便我们管窥其他世界、其他自我以及当然还有其他法律所呈现的各种可能。要设想一个或一些不同的世界,我们需要不同的词语。我在本书最后一章提出的阿里阿德涅使用的语言在法律迷宫看来危机四伏难以承认。不过,被法律认为有威慑力的差异同样也提供了更多走出迷宫大门的承诺,这个迷宫不仅将门外汉排除在外也将门内人关押起来。卡夫卡(Kafka)那位从乡下来的老汉临死也没能走进法律城堡,法律和文学的女性批评家或许可以帮助门外汉和门内人找到一条通向戒备森严闲人莫入的大厦的通道。特别是我们需要探究理性语言的局限性,这就需要追溯到词语、世界及其法律创造出来之前的时代。因为刚开始的时候还没有词语、没有标识、没有法律,只有感觉,一种称作爱的感觉。

法律语言一旦说出来往往就游离于日常体验而且它还抽象概括了日常体验,另一方面,文学可以通过重新打开缺口和歧义来揭示法律所掩藏的东西,法律坚持主张自己所言的永远是单义的、自己所指的永远是明确的,它坚持主张必须远离那些缺口和歧义。卡夫卡世界里的法律把它自己的起源和神秘给隐藏起来了,同时它还扮演了一个慈父的角色,保护、安慰和满足人类对于确定性和安全性的渴望。对于那些被这个家长制的和善本质排挤在外的人或者不为所动的人来说,特别是女性群体以及边缘群体来说,文学为他们开辟了一条道路,让他们饱览世界的复杂,从而也扰乱了法律和生活。正如我在本书最后一章提出的阿里阿德涅拥抱文学,因为她不像法律文本而是像诗学话语一样,她不害怕矛盾,也不害怕表达鲜明生动的情感,也不害怕生活在令人费解的事由中。

总之,法律虚构和文学虚构二者都是借助语言建构起来的,这个事实意味着正是在语言中文学和法律的人为性才得以被检查和被发现。大多数当代文学接受、喜欢和探索自身的构造性、任意性以及人为性,然而,法律的作者却更关注任何掩饰法律是人们用语言创造出来的产品这个身份。从这个意义上讲,法律作者如同现实主义小说的作者,他们妄图保持这个幻觉,即保持全能的叙述者、时间顺序、情节必然性以及事情之间的因果关系。不过,一旦这样的世界表现为不仅是人工的而且还是不公正甚至专横的,那么就有必要揭示出人工建构的方式。因此,法律文学分析的一个灵感就是文学文本的建构可以启发所谓的现实世界包括法律世界的建构和虚构性,以及它们的价值观、约定俗成和身处其中的我们自己。① 那样的话，我们习惯视为想象的那些东西就会挑战所谓的真实，并且证实雪莱的观点，即诗人以及在我看来的女诗人就是这个世界未被认可的立法者。

第八节　另类现实

　　虽然几百年来欧洲文学以魔法与幻想为代价特别青睐现实主义，虽然法律理论中实证主义认为可能从法律应该是什么的一类问题中抽象概括出法律是什么，但是无论是法律还是文学中的直接表达也都是一个幻觉，一个傲慢的信念，即认为法律和世界是可知的、可解释的甚至是可以客观表达的。表达显然是个幻觉，因为现实主义和法律实证主义企图拷贝原物的努力从来就没有令人完全信服：差异、隔阂、矛盾、有成见的界定纷纷上演，从而粉碎了他们所声称的客观性。许多当代作家不再视而不见他们虚构世界是人为的或者建构出来的这个事实，而是更加关注这一点：他们因此回应"当代文学艺术的深层需求——承认诡计欺骗这个事实的需求"②。虽然电影和文学长期以来试图打破连续性这个幻觉，打碎观众的自鸣得意，使他们意识到他们所读所观的叙事作品不再是必然的也不再是别无他法的，可是法律仍在学着承认自己人造性这个事实。它旨在保存有序性、一致性以及必然性的幻觉，同时混淆这个事实即它的历史、决定以及故事可以由另一种方式来发展，可以吸收其他经验、其他观点和其他声音。

　　不过，这个世界及其源起和成因都是无穷的、无法解释的、最终也是无法控制的。诚然，假如不是这样，那么这一切将是多么平淡乏味。因此，企图与这个世界竞争、企图解读或表征甚至整治这个世界都是注定失败的。③ 艺术没有表征或模仿现实，没有否定或分解神秘，艺术或许暗示了我们认识现实的挫败：艺

---

　　① 特别参见帕特里夏·沃夫(Patricia Waugh)的主张，那种关注自己作为语言人工制品身份的小说创作使我们能够"探索文学虚构文本之外世界的可能存在的虚构性……假如作为个体我们现在占据'角色'而非'自我'，那么对小说人物的研究可以提供一个有用的模式来解读小说之外世界主观性的建构。假如我们对于这个世界的了解是通过语言来传达的，那么文学虚构(完全由语言建构的世界)就会成为了解现实本身建构的一个十分有益的模式"：*Metafiction：The Theory and Practice of Self-Conscious Fiction* (London and New York：Routledge, 1984), at 2-3.
　　② John Updike, 'The Author as Librarian', *New Yorker*, 30 October, 1968, at 223; quoted by Martin S. Stabb, *Jorge Luis Borges*, (Boston：Twayne Publishers, 1970), at 145.
　　③ 正如博尔赫斯所言，"这个世界的机制对于一头简单的野兽而言太复杂了"：Jorge Luis Borges, *Labyrinths* (ed.) Donald A. Yates and James E. Irby (London：Penguin, 1970), at 273.

术不如神话有那么强的模仿力。① 的确,正是文学中的现实主义、哲学中的经验主义以及法律理论中的实证主义有能力摧毁我们的体验,它们不仅借助那些可以观察到的一切而且借助杀伤力更强的"这就是一切"来识别那些可以认识的。② 被束缚在日常环境中的是贫穷,正如博尔赫斯指出的,"当人们可以无处不在时,当人们可以永恒不朽时!……让我们永无止境"③,他如此乞求。假如我们不再认为理性可以推理一切,那么我们体验赖以扎根安定的概念,比如身份、时间和法律的概念就会呈现为有限的、任意的。另一方面,幻觉可以使我们表达不同体验,表达我们之前已经表达或者没有表达的东西。诚如温尼科特(Winnicot)常常提起的,我们真的很可怜,假如我们仅仅只是心智健全。艺术游戏可以打开世界、法律和语言使其成为一种可能事物而不是一个既定事物。这样做的结果不是否定现实而是在**扩展**现实。

此类预见从来只有通过语言才会产生,这个语言告诉我们的与我们借助它所说的一样多,为此,语言必须相应地扩展到宣告和暗指不可言喻和无法表征的事物。利奥塔说,我们的任务就是要"让人明白有些事物可以设想,也有些事物既看不见又无法让人看见……不提供现实只暗指那些无法表述却可以设想的事物。"④正如托多罗夫主张的,特别是奇幻文学质疑现实和非现实之间存在的无法简化的对立,这迫使我们想知道是否存在一个主要由文学来表达的外部现实这类东西。我们或许非要习惯于不安分的想法即现实本身就是理性创造出来的小说以及"正常"人本身就是一个奇幻的客体。⑤ 这个奇幻客体依靠法律和语言获得安全感、身份感和终结感。

是的,正如布朗肖承认的,文学不是告诉我们如下内容的第一篇"话语",即我们都上当了,我们生活的世界中法律、行为、思想、词语和梦幻总是已经借来的,总是已经负载着我们无法掌控的价值观和意义。真正马克思主义者警告我们当心假意识,真正的弗洛伊德主义者警告我们当心我们无意识的欲望,法律批

---

① John Sturrock, *Paper Tigers: The Ideal Fictions of Jorge Luis Borges* (Oxford: Clarendon Press, 1977), at 127.

② J. Agassi, 'Philosophy as Literature: The Case of Borges', *Mind*, April 1970, 287-294, at 291.

③ Richard Burgin (ed.), *Jorge Luis Borges: Conversations* (Jackson: University of Mississippi Press, 1998), at 196 and 209.

④ Jean-Francois Lyotard, 'Answering the Question: What is Postmodernism?' in Thomas Docherty (ed.), *Postmodernism: A Reader* (Hemel Hemsptead: Harvester Wheatsheaf, 1993), at 43 and 46.

⑤ *The Fantastic*, *supra*, quoting Jean-Paul Sartre, at 173.

评学者警告我们当心法律对我们的身体甚至我们的心灵所掩藏起来的设计。可是我们仍然听而不闻,我们仍然我行我素好像我们就是我们自己真正的唯一的代理人,好像语言任由我们用来表达和实现我们自己的一切愿望。的确,正如布朗肖所指出的,这些话语可能是"伟大骗局的一部分",掩盖了一个更加危险更加伟大的欺骗。①

由于我们是语言构建出来的,而词语是其唯一的武器,因此诗歌可以谋杀我们的自我感觉、我们的法律甚至我们的词语:诗歌可以谋杀现实本身。有一点不同的是:正如我在本书最后一章指出的,法律的弥诺陶洛斯(Minotaur)杀死受害人弃尸现场,而每当我们阅读和再读这些老故事,每当我们创造和再创造这些旧曲调,阿里阿德涅和文学都一再给他们注入新的生命。正如布朗肖主张的,假如文学成功地制造了谎言、虚假和奸诈,假如文学成功地制造了作者和读者都会相信的世界,那么这个成功"使得虚空这个要素成为这个世界的谎言,什么是最真实的这个问题最终由此映入眼帘"②;布朗肖继续指出,"这个几乎不存在的脆弱的文学"可能看起来就不像是"在与这个伟大骗局斗争中可以值得信赖的东西"。但是,文学让人感知到的脆弱要比骗子认定且不遗余力对抗的强劲对手更能挫败骗子的阴谋诡计。③ 正如鲍德里亚指出的,强制性机器更容易受到**仿生**的而不是真正的拦截的扰乱:"因为真正的拦截扰乱的是事物的秩序、财产的权利,而仿生的拦截干扰的却是现实的基本原则。侵权和暴力没有那么可怕,因为他们只是挑战了现实的**分布**。而仿生却是无比危险,因为它总是超然客体之上提醒,**法律和秩序本身只不过也是个仿生而已**。"④

我在本书最后一章中指出,依然更加脆弱的阿里阿德涅可以在这些"伟大话语"失足的地方成功,她没有带来这些话语许诺的伟大革命,相反却在服务这个伟大骗局的过程中成为历史遗迹。最后一章是这个序言的续集同时也是另一个开篇,在那一章里我试图通过论述"在法律面前"、在表征面前、在标识语面前找到自我的这个故事和概念来写作另一个续集,创造这样一个现实:这个故事从阿里阿德涅及其成功地商谈了法律企图否定她不同语言的这个视角再述了弥诺陶洛斯神话。在修改这个弥诺陶洛斯神话中同时又为法律和文学带来了另一个生命,标绘了一段旅程,从母亲出发却不是再回到自己或直指死亡而是向外延伸走

---

① 'The Great Hoax' in *The Blanchot Reader*, *supra*, at 157.
② 'The Novel is a Work of Bad Faith' in *The Blanchot Reader*, *supra*, at 73.
③ 'The Great Hoax' in *The Blanchot Reader*, *supra*, at 166.
④ 'Simulacra and Simulations' *supra*, at 177 (emphasis in 'original').

向他者。阿里阿德涅的她史表明一开始没有标识语只有音乐,没有功利主义词语只有一个意象,没有法律只有一种感觉。这个感觉保证了连续性而不是闭合性,保证了相关性而不是竞争性,保证了永生而不是死亡。

就像本书一样,阿里阿德涅的旅程是循环的而不是线性的,而且一路上暗示了通往法律迷宫的新的入口以及跟或者不跟杀人凶手弥诺陶洛斯共同生活的新方式。她的旅程表明,男人一直躲藏在自己创造出来的且名目繁多的法律、理性、知识、圣灵等迷宫,而女人则从他强加给她的称作"家"的监狱中走出来去周游世界:"带给你",就像哈维唱道,"我的爱"。

为了进入法律迷宫,阿里阿德涅必须开始创造她自己的法律,也就是不仅要设计出新的规则还要设计出新的语言和新的风格,对此阿里阿德涅十分感激。通过鼓励法律学界扩大什么可以言说的界限,她鼓励扩大语言的界限并且藉此鼓励扩大法律的界限。她没有指望用法律或文学来表征和整治这个世界,她的风格是希望暗示和保留其神秘。同时,她的风格坚持承诺法律和文学共同孕育的孩子、"置身他自己迷宫中的律师"和"从她走向永恒的女性"联姻后诞生的孩子没有必要非得是个男孩;她的风格坚持承诺正是这个孩子,无论是男孩还是女孩,与柏拉图以及千百年来的男性哲学家和法律人不同,不必害怕自己有穿女装的想法,也就是说不必害怕自己有性别角色表演的想法。

阿里阿德涅充分享受自己长期被排斥在外以及她对法律和文学的怀疑和玩世不恭的态度中所获得的自由,这个自由或许指引了另一条道路,这条路上无须遭受真相这个幻觉的困扰,也无须声称传递所有答案,更不必说是所有正确的答案了,换句话说也无须声称最后一个词语。阿里阿德涅的"表演"没有支持法律和文学是两个不同的学科,而是指出了一个既不是创作法律也不是创作文学的方法,是一个创作法律**与**文学的方法。

第二章

起源的神话和神话的起源：超越俄狄浦斯之旅[①]

[①] Sophocles, *The Three Theban Plays*: *Antigone*, *Oedipus the King*, *Oedipus at Colonus*, trans. Robert Fagles, (Harmondsworth: Penguin Classics, 1984)，文本中所有引用都是来自该版本。

> 为了传达神谕而离开第十一号路口。
> ——M4号公路上的路标

第一节　神话与理性

要对让-皮埃尔·韦尔南(Jean-Pierre Vernant)进行释义，我们认为神话不仅存现于社会中而且社会也存现于它的神话中。① 神话不仅只是提供了娱乐的一个来源或者描写了它们现存的社会，无论是在古希腊还是当代社会中，神话都是自然化和规范化过程中所固有的。神话的唾手可得及其广泛传播意味着它们在教化、统一和恒定的社会及其文化传统和预期中比国家法律更加重要也更有影响力。正如罗兰·巴尔特主张的，在天真地讲故事和客观地描写这个表象背后，神话所表达的信息在规范性、价值观负荷和说教意义等方面一点也不比法庭宣判所传递出来的信息逊色。的确，它们披上"去政治化"外衣要比法律语言更可能成功地使那些所有政治的、任意的以及约定俗成的东西显得更加自然、真实和必然。② 在诸如克劳德·列维-斯特劳斯(Claude Levi-Strauss)等结构主义者看来，神话可以表达一个社会的政治、宗教、社会和性等领域的基本假设、结构和传统，在这些领域里，哪里有矛盾不解，哪里就有它们来担当起调停、稳定并且最终解决矛盾的作用。③ 而且对于精神分析学家而言，神话可以表达社会的不满、压抑或者不被接受的欲望：假如梦是通向个人无意识的康庄大道，那么神话就是表达了社会的集体无意识，而且就像自我阻碍无意识导致了个人的神经衰弱一样，那么集体无意识的阻碍导致了集体的神经衰弱，同时也维持了不满意的社会

---

① Jean-Pierre Vernant, *Myth and Society in Ancient Greece* (New York: Zone Books, 1988), trans. Janet Lloyd), at 10.
② Roland Barthes, *Mythologies* (London: Vintage, 1993), trans. Annette Lavers, at 124-5：神话有"命令和强迫的特性……它具有物理和法律术语的意义"。
③ Claude Lévi-Strauss, *Structural Anthropology*, trans. Claire Jacobson and Brooke Grundfest Schoepf (London: Allen Lane, 1968), at 244："神话思想总是从认识对立到最终解决过程中发展而来。"

文明。①

　　神话的规范层面没有得到千百年来西方理论家的重视,他们对比研究了神话的窃窃私语和理性的振振有词,然后发现了神话的不足:柏拉图将神话谴责为"无稽之谈",神话缺乏理性话语的逻辑和示范力量。同样地,历史学者企图限定历史的范围,认为只有在经验上可以证实的资料才能算是历史,因而否定了神话在重述往事中的价值。然而,柏拉图却还是欣赏神话的说服能力足以保证把诗人赶出理想王国,因而在试图表达善良与正义这类概念时并不反对向神话和诗人求助灵感:"那么,亲爱的格劳孔(Glaucon)",《理想国》(*The Republic*)中的苏格拉底断定,"他的故事得以保存不朽,如果我们还记得,那么反过来也会保存我们自己"。② 历史学者同样也同意神话在理解往事中的重要作用,正如巴霍芬(Bachofen)所言,"否定传说的历史性并不能剥夺它的价值。不可能发生的事情还是被思考过"③。根据法律的起源、定义以及其他神话的延续,把现代法律本身看作神话最近已经成为法律批评家们关注的焦点。④

　　神话所遭受的怀疑表明,怀疑这个概念本身的创造是为了迎合差异性,也是为了诋毁差异性,人们青睐的理性这个工具无法理解或者赞同差异性。让·皮埃尔·韦尔南颠倒了神话和理性之间的优先次序,这说明哲学本身就是企图制定那些神话已经知道并且以寓言故事的方式传播的真理。⑤ 在希腊人看来,神话是社会共享的文化财富,既真实又珍贵,是教育年轻人的宝贵财富。荷马史诗必须要教,必须习惯在宴会和座谈会上背诵荷马史诗,它也是理解希腊社会的过去和现在的传统以及不断自我定义的关键所在。再加上仪式,神话"明确澄清社会关系中隐含不清的东西",肯定了社会价值观以及人们选择的生活方式。⑥

---

　　① 要看荣格对于神话和传说探讨原型意象和动机请参考 Carl Gustav Rung, *Two Essays on Analytical Psychology* (Princeton, NJ: Princeton University Press, 1972) [1943]。
　　② Plato, *The Republic*, trans. Desmond Lee (London: Penguin, 1987), at 393.
　　③ J. J. Bachofen, *Myth, Religion, and Mother Right: Selected Writings of J. J. Bachofen*, trans. Ralph Manheim (Princeton, NJ: Princeton University Press, 1973), at 213; quoted in Peter L. Rudnytsky, *Freud and Oedipus* (New York: Columbia University Press, 1987), at 190.
　　④ See especially Peter Goodrich, *Oedipus Lex: Psychoanalysis, Histroy, Law* (Los Angeles and London: University of California Press, 1995); Costas Douzinas and Ronnie Warrington, 'Antigone's Dike: The Mythical Foundations of Justice' in *Justice Miscarried: Ethics, Aesthetics and the Law* (Hemel Hempstead: Harvester Wheatsheaf, 1994); Peter Fitzpatrick, *The Mythology of Modern Law* (London and New York: Routledgek 1992).
　　⑤ Jean-Pierre Vernant, *Myth and Society in Ancient Greece*, supra, at 222.
　　⑥ Richard Buxton, *Imagianry Greece: the Contexts of Mytholgoy* (Cambridge: Cambridge University Press, 1994), at 130.

神话还被召唤来调停西方社会选择用来界定自己也评判其他社会的更加固执的范畴和对立:人(man)①和神之间的对立,人和兽之间的对立,自我和他者之间的对立,自然和文明之间的对立,神的预知和无意义之间的对立,人和城邦之间的对立,公众和私人之间的对立,秩序和混乱之间的对立,男人和女人之间的对立。不过,假如这些对立是文化上的而不是自然的,而且那些建构这些对立的话语就像这些对立本身一样是偶然发生的,那么情况会是怎么样呢?假如那样的话,神话不是揭示了世界的真相,相反,神话以及我们对它的解读可能有助于"让这个世界遵照神话而运行"。② 那么任务就不仅是解决神话应该要调停的那些对立,而是要解决对立本身,更重要的是要解决那些建构这些对立的话语。

没有哪个神话像俄狄浦斯那样能够在西方社会长期普遍存在,给一代又一代的观众和读者带来了愈发广泛的意义。我在发表一些少量的对俄狄浦斯的解释的同时,较少关注这个神话意味着什么,甚至更少关注这个神话是真的还是假的或者它是否与其他神话共同构成系统统一的一部分,是谁赋予了这些意义以及谁会从中受益。俄狄浦斯神话用来调停的对立是什么?这些对立是如何形成的?谁决定这个调停方式?谁又能从中获益?假如就像弗洛伊德所认为的,真理只有通过对它的扭曲才能得以瞥见,那么这个神话扭曲的是什么真理?而且这个扭曲揭示了我们社会无意识的哪些方面?更重要的是,我们社会赋予它的意义对我们自身有什么启示?假如俄狄浦斯神话不仅是过度决定的而且还是用之不竭的,那么它的意义就不会是冰封僵硬的而是任由感兴趣的观众和读者再解读、再挪用。特别是假如俄狄浦斯神话就像我们常常被告知的那样探究了人类心理、社会和法律的起源和根基,那么神话及其解读又能对那些被排挤在外的一切说明了什么呢?对那些在神话产生及再述中被排挤在外的一切说明了什么呢?对那些代表了无意识的无意识以及那些代表了"黑暗大陆"的"黑暗大陆"说明了什么呢?

第二节 神话与悲剧

古代雅典产生的悲剧与其他市民生活不可分割,是市民生活的一个组成部分,就像统治法庭和政治机构等类似的结构和传统一样。悲剧出现在人及其在

---

① 这里特意使用男性代词(man)指代所有人是因为,有人会认为,"女人(woman)"不仅被文本本身排除在外而且还被文本的解读也排除在外。

② Pierre Bourdieu, *An Outline of a Theory of Practice*, trans. Richard Nice, (Cambridge: Cambridge University Press, 1977), at 167.

世上居所的对比理解的过渡时期,让·皮埃尔·韦尔南和皮埃尔·维达-纳奎特(Pierre Vidal-Naquet)称之为"悲剧时刻"。① 在这个边界地区,英雄价值观和市民价值观二者之间的对立,人类自治与圣灵主导之间的对立,人的正义与神的正义之间的对立,全都受人质疑。正如查尔斯·西格尔(Charles Segal)所言,悲剧突出了这些对立,悲剧把英雄从过去世界带入了城邦世界并且让他们遭遇了人内心深处的矛盾,也让他们遭遇了语言用来调和这些矛盾的模糊特性。不过,与荷马诗歌相对立的是,神话英雄的行为给人类的行为带来了教训,而悲剧却没有产生任何简单的答案。一旦过去的众神和英雄们被引入城市国家,他们的行为在剧作家看来就不仅仅是观众与政治组织(Polites)参与的一个辩论话题。神话曾经肯定的价值观被再次打开并受到质疑,众神的公正、身份、起源、人的命运以及城市自身的结构和机构也都受到质疑、受到扰乱并被推向极限。悲剧没有肯定社会秩序,而是赞同社会矛盾并且探索那些冲突既没有解决又没有调停的可能性。②

查尔斯·西格尔继续主张演员所带的面具强调了戏剧的外表,赋予参与者自由地质疑社会的规则和机构。悲剧再次打开了既存的界限,是希望能够提供一个空间让人们认识已有规则和结构的偶然性。③ 的确,这是一个在诸如法庭这样机构中得不到支持的自我反思和质问的形式。但是,悲剧的政治效果真的比法庭上的一天更加激进吗?走出剧场还会继续质问吗?相反的恐惧是,正如奥古斯都·波尔(Augusto Boal)指责的,悲剧可以抚慰意志,平息却非挑衅观众,引领观众被动地顺从现有状态而不是质疑人类的遭遇和不平等的命运。④

一旦提出质疑,它是不是一种无害的不满?是不是就转移了注意力,允许城邦及其公民表达他们对于法律和机构的怀疑和矛盾,然而在现实生活中去质问这些是不可能的也是痛苦的。安德烈·格林(André Green)在对悲剧的精神分

---

① Jean-Pierre Vernant, and Pierre Vidal-Naquet, *Tragedy and Myth in Ancient Greece* (Brighton: Harvester Press, 1981) [1972], at vii.

② See Charles Segal, *Tragedy and Civilization: An Interpretation of Sophocles*, supra, at 21 and 51; Jean-Pierre Vernant, *Myth and Society in Ancient Greece*, supra, at 214:"神话以最原始的形式提供了。从未明确构成为问题的答案。当悲剧取代神话传统时,它用这些传统提出了一些无解的问题";罗兰·巴尔特认为:"神话来自矛盾并逐渐发展成为对矛盾的调解;相反,悲剧拒绝调解且继续保留冲突", quoted by Segal, supra, at 51.

③ Segal, *Tragedy and Civilization*, supra, at 42.

④ Augusto Boal, 'Theater of the Oppressed', trans. Charles A. and Maria Odilla Leal McBride (London: Pluto Press, 1979).

析解读中认为,剧场接受的伪装和夸张给此类不满提供了一个理想的场所,因为它描述了那个"其他场景"和无意识。① 雷内·吉拉德(René Girard)认为俄狄浦斯神话是在执行替罪羊这个古老的仪式②,这个仪式可以延伸到剧场体验:对于吉拉德而言,居于人类社会中心的替罪羊机制本身就是无意识移情的一种形式,藉此人们将自己心理感受到的每个危险或仇恨都投射到另一个人身上。在安德烈·格林看来,悲剧也可以是一种替罪羊,通过见证悲剧场面来排遣不适的情感:平息无处不在的痛苦和紧张情绪并且满足人类欲望。

此外,假如悲剧的高潮就像亚里士多德强调的是英雄的发现(anagnorisis)③,那么这个所谓的决议是不是另一个声称来解决和遏制冲突和差异的主要叙事呢?特别是假如悲剧认为存在一个"永久的、普遍的和不变的人性"④,那么所有观众是否体验到了与英雄一样的身份认同从而体验到了英雄自我发现和自我认可的同样的情感宣泄呢?女性读者和女性观众是否体验到了俄狄浦斯崩溃的相同遗憾和恐惧,以及是否体验到了他通过自我视而不见达到象征性阉割的情感宣泄呢?或许正是只有让悲剧的结局可以有各种不同的解释,或许只有通过强调我们的阅读以及戏剧表演中各种相冲突的观点,悲剧才可以像尼采所希望的那样依然"超越善良与邪恶"而存在。

第三节 潜在迹象:命运还是机缘?

荷尔德林(Holderlin)说,悲剧产生于神和人同时融合又分开的需求之间的冲突。⑤ 以俄狄浦斯为代表,我们处在自然和文化、自然和超自然、文明和野蛮、

---

① Andre Green, *The Tragic Effect*, trans. Alan Sheridan (Cambridge: Cambridge University Press, 1979). 格林进一步宣称每个英雄和每个观众都是俄狄浦斯戏剧中的儿子,与众神抗争最终被镇压,再一次确保了父亲的胜利:"最后没办法,每个文本都是从谋杀(父亲)开始以期获得快感和性的占有(对母亲的)";第 32 页。

② 对于雷内·吉拉德(René Girard)来说,俄狄浦斯的罪行是要废除社区秩序和稳定所依靠的差异;因为一旦秩序恢复,"俄狄浦斯就成了所有社区病态的存储库……人类替罪羊的一个主要例子",用来保卫和清洗社区由于自身的暴力和不可调和的差异所造成的后果: René Girard, *Violence and the Sacred* (London and Baltimore: Johns Hopkins University Press, 1977), at 68-88.

③ "anagnorisis"是亚里士多德在《诗学》中的用语,它与"peripetia"(突转)被视为悲剧情节的主要成分。——译者注

④ Raymond Williams, *Modern Tragedy* (London: Chatto, 1966), at 45.

⑤ 'Observations', quoted and discussed in Peter L. Rudnytsky, *Freud and Oedipus* (New York: Columbia University Press, 1987), at 127.

秩序和混乱、自治和宿命之间的边界地带。在公元前5世纪的雅典,随着新的法律和政治机构的建立,一个最重要的问题就是人与众神之间的关系以及人的正义、法律、秩序与神的正义、法律、秩序之间的关系。法律在公元前5世纪的雅典当然不如今天的法律这么自主,大部分法律仍处在从宗教和道德思想中区分出来的过程中。正当法庭忙于从其他来源中解脱开来的时候,它的不确定性和模糊性却是剧作家灵感的丰富源泉,剧作家给人们解决了法庭所解决的类似主题。随着《俄狄浦斯王》(Oedipus the King)的诞生,戏剧这种形式就是判决和惩罚紧随其后的一种调查,它就像是一起法律案件。正如尼采指出的,索福克勒斯(Sophocles)"一开始给我们打了一个错综复杂的法律结,法官在慢慢解开这个结的过程中带来了自己的毁灭"①。

人用语言表达思想以及引导自己和他人行事的能力经受严格审查因而也存在很多问题;语言学术语不是交际的中介而是呈现了所有的模棱两可和不确定性。一开始,词语对于俄狄浦斯而言意味着一回事,而对已经知道这个故事的观众而言却意味着另一回事。因此,俄狄浦斯主动提出要为拉伊俄斯(Laius),"要为我自己的父亲"而战斗,因为他说他和拉伊俄斯拥有"共同繁衍子孙的妻子"而且"共同"拥有子孙(260)。这些口误表达了说话人自己意识不到的真相。与此同时,没有谁在寻找某个潜在真相时可以忽视语言这个媒介,因为那个真相只能用语言来表达而且的确也是由语言构成的。这部戏剧的"行动"几乎全部是由令人困惑的语言问题构成的,也就是说是对神谕的解读,这个神谕(重要的是由女人说出来的)必须是晦涩难懂且神秘难测。② 或许正如让·皮埃尔·韦尔南主张的,只有当主角和观众都接受那些词语、价值观以及人们自己也是模糊不清、相互冲突、问题不断的时候,我们才可以谈论获得了"悲剧意识"或者悲剧体验。③

承认人类语言的局限性,也是承认在人与神的冲突中人类知识的局限性。悲剧打开了人类知识与神灵知识之间的辩论以及这类知识的先进和不足之处。

---

① Friedrich Nietzsche, *The Birth of Tragedy*, trans. Francis Golffing (New York and London: Doubleday, 1956), at 60.

② 辛西娅·蔡斯(Cynthia Chase)进一步论证,俄狄浦斯的罪行及其内疚是从搜集到的文本中解读出来的而没有实证证明。俄狄浦斯的内疚不在于他最初的行为中因为他对此一无所知因而是无辜的,他的内疚也不在于他把故事拼凑到一起的当今戏剧之中,而是存在于这两者之间:"这是一个讲述说故事的危险的故事;俄狄浦斯通过讲故事而让某些事情发生了"。'Oedipal Textuality: Reading Freud's Reading of Oedipus' in Maud Ellman (ed.), *Psychoanalytic Literary Criticism* (Harlow, Essex: Longman, 1994).

③ Jean-Pierre Vernant, 'Ambiguity and Reversal: On the Enigmatic Structure of *Oedipus Rex*' in Jean-Pierre Vernant and Pierre Vidal-Naquet, *Tragedy and Myth in Ancient Greece*, supra, at 88.

悲剧性弱点（harmartia）①这个概念把人描述为病态的、做了错事却不自知，与此同时悲剧质疑人究竟要在多大程度上为自己的行为负责。一方面，悲剧英雄要激发我们的同情，他必须被视作努力应付艰难抉择的自由行动人；另一方面，悲剧发生了是因为他的行动没有完全脱离神灵的旨意。假如主体似乎有选择、自主行动、有担当和有自由，那么强大的超人力量隐约中似乎更为强大，因为正是人与神两者之间的冲突赋予了戏剧的悲剧意义。在这种情况下，西方社会认为的自由意志这个概念根本上就是有问题的。把人看作普遍的、连贯的和连续的代理者，认为人应该为自己行动的因果负责，这本身就是一个偶然的、历史的而不是普遍的、不变的真理。韦尔南指出，假如这个自由意志有什么范围，那么它当然不是康德所说的自主意志，而是因害怕神权而束缚手脚的意志，即便不是真的受到了神权压迫的话。②

索福克勒斯的《俄狄浦斯王》赤裸裸地抛出人的选择与神的预知之间的冲突：索福克勒斯不可能没有意识到诸如高尔吉亚（Gorgias）和普罗泰戈拉（Protagoras）等人的教诲在当代雅典的影响力。这些早期的怀疑论者，他们歌颂人的推理能力，并且宣称"人是万物的尺度"，怀疑预言与神谕的相关性。俄狄浦斯在开场合唱颂歌中得以被夸赞，是伯里克利（Pericles）所青睐的当代人的化身：

> 您虽然不能与神等身……
> 但是在我们面临共同危难时刻
> 在我们迎面与神相遇的时刻
> 我们真的认为您就是人中豪杰

---

① "harmartia"这个词通常指悲剧中主人翁由于性格或判断导致的缺陷或弱点。——译者注

② Jean-Pierre Vernant, 'Intimation of the Will in Greek Tragedy', in Vernant and Vidal-Naquet, *Tragedy and Myth in Ancient Greece*, supra. See also E. R. Dodds, 'On Misunderstanding the *Oedipus Rex*' in Harold Bloom (ed.), *Modern Critical Interpretations*: *Oedipus Rex* (New York: Chelsea House Publishers, 1988), at 42:"除了代理者意志之外一切都不重要这个教条是基督教的特别是后康德思想的特性。"And R. P. Winnington-Ingram, 'The *Oedipus Tyrannus* and Greek Archaic Thought' in Michael J. O'Brien (ed.), *Twentieth Century Interpretations of Oedipus Rex* (New Jersey: Prentice-Hall, 1968), at 89:索福克勒斯把人同时看作"自由地自主地决定一切，从而产生了自由与必要之间的张力，而这个张力似乎是悲剧悖论中最为关键的东西……[他并没有]因为自主的意志和上苍的天真而被诱惑去捏造证据"。Also Thomas Gould, 'The Innocence of Oedipus: The Philosophers on *Oedipus the King*' in Harold Bloom (ed.), *Modern Critical Interpretations*: *Oedipus Rex*, supra, at 51:"希腊人在斯多葛学派之前还没有想过我们所想到的意志，所以没有把命运和自由意志看作唯一的选择。也就是说，假如我们认为'我们'对于意志的理解只是我们自己的于是接受了索福克勒斯对于意志的理解，那么我们就会发现俄狄浦斯是行动自由的并且也是为所发生的一切负责任的，即便所有事件产生的全部后果多次说是神灵所为的。"

> 您来到底比斯，
> 把我们从斯芬克斯口中解救出来
> 给我们从血腥的贡品中松了绑
> 无须再给这位冷酷无情的歌妖进贡
> 我们并没有教您任何东西
> 任何技能，任何额外的知识
> 然而您还是胜利了。
>
> （《俄狄浦斯王》，39—47）

这就提出了人与神之间的关系问题特别是神的知识与人的知识之间的对比问题。假如这位给我们世界和存在赋予意义的先验能指即这位神不可信，那么人的存在也缺乏意义、来源或计划；人们紧抓不放的符号就像它们可以安慰和鼓励人一样是任意的、毫无目的的。合唱团在颂赞俄狄浦斯作为人所具有的能力的同时也小心谨慎地将更多深奥知识归功于众神。不过，伊俄卡斯忒（Jocasta）明确地质疑神谕的价值和真理，而且并不避讳地相信宇宙可能掌控在命运女神堤喀（Tycle）或者机遇的手里："世上没有什么技能，人能穿透未来没有什么了不起。"(781—782)，她宣称，人对未来的担心因而是荒谬的、愚蠢的。

> 害怕？
> 为什么要害怕？是偶然，
> 都是偶然在掌控我们的命运。世上没有人
> 可以预见未来，哪怕是一天后的未来
> 我们一直在黑暗中摸索前进
> 最好随遇而安，这才是我们所能做的
> 至于和令堂成亲——
> 也无须过于纠结。在您之前不知有多少人
> 在梦中也是与其至亲同床共眠
> 为此郁郁寡欢，真的没有必要
> 勇敢地活下去，俄狄浦斯
> 就算没有明天！
>
> （《俄狄浦斯王》，1069—1078）

伊俄卡斯忒主张"机遇"是统治宇宙秩序的力量，同时也暗示了存在不同法律和不同真理的可能性，甚至存在一个更高级的法律和更高深的真理，它们不是来自

有意识的知识或理性,而是来自无意识的冲动和身体。人们可以进一步论述,伊俄卡斯忒或者女性在声称或解读这个更高深真理以及更高级律法的时候通常不被信任,因此她的宣告必须得怀疑、必须得抛弃:正如罗伯特·菲戈尔斯(Robert Fagles)所言,伊俄卡斯忒"认为世界的设计是没有秩序的……她错了;设计就在那儿,要是她看清楚了设计是什么,她会改变自己看法的"①。

  合唱团也不愿意赞同世界可能是由机遇统治的这个看法。他们一再坚持认为存在着永恒不变的法律,这些法律给看似散漫任意的生活暂时赋予了结构和意义。执行神谕特别可以用来表明神灵存在的迹象,在人的生命中神灵是全知全能并且无所不在。

    娴熟的先知审视群鸟使我充满了恐惧并几近崩溃
    我不能接受他也不能否定他,不知如何是好
    我不知所措,黑暗的翅膀不祥地扇动起来
    我不了解已经发生了什么,也不了解还会发生什么……
    宙斯和阿波罗知道,他们知道
    通晓人类命运所有黑暗和坎坷的众神们都知道
              (《俄狄浦斯王》,550—562)

相反,预言或许不会实现的可能让合唱团无比担心,因为这会使社会混乱不堪且毫无意义。当伊俄卡斯忒怀疑这个预言时,合唱团祈祷这个预言能够实现以便确保神灵对这个世界的统治:

    命运总能找到我
    命运仅凭词语和行为就让我心存敬畏
    伟大律法明镜高悬
    生来光耀苍穹——
    奥林匹克的天空,他们唯一的父亲
    万物不朽,无人能创造这一切
    他们的记忆永存,从未在睡梦中迷失:
    他们心中存活着万能的神灵
    神灵永不变老。
              (《俄狄浦斯王》,954—962)

---

① Robert Fagles, Introduction in *The Three Theban Plays*, supra, at 153.

>我再也没有去朝圣特尔斐
>这世上不受侵害的中心
>也没有去敬拜在阿坝的阿波罗古老神谕
>也没有去朝圣圣火的奥林匹克——
>除非这些预言全都实现
>因为全人类还指望奇迹。

(《俄狄浦斯王》,985—990)

正如许多评论家们指出的,索福克勒斯也从拥护伊俄卡斯忒认为宇宙是由机遇而非神灵安排的看法中退缩了,同时也从诡辩家们对人类基于人的事迹而非神的事迹有能力建立一个新秩序的颂扬中退缩了。预言的实现代表了存在一个更高级的律法,而且俄狄浦斯的悲剧否定了人有神灵那样的能力从而证实了这类秩序的必要性。这部戏剧起初庆祝人类理性和语言,事后证明却是错的,它宣告了人是无知的而神则是全知的。进一步来说,俄狄浦斯承认了神谕的实现并且接受了他的命运掌控在神灵手里的事实,他自己也给这部戏强加了秩序和结尾。① 罗伯特·菲戈尔斯说,俄狄浦斯这个人试图书写他自己的故事以免语言的实现,结果却发现预言早已实现;"悲剧英雄的灾难因此成了第五世纪人类的灾难……[人类]不是衡量万物的尺度而是被衡量的东西,人还被发现存在着欠缺,人还不够资格"②。

第四节 "人啊,认识你自己!"

面对这个挫败,评论家们仓促庆祝俄狄浦斯的另一个美德以期挽救他的高贵品质:据说,俄狄浦斯是人类探求以及**选择**去发现真相的自由化身。正如多兹(Dodds)主张的,"导致[俄狄浦斯]毁灭的,是他自己的力量和勇气,是他对底比斯(Thebes)的忠贞以及他对真理的忠贞。在这一切事上,我们认为他是自由的代理……而且他的自残和自我放逐同样是自由选择的行为"③。毕竟这部戏的重点不在神谕而是俄狄浦斯的侦查以及最终发现神谕已经实现了。获悉这一点

---

① See, for example, Rebecca W. Bushnell, *Prophesying Tragedy: Sign and Voice in Sophocles' Theban Plays* (Ithaca, NY: Cornell University Press, 1988).
② Robert Fagles, 'Introduction' in *The Three Theban Plays*, supra, at 143.
③ E. R. Dodds, 'On Misunderstanding the *Oedipus Rex*' in Harold Bloom (ed.), *Modern Critical Interpretations: Oedipus Rex*, supra, at 41.

的代价就是他所遭受的经历,该遭遇授予了他英雄的品质:"除了我没有人能够承受这些邪恶"(《俄狄浦斯王》,1415)。

当然,探求的自由不属于俄狄浦斯,更重要的是属于批评家们,他们仓促歌颂俄狄浦斯的探索是阿波罗法令的巅峰,"人啊,认识你自己"。黑格尔(Hegel)称赞俄狄浦斯是人类由东方走到西方的旅途化身:俄狄浦斯,就像亚当一样违抗上帝禁令偷尝智慧果并且挑战众神发表真理的权威;这类违抗标志了人类自我意识和自由的开始。① 俄狄浦斯被看作一个值得我们尊敬和钦佩的英雄,因为他有勇气去调研和质疑神灵预言的东西。他认为他有能力界定自己,这就表明了不同于神灵的人类自由和担当的开始。

不过与这类颂赞相伴的是,我们意识到对自己或他人的绝对了解总是可望而不可即,而一旦我们了解到则又会毁灭我们。荷尔德林警告世人知道太多反而很危险,他还警告世人"眼不要观八方",②海德格尔(Heidegger)论述了俄狄浦斯如何只能"通过闭上他自己的双眼即从所有光明中离开"方能承受知晓带来的重负。③ 因此,渴望真理不是一个奖赏而是一个诅咒:"正是仿佛对我们耳语的神话,智慧特别是酒神智慧是一个非自然的罪行,令人深恶痛绝;不论是谁为了炫耀所知道的东西把天理掀入毁灭的万丈深渊,他自己都必须经历天理的蜕变"。④ 俄狄浦斯的教训充其量就是告诉世人,了解自我的欲望从未得以实现,因为要分析的"自我"不是静止不变的而是一个不断发展变化的主体:正如伽达默尔(Gadamer)指出的,"要立身于历史之中就意味着对自我的了解永远没有完成"。⑤

与人类自由探求以及最终自由解决看似不妥协的难解之谜具有相同魅力的是侦探小说。侦探小说借助侦探的推理称赞了人类心智可以整饬现实,可以把

---

① G. E. W. Hegel, *Phenomenology of Spirit*, trans. A. V. Miller (Oxford: Oxford University Press, 1977) [1807],但是"这个获悉原则上说当然不是了解,因为无意识在其行动中就是它自身的对立面。他能够解开斯芬克斯之谜…他[是]通过神灵给[他]的启示而被派去搞破坏的"。See further discussion in Rudnytsky, *Freud and Oedipus*, supra, at 51-74.

② *Poems and Fragments*, trans. Michael Hamburger (Cambridge: Cambridge University Press, 1980), at 603. See further discussion in Rudnytsky, *Freud and Oedipus*, supra, at 121-30.

③ Martin Heidegger, *An Introduction to Metaphysics*, trans. Ralph Manheim, (New Haven: Yale University Press, 1959) at 106-7. Again see further discussion in Rudnytsky, *Freud and Oedipus*, supra, at 225-36.

④ Nietzsche, *The Birth of Tragedy*, supra, at 61.

⑤ Hans-Georg Gadamer, *Truth and Method*, trans. Garret Barnet and John Cumming, (New York: Crossroad, 1982), at 269.

眼前的混乱不堪改造的井井有条。一旦难解之谜得以解决、罪犯得以惩罚,那么一度因罪行而中断的规范和秩序便再次得到恢复。社会在面对尸体所经历的负罪感归咎于单个个体即罪犯。《俄狄浦斯王》关注罪恶、调查罪行、识别罪犯,一开始就受到人们欢呼夸奖,它大概就是最好的侦探小说。经典侦探故事中罪犯竭力掩盖犯罪事实和罪犯身份,而在《俄狄浦斯王》中调查者却是全力以赴地去发现罪犯的身份欲求解开这桩谜案。语言对于侦探小说至关重要,因为当我们知道罪犯是谁时故事并未结束,只有当调查者汇总所有完全不同的线索重新排序并且用线性方式讲述给等候已久的观众听的时候故事才会结束。不过,《俄狄浦斯王》中的语言自始至终都是掩盖真相而不是揭示真相,不过最终还是全线溃败:正如辛西娅·蔡斯(Cynthia Chase)指出的,发现这位弑父娶母的乱伦者是"不堪言说的事情……不堪阅读的重写本,这个文本不能用'单个声音'大声朗读出来"。①

不过,这个了解自我的禁令是不是一个普遍的法令,或者是不是对部分人性的成见?难道真如博尔赫斯所言我们都是俄狄浦斯吗?② 而且此类探求揭示的答案是不是具有普遍性?是不是仅限于**人类**的探求?俄狄浦斯的神话和悲剧再次确认了人类生存的基本对立面,这个观点让这些对立保存完整,它很少质疑我们是否有能力用这样的纯粹二分法将生命畴化或者让我们更希望调和这些对立。假如悲剧揭示了我们社会的、法律的和道德的结构的脆弱之处,那么"发现"这些结构包含了无法调和的对立则使得这些结构和这些对立保存得很完整。"自由探求"也不是像禁令表现的那样无私和中立。坚持神话所质问的这些对立,我们可以正视那些制定、长久保存并且声称要解决这些对立的这些话语和利益。

第五节　掩藏的身世:无意识

分析家像侦探一样也搜集了众多线索竭力去发现这些各种不同的信号背后所抑制或掩藏的故事。因此,精神分析和侦探小说在 19 世纪初的欧洲同时出现

---

① 'Oedipal Textuality: Reading Freud's Reading of Oedipus' in Maud Ellman (ed.), *Psychoanalytic Literary Criticism*, *supra*, at 68.

② Jorge Luis Borges, 'Oedipus and the Riddle' in *Selected Poems 1923-1967*, (ed.) Norman Thoms di Giovanni, (London: Penguin, 1985), at 211:"我们都是俄狄浦斯;在某个永恒的方面/我们也是这个三脚巨怪——/一切我们可能会成为的,一切我们已经成为的。它会战胜我们所有人/发现我们存在的庞然躯体;悲天悯人的上帝/赦免了我们的罪给了我们出路。"

绝非偶然。正是俄狄浦斯决心查明真相解开斯芬克斯之谜以及自己身世之谜吸引了弗洛伊德。戏剧的形式从压抑到解读到明示对于弗洛伊德以及这些事件本身都很重要。悲剧的展开,他写道,"谜团的解开,一步一步的而且很有艺术的,好比[就是]精神分析的所为"。① 俄狄浦斯的自我质问以及挖掘过去解读现在使得他就像是弗洛伊德一样是一个自我分析家。正如辛西娅·蔡斯指出的,弗洛伊德和俄狄浦斯共同的(我们所有人共同的?)一点不是或者不仅仅是弑父娶母的冲动,而是自我审查、释义和解决一个看似毫不妥协的迷案的自我驱动。②

笛卡尔相信主体有能力了解真相,这也是许多批评家对于俄狄浦斯这个人物所津津乐道的地方,但是在弗洛伊德看来他们忽视了无意识过程以及语言脱离现实对于主体所认为的统一、自主和自我认识的影响。没有注意到这些陷阱,俄狄浦斯声称有能力了解真相,可是他的崩溃的悲剧警醒我们:对于此类了解,我们是被蒙在鼓里的。黑格尔的俄狄浦斯代表了人类的自我意识,而弗洛伊德的俄狄浦斯则代表了无意识。黑格尔的目的论是走向未来,与之相对的是,弗洛伊德的探索是对过去的挖掘:③

> 假如《俄狄浦斯王》能够同样打动现代的读者或者戏迷,不亚于打动当代的希腊人,唯一可能的解释就是,希腊悲剧不是取决于命运和人类意志之间的冲突而是这个冲突得以展示的素材的独特本质。我们内心一定有一个声音承认《俄狄浦斯王》中命运所具有的令人叹为观止的强大力量……他的命运感动我们,因为那可能就是我们自己的命运,因为神谕在我们出生前就给了我们这个落在他身上的诅咒。或许正是因为这一点,我们所有人都注定了我们第一次性冲动是给了我们的母亲,同时也把我们第一次仇恨和暴力的冲动给了我们的父亲。我们的梦让我们相信我们过去的确如此。俄狄浦斯王杀死了他的父亲拉伊俄斯娶了他的母亲伊俄卡斯忒无非就是一个愿望得以实现——一个我们儿时愿望的实现。但是,我们比他幸运得多,因为我们没有得神经衰弱症,我们从儿时起就已经成功地收回了对母亲的性冲

---

① 'The Interpretation of Dreams' in *The Major Works of Sigmund Freud* (Chicago: Chicago University Press, 1952), at 246.

② Cynthia Chase, 'Oedipal Textuality: Reading Freud's Reading of Oedipus' in Maud Ellman (ed.), *Psychoanalytic Literary Criticism*, supra, at 57.

③ Paul Ricoeur, *Fredu and Philosophy: An Essay on Interpretation* (New Haven: Yale University Press, 1970), at 461.

动,并且从而忘记了我们对父亲的嫉恨。我们儿时就有的原始愿望已经在他身上得以实现,在他面前我们畏缩退避,而他在实现这些愿望时饱受压抑的折磨,尽管这样的折磨也是我们心智因儿时起就有的这些愿望而曾经经受的。"①

在弗洛伊德对于这个侦探故事的解析中的负罪感并没有像侦探小说中常见的或者像吉拉德对于牺牲的解释的那样,因为将罪恶归咎于一个人的身上而消融,而是负罪感被普遍化了:没有谁能够逃脱弑父娶母的罪责。儿童对于母亲充分的幻想和欲求在俄狄浦斯危机中受到了父亲威胁阉割的干涉,因而引入了对于乱伦的普遍禁忌。在所有父与子的冲突中,拉伊俄斯与俄狄浦斯之间的冲突一直就是"我是先来的",②虽然俄狄浦斯打败了他的竞争对手,但是胜利却带来了负罪感以及良心的形成,用弗洛伊德的话来说就是带来了自我。通过俄狄浦斯情结,社会结构融入了个体意识,主体学会用与社会规范相吻合的方式来改变和控制自己的欲望。随着孩子接受了并屈服于父亲的禁令,就从享受转变为现实原则。

因此乱伦禁忌随着俄狄浦斯情结而构成了欲望和法律之间的不解之缘,这标志了道德、良心、宗教和法律的开始。这也标志了儿童由自然世界走向了法律和文化世界,同时正如我在后文中指出的由母亲走向了父亲。这个法令不是建立在或维持在某种先验基础上(如自然法学者们所说的)或者在理性权威上(如社会契约论者所声称的),而是建立或维持在欲望之上。主体内化接受了此类禁令的这个事实有助于监管以及同时减少激进巨变的可能性。因此,正是在人类心理上我们必须查看任何有意义的持久的社会变革是否会实现。

我们用了大量篇幅来解读《俄狄浦斯王》在神的知识与人的无知之间的对比。对于弗洛伊德来说,这样的无知不是由于人的局限性和神的全知全能而造成的。掩藏我们身后的并非是不可思议的神而是我们自己。从这个方面来看,神的旨意和神谕不是别的,它们正是"[俄狄浦斯的]自我意识的荣耀伪装"。③

---

① 'The Interpretation of Dreams' in The Major Works of Sigmund Freud, supra, at 246-7.
② Peter L. Rudnytsky, Freud and Oedipus, supra, at 34.
③ Freud, 'A General Introduction to Psychoanalysis' in The Major Works of Sigmund Freud, supra, at 582.

第六节　无意识成为律法：阴茎法则

俄狄浦斯情结制定的法律不是一个中性的法律而是一个厚颜无耻的男权制度：是俄狄浦斯结构中的父亲颁布了禁令提出了社会规范，超我监管着主体压抑的欲望与男权文化的期待保持一致。弗洛伊德认为，女孩想要长出阴茎，这是把男性性欲看作衡量和发现女性不足的标准；将女性的性器官限定为阴蒂并且将之与男性器官相比，他认为女性的不足和需求在于那些东西被阉割掉了。在罗斯·伊利格瑞看来，那种认为女性欲望来自于缺失、不足和嫉妒男性这个观点本身就是男性对于母亲的强大力量的防卫。它还忽视了女孩不是只有一个器官而是多个。难道男孩们意识到他们没有乳房和子宫时没有觉得欠缺吗？假如男孩们认为没有阴茎的身体是不足的，那么难道女孩们就不认为男孩身体也是不足的吗？假如不是这样，不免荒谬可笑。① 而且据说，用弗洛伊德的话来讲，生孩子不正是对女人缺少阴茎的补偿吗？阴茎大概就是男人没有乳房和子宫的替代物吧。伊利格瑞断言，弗洛伊德对于女性性欲的理解反映了弗洛伊德想要发现的，女性作为一种缺失和洞穴可以用作一面镜子反映男性的丰满从而平息男人对于阉割的担心。② 在梅兰妮·克莱因（Melanie Klein）看来，不是阴茎嫉妒而是乳房嫉妒③描述了性别差异，而对于卡伦·霍尼（Karen Horney）而言决定性因素是男人的子宫嫉妒。④ 而且，弗洛伊德和拉康对于性别的解释都是基于所看见的而不是触觉到的、尝到的或者听到的：用西克苏的话讲就是偷窥狂的

---

① See, for example, Sylvai Plath, *The Bell Jar* (London: Faber and Faber, 1966), at 72：" 接着他站在我面前，我不断盯着他。我唯一能想到的就是火鸡脖子和火鸡砂囊，我非常郁闷。"

② 这些观点在她的两本主要著作中得以论述：*Speculum of the Other Woman*, (Ithaca, New York, Cornell University Press, 1985), trans. Gillian C. Gill; and *This Sex Which Is Not One*, trans. Catherine Porter and Carolyn Burke (Ithaca, New York, Cornell University Press, 1985). 她的作品中基本观点是"女人性欲总是基于男人参数来界定的"：*This Sex Which Is Not One* at 23 以及"关于女人性欲的精神分析话语是真理的话语，这个话语是讲述真理逻辑的真理的话语：即女性只是出现在男性主体设计的模式和法律中"：*This Sex Which Is Not One*, at 86。

③ 用玛丽亚·托克（Maria Torok）的话讲，梅兰妮·克莱因发现"乳房信仰代替弗洛伊德的阴茎信仰"，'Melanie Mell by Herself' in John Phillips and Lyndsey Stonebridge (eds.), *Reading Melanie Klein* (London and New York: Routledge, 1998), at 57。

④ Karen Horney, *Feminine Psychology* (London: Routledge, 1967).

理论。①

在伊利格瑞看来,不是女儿幻想勾引她的父亲而是她的父亲幻想勾引他的女儿,不仅拒绝承认或意识到他的这个欲望还要立法保护他不要对女儿有非分之想。从儿童的俄狄浦斯情结中产生的法律概念因此错误地代表了法律的起源以及人类主观性的本质。总之,与弗洛伊德的名言"生理就是命运"(anatomy is destiny)不同的是,"生理真的不是命运。命运才是男人成就生理的东西"。②

弗洛伊德对于性欲的表述是男人性欲和女人性欲的还原论者的看法,实际上男人抛弃享乐原则屈服于社会法律同时也使得他们成为法律的主宰。弗洛伊德明白是父权而不是母权才是语言的而非肉体的;他说《摩西与一神论》(*Moses and Monotheism*)中的父权制度代表了西方战胜了东方、知性主义战胜了信仰以及词语战胜了肉体。他援引埃斯库罗斯(Aeschylus)的《奥瑞斯提亚》认为,从母权制度"发展"到父权制度这反映了"文明的进步,因为母权制度是通过感知来授予的,而父权制度是基于推理和假定的假设"③。相反父权制度是通过法律来证明的,该法律把孩子归为父亲的财产,而取名和受洗的过程则是把孩子介绍给机构并补偿父权制度的不确定性。不过,父亲的权威从来就没有被满足或者神圣不可侵犯:特别是当女性通过不忠来颠覆这个法令和该法令所支持的父权结构。④

弗洛伊德在《图腾与禁忌》(*Totem and Taboo*)中为法律和文化的起源创造了他自己的神话,他用虚构的方式解释"一个难忘的犯罪行为,这是社会机构、道德约束和宗教等诸如此类事情的开端"⑤。这个犯罪行为是部落族长的儿子谋杀了这个独霸该部落全部女人的族长。"毋庸置疑",作为食人族,弗洛伊德继续

---

① 相反,西克苏说,"女人的诞生是要经过嘴巴的":'Extreme Fidelity' in Susan Sellers (ed.), *The Hélène Cixous Reader* (London and New York: Routledge, 1994), at 133。See also Luce Irigaray:"能够翻转事物的感知基本上就是触觉,我们的身体就是理解和操控世界、我们自己以及他人的触觉工具。"In Margaret Whitford (ed.), *The Irigaray Reader* (Oxford: Blackwell, 1991), at 141.

② Robert Stoller, in *Nouvelle revue de pschoanalyse* (Paris, 1973), No. 7, quoted by Christiane Olivier, *Jocasta's Children: The Imprint of the Mother* (London and New York: Routledge, 1989), at 53.

③ *The Standard Edition of the Complete Psychological Works of Sigmund Freud*, Vol. 23, (ed.) James Stratchey (London: Hogarth Press, 1953-1974), at 114.

④ See, for example, Helga Geyer-Ryan, 'Adultery as Critique' in Helga Geyer-Ryan, *Fables of Desire* (Cambridge: Polity Press, 1994).

⑤ *The Standard Edition of the Complete Psychological Works of Sigmund Freud*, supra, Vol. 13, at 203; see discussion in Costas Douzinas, *The End of Human Rights* (London: Hart, 2000), chapter 11.

讨论，他们不仅杀了他而且还在一顿图腾大餐中吃掉了他，这顿图腾餐代表了他们完全认同他。不过这位父亲的被杀引发了后悔的感觉，这些感觉反过来又促使他们建立了禁止乱伦和禁止谋杀的法律。① 然而，问题还是没有解决，是什么导致了法律产生*之前*的负罪感？诚如伊丽莎白·格罗斯（Elizabeth Grosz）指出的，这个所谓的"原始神话"没有解释只是预先假定了父权制度：假如这个父亲已经控制了所有女人而他的儿子们也都是受控于他，那么父权制度必须已经存在。② 这个父亲的卓越地位因此只能由先前发生的事情来解释，这个事情就是这个孩子与父亲的关系取代了他与母亲的紧迫关系，正如伊利格瑞主张的，这个事情就是弑母；弑母就是用父亲的权威代替了母亲的权威，同时也是走向法律制度这个机制的最基础的一步。后文的《奥瑞斯提亚》神话详查了父亲的名字和法律制度是如何建立在这个谋杀基础之上的，排除了"这第一个身体，这第一个家，这第一个爱"。③

茱莉亚·米歇尔（Juliet Mitchell）辩解，"不过可能已经运用了精神分析，它不是**为**父权社会而提倡的而是**对**一个人的分析"④，这就提醒了女权主义者，弗洛伊德的理论对于理解和挑战父权文化在主体和社会中得以内化和复制所凭借的隐藏过程的深刻见解。然而，这个罪过承认女权主义者超越一个奠定了女人在可疑的生理衡量上被边缘化的理论之上。要进一步认识到，弗洛伊德对于俄狄浦斯神话的解释把男生的负罪感和焦虑感变成了一个故事，这或许可以使女权主义者能够超越俄狄浦斯走向那些不是由阴茎统治的法律。

第七节　潜在结构：亲属法则

假如对于未知、过去、现在或未来的害怕促使我们想要去了解并从而控制我们的世界，那么结构主义或许比任何其他文学批评理论流派都更要旨在给出某些答案以及某些安慰。结构主义者认为有一个潜在的秩序构成了我们各式存在

---

① 正如拉康阐述的，"假如这个[父亲的]谋杀是这个主体把自己一生绑定到法律的债务上的丰收时刻，只要他所指的这个法律中这个象征性的父亲就是这个死亡的父亲"：Jacques Lacan, *A Selection*, trans. Alan Sheridan (London: Routledge, 1977), at 199。

② Elizabeth Grosz, *Jacques Lacan: A Feminist Introduction* (London and New York: Routledge, 1990), at 69。

③ 'The Bodily Encounter With the Mother' in Margaret Whitford (ed.), *The Irigaray Reader* (Oxford: Blackwell, 1991), at 39。

④ Juliet Mitchell, *Psychoanalysis and Feminism* (London: Allen Lane, 1974), at xv。

和不同体验的基础,他们旨在通过解码据说存在于表象背后的结构来发现这个秩序。结构主义者在大多数人看到的混乱、矛盾和无意义中希冀传递出那些构成我们在法律、文学以及其他方面的思维方式和存在方式基础的结构。不过,很难看出这些基本结构是否存在,更不要说我们是否可以发现它们。而且,危险的事情是,此类探究可能会传递出研究者过去一直在追寻的"真相"和"意义",同时抑制或忽视了其他结构、真相和意义。

就像查尔斯·西格尔指出的,集中注意力关注结构而不是英雄个体,这是与希腊文学批评的主流传统不一致的。[①] 但是,他继续指出,传统的方法依赖于完整人格的假定,这个假定本身也没有定论:悲剧特别质疑自我这个概念以及利用语言表达和实现其目的的能力。结构主义否定了神话必须由信息或意义来传递:与哲学家非矛盾的逻辑不同,神话实行的是"一个歧义的模棱两可的逻辑……不是一个是或非的二元逻辑而是一个不同于逻各斯的逻辑"[②]。神话学家的作用不是要理解神话而是要解码神话,"要说明的不是男人在神话中如何思考问题,而是神话如何在男人脑袋里运转却不让他们知道这个事实"[③]。

在列维-斯特劳斯看来,从自然走进文明、从野兽走向人类最重要的因素就是规定人类伴侣结合的结构。根据费尔迪南·德·索绪尔揭示语言结构的方法,他认为亲属法则对应语言法则,有助于个体和群体之间的交流。这些法则中最重要的、所有社会中最常见的以及标志文明征服自然的就是禁止乱伦。这个禁令导致了不相关的群体特别是男性群体之间建立联系:因为女人没有参与这样的谈判而只是用作交换的客体对象:"我们知道乱伦禁令在原始社会中所起到的作用。打个比方说,通过把姐妹和女儿从血亲群体中赶出去同时把她们嫁给其他群体的丈夫,该禁令在这些自然群体中建立了联盟关系,这些首次建立的关系可以称作社会的关系。乱伦禁令因此是人类社会的基础:在某种意义上说它**就是社会**。"[④]

然而,假如这个乱伦禁令是列维-斯特劳斯自己的神话,那么情况会怎么样呢?这个神话如同弗洛伊德的阴茎嫉妒一样已经表现得像文化产生的方式那样自然和必然。对于后结构主义批评家们来说,列维-斯特劳斯坚信并且试图发现

[①] Charles Segal, *Tragedy and Civilization*, supra, at 41.
[②] Jean-Pierre Vernant, *Myth and Society in Ancient Greece*, supra, at 260.
[③] Claude Levi-Strauss, *The Raw and The Cooked*, trans. John Weightman and Doreen Weightman (New York: Harper & Row, 1969), at 12.
[④] *Structural Anthropology*, supra, at 19.

一个掩藏的真理和一个主要意义,这最终不过是痴心妄想,他陷入了逻各斯中心主义和对存在的形而上学之中。这个主要意义在用来排除或抑制其他意义和其他文化安排时不仅是虚幻的也是危险的。特别是列维-斯特劳斯强调创建同性社交关系,必须立法防范乱伦,他想当然地认为社会是建立在异性恋基础之上,因而压制人类性行为中的同性恋成分。正如莫妮卡·威蒂格(Monique Wittig)主张的,"异性恋思维"继续坚持认为,是乱伦而不是同性恋才是最终的禁忌。① 不仅结构主义者强调而且男性精神分析学家也强调,俄狄浦斯的冲突预先假定了异性恋是依恋另一个人的唯一可行的方式。因此,乱伦禁忌预先假定了另一个先在的禁忌,即对同性恋的禁忌。② 优先创建同性社交关系,这就进一步给女性分配了男人之间的交换物这个身份:就像语言系统中的词语在流通中使得说话人之间展开对话,在亲属系统中的流通物就是女人;交易"是男人之间建立关系的一种方式,这也给亲属之间的自然关系叠加了一层受规则控制的结盟的人为关系……外族通婚法律致力于贵重物品即女人,该贵重物品无论从生物学角度看还是从社会学角度看都是出类拔萃的,没有她就没有生命"③。

正如卡罗尔·佩特曼(Carole Pateman)主张的,通常的合同概念以及特别是自由理论设立的社会契约这个虚构概念实际上都是男权构想。进行此类交易的只是男人,女人只有变成男人才可以进入交易场。在这样的契约中女人彼此之间的关系不被承认,结果导致了在男人经济中女人被迫扮演了竞争对手的角色。④ 在艾伦·西克苏看来,坚持合同交易以及适当回报反映了男性对于所有权的迷恋,这个迷恋来自男人对于阉割的恐惧。她认为,女人由于不用遭受担心阉割的焦虑也不用担心被征用被没收所以属于另一类经济,这是一个赠予的经济,"假如有一个适合女人的自我的话,那么自相矛盾的是,这个经济就是她有能力不因自我利益而征用她自己:无穷无尽的身体,没有'尽头'"⑤。

伊利格瑞进一步设想其他社会结构安排,在那里女性交易并不构成文明的

---

① Monique Wittig, *The Straight Mind and Other Essays* (Hemel Hempstead: Harvester Wheatsheaf, 1992).

② See Gail Rubin, 'Traffic in Women: notes on the 'political economy' of sex' in R. Reiter (ed.), *Toward an Anthropology of Women* (New York: Monthly Review Press, 1975) and Judith Butler, 'Melancholy gender—refused identification' *Psychoanalytic Dialogues*, Vol. 5(2) 1999, at 165-80.

③ *The Elementary Structure of Kinship*, (Boston: Beacon Press, 1969), trans. James Harle Bell, John Richard von Sturmer and Rodney Needham, at 480-81.

④ Carole Pateman, *The Sexual Contract*, (Cambridge: Cambridge University Press, 1988).

⑤ 'Sorties: Out and Out: Attacks/Ways Out/Forays' in Hélène Cixous and Catherine Clement, *The Newly Born Woman* (I. B. Tauris: London, 1996), at 87.

基础。她想知道,要是女性拒绝作为客体而坚持作为主体进入男性的经济会怎么样?要是她们创建了她们自己的另一个经济,制定了她们自己的规则和她们自己的价码,又会是什么情况呢?这样的措施并非意味着不要市场而只是作为零售商不是作为商品参与这个市场。这并不是在于解决她声称的对父亲的欲望而是在于她实现了自己的欲望,这些欲望是独立于她父亲及情人的欲望的。要是这些新的交易真的发生了,女性必须获得与她作为母亲和作为男人的翻版所不同的自己的身份。这就需要承认女性不同于男性,需要培养她与其他女性的关系,从跟她母亲的关系开始培养,重新找到她自身的宗谱、法律和神话。首先,这就要承认"自然和主体性中所铭刻的差异性:性差异"①。

第八节　神谕命名:父之名

　　拉康借助列维-施特劳斯关于亲属结构的研究来论述,禁止乱伦的法律把文化的秩序叠加在自然的秩序之上是与语言的秩序一致的。然而,与列维-施特劳斯希望在神话背后找到一个主要意义和普遍人性不同,拉康一开始就否定了真正或真实身份这个概念。在拉康看来,人的主体是在语言中并且通过语言得以建立的,可是我们并没有拥有这个语言反而是语言拥有了我们。

　　继黑格尔之后拉康宣称自我只有通过它在另一个中的反映和认可中才能得以捕捉:"欲望的第一个东西就是要得到他人的承认"。② 主体的满足感以及想象与母亲的合体在镜像阶段由于接触语言而被扰乱。孩子对镜中自己的认可标志着疏远和分割的开始,因为语言的异物性、空虚性以及任意性意味着主体不再体验到满足感反而是体验到严重的裂缝、缺失和丧失:"欲望成为人性的那一刻也是孩子进入语言的那一刻"。③ 现实与语言之间不可避免的鸿沟意味着我们对于世界的体验以及我们成为主体是一个永无休止的过程,它包含了一系列的异化。

　　一旦开始意识到再次获得那已经失去的与母亲的合体是不可能的,婴儿就进入了符号的秩序,一个法律与文化的秩序世界,在此世界里主体的地位已经给他决定好了而不是由他决定了。他者性以及主体接触文化世界的工具最关键的地方都在于父亲的干涉,父亲通过禁止乱伦和威胁阉割来打破主体与母亲合体

---

① Luce Irigaray, *i love to you: Sketch of a Possible Felicity in History*, (New York and London: Routledge, 1996), trans. Alison Martin, at 45-7.
② *Ecrits: A Selection*, supra, at 58.
③ *Ibid.*, at 103.

的幻想。孩子意识到了它不可能是母亲的情人而且必须要遵守社会规范即拉康称作的**父权法则**（the Law of Father），其象征就是阴茎。孩子走出了幻想阶段，通过把对母亲的欲望驱赶到无意识，成为完全社会化的人。然而，这个主体还远没有成为笛卡尔的那个掌控了词语和行为的自主、稳定和统一的个体。相反，它是不确定的、不满意的、矛盾的而且永远处在成长过程之中。这个被分割的主体无法再获得俄狄浦斯阶段的满足感，尽管如此还是注定要开始一个无止境的不可能的合体探求之旅，这就是欲望的境遇。它努力在认可他者的过程中找到了那个满足感。然而他者也被分割出来，绝望万分，因而也不会无条件地或永远地作出回应。这个探究注定了要把这个主体带入一个对词语的无休止的再定位，而他者仍然不可知也不可遇。

语言在人成为主体之前就已经存在，人在第一次学会说话并接受语言给自己的命名时就接受了语言。在接受我们的名字的时候我们也学会了把自己与其他被命名的主体区分开来，特别是把我们作为女儿、儿子、姐妹、兄弟、侄（甥）女的时候与相关亲人区分开来。在拉康看来，亲属法则特别是乱伦禁忌是与语言法则密不可分的，因为只有当我们承认自己被赋予的名称时乱伦才有可能性："因为没有亲属提名，就没有权力制定喜好和禁忌的秩序，这个秩序绑定和编织了代代相传的血脉族谱。"① 俄狄浦斯只有在他除了被称为伊俄卡斯忒的"丈夫"之外还"被称为"伊俄卡斯忒的"儿子"的时候才意识到他自己的罪恶；只有在他被称为安提戈涅（Antigone）的"父亲"之外还被称为安提戈涅的"哥哥"的时候才意识到他自己的罪恶；只有在他被称为克瑞翁（Creon）的"姐夫"之外还被称为克瑞翁的"外甥"的时候才意识到自己的罪恶。这些多重身份的相互贯通是社会要竭力区分的，也最终导致了俄狄浦斯的悲剧："击垮俄狄浦斯的"，正如爱德华·萨义德指出的，"是多重身份无法共存于一体的不堪"。②

假如在列维-施特劳斯的图式中，乱伦禁忌是将文明与野蛮、文化与混乱、人类与动物区分开来的基本要素，那么拉康提醒我们，命名是这个区分最本质的，因为没有与亲属法则一致的名称，人就像动物一样无法确定谁是他们的亲属并且从而确定他们可以和谁成为配偶以及不能和谁成为配偶。神话、法律和名称的必要性有助于规范社会关系和指派身份，正如汤姆·麦考尔（Tom McCall）总结的，因为血统是赋予身世、延续和权威以意义的一个太"不起眼和脆弱的"方

---

① *Ecrits: A Selection*, *supra*, at 66.
② Edward W. Said, *Beginnings: Intention and Method* (New York: Basic Books, 1975), at 170.

式。人类的配偶法则特别是禁止乱伦的法则以及继这些法则之后的名称("父亲""母亲""女儿""儿子")不是天然的、明显的或必需的,而是叠加在躯体之上的临时构念。这类能指如同索绪尔说明的那样是任意的而且是易变的,因此有必要用强大的神话让他们存活。俄狄浦斯就是这样的一个神话,用来证实那些构成西方世界家庭的东西的价值。然而,与此同时,索福克勒斯悲剧中讲述的这同一个神话,通过并置这些极端情况打开了文化能指和物质所指之间的裂缝,提醒我们那个家庭名称与亲属法则的人为本质。①

在对《俄狄浦斯王》进行拉康式解读中,彼得罗·普奇(Pietro Pucci)分析了俄狄浦斯象征了男人如何追寻他在父亲眼里的稳定根基和界定,父亲代表了秩序、身世和法律以及远离母亲,母亲代表了假象、混乱和机遇。② 父亲这个名称通过引入一个任意的能指来代替母亲的身临其境补偿了出生时父亲的不在场。弑父娶母是建立父亲话语所必需的:"犯罪刻画了父亲在现实世界中不在场的在场"。③ 孩子与母亲的身体联系随着被强加的父亲名称以及父亲法律而被否定,父亲的名称被加强了而母亲的名称被否定或抹去了。

在这部戏剧的结尾部分,俄狄浦斯已经得知自己的名称和父亲的法律并且已经承认了弑父娶母的罪恶感;然而,名称和法律是任意的能指,并非足以给他一个稳定的自己界定或满足他的欲望:命名,即一个词语,正如汤姆·麦考尔所阐述的,它并不能将失去的**身体**带回现场。在该戏剧的结尾仍然没有区分俄狄浦斯和他的儿子/弟兄、女儿/姐妹之间的关系。读者有类似的欲望,欲求理解这些让人放心的词语如"父亲""终极目的""认可""英勇的忍耐""自我认知""法律",这本身就是对于身份不确定的一厢情愿的响应。法律本身的设立就是对已经发生的行为的反应,并且回过头来给该行为贴上非法的标签:远未澄清或远未建立秩序,法律因而背叛了它自己的偶然性、不确定性和任意性。

第九节 名 之 意

珍妮特·温特森(Jeanette Winterson)提醒我们,命名是一件很困难很耗时间的事情,它关注本质同时意味着权力:"亚当给动物命名,动物因而听从他的

---

① Tom McCall, 'Oedipus Contemporaneous' 25 *Diacritics* 3-19 (Winter, 1995).
② Pietro Pucci, *Oedipus and the Fabrication of the Father* (Baltimore and London: Johns Hopkins University Press, 1992).
③ *Ibid.*, at 133.

召唤。"①在这些任意的能指中,父亲这个词语无疑是具有特别的地位:父亲的形象就是能指的能指,是真理的先验符号和起源。儿子对于源起、真理和法律等意义的欲求导致了对于自己父亲的追寻,最终解决了权威的危机,确认了父亲的名称和父亲的律法。俄狄浦斯的探求使得父亲确定为起源和法律的诞生地,同时抛弃伊俄卡斯忒的随性生活的建议,从而使得儿子成为人之父。② 父亲的律法因此不是取决于血统而是取决于命名这个行为。而且没有什么命名体系比法律的命名体系更加有权威。随着乱伦禁忌即法律的法律的制定,父亲的律法才真正有效。

拉康描述的符号性秩序因而不是一个中立的秩序,而是建立在阴茎这个先验能指身边的法律,该律法受控于父亲。索绪尔关注了能指和所指之间的任意性关系,对于拉康来说,阴茎为它们俩提供了最为关键的联系,所以权力、语言和法律是通过阴茎来识别的。此外,由于父权法则在这个图式中是与符号秩序一致的,父亲的语言建构了现实,那么父权制度似乎就是文化语境所必需的。虽然拉康坚持认为菲勒斯(phallus)不是指身体器官的阴茎,而是对于我们欲求完体(wholeness)的一个隐喻或能指,但是女权主义者坚持主张,在语言王国中的此类约束剥夺了女性获得另一个不同语言、不同法律以及不同文化的机会。

通过细细品味弗洛伊德的生物学家式的假设以及根据语言重读弗洛伊德,拉康帮助表明了性别身份不是天然形成的而是特定文化部署的产品:"或许可以让我笑一下",拉康断言,"假如指控这些言论扭曲了弗洛伊德作品的生物学根基,那么他一定希望参考文化来完成他的作品,因为他的作品就是穿透文化的"。③ 拉康的笑声使得我们可以用个人话语(俄狄浦斯冲突)和公众话语(语言和法律)来审视父权权力机制。然而,如果把围绕菲勒斯的辩论固定为是否为意义、主体性和法律的担保人,那么根据菲勒斯来解读主体性、语言和法律也有可能把女性限定在男权话语中。正如伊利格瑞主张的,信赖菲勒斯就是象征性的法律和意义的担保人这是父权文化的结果,特别是父权制度企图抹掉母亲的权力以及对母亲的亏欠的结果

拉康认为妇女标记着不足和缺失立身在语言之外同时也差不多否定了她自

---

① Jeanette Winterson, *Oranges Are Not the Only Fruit*, (London: Vintage, 1991), at 138.
② Pietro Pucci, *Oedipus and the Fabrication of the Father*, supra, at 63.
③ *Ecrits: A Selection*, supra, at 106.

己的语言。克里斯蒂娃没有称赞这个符号秩序而是在想象秩序里发掘了另一种语言。对于拉康而言,进入符号秩序的世界就意味着彻底告别了想象秩序①,在克里斯蒂娃看来符号继续仍在对主体施加影响,通过音调节奏、口误、间断以及沉默来打破和颠覆这个符号秩序。② 符号秩序中符号包括菲勒斯这个符号的不稳定性和多义性意味着它们从来就是不会引起争论或变化的。由于命名的效果是可以追溯的、可建构的而不是给一个已经存在的对象贴上标签,所以命名这个行为可以是重新开放的、重新执行的或者是官方社会最担心可以浮动实施的。要是允许名称可以重新对外开放,那么回到指称之前回到命名之前的时光就是可以承认安吉拉·卡特所说的"母亲总是母亲,因为母亲是一个生物学事实而父亲是一场流水席"③。

第十节 父 与 子

正如弗拉基米尔·普洛普(Vladimir Propp)分析的,俄狄浦斯的旅程类似于童话故事这个主题,故事中一个勇敢的坚定的英雄离家出走开启冒险之旅收获了金钱、权力、新的家庭以及总是能够迎娶新娘。可是,俄狄浦斯的故事代表了民间传说范式的一个"转折点":他的旅程带给他不是一个新家而是回到了他自己的老家,不是远离了与父亲的冲突而是重新开始了与这个试图杀死他的父亲的对抗,不是迎娶了一位新娘而是迎娶了他父亲的妻子。他的旅程不是线性发展地认识世界而是循环地回到了他的自身。④

还有在弗洛伊德的分析中,俄狄浦斯情结的"解决"是以认同父亲禁止乱伦的儿子的形式出现,儿子在承认父亲的权威中杀死父亲,因此弑父娶母肯定了那

---

① "一句简短的悄悄话——一分为二之后再也回不去了。再也不可能还原为一,哪怕是一个全新的一": Juliet Mitchell and Jacqeline Rose (eds.), *Feminine Sexuality: Jacques Lacan and the Ecole Freudienne* (London: Macmillan, 1982), trans. Jacqeline Rose, at 156.

② "不仅是符号的武断的统一被分割成(能指和所指),而且这个分割本身也是把各种不同的功能赋予了能指这个破坏的结果。这个功能是本能的符号,是先前的意义和含义,是易变的不定形的……在说话的主体中幻想表达了能指王国总驱动力的入侵,它们打破了能指改变了欲望的转喻……要是我们没有忘记的话,幻想提醒我们一直存在的异质驱动。" Julia Kristeva, *Revolution in Poetic Language* (New York: Columbia University Press, 1984), trans. Margaret Waller, at 49.

③ Angela Carter, *Wise Children* (London: Vintage, 1992), at 216.

④ Vladimir Propp, 'Oedipus in the Light of Folk-Tale' in Lowell Edmunds and Alan Dundas (eds.), *Oedipus, a Folk Lore Case-Book* (New York and London: Garland Press, 1984).

个权威而不是毁坏了那个权威。① 这给未来的父亲与儿子之间的未来对抗留下了空间,这个所谓的解决标志着儿子加入了法律王国,因此只是另一个儿子的另一个旅程的开启,这样的旅程代代重演。

在索福克勒斯的故事中,俄狄浦斯的旅程并没有在底比斯就结束了,《俄狄浦斯王》的结尾反而暗示了即将在克洛诺斯(Colonus)的一个新旅程的开始。弗洛伊德认为这个分析在底比斯就结束了,与此不同的是,拉康在底比斯之后继续讨论俄狄浦斯,他认为俄狄浦斯情结在《俄狄浦斯王》的结尾并未得到解决,而是在《俄狄浦斯在克洛诺斯》(Oedipus at Colonus)中俄狄浦斯用自己的话重述了他身世的故事时得以解决的;"俄狄浦斯的精神分析只有当他在克洛诺斯撕扯自己脸的时候才完成。那是一个重要时刻,给他的故事赋予了意义。"② 俄狄浦斯强迫性重复导致他自我放逐的创伤性事件,这暗示了语言和叙述不仅有可能是歧义、曲解和隐藏的手段而且还可能促进理解、披露和治愈。因为在精神分析情境中用语言重述自己故事的能力可以引起某种治愈的希望,尽管这种治愈可能是临时的或有限的。因为在描述梦境时病人(俄狄浦斯)说出他所知道的以及所不知道的,他选用的词语可以引起比他能窥见的更多的含义。忒修斯(Theseus)就像精神分析学家一样敦促俄狄浦斯"都告诉我吧。你的故事,你的命运"(《俄狄浦斯在克洛诺斯》,630)而且跟精神分析学家一样成为他所诊断的症状的"接收者"。俄狄浦斯用来描述其遭遇的语言虽然有很多不足之处可还是联系他们两个人的关联工具,而且在拉康看来该语言就是"通向无意识的康庄大道"。③ 俄狄浦斯通过重述往事第一次体验了自我放逐,对他自己而言他也成了异质或"他者"。对俄狄浦斯分析的完结发生在他"等待而且的确是接受他的死亡"的那一刻。④

正如劳拉·穆尔维(Laura Mulvey)指出的,这一复述发生在雅典国家及其法律体系的传奇缔造者忒修斯面前这个事实加强了拉康的观点,即俄狄浦斯情

---

① See Mikkel Borch-Jacobsen, 'The Oedipus Problem in Freud and Lacan' *Critical Inquiry*, 20 (Winter, 1994), at 267-82.

② Jacques Lacan, *The Seminar of Jacques Lacan: Book II: The Ego in Freud's Theory and in the Technique of Psychoanalysis 1945-1955*, (ed.) Jacques-Alain Miller, trans. Sylvana Tomarelli (New Yok and London: W. W. Norton, 1991) [1978], at 214.

③ Juan David Nasio, *Five Lessons on the Psychoanalytic Theory of Jacques Lacan* (Albany, NY: State University of New York Press, 1998), at 17 and 48.

④ Shoshana Felman, 'Beyond Oedipus: The Specimen Story of Psychoanalysis' in Maud Ellman, (ed.), *Psychoanalytic Literary Criticism*, supra, at 91.

结是围绕着父亲名称、法律和符号秩序解决的。①《俄狄浦斯在克洛诺斯》通过允许俄狄浦斯重复并结束他的叙述证实了这个法律:《俄狄浦斯王》结尾时的那个人是"最坏的人"(《俄狄浦斯王》,1568),那个人在克洛诺斯却成为"一个神圣的人,一个充满了虔诚和力量的人"(《俄狄浦斯在克洛诺斯》,300)。俄狄浦斯在《俄狄浦斯王》的结尾时找到的"真理"因此不是最后的真理,而是需要不断修改并且在《俄狄浦斯在克洛诺斯》中需要重述的。索福克勒斯和俄狄浦斯对于故事的复述表明,真理必须要不断加以修正,在场或者意义在语言中无法定位只有在死亡中才会被发现。

不过,俄狄浦斯不仅仅是复述他的悲惨往事和接受即将到来的死亡:和他自己父亲试图杀死他一样,俄狄浦斯对他的两个内斗的儿子也发出如雷轰顶般的诅咒:

> 你们去死吧!
> 死去吧,混账!
> 唾弃你们! 滚开! ——
> 你们父亲要撕碎你们! 腐败不堪的人间! ——
> 滚! ——带着我对你们劈头盖脸的诅咒:
> 休想用你的长矛争得你们的故国,
> 永远不要再回到重峦叠嶂的阿尔戈斯——
> 去死吧!
> 用你沾满兄弟鲜血的手作死去吧! 去死吧!
> 杀害那个驱赶你的人!
> 所以我诅咒你不得好死!

(《俄狄浦斯在克洛诺斯》,1567—1574)

或许正如约翰·欧文(John Irwin)主张的,忒修斯与忒修斯的密切关系来自于忒修斯自己在杀掉弥诺陶洛斯从克里特岛(Cretan)返回的路上忘了改变船帆颜色而"意外地"害死了他的父亲。俄狄浦斯诅咒他的儿子们就像忒修斯后来诅咒他的儿子希波吕托斯(Hippolytus)一样,因为俄狄浦斯在意识到自己对母亲的欲望之后,他认为自己的儿子们也会对他们的母亲有相同的欲望。因此,这个神话可能更是关于父子情仇而不是对母亲的欲望。的确,正如辛西娅·蔡斯

---

① Laura Mulvey, 'The Oedipus Myth: Beyond the Riddles of the Sphinx' in James Donald (ed.), *Thresholds: Psychoanalysis and Cultural Theory* (London: Macmillan, 1991), at 41.

指出的,俄狄浦斯是史上**没有**俄狄浦斯情结的一个人:"实际上他这个人弑父娶母犯下乱伦禁忌却完全错过了这个俄狄浦斯情结体验——直到弑父娶母被铭记为一个重写本第一次为人阅读之后。"① 那么弗洛伊德坚持我们都要倾听"我们内心深处准备好接受命运的强迫力量的声音"究竟是什么?大概这个声音讲述更多的是儿子如何成功推翻了父亲的权威而不是如何回到母体。他的返回母体是通过命运、碰巧或机遇来表达的,这就意味着权威在被推翻的过程中没有名誉扫地而且俄狄浦斯的完好无损也是假设了这一点。② 在此类竞争中母亲或皇后的角色就像国际象棋对决中一样是在帮助儿子捆住国王。由于父子情仇无法由亲属名称的简单分配而消除反而在子孙后代身上继续重演,那么父权制度企图通过法律规则和机构来结束冲突也是无法成功的。这种情仇在精神分析学家们眼里和在接受精神分析的人眼里同样都是永世长存的:假如弗洛伊德通过对梦这个谜语的解析试图模仿俄狄浦斯解决斯芬克斯之谜,并且将索福克勒斯的"真理的悲剧"变成了"性的悲剧",③那么拉康就是用他的所谓"回到弗洛伊德"这个精神分析之父重述着这个弑父娶母的故事。因此,俄狄浦斯的悲剧代代相传不断复述,这或许解释了男性评论家们有能力贪得无厌地一遍又一遍重读和重写这个故事。

第十一节 母 与 子

命名、语言、法律和文化都已经介入让我们得到知识的幻想。然而,此类语言、法律和文化都不如它们声称给予的知识那般中立、自然或显而易见。在弗洛伊德、列维-施特劳斯和拉康对《俄狄浦斯王》解读的时候,此类知识恬不知耻地都是父权式的,妄图设计据说适用于普遍人性的法律和模式。在此过程中他们创造了自己的新神话,声称**找到**了他们想要寻找的东西,而他们所发现的也就披上了法律的外衣。父亲的名称就是这样一个法律虚构,它把父亲确立为超验能指以及欲望和法律的源泉。俄狄浦斯这个神话人物成了警告不要冒犯父亲的道

---

① Cynthia Chase, 'Oedipal Textuality: Reading Freud's Reading of Oedipus' in Maud Ellman, (ed.), *Psychoanalytic Literary Criticism*, *supra*, at 62.

② John Irwin, *The Mystery to a Solution: Poe, Borges and the Analytic Detective Story* (Baltimore and London: Johns Hopkins University Press, 1994), at 201-28.

③ Paul Ricoeur, in Jonathan Rée (ed.), *Talking Liberties* (London: Channel Four Publications, 1992), at 39.

德代言人。① 拉康坚持认为阴茎代表了超验能指保证了符号秩序世界里的其他意义,可是他忽视了语言符号的不稳定性以及它们可以灵活适用于其他相关利益方。他的这一观点还忽视了女性性行为不是固定的、统一的或可表示的而是捉摸不定的、多样的和不固定的,永远处在变化之中因而超出或者逃避那些企图与男性理论家设计出来的法律和模式相一致的表征。② 男性精神分析学家们试图处理这个问题,正如弗洛伊德格言"生理就是命运"或者将之抹去,也正如拉康断言"女人不存在",这一说法本身就是试图宣称他们不能理解的东西不存在而且不可知或者不值得知晓。与此同时,这些解析都给他们的理论戴上了一个中立、永恒和普遍的面具,藉此抑制和抹去母亲身份以及她的知识、法律和文化的物质事实。因此,努力降解神话,那些隐秘的、未被表征的神话返回来溶解父亲、起源与法律之间的简易身份。简言之,被压抑的母亲和女儿返回来扰乱男性文化与法律以及男性身份,要求把黑暗大陆归还给黑暗大陆。

的确,正是身世起源这个想法以及"孩子从哪里来"这个问题更多意义上是男性话题而不是女性话题:西克苏认为困扰俄狄浦斯及其男性读者的查明身世之旅不是一个折磨女性想象力的问题。③ 是否可以进一步认为自我认知的探索不仅是虚幻的而且还是虚荣的、自负的? 责令"认识你自己"难道不也是自爱和自我吸收吗? 而且,这是男人的虚荣,回到自我的旅程以及认识自己的欲望是男人企图认为自己是自力更生自我创造的同时企图抑制对母亲的亏欠,是不是这样? 正如伊利格瑞主张的,对上帝的信仰也是男人抑制文化对母亲的亏欠而采取的一种策略。④

伊俄卡斯忒是标记俄狄浦斯命运的女人,首先给了他生命然后意识到了对他的所谓欲望。可是,伊俄卡斯忒的欲望却被男性精神分析学家们忽视了。伊俄卡斯忒是一个立场模糊不清的女人,既是母亲又是她自己欲望的主体。然而,

---

① Freud, 'Dostoevsky and Parricide' in *The Standard Edition of the Complete Psychological Works of Sigmund Freud*, ed. James Stratchey, (London: Hogarth Press, 1961), Vol. 21, at 188.

② See Luce Irigaray, *This Sex Which Is Not One*, supra, at 28-9:"她的性行为总是至少加倍的甚至是多方面的……更不用提她的语言了,在语言世界里'她'从各个方向出发让'他'无法识别任何连贯的意义。"Also, Hélène Cixous, 'The Laugh of the Medusa' in Isabelle de Courtivron and Elaine Marks (eds.), *New French Feminisms* (Brighton: Harvester Press, 1981), at 246:"你很难谈论一个女性性行为、统一制服、同类东西或者可以按编码分类的东西——就像你无法谈论一个无意识地像另一个人一样。女人的想象力是无穷无尽的,就像音乐、绘画和写作一样:她们大量的一连串幻想令人难以置信。"

③ Hélène Cixous, 'Castration or Decapitation?' *Signs*, 7, trans. Annette Kuhn, (Autumn 1981), at 41-55.

④ See Luce Irigaray, *Speculum of the Other Woman*, supra, at 330-9.

伊俄卡斯忒的欲望要么是不可知的要么至少对于男性评论家们是不可知的。弗洛伊德在1932年的一次讲座中承认,尽管研究了三十年,"女人欲望是什么"这个问题他还没有找到答案:"古往今来,女人的问题一直困扰着所有的人……只要你是男人你也思考过这个问题。在你身边的女性看来这是不必考虑的,因为她本身就是个谜……现在你已经准备好了接受这个结论即心理学无法解决女性这个谜"。① 梦之谜的解析者和知识的追求者都害怕自己不知道的东西:女性性生活的黑暗大陆。为了掩饰这个害怕,他把小女孩和小男孩同化,认为两者之间相对称。就像克里斯汀安·奥利维尔(Chritiane Olivier)指出的,同一性的假定不是索福克勒斯提出的,他的俄狄浦斯力求克瑞翁照料他的妹妹们,但是"男孩至少不会给你自己太多压力。"(《俄狄浦斯王》,1599—6000) 伊俄卡斯忒不仅表明了文化要求女人要么是母亲要么是性主体的双重标准而且还要打破这个标准,她为了自身而对身边男性提出的要求所付出的代价就是死亡。就像黑色电影中的不详女人一样,她充斥着欺骗与不敬,男性评论家们对她望而却步,于是通过结束她的性命而骄傲地完全接受她的命运,更重要的是她自寻短见排除了她的存在给男权世界带来的威胁。死了,她过度的、易变的、不可知的性行为也不再是个威胁,反而有助于社会秩序的恢复。

弗洛伊德的分析忽视了女性的差异性并且导致了从模式和法律的角度来理解戏剧和文化起源,而那些模式和法律把女性降解为男人的镜子。女权主义精神分析学家们的作品凸显了需要对戏剧作不同的理解,这些理解承认需要"不同游戏以及不同规则;在这些游戏中男人的阴茎并不一定就是奖赏。"②最理想的是,这些游戏不是围绕着父子之间的竞争,而且也不关注毁灭与死亡,却是关于生命与爱的游戏。与拉伊俄斯和俄狄浦斯不同,伊俄卡斯忒没有开启自己的旅程因而没有机会遇见她自己。然而,在他们企图逃避对母亲的欲望的过程中,父子二人都遭遇了死亡。这个旅程能够引起不是竞争与死亡而是沟通与爱等其他东西吗?女性的旅程经常是在固定不变的地方即她的家里进行的,这不仅让她认识了自己而且还认识了他人。女性没有走回到起点,西克苏写道,"男孩的旅途是返回故土即弗洛伊德所说的思乡病(Heimweh),思乡之情使得男人往往回到出发起点感怀人世、叶落归根、老死故土。女孩的旅途就是认识父亲、走向未

---

① 'New Introductory Lectures on Psychoanalysis' in *The Major Works of Sigmund Freud*, at 853-5.

② Christiane Olivier, *Jocasta's Children*, *supra*, at 29.

知、创造未来。"①她在旅途中使用的语言相应地是另一种语言，不是理性或逻辑而是情感、欲望、爱和肉体。不管心智与肉体的区别，她放弃那种在地狱即他人之间建起围墙拉开距离的语言，而她使用的语言旨在与他人沟通联系并保持接触。

俄狄浦斯企图发现自己的身世并且借助语言号令天下或许也是企图回避女人问题，因为女人的欲望是不可知的，她的语言无法用他的词语包含或界定。伊俄卡斯忒的语言是嬉戏的、引诱的还是欺骗的，对此人们看法五花八门，该语言就像本书最后一章中论述的阿里阿德涅一样宣告了一个不一样的真理，一个不一样的律法，俄狄浦斯以及其他男性评论家们对此难以理解。正如俄狄浦斯表明的，有些东西无法在语言上加以了解，即它们根本就不可知。

第十二节　潜在神话：母之法

伊利格瑞在"与母亲的体遇"中认为，西方文化的根基不是像弗洛伊德在《图腾与禁忌》中论述的或者对俄狄浦斯的主张所作的大量解读认为的那样是弑父娶母，西方文化的根基却是对母亲的谋杀。否定这个"更加古老的谋杀"就是用来否定文化对母亲的亏欠，就是为了禁止"与母亲的体遇"。克吕泰墨斯特拉（Clytemnestra）继牺牲了母亲和她的女儿之后讲述了父权制度的实施，而俄瑞斯特斯（Orestes）这位弑母的儿子出现在《欧墨尼得斯》（The Eumenides）中以便建立社会的新秩序。社会、精神分析学家们以及文学和法律的评论家们一直以来对俄狄浦斯神话的魂牵梦萦只是为了掩盖切断与母亲的脐带联系："我们全体西方文化都是依存于对母亲的谋杀。"②

一代又一代的评论家们让我们相信俄狄浦斯神话是关于人类的起源、自我认知以及自我认可的，这些沉重的话题溃败难解，其中女性是如何探求她是谁、她来自哪里依旧无人知晓。更糟糕的是，女性的身世和身份并非完全被忽略而只有当它们对确定男性身份有用的时候才会被包含进来。通过伊俄卡斯忒这个人物，女性读者才会在这个危险的他者那里面临认可自我的选择：是俄狄浦斯犯下了弑父娶母，然而伊俄卡斯忒的不敬、对神谕的轻视以及对神灵的怀疑却皆为剧作家及其评论家们一再强调。

---

①　'Sorties' in *The Newly-Born Woman*, supra, at 93.
②　Margaret Whitford (ed.), *The Irigaray Reader*, at 47.

假如女性参与神话编造之中是为了了解她们自身以及她们在这个世界上的处境,那么踪迹早已被抹干净或者早已遭到抑制。相反,我们神话中的男主角企图通过将自己与他人加以区分来界定自我,即与神灵、奴隶、野蛮人、野兽当然还有女人区分开来。同样还是雅典人否定了女人的市民身份,如同有关神话将女性描述为生活在自然与文明、公开与私下、红尘内外、人兽之间的边界区域。她们与生物进化过程为邻,特别是在生孩子的时候,这使得女性成为一个退化的潜在源泉,从城市、家庭和文明进步的角度来看有必要管控住女人,这种观点似乎是女性这个人格化无可争议的附属物。继续重视俄狄浦斯之类的神话意味着继续颂扬男人所谓的身世和公正以及相应地消除女人的他性。

因此,我们或许要问当我们改变原型神话之后会发生什么呢?在约瑟夫·坎贝尔(Joseph Campbell)看来,玻尔修斯(Perseus)杀害美杜莎(Medusa)的故事推翻了早先的神话,其中美杜莎是"世间万物的生与死,是世界的子宫又是世界的坟墓;是自然仅有的也是唯一的最终基本现实。神灵本身也仅仅是大自然运作的代理者"①。这就导致了取代、贬谪或者用弗洛伊德自己的话来讲就是男权神话中对于女性角色和女性想象力的抑制。美杜莎的凝视眼神中充满了对死亡或差异性的恐惧,她的观点不被理睬,任由玻尔修斯代为表征。然而,正如弗洛伊德教导的,遭受压抑的必定会反弹,而且比以前力度更大后果更严重。在西克苏眼里,美杜莎不仅非但没有死掉而且还很漂亮,她还在笑着呢。②

女性的起源、女性的成就和女性的正义依然是一片黑暗的大陆,静悄悄。该沉默把女性永远地描述为食人怪兽,以疯狂和死亡威胁着他人,而且还在其他层面中扭曲女性把她描写为仇恨的发泄口。本文的任务就是要使这些沉默走出被人遗忘的角落摆脱男性范式的束缚。那些把俄狄浦斯神话以及弑父之举看作所有可能罪行中最为严重的相同解读给它赋予了具有普遍性的法律的高度,同时掩盖了远不止是母亲这个人物。伊利格瑞想知道为什么法律和社会必须要建立在暴力基础之上就像弗洛伊德在《图腾与禁忌》中把文化建立在弑父娶母基础之上以及像吉拉德的《暴力与神圣》(Violence and the Sacred)之中的象征性牺牲一样:"为什么言语失败了?什么东西不见了?为什么是杀害、剪断和吃喝用作

---

① Joseph Campbell, *The Masks of God*: *Occidental Mythology* (London: Souvenir Press, 1974), at 25-6. See also Jean-Joseph Goux, *Oedipus Philosopher* (Standford, Calif: Stanford University Press, 1993)中詹森(Jason)和玻尔修斯的神话被视作早先于俄狄浦斯神话:"弑母是弗洛伊德学说中未加思考的重大要素",第 26 页。

② Hélène Cixous, 'The Laugh of the Medusa', *supra*.

契约的符号?"①伊利格瑞建议,要界定一个社区,这个社区不是建立在暴力而是在合作友爱基础之上,其中女人是主动的主体而不是男人的低级陪衬,为此,我们就必须要有新的语言、新的律法和新的神话。

改变神话的风险很大。巴尔特警告,"父亲已死将会使文学失去很多乐趣。假如不再有父亲,为什么还要讲故事呢?难道每一个叙述不是又回到了俄狄浦斯吗?难道讲故事不总是一个寻找身世的方式吗?难道讲故事不是讲述自己与律法之间的冲突的一个方式吗?难道讲故事不是叙述柔情与仇恨之间辩证法的一个方式吗?"②

那么,我们应该要讲述那些或许不用追溯身世的故事?讲述那些不会代代重复的故事?讲述那些不必一直纠结"谁最先到达的故事"?讲述那些不会引起路怒事件的故事?讲述那些超越当下的故事?

或许我们应该讲述关于母亲的故事?

---

① 'Women, the Sacred and Money' (1986), 8 *Paragraph*, 7.
② *The Pleasure of the Text*, trans. Richard Miller, (Oxford: Blackwell, 1975), at 47.

第三章

剧院里女人重演人世间：埃斯库罗斯《奥瑞斯提亚》的血肉之躯走向胜利[①]

[①] All references in the text are to Aeschylus, *The Oresteia Trilogy*, trans. Philip Vellacott (Harmondsworth: Penguin, 1956).

> 我小心翼翼地对待盛产传说的希腊人。
>
> ——玛丽露·阿威可达(Marilou Awiakta)
>
> 因此有一天我只会自己决定走到那里粉碎一个神话。
>
> ——路易莎·蒂什(Louisa Teish)

第一节 害怕模仿、害怕女人

一直跟男性作家打交道的女性有这样的担心或许是因为她们无意识地欲求与父亲同床以及欲求遵守父亲的律法。果真如此,什么会发生在一个选择与希腊老父亲同床的希腊女儿身上呢?她没有遵守或颂扬父亲律法的制度及实施,反而使被谋杀了却未雪耻的母亲的冤魂复活,使宠爱的女儿被捂住的声音为人听见。这可能会有两个反应。根据阿尔都塞(Althusser)的说法我们都会受到意识形态的质问,显然女儿和父亲都是由这个意识形态构成的,只不过这两者之间有一个要比另一个从中获益更多。因此,假如弗洛伊德认为女儿想要和父亲同床,那么每位顺从的女儿的反应都会是,"好吧,**那就是**我想要做的!"①相反,不是女儿想要和父亲同床并遵守他的律法,正如伊利格瑞所言,是父亲想要和女儿同床然后通过立法来保护他自己不受欲望的侵犯。或者如同我在本文中指出的,父亲想要成为母亲从而能自我繁殖,首先生出他的文本继而通过他的文本生出他的律法、他的城市以及他自己。要实现这一切,他不仅否定母亲还要谋杀母亲,这个给了他生命的母亲。

我对《奥瑞斯提亚》之类文本的解读是要探究那些被遗忘的或被抑制的东西,它们讲述的故事不是秩序战胜了混乱,也不是作为词语和法制的正义战胜了作为暴力和报复的正义,它们讲述的是如何谋杀母亲同时如何牺牲贞洁的女儿

---

① See Slavoj Žižek,"意识形态的作用不是给我们提供一个逃离现实的出口,而是给我们提供社会现实本身用来逃离某个创伤内核", *The Sublime Object of Ideology* (London: Verso, 1989), at 45.

并捂住她的嘴不让她发声。我们认为这些死亡是西方法律设立的基本意象和基本神话,《奥瑞斯提亚》讲述了西方法律起源的一个不同的故事,在这个故事里父亲想要成为母亲,他试图但并未完全废除母亲。本章继续讨论西方哲学对于模仿的不信任,对此我在开篇第一章已有论及,并且进一步指出对模仿的害怕是男性哲学家们对于女人的害怕而引起的。

在柏拉图看来,扮演其他某个人而不是他自己经常涉及方方面面,言行举止女性化因而也就成了女人。柏拉图关心如何保护一个基本的身份不受模仿的危害,这也是关心如何保护一个基本的不变的**男性**身份。① 虽然鼓励模仿勇敢善良的男人,应该竭尽全力避免模仿诸如疯子、女人、奴隶和外地人等下等人。因为柏拉图以及在他前后的人都认为女人是"卓越的模仿动物",② 女人本身就是(男人的)仿制品同时更有可能而且更容易扮演和欺骗他人。在尼采看来,女人"并不**想要**真理:这对女人来说就是真理!对女人来说没有什么东西比真理更加陌生、讨厌和不怀好意——她的伟大艺术就是撒谎,她最关心的就是外表和美貌。"③ "回顾整个女性历史:难道她们首先不**应该**是女演员吗?……她们即便是在脱下每件衣服的时候也是在'穿上某个东西'……她们即便是在展现自我的时候也是在给她们自己(表演或装扮一个角色)。"④ 为什么女人引起了这么多对掩饰的不信任和害怕,我认为这是因为女人都是水做的,因而能够像其他液体一样把自己塑造、再塑造甚至改造成不同的模式和形态。⑤ 这就更加把女人视作不如男人那样可以抵挡爱神厄洛斯(Eros)以及其他情感的袭击,这也是为什么她必须要受控于他人。

在西方法律体系中反对甚至害怕模仿和想象的战斗因此正如彼得·古德里

---

① See further, Karen Bassi, *Acting Like Men: Gender, Drama and Nostalgia in Ancient Greece* (Ann Arbor, Mich.: University of Michigan Press, 1998).

② Froma Zeitlin, *Playing the Other: Gender and Society in Classical Greek Literature* (Chicago and London: Chicago University Press, 1996), at 362. 文艺复兴时期以及早期现代英国和法国法律中把女人描述为"偶像崇拜的源泉和榜样",参见 Peter Goodrich, 'Signs Taken for Wonders: Community, Identity and A History of Sumptuary Law', Vol. 23 (3), *Journal of the American Bar Foundation*, 707-28 (1998).

③ *Beyond Good and Evil: Prelude to a Philosophy of the Future*, trans. R. J. Hollingdale (London: Penguin, 1973)[1886], para. 232.

④ *The Gay Science*, trans. Walter Kauffman (New York: Vintage, 1974 [1882]), para. 361.

⑤ Anne Carson, 'Putting Her Place: Woman, Dirt and Desire' in David M. Halperin, John J. Winkler and Froma I. Zeitlin (eds.), *Before Sexuality: The Construction of Erotic Experience in the Ancient Greek World* (Princeton, NJ: Princeton University Press, 1990).

奇主张的也是在反对甚至害怕女人的战斗。① 沉湎于模仿就是屈服于女人在超越当下、理性和逻各斯之上的诱惑。柏拉图在反对模仿、剧院以及任何角色扮演的长篇大论中认为最不能忍受的就是男人模仿女人。② 狄俄尼索斯（Dionysos）这位戏剧之神与女人为伴，满是女性气质，这并非偶然。

相反，颠倒存在与表征、现实与虚构的层级关系，剧院以及作为剧院的女人可以表明法律对于剧院以及作为剧院的女人的依赖以便建立法律自己的根基。女人，是模仿的源泉和主体，也是模仿的魅力以及担心所在，她可以为了自己的目的来利用模仿。女人重复父亲的话和父亲的律法不会受到谴责，因为模仿这个概念不是足够同质或明确到能够抵抗它自己的模仿和扮演。柏拉图认为模仿是朝着相似性前进的，但是他担心模仿会掩盖原创继而毁坏原创，言下之意就是模仿取决于它的对立面即差异性并且对差异性敞开大门。③ 伊利格瑞提醒我们，在柏拉图对模仿的分析中，这个概念不是意义明确的，而且在模仿作为产品和模仿作为复制品之间摇摆。虽然第一个看法在青睐模仿作为同一性中被抑制了，在模仿作为差异性产品中存在着女人的写作以及为了女人的写作的可能性。④

正如我在开篇第一章所论述的，我们必须要弄清楚表征与现实之间的区别，还要探究现实本身在多大程度上可以是表征、小说或戏剧。而且，坚持表征与现实之间的区分就是政治，害怕和谴责模仿就是害怕女性。正如我在第一章所说的，文学可以揭示那些否定自身人为性的社会结构却产生于偶然性，对文本的解读可以重新打开既有社会实践成为神话或戏剧*之前*，以及成为法律并且开始认

---

① See especially Peter Goodrich, *Oedipus Lex*：*Psychoanalysis*，*Histroy*，*Law* (Berkeley and Los Angeles, Calif.：University of California Press)，参考他对法律抛弃同时又依赖想象的论述。

② 这会干扰男人对于勇猛和荣耀的追求；不顾柏拉图的担忧，埃斯库罗斯之类的剧作家都认同这一说法："不要用这些温柔的关注把我女性化"，阿伽门农（Agamemnon）从特洛伊城（Troy）一回来之后就对克吕泰墨斯特拉如是说：*Agamemnon*, 918。

③ 虽然阿恩·梅尔伯格没有分析伊利格瑞，但是他对于柏拉图的模仿观点坚持认为："**模仿从来就不是**一个同质术语，假如它的基本运动是朝向相似性，那么它**总是**对其对立面敞开大门。" Arne Melberg, *Theories of Mimesis*, at 3；at 13："柏拉图的模仿在我的解读中是一个可变化的概念，每一次努力将之基本确定下来都是对于那个飘忽不定的歧义的出卖"。这个观点由艾琳·戴尔蒙德（Elin Diamond）从女性主义视角进一步论述，*Unmaking Mimesis*：*Essays on Feminism and Theatre* (London and New York：Routledge, 1997), at v："那么模仿不会是双重的，不会既是砥柱同时又是流沙；不会既是有序同时可能是无序，不会既是理性同时又是疯狂"。进一步参见她对伊利格瑞模仿柏拉图的论述，第 x-xiii 页。

④ 'Question' in Margaret Whitford (ed.), *The Irigaray Reader* (Oxford：Blackwell, 1991) at 134.

真对待自身之后表征与现实之间的差距。通过颠倒存在与表征、现实与虚构,作为女性的文学和作为文学的女性可以揭示法律对于文学的依赖以及对于(往往是已死的)女性的依赖以便建立法律自己的根基。在此过程中,它借用模仿把用来反映男性满足感、真理以及同一性的工具变成一个用于表达差异性包括性别差异性的一个工具。

伊利格瑞已经阐明柏拉图的真理是否定女性表征的戏剧或"梦"①,伊利格瑞没有从洞穴中退出而是作为一个让柏拉图害怕的女人走进这个洞穴:她揶揄模仿柏拉图,跟他调情,还引诱他承认他自己对她的依赖。② 在伊利格瑞的这出戏中,模仿的概念已经从一个用来反映男性真理的工具转变为一个为女人用来掩饰表征的政治本质的工具以及利用现有符号以及创造新符号的工具。女人作为戏剧、文学和剧院因而打破了原创与表征之间的层级关系,并且在想象中超越了原创创造了新的表征,后者反过来又进入了符号秩序世界成为法律。

第二节 公民会所、男人(men)会所③

关于女性在希腊社会、法律、历史以及神话中地位的研究可以警示我们哈里森(Harrison)在《雅典法律》(*Law of Athens*)所作的巧妙概括,正如约翰·古尔德(John Gould)所说的,"它所论述的,简言之就是,'女人乃残疾人'"。④ 从法律上来看,希腊所有不同年龄和不同阶级的女人与未成年人或动物没有什么不同,她作为女儿、姐妹、母亲、妻子或寡妇等方面的法律地位完全取决于她与男人的关系。不过,与众多其他社会一样,希腊社会也存在着这样一个悖论:一方面要

---

① *Speculum of the Other Woman*, trans. Gillian C. Gill (Ithaca, New York: Cornell University Press, 1985[1974]), at 346.

② "因为她只可以在使她失去人性的掩饰下方可被认识和被接受;她借用的形式从来就不是她自己的,假如她想要进入哪怕很少的认知领域也必须要模仿他人";ibid., at 344。

③ 这是皮埃尔·维达-纳奎特所用的术语,用来描述雅典城邦状况,"传统社会中奴隶制度与妇女地位"'Slavery and the Rule of Women in tradition' in R. L. Gordon (ed.), *Myth, Religion and Society* (Cambridge: Cambridge University Press, 1981), at188. 关于女性在希腊社会中地位的分析可参见其他作品: John Gould, 'Law, Custom and Myth: Aspects of the Social Position of Women in Classical Athens' Vol. 100, *Journal of Hellenic Studies* 38-59 (1980); Roger Just, *Women in Athenian Law and Life* (Routledge: London and New York, 1989); Marilyn Arthur, 'Early Greece: The Origins of the Western Attitude Toward Women', Vol. 6 *Arethusa*, 7-58 (1973); Marilyn Skinner (ed.), *Rescuing Creusa: New Methodological Approaches to Women in Antiquity* (Texas: Texas University Press, 1987); John Peradotto and J. P. Sullivan (ed.), *Women in the Ancient World* (New York: State University of New York, 1984).

④ As quoted and discussed by John Gould, supra, at 43.

承认女性在确保家庭以及由此构成的城邦可持续性方面的重要作用,另一方面又要将她框定在家庭生活领域同时把她排除在公众事务之外。无须明示,城邦及其雅典男性都知道他们现有身份以及可持续的现存状况都是来自女性:的确正是通过把他自己与"他者"区分开来,是成为那个神、野蛮人、动物还是女人,这个成年雄性主体才有可能获得对他自己的定义。[①] 与此同时,女性的主体性以及权力否定了互惠的力量,唤醒了压迫与恐惧。

女人激发了恐惧,因为她们有能力诞生生命就意味着她们也有能力夺走生命。女人的性行为通常认为是滥交的、贪得无厌的、难以满足的,这威胁到了男人的尊严。由于女人如同动物和大地一样代表了一种威胁着文明城邦的稳定和可持续性的力量,所以她们必须得受到控制加以驯服和教化。担此重任的工具就是婚姻制度,该制度有望驯服年轻妇女生产合法的孩子。婚姻是青年女性成长的颠覆时期也是末日时刻,除此之外"确实什么也没有发生"。[②]

虽然婚姻的法规、权利以及定义在每个社会中各不相同,但是其中不变的甚至永恒的是婚姻法规与继承权法规、公民权法规以及财产继承权法规之间的关系。假如婚姻法规得以遵守,那么城邦国家就能确保它对男性后代原则上的掌控以及对财产传递和继承以及反抗规则的掌控。相反,假如女性偏离家庭私人生活领域,那么财产权、继承权以及公民权等都会受到威胁。因此,男人之间交换女人以及男人之间加强同性社会关系,正如列维-斯特劳斯所说的[③],都是与他们作为雅典公民的政治身份的构成和界定密不可分的。

法律规则给我们提供一个视角来探究女性在希腊社会中的作用,同时这些规则的创设和遵守背后所掩藏、所压抑或者无意识的很多东西可以从这些相同社会神话中窥见一斑。正如我在最后一章中论述的,神话在社会教化、社会统一以及社会稳定、社会文化约定俗成及其预期等方面比国家法律更加重要也更有影响力。诚然,这些神话是真是假或者是否构成一个制度的统一(如同克劳德·列维-斯特劳斯等结构主义者所主张的)这个问题不如另一个问题即这些神

---

① See Simon Goldhill, 'The male subject defines himself through a sense of the other: he distinguishes himself from the gods; the barbarians; the women'; *Reading Greek Tragedy* (Cambridge: Cambridge University Press, 1986), at 61.

② Richard Buxton, *Imaginary Greece: The Contexts of Mythology* (Cambridge: Cambridge University Press, 1994), at 121; discussing Mary Lefkowitz, *Heroines and Hysterics* (London: Duckworth, 1981) and *Women in Greek Myth* (London: Duckworth, 1986).

③ Claude Levi-Strauss, *The Elementary Structures of Kinship*, trans. J. H. Bell and John von Sturner (Boston: Beacon Press, 1969), especially at 480-1.

话有什么目的以及为谁的利益服务这类问题有趣。因此,我在阅读《奥瑞斯提亚》叙述的某些神话时不是企图发现那些神话意味着什么,而是企图发现谁决定了这些意义并且又是谁从中获了益。此外,假如神话就像弗洛伊德通过类比梦所认为的那样表达的是社会无意识而不是个人无意识,那么神话也像梦一样是由多种因素决定的,负载了各种各样的意义和用途,因而任由相关利益方包括女性主义者作出自己的理解和新的解读。

希腊社会和法律对待女性的暧昧态度不断在希腊神话中得以重复。在男性神话想象中女性一再是与自然、野蛮和狂野联系在一起的,而不是与文化、文明和温顺联系在一起。女人特征在性行为方面是贪婪、狡诈和不道德的,是会要男人命的或者干扰男人对于荣誉的追求。① 女性在里里外外、公开与私下、城市与家庭、自然与文化、文明与混乱之间的暧昧地位重复着法律对于侵权的担心。通过把此类侵权造成的危害和责难指向女性,男性对于失去控制权的担心以及对一个层级有序世界瓦解的担心都有可能得到缓和。那么,我们认为危险不在于它自身范围内而是在于与他者与不守规矩的女人之间。借助更多惩罚甚至是死亡来惩罚他者的侵权,男人以及法律可以重申女人破坏性存在之中文化秩序的自由。②

不过,假如这些对立面是文化的而不是自然的,并且假如构成这些对立面的话语就像这些对立面一样是偶然性的,那么情况会是怎么样呢?果真如此,神话不再是揭示这个世界的有关真理,相反,神话以及我们对神话的解读可能有助于"让这个世界符合这个神话"。③ 那么,任务就不仅仅是阐明神话有望调节的对立面而且还要阐明这些对立面本身。换句话说,人们呼求文化秩序来调解文化自己制造的对立面;④法律秩序即文化秩序需要神话和习俗来支持它自身所制造的对立面。《奥瑞斯提亚》就是这样一个神话,它的创建是为了解决文化自身制造的对立面和差异性包括女性他者危害的神话,以及她放肆的性行为以及她谋害别人的必要性。俄狄浦斯神话或许是西方文化理解自己及其传统的最主要

---

① 这就是女性在荷马诗歌中的作用,参见 Kakridis, *Homer Revisited* (Lund, 1971); quoted in John Gould, *supra*, at 56。

② 西方艺术与文学中对这个观念所作的完美分析可以参见 Elizabeth Bronfen, *Over her Dead Body: Death, Femininity and the Aesthetic* (Manchester: Manchester University Press, 1992)。

③ Pierre Bourdieu, *Outline of a Theory of Practice* (Cambridge: Cambridge University Press), at 167.

④ See James Redfield: 'The Problems of culture can only be solved with the means of culture.' 'From Sex to Politics: The Rites of Artemis Triclaria and Dionysos Aisymnetes at Patras' in *Before Sexuality*, *supra*, at 122.

的神话,它本身通过抑制其他神话抑制奥瑞斯提亚神话及其母亲克吕泰墨斯特拉被杀的神话来得以维持。不过,所有遭受抑制的反过来或者又和弑父神话一起取而代之并索求自己的地位。

第三节 走进剧院的神话:词语的胜利

通过剧院这个媒介观看神话则无须复制古老神话,但是可能会带来一些问题。神话重复和加强了社会价值观,同时剧院再次打开了模拟客体和原创主体之间的差距并藉此重新审视和质疑该社会的价值观和结构。由于坚持强调冲突和强调现存范畴之间的灰色地带,悲剧或许比其他任何戏剧形式更能暴露进退两难的困境,而不必承诺冲突的解决或调解。① 特别是,悲剧把古老的困境放置在全新的市民国家这个语境中,这就加剧了问题的严重性,也给那些耳熟能详的神话带来了诸多麻烦。《奥瑞斯提亚》就是所有被称作"悲剧时刻"的一个代表,② 坚持把荷马英雄们的神话世界与城市的政治世界之间的冲突加以戏剧化,并且对外声称要解决这些冲突。随着希腊城邦的日益建设,需要讨论的主要问题就是正义的概念以及正义与个人、市民机制以及上帝之间的关系。这个三部曲首次上演是在阿瑞尔帕格斯(Areopagus)战神山最高法庭成立不久之后,该法庭是负责处理以下问题的第一家法庭,即负责审理杀人案件,解决正义与私人复仇、宙斯意志,以及复仇女神三姐妹所代表的古老的幽冥宗教力量之间的关系问题:这个全新的大会和法庭如何与复仇和惩罚的制度相一致?它们的权威来自哪里?实现它们目的的最佳手段和程序又是什么?

《欧墨尼得斯》是以法庭的成立和庆祝活动收尾,法庭的设立结束了报复和暴力的冤冤相报,这一点正如《阿伽门农》(*Agamemnon*)和《奠酒人》(*Coephoroi*)里所描述的导致了戏剧被解读为是法律战胜复仇、秩序战胜骚乱的叙事作品。③ 这当然确实如此,从《阿伽门农》开始,克吕泰墨斯特拉、合唱团、埃癸斯托

---

① See especially Charles Segal, *Tragedy and Civilization*: *An Introduction of Sophocles* (Cambridge, Mass.: Harvard University Press, 1981).

② Jean-Pierre Vernant and Pierre Vidal-Naquet, *Tragedy and Myth in Ancient Greece* (Brighton: Harvester Press, 1981)[1972].

③ 例如,詹姆斯·博伊德·怀特(James Boyd White):复仇女神三姐妹、阿波罗和雅典娜所代表的力量是"这里合并成一种新的形式和活动,一种用权威讲述故事的机制,这样的话它们就不会是一成不变的,也不会陷入其他晦涩神秘的意义。因此,法律把我们所有人从这个不可忍受混乱无序的世界中解救出来,这个世界呈现在我们眼前的故事、才智、行动和自我都是混乱无序的。" *Heracles' Bow* (Madison, Wis.: University of Wisconsin, 1985), at 180.

斯（Aegysthus）以及阿伽门农等人物代表了障碍物,这里的主要意思就是复仇或惩罚。因此阿伽门农和希腊人对特洛伊人发动的战争是为了报复帕里斯（Paris）拐走了海伦（Helen），克吕泰墨斯特拉谋杀阿伽门农是为了报复阿伽门农把他们俩的女儿伊菲革涅亚（Iphigeneia）作为战争的献祭品,而埃癸斯托斯谋杀阿伽门农是为了报复另一个暴行,即阿伽门农的父亲阿特柔斯（Atreus）赶走了埃癸斯托斯的父亲梯厄斯忒斯（Thyestes）。《奠酒人》里的绳之以法又是意味着惩罚性报复,就像埃癸斯托斯和克吕泰墨斯特拉两人的合谋反过来被俄瑞斯特斯（Orestes）和厄勒克特拉（Electra）以及合唱团所解读的那样。复仇女神所倡导的正义观虽然在《欧墨尼得斯》中遭受攻击和嘲弄可却无异于前两部剧中人物所提出和采取行动的观念,这即便不是鼓励也是理解了所谓保持中立的合唱团。阿波罗把这个正义描述为"惩罚之坑,在这个坑里,头被切掉,眼被挖出,喉被割断,尊严被阉割"（188—189）,轻易地忘掉了他自己要求俄瑞斯特斯为父报仇的建议正是基于这样一个前提。

　　同样清楚的是,意识到上面那个前提将会延续这些恩怨而不是了断这些恩怨,因为该前提鼓励更多的报复和更多的惩罚。受害者被迫面对复仇责任这个负担,而一旦担负这个复仇的责任,那么他们也会成为下一个罪行的加害者,这又会引起更多的暴力、惩罚和侵权,诸如此类没完没了。相反的是,《欧墨尼得斯》所倡导的正义观被描述为"合法性""有序的礼节""正当的程序"或者"法律与秩序"等词语所意指的正义,传递出来的信息是从早期不公正的受害者所主导的正义转变为现在主要由法庭和法律制度操作的正义。这部戏剧中叙述的信息不比抗辩、听证、控（起）诉、辩护律师、陪审团、判决（书）以及宣判（刑罚）等当代法律术语少。

　　不过,我们必须知道,是不是我们自己全神贯注于正义的概念就是合法性及其与国家的关系才导致了我们对于《奥瑞斯提亚》的这些解读好像是自然的也是必然的?这些解读有没有可能更多的是关于我们自己而不是埃斯库罗斯,或者他的人物或观众?不管怎样,这都泄露了一种变态偏执的西方思维,即偏好用二元对立和辩证合成的术语来思考和表达。另一种解读是希望在观看雅典戏剧时不要试图寻找早前法律或正义的所谓真相,而是在解读悲剧时避免简单归类或肤浅解析,相反应该（像尼采所希望的那样）"超越善良与邪恶之上"。有人歌颂是法律程序和词语解决了问题而不是个人复仇和暴力解决了问题,这样的解读表明那些歌颂既不成熟又不恰当。

　　首先,雅典娜法庭所倡导的法律正义的概念与古老的复仇体制没有什么不

同,因为恐惧和惩罚依然被保留以便引起世人对法律的尊重:

> 您的政体不要彻底摒弃恐惧。
> 因为如果免于恐惧有谁还会刚正不阿?
> 坚守神圣正直的法律所带来的恐惧,
> 就会确保您的城池固若金汤。
>
> (《欧墨尼得斯》,699—702)

当然,审判**看起来**不同,因为俄瑞斯特斯被判无罪;假如判决有罪,这个相同的惩罚又会强加于他,就像他强加给他的受害者一样,这就是复仇和暴力冤冤相报所延续的,不过这次是通过**法律**的手段。

其次,雅典娜法庭上的庄严仪式、程序礼节以及有序辩论最后并没有解决问题:结果陷入僵局,赞成与反对的陪审员各占一半人数。俄瑞斯特斯无罪释放不是因为正义这个概念而是一个权宜之计:雅典娜曾警告复仇女神不要"用权宜之计"玷污了"纯洁的法律"却恰恰把自己的一票投给了俄瑞斯特斯。法律因此不是作为正义这个虚幻的概念取得胜利,而是作为强权和政治的手段取得了胜利,或者用福柯的话讲是作为合理化、规范化以及控制权的手段取得了胜利。审判机制神化了权力的法律源泉,后者不仅依靠逻各斯和理性,还依靠奇观的力量,还依靠非语言符号以及意象。在此类意象中,首当其冲的当属那些被打败的死去的妇女意象。

最后,事实再次表明,法律所谓依靠语言而不是武力来解决冲突是荒诞不经的。语言是一个不可靠的东西,正如各色人物诉求同一词语"障碍物"(dike)来表达他们各自不同的目的。诚然,在探究文本中紧张冲突的时候语言处在最前沿,语言构成了而不是解决了戏剧里描述的僵局。语言不是其他地方发生的事情、思想和意义的透明中介,它不是反映了而是制造了、再制造了并且还经常歪曲了那些事情和意义。就像埃斯库罗斯和其他悲剧作家所领会的,词语有时候用来把假的东西好像说成真的又把真的东西好像说成假的。因此,剧中人物说一些他们知道可能会是假的东西,而他们的听众事实上又相信那些不真实的东西同时反而怀疑那些确为真实的东西:克吕泰墨斯特拉的言辞成功地说服了阿伽门农走上红织锦亵渎神明,这个悲剧性过失导致他立即垮台;俄瑞斯特斯能够欺骗仆人和克吕泰墨斯特拉让他进入宫殿,正是诉诸希腊人热情好客的规矩,而对于卡珊德拉(Cassandra)的预言,世人却充耳不闻、视而不见。相反,那些企图利用语言操控局面的人物最终却败露了,因为语言溜出去后就不受他们管控了。

所以，观众对于这样的事实很敏感，即说话的人并不总是在说他们想要说的东西，或者他们想要表达的意思不是他们所说的。最终，语言不是说话者和听话者之间的交流媒介，也不是表达真相的工具，它成了混乱、冲突和歧义的源泉；语言不是在调解心智与现实却是在制造、再制造甚至歪曲并掩盖现实。观众对于语言准确性的安全感荡然无存，取而代之的是对语言这个媒介的怀疑。从质疑语言的作用开始，这就是质疑由该语言构成的社会秩序所迈出的一小步：我们不自主地怀疑，法律秩序是建立在非常不可靠的基础之上的。

我不赞同《奥瑞斯提亚》叙述了合法性正义这个观点，所以我想探究的是这些解读所忽略或所压抑的东西，即它叙述的是男人操控了女人。雅典娜法庭不是解决复仇与惩罚这个顽固循环的高超机制，它不过是用另一种手段延续着冤冤相报。最后，法庭这个机制是对待政治问题的一个政治手段，而政治问题从来都是性的问题。①

第四节　谋杀母亲

《奥瑞斯提亚》的斗争一开始就是来自男人和女人之间的冲突。在家庭和亲属规矩比城邦宪法更重要的社会里，女人的不守妇道便是个很严重的问题。阿伽门农的不在身边导致了克吕泰墨斯特拉离开了家庭这个私人领域并且开始关注城邦的公共事务；在《阿伽门农》中，她被描述为具有"男人的意志"(11)，她的"讲话就像一个男人"(350)而且不像是一个女人，她很"好战"(940)。然而，她遭受的批评指责正如其他女人所遭受的一样，说她是虚伪做作、阴险狡诈、诡计多端。而且争议更多的是，她还破坏了婚姻规矩养起了情郎埃癸斯托斯，这个男人就是人们所说的伪娘，他没有参加希腊军队奔赴特洛伊战场。假如用拉康的图式来说，女人并不存在，因为她的功能在于反映和支持男人对于完整性的幻想。② 克吕泰墨斯特拉对婚姻的不忠以及她对自己独立自主欲望的表达不仅没有反映反而却摧毁了她的丈夫指望她反映的完整感。他们这对情侣破坏了甚至颠覆了公元前5世纪雅典对于男人和女人所期望的角色和作用；克吕泰墨斯特拉的出轨以及闯入专属于男人们的公共领域使得她侵犯了社会性别和政治的界

---

① See James Redfield, 'From Sex to Politics: The Rites of Artemis Triclaria and Dionysos Aisymnetes at Patras' in *Before Sexuality*, *supra*.

② Juliet Mitchell and Jacqeline Rose, *Feminine Sexuality: Jacques Lacan and the Ecole Freudienne*, trans. Jacqeline Rose (London: Macmillan, 1982), especially introduction by Jacqeline Rose.

限。更重要的是,她对于这些侵犯没有丝毫的内疚或忏悔:面对合唱团不断指控她谋杀和欺骗了亲夫,她的回答一如既往地坚定:"阿伽门农杀死我们的女儿",她不断这样提醒合唱团。

公共领域与私人领域、国与家、社区与血缘关系之间相互冲突的需求是希腊悲剧常见的一个主题,该主题在索福克勒斯的《安提戈涅》里再次露骨地出现了。这两部戏都认为,男人牺牲家庭利益特别关注公共事务,而女人则牺牲社会利益特别在意血缘关系。可是,克吕泰墨斯特拉是希腊神话中比较特别的一个人,因为她失去女儿的悲痛并没有让她无视城邦事务。她也不是感情用事毫无理智的轻浮女子,因为正如合唱团所谴责的,她已经像个男人一样统领一切。

在《奠酒人》里克吕泰墨斯特拉的两个孩子厄勒克特拉和俄瑞斯特斯决定维护父亲的名字、法律和荣誉,所以坚决要杀掉他们的母亲。厄勒克特拉不想提起死去的姐姐,她谴责她的母亲"枉为人母"(190)、"心肠毒辣"(430),宣称"孩子们把一个死去男人的名誉永葆长青"(450)。她因此确认,在一个父权制度里母亲的地位不仅被贬低了而且女人无论她是女儿、母亲还是姐妹都被迫扮演彼此的竞争对手的角色。与此同时,她的女性身份容不得她向杀害父亲的凶手报仇。为此,她想她必须依靠她的哥哥俄瑞斯特斯。

然而,《奠酒人》中持久的意象是合唱团唤起的故事:克吕泰墨斯特拉做了一个梦,梦见她生下一条蛇,然后用披巾把它包裹成小孩似的还给它喂奶吃;可是这条爬行动物不仅吮吸她的奶还吸出了大量血块(527—533)。这个梦当然没有规定应该如何解读,把解读这项任务交给相关利益方,他们为了各自利益而作出有利自身的解读。俄瑞斯特斯当然很快把这个梦理解为要杀死他的母亲。然而,即便是在这条蛇与俄瑞斯特斯相关联的时候,这个意象的反常凶残本来是暗示这件事情的可恶本质,是劝阻而不是说服他去付诸行动。可是,俄瑞斯特斯此时至少很快接受了这个"淫秽畜生"的角色:

> 就像我解释的,一点一点吻合,听着:
> 首先假如这条蛇是跟我一样从同一个地方出来的,
> 而且当时还用婴儿衣服包着像人一样,
> 它张开血盆大口咬着那曾经哺育我的乳房:
> 假如它一边吮吸甘甜的乳汁一边吞咽着血块,
> 让她害怕得瑟瑟发抖——为什么?这就意味着她
> 这位给淫秽畜生喂奶的女人必须死于非命;
> **我**必须改变秉性,变得蛇蝎心肠绝不手软!

> 这个梦的号令已发：我就是她命中注定的讨命鬼。
>
> 《奠酒人》，539—550

合唱团同样明白这个梦的含义以及明白俄瑞斯特斯应该怎么做：

> 我愿意听您对这些迹象的解读，那么开始祈祷吧。
>
> 《奠酒人》，551

> 保持一颗勇敢的心，俄瑞斯特斯！
> 当动手杀掉她的时机来临时，
> 为报你杀父之仇而怒吼吧；
> 要是她呜咽，"我的儿，俄瑞斯特斯！"
> 就说，"我是——我父亲的儿！"
> 完成你胆战心惊的壮举；
> 这就是命，没有人责怪你。
>
> 《奠酒人》，827—833

这个本应让俄瑞斯特斯为所提议的行为感到恐惧的意象反而被解读为用法律的力量不仅暗示更是命令他去杀死他的母亲。

当然，合唱团对于女人生孩子的角色在《欧墨尼得斯》中被阿波罗特别加以重申：

> 母亲不是孩子的真正至亲
> 孩子被称作她的。而她不过是照料
> 一粒幼小种子的保姆，种下它的男人才是它的至亲。
> 所以，假如命运眷顾这个孩子，她就会拥有它，
> 就像帮助朋友照看一颗成长的植物。
>
> 《奠酒人》，657—661

雅典娜女神就这个方面继续肯定，她是宙斯生出来的，她无须母亲（735）。在陪审员投票前她警告他们，要信守"父亲的权利要求以及男性主宰一切"以及"杀死亲夫的女人的死亡……远不如丈夫的死亡让人悲伤"（735—739），假如投票持平她将会把自己决定性的一票投给男人这一边。克吕泰墨斯特拉就像夏娃一样，是一个必须被击垮被除掉以便重新恢复男性主导秩序的堕落的女人。正如伊利格瑞主张的，当"弗洛伊德在对谋杀父亲进行理论归纳和描述时，特别是在《图腾与禁忌》里把谋杀父亲看作建立原始部落时忘记了一个更加古老的谋杀

即谋杀母亲,这是在城邦建立一定秩序时所必须的"。①

另一个不那么有名的女人的死亡是埃癸斯托斯和克吕泰墨斯特拉的女儿厄里戈涅(Erigone)在俄瑞斯特斯无罪释放之后自杀了。她的死很少被人提起,这或许是希腊厌恶女人的另一个例证,他们似乎已经习惯了女孩上吊自杀。第欧根尼·拉尔修(Diogenes Laertius)讲述了一个特别奇怪的故事,有一天第欧根尼这个玩世不恭的家伙在橄榄树林里走路时,看见几个女孩把自己吊死在树上,她们的尸体随风摇摆就像荡秋千一样。他目睹这一幕的反应是惊叹道:"要是所有的树上都结这样的果实就好了!"②

克吕泰墨斯特拉的复仇者,复仇女神厄里倪厄斯(the Erinyes)在男性神话作家以及埃斯库罗斯手里遭受着相似的命运。与年轻的阿波罗和雅典娜不同的是,复仇女神代表着原始的过去,而这个过去必须要被推翻再加以驯化以便文明进步向前发展。跟克吕泰墨斯特拉一样,她们的性别惹麻烦了,这次是因为她们不孕不育导致了她们所住之地荒芜贫瘠。她们在审判中输了,这使得她们按照城邦规矩被贬低到了下等地位,即被贬到阿波罗所代表的权势之下。同时,雅典娜的审判也把妇女的价值等同于恐惧、惩罚和报复的力量,并且承认这些情感在实行正义时是不可缺少的;③与女性有关的血缘关系以及家庭的重要性也得到承认。不过,雅典娜丝毫不怀疑城邦和修辞的力量,阿波罗所代表的辩论和说服(虽然是诡辩)应该在法庭之中占有优先权。④

正如琼·班伯格(Joan Bamberger)主张的,俄瑞斯特斯神话是母系社会所谓的存在和消失的另一个神话:这样的神话将女性描述为狡诈的、破坏性的和无能的,从而为随之将女性排除在领导岗位之外而辩护。⑤ 另一个含义是,推翻女性是文明进步所必需的。正如在弗洛伊德的《摩西与一神论》中,女性社会转向

---

① 'The Bodily Encounter With the Mother', Margaret Whitford (ed.), *The Irigaray Reader*, supra, at 36.
② Related by Eva Cantarella, 'Dangling Virgins: Myth, Ritual and the Place of Women in Ancient Greece' in Susan Rubin Suleiman (ed.), *The Female Body in Western Culture: Contemporary Perspectives* (Cambridge, Mass.: Harvard University Press, 1986), at 57.
③ This point is discussed further by Paul Gewirtz, 'Aeschylus' Law', 101 *Harvard Law Review*, 1043-1055 (1988).
④ See Froma Zeitlin's seminal essay, 'The Dynamics of Misogyny: Myth and Mythmaking in *The Oresteia*', 11 *Arethusa*, 149-84 (1978).
⑤ Joan Bamberger, 'The Myth of Matriarchy: Why Men Rule in Primitive Society' in Michelle Zimbalist Rosaldo and Louise Lamphere (eds.), *Woman, Culture and Society* (Stanford, Calif.: Stanford University Press, 1974).

男性社会被看作抽象战胜了实物:"由母亲转向父亲并且还是理智战胜了情感——即,是文明的进步,因为母性表现为感知而父权则是基于推理和基于前提的假设。"①法律的力量就像父亲的力量一样也是语言的而不是身体的,是基于词语而不是躯体的。② 男性战胜了女性因而也是法律战胜了情感、词语战胜了感觉。尼采的"命运之爱"(amor fati)即对身体和命运的热爱被对逻各斯、法律和理性的热爱所取代了。

第五节 牺 牲 贞 女③

于是阿伽门农没有退却,
忍受着煎熬将他的女儿
献祭给一场争夺不忠之妻的战争
以及作为战舰必将遭遇暴风骤雨的赎金
漠视她的眼泪,
她苦苦地呼喊"**父亲!**"还有她那初长成的模样,
手握她生死大权的"**判官们**"更在乎的是
他们自己的荣誉和他们的战争。
祷告声起。她的父亲**心意已决**。
飘逸的裙子瘫软了四肢
牧师的助手们把她高高架起
供奉神坛,如同彪汉手拎弱鸡。
她的父亲**号令再发**,别了
五花大绑的她,楚楚面容下口已**塞物**,
为了阿特柔斯的房子不被声声哀怨诅咒
无情的大手扯开她的腰围,扔掉她那

---

① *Complete Psychological Works*, ed. James Stratchy (London: Hogarth Press, 1953-1974), Vol. 23 at 113-14.

② 理查德·韦斯伯格(Richard Weisberg)对于"使用词语不仅避免扰乱现实而且也是创造现实的那些人物"的研究。词语对现实的再编织在法庭上已经制度化了,这导致避免了而不是实现了正义: *The Failure of the Word: The Protagonist as Lawyer in Modern Fiction* (New Haven and London: Yale University Press, 1984).

③ 我对伊菲革涅亚牺牲的论述受启发且归功于伊丽莎白·卜荣芬(Elizabeth Bronfen)对西方已死或将死的女性所具有的象征意义的精彩论述,同上。

红花绸带。她的目光
搜寻着她的刽子手们;在场的每个人
惊叹着她的芳容,她的美貌
艳过世上所有画笔,可是没有人同情
她无语的乞求,
为了发言权而抗争, 在过往的岁月里
勇夫们在她父亲屋檐下推杯换盏,
玩着肤浅的伎俩和满嘴肉麻的阿谀
和着表白的笛声
她稚嫩的声音会让所有人心碎,
在她父亲权位之下承兑着第三次祭奠。
此外,我什么也没有看见,
什么也不会提起……

(《阿伽门农》,225—245;黑体字是我加上的重点)

  用莫斯(Mauss)的话来说,牺牲和其他礼品是公开展示财富的机会,在这个场合讲排场或者讲至少比竞争对手大的排场是获得声誉的好时机。① 如同婚姻中男人们之间交换女人一样,牺牲女人也是为了交换象征性的资产,即再次希望维持和巩固家庭社会关系及其等级秩序。伴随此类牺牲的意象和仪式还有像是婚礼中新娘挽着父亲手臂被交付给新郎一样,这种情况如同下地狱。② 伊菲革涅亚及其母亲被婚姻的借口引诱到奥利斯(Aulis)这个地方,却让她父亲为首的一帮男人用作战争的牺牲品,这确证了男人偏爱战争游戏远胜过情爱游戏。③ 这个牺牲是一个暴力行为,意在防止集团内部的暴力,作为战争的序幕,重新定位于抗击集团外部的势力,在这个例子中集体外部势力即为特洛伊人。

---

  ① Marcel Mauss, *The Gift*: *The Form and Reason for Exchange in Archaic Societies*, trans. W. D. Halls (London and New York: Routledge, 1990), [1923-1924] for a fuller discussion see Victoria Wohl, *Intimate Commerce*: *Exchange, Gender and Subjectivity in Greek Tragedy* (Austin, Tex.: University of Texas Press, 1998).

  ② See Nicole Loraux, *Tragic Ways of Killing a Woman* trans. Anthony Foster (Cambridge and London: Harvard University Press, 1987), at 36-7.

  ③ 马利诺夫斯基(Malinowski):"毫无疑问,男人们更热衷于战斗所带来的兴奋而不会注意到更加平常同时也更少吸引力的情爱游戏。" In *The Sexual Life of Savages* (London: Routledge & Sons, 1929), at 414; quoted and discussed by Nancy Huston, 'The Matrix of War: Mothers and Heroes', in Susan Rubin Suleiman(ed.), *The Female Body in Western Culture*, supra.

让-皮埃尔·韦尔南已经驳斥了暴力和谋杀是牺牲的核心所在这个观点①，认为牺牲"涉及三个层面，神圣的物品充作牺牲品和神灵之间的媒介"。由于"这三者之间的关系在每个文化各不相同甚至在同一文化中每个情况也各不相同"，不能想当然地认为牺牲的作用是一成不变的。②自相矛盾的是，韦尔南接着主张在希腊意识形态中，牺牲不断地区别于谋杀，因而承担着惯常的功能是，一方面把人与动物（它们相互吞食）区别开来，另一方面把人与神（他们无须厮杀）区别开来。即便我们接受这一观点——韦尔南自己承认，希腊社会存在着不和谐的声音，这些声音把牺牲谴责为谋杀——剧院里而不是神话里对牺牲的描述可能会给古老的范畴和结构带来问题，正如我们早前所论述的，这些问题包括神与兽之间的区分，而仪式化的牺牲用来保留这一区分。伊菲革涅亚的牺牲，特别是假如在舞台上而不是在舞台下执行（下文会对此论述），可能是用来模糊人性与兽性的界限，而不是强制地精心地维护人性与兽性的界限。

牺牲通过把身体转变为符号还建立了社会准则：③牺牲一个漂亮的贞洁（希腊语中，贞洁"virtuous"等同于处女"virgin"）女性，是男人保护自己不受女人和死亡威胁的一种方式：女性气质这个难解之谜得以避免了，它那引起歧义的、多价的本性转变为一个固定的、安全的符号，假如只是因为它被死亡而固定化了。死亡的恐惧和难解之谜同样也得以避免，把它放置在终极他者即女性气质的一边，"而男性气质的建构缺乏死亡"。④通过征服与自然相关的女人，男人们想象他们征服了自然以及自然的命令即死亡。当然，绝非巧合的是，正如让-皮埃尔·韦尔南所描述的，希腊语言中男性气质的死亡形象桑纳托斯（Thanatos）呈现给世人的是一个有男子气概的战士，使得英雄死的光荣并且永垂不朽，而毁灭性的、无法言说的以及不可思议的终结，以及另类死亡是留给像戈尔戈（Gorgo）和克尔（Ker）这样的女性形象。在希腊神话的想象中，"似乎没有必要指出，当女人还不存在的时候——在潘多拉（Pandora）被创造出来之前——死亡也没有

---

① As argued, for instance by René Girard, *Violence and the Sacred* (Baltimore: Johns Hopkins University Press, 1977).

② 'A General Theory of Sacrifice and the Slaying of the Victim in Greek *Thusia*' in *Mortal and Immortals: Collected Essays*, ed. Froma Zeitlin (Princeton: Princeton University Press, 1991), at 293, 291.

③ See Julia Kristeva, *Revolution in Poetic Language* (New York: Columbia University Press, 1984), at 75。"准确地讲，牺牲指派了分水岭，在此基础上社会和符号得以建构；这个武断把暴力限定在一个单一地方使它成为一个能指。"

④ Elizabeth Bronfen, *Over her Dead Body*, supra, at 218. See also Luce Irigaray: "在繁殖同类的欲望中，死亡是外界、异类和他者的唯一代表；女性担负起代表（性/器官的）死亡和阉割，而男性当然尽可能多的实现征服"：*Speculum of the Other Woman*, supra, at 27。

为男人而存在……死亡和女人是共同出现的"①。

韦尔南进一步指出,男人经受不住女人惊鸿一瞥的引诱与男人抵挡不了死亡的宿命这两者之间存在着显著的相似性,"因为来自她的诱惑……女性气质就像是死亡一样无法逃避",这就解释了海伦要比她的姐妹克吕泰墨斯特拉更配"男人杀手"这个称谓。② 因此,不足为奇的是,代表了死亡和压抑欲望的女性气质必须为了恢复社会秩序而被牺牲掉;继这个集体攻击性行为之后,家庭社会秩序在稳固牢靠的法律基础之上得以强化,以免受到来自女性的威胁。合唱团对于献祭伊菲革涅亚的色情描述是"死亡色情"③以及死亡与欲望纠缠难分的另一个例证:贞洁的伊菲革涅亚因此奠定了符号世界秩序与法律的基础,她不仅是男人自恋过程中的烈士还是其偶像。④ 纯洁的伊菲革涅亚和她不纯洁的母亲克吕泰墨斯特拉都死掉了,她们的躯体反映了男人的自恋对于圆满和完整性的渴望,他们不再遭受她们活着时回眸一瞥所丢下的含糊纷扰。

第六节 怀孕的男人们⑤

假如女人以及对女人的欲望威胁着死亡和消灭,那么正如希腊人所赞赏的,女人以及对女人的欲望也提供了永生。女人的生育能力是确保男人的名字并且使之不朽的唯一确定的方法。确实,奥德修斯(Odysseus)拒绝了卡利普索(Calypso)不是因为嫌恶不朽而是因为像神一样的永生也会宣判他永远忘记人类的记忆。对永生的欲望与对女人的欲望就这难分难解,正如巴塔耶探究的两者都与死亡联系在一起。⑥ 男性作家在自己追求永生的同时也担心和害怕母亲的生育能力,他们因而否定这个生育能力并且企图赋予自己文本以生命,并且通过他

---

① 'Feminine Figures of Death in Greece' in *Mortals and Immortals*, *supra*, at 98.
② *Ibid.*, at 101-2.
③ 这是艾米丽·沃缪勒(Emily Vermeule)《希腊早期艺术与诗歌中的死亡视角》中一个章节的名称, *Aspects of Death in Early Greek Art and Poetry* (Berkeley, 1979), discussed by Vernant, *ibid.*, at 102-4.
④ 有关欧里庇得斯(Euripides)作品中对被牺牲的女主角的盲目迷恋,参见 Nancy Sorkin Rabinowitz, *Anxiety Veiled: Euripides and the Traffic in Women* (Ithaca and London: Cornell University Press, 1993), at 31-102.
⑤ The title of a motif in Claude Levi-Strauss, *Mythologiques*, Vol. 1-4 (Paris: Plon, 1964-1971).
⑥ Georges Bataille, *Eroticism*, trans. Mary Dalwood (London and New York: Marion Boyars, 1987[1952]). 我在第四章和第五章都论述了巴塔耶的情欲与死亡的关系。

的文本赋予他所在城市以及他自己以生命。男性企图摒弃母亲并把自己塑封进符号世界以及接受了雅典娜的看法,这个由宙斯生出的孩子不需要母亲。坚持认为人是由父亲生出的甚至从石头里蹦出的这种观点不禁让我们与南希·休斯顿(Nancy Huston)一起发问,"如果有那样的石头和尘土,那么谁还需要女人呢? 而且从这些无处不在的奇谈怪论中又会得出什么结论呢?"①

有人总结道,正如米歇尔·柏乐思·沃克(Michelle Boulous Walker)所主张的,妄图成为母亲是变态的、是精神有问题的,其中症状在弗洛伊德对母亲的坚决否定中已经得以体现。② 这种压抑在那些界定西方文化对自身理解的文本中很常见。伊利格瑞在阅读柏拉图时指出,柏拉图的洞穴是隐喻母亲的子宫,至于苏格拉底这个"接生婆"一直在帮助他产生出真理与知识。母体与妇女的子宫因而转变为一个使得男性哲学家能够开启探求真理之旅的隐喻。女性成为柏拉图戏剧的舞台,同时女性有生育能力的地位也就黯然失色,这样柏拉图可以取而代之,从而使自己变得"自给自足",没有根基并且"超越一切源起"。③ 就像俄瑞斯特斯声称自己是父亲的孩子一样,以及像雅典娜在男人想象中生出来为男子一样,柏拉图通过"杀死母亲"来宣称自己的真理。正如弗洛伊德《摩西与一神论》所描述的,男性哲学家走向光明的征途就是远离母亲的物质现实身体而迈出的步伐,也是男性主体自我性别的具体化。不幸的是,不仅女性的身体而且女性的尸身似乎都是男性追求真理所必需的。④

《奥瑞斯提亚》或许是出类拔萃的精神病的文本。书写律法和法律言辞使得男性作者可以取代母亲。一旦母亲被杀害姐妹被禁声被献祭,作者及其城市就可以自我生产,那么那些文本就可以刻写到和镶嵌到首先是神话里接着是悲剧里最后是法律里。

---

① Nancy Huston, 'The Matrix of War: Mothers and Heroes', in Susan Rubin Suleiman (ed.), *The Female Body in Western Culture: Contemporary Perspectives*), supra, at 126.

② Michelle Boulous Walker, *Philosophy and the Maternal Body: Reading Silence* (London and New York: Routledge, 1998).

③ *Speculum of the Other Woman*, supra, at 306-7; see further discussion in Michelle Boulous Walker, *Philosophy and the Maternal Body: Reading Silence*, supra, especially at 11-16.

④ 关于真理可见于已死的女性身体之上这个普遍存在的(男性)观点,更多例子可以参见 Elizabeth Bronfen, *Over her Dead Body*, supra.

第七节　跨越市场规则关注交易竞争①

然而，柏拉图的戏剧取决于并且得益于女性的隐喻，忘记这一点是不可能的。柏拉图的错误概念只是用来揭示"概念的盲点"②，他对女性子宫的类比，用玛格丽特·惠特福德（Margaret Whitford）的话来讲，已经成了一种"肛门逻辑"。③ 逻辑主要是解决矛盾和冲突，而希腊法律、希腊神话以及希腊哲学家认为女性就是矛盾和冲突，逻辑可以通过悲剧来讨论、探究和质疑而不是通过悲剧来确证。虽然悲剧表现形式作为传统习俗首先进入雅典市民生活然后作为雅典意识形态加以庆祝，但是这种意识形态不会也永远不可能充分明确、语义单一或同质的，它经不住质询。④ 我认为，不同的结论首先来自文本本身，其次来自文本的表现形式。无论哪种情况，我们作为读者以及作为观众的参与都是阅读和观看的内在要求。

首先，因为家庭和私人的"家需要"与社区和公众的"国需求"相对立，这两者的冲突就成了悲剧的素材。特别是，通过详述那些躲避刻板印象的女性的极端情况，比如聪明的女人她统治一切（克吕泰墨斯特拉）或者她抛弃家庭奔向荒野（菲德拉）（Phaedra），或者她们为了弟兄而牺牲自己（安提戈涅）或者她们杀死了自己的母亲（厄勒克特拉），或者她唾弃婚姻（卡珊德拉），或者她是个冒失鲁莽的妻子（潘多拉），悲剧藉此可以指出社会上对待女性的尚未解决的困境和紧张局面。而且，男人与女人、文明与自然之间除了明显的对立之外还存在一个灰色地带，其中的问题难以分类或解决。甚至女性的自主能力也有望从男性的兴趣、想象和法律中脱离出来。

《奥瑞斯提亚》提出克吕泰墨斯特拉的观点使我们能够详细讨论希腊的女性、妻子、母亲及女儿的窘境，她们的欲望在那个社会的法律想象和神话想象中不仅未被呈现而且还遭受抑制。文本和表演坚持克吕泰墨斯特拉是一个有强权

---

① 我在这里的论述受益于两个专家对希腊悲剧中买卖女性的分析：Nancy Sorkin Rabinowitz, *Anxiety Veiled: Euripides and the Traffic in Women*, supra note 55 and Victoria Wohl, *Intimate Commerce: Exchange, Gender and Subjectivity in Greek Tragedy*, supra.

② *Speculum of the Other Woman*, supra, at 353.

③ Margaret Whitford, *Luce Irigaray: Philosophy in the Feminine* (London and New York: Routledge, 1991), at 107.

④ See John J. Winkler and Froma Zeitlin (eds.), *Nothing to Do With Dionysos? Athenian Drama in its Social Contexts* (Princeton, NJ: Princeton University Press, 1990).

的人,她在丈夫长期不在身边的时候已经成了阿尔戈斯(Argos)的统治者而且还找了一个情郎随心所欲。荷马的《奥德赛》中奥德赛和阿伽门农处境和回归所遭遇的对与错写得明明白白,与此不同的是《奥瑞斯提亚》中没有人要求我们把克吕泰墨斯特拉与耐心忠诚的佩内洛普(Penelope)加以对比。承认需要神话来想象美丽忠贞女孩的牺牲以及想象背叛婚姻的妻子的谋杀,这也都是承认女性权力可能存在的威胁。克吕泰墨斯特拉的谋杀和伊菲革涅亚的牺牲不是巩固了既有的规范而是成了规范可以再次撕开的沙场。复仇女神在雅典娜法庭的挫败也只是部分成功。正如文本本身提醒我们的,复仇女神的挫败发生在忒修斯战胜了亚马逊女战士(the Amazons)的地方,这并非巧合。新秩序从被压抑的那一方所感受到的威胁允许重述一个挫败的故事,允许窥探另一个秩序和另一个法律存在的可能性。[①]

此外,虽然只有"心甘情愿"的牺牲才是妥当的[②],在埃斯库罗斯的版本中伊菲革涅亚曾妄图反抗抓捕她的强权势力。她被五花大绑押往祭坛像只待宰的羔羊,她嘴里被塞满东西以防她尖叫或诅咒她父亲的房子和她父亲的法律。不同于卡珊德拉原谅甚至歌颂抓捕她的人,也不同于她的妹妹厄勒克特拉服从她父亲的法律帮助谋害自己母亲,伊菲革涅亚并非心甘情愿地走向死亡。[③] 她因此没有让男人对女人的幻想实现,即男人幻想女人对男人忠贞或者被动地成为男人的牺牲品。伊菲革涅亚回眸顾盼破坏了那些捕快和刽子手们(以及看客们)的欲望,她反映了他们的完整性,她不是一个固定不变的符号,而是一个暧昧和抵抗的符号。不像她父亲的律法"词语"发布出来就是要让她缄声,文本却顺便提及她"纯真之声"似乎"揉碎了所有人的心"。因此她的死亡不是肯定了社会道德规范而是证实了男人无法完全驱逐"他者"、死亡和女人。用南希·拉比诺维茨(Nancy Rabinowitz)的话来说很适合,"文本会哑火"。[④]

用列维-斯特劳斯的著名论断来讲,男人之间交换女人保证了社会群体的幸

[①] See Sarah Bryant-Bertail, 'Gender, Empire and Body-Politic as Mis-en-Scene: Mnouchkine's *Les Atrides*' 46 (1) *Theatre Journal*, 1-30 (March 1993), at 25-7.

[②] *Ibid.*, at 20; discussing Nicole Loraux, *Tragic Ways of Killing a Woman*, *supra*.

[③] 厄勒克特拉和卡珊德拉都证实了在父权社会里女性都是被逼成为对手的这个观点;因此卡珊德拉虽然是阿伽门农的捕获品和牺牲品却还歌颂他的英勇咒骂克吕泰墨斯特拉是"披着人皮的狼"(*Agamemnon*, 1258)。同样地,厄勒克特拉歌颂和哀悼她的父亲而不是她的姐姐或母亲。克吕泰墨斯特拉也不感激那个导致她无辜女儿伊菲革涅亚牺牲的势力同样造成另一个无辜局外人卡珊德拉的牺牲。阿瑞恩·姆努什金(Ariane Mnouchkine)的作品中伊菲革涅亚和卡珊德拉是同一个女演员扮演,也由此强调了这一点;参见 Sarah Bryant-Bertail, *ibid*.

[④] Nancy Sorkin Rabinowitz, *Anxiety veiled*, *supra*, at 12.

存。在希腊神话、剧院以及生活中,女人作为一个交换的物体巩固了男性的家庭社会关系。女人不仅是一个可以用来交换的物体,她还是一个符号,还是一种缺失,用拉康的话说,她反映到男性主体身上就是一个想象的完整感,虽然这个完整感可能是虚假的脆弱的。假如女人不只是符号而且为了自身目的还可以使用符号甚至把自己作为符号来使用,积极地创造她们自己并且在这个创造的过程中还创造着新的文化和新的法律,那么会发生什么呢?假如像伊利格瑞主张的那样,女人这个交换的主体"**拒绝走向'市场'**"那该怎么办?**假如女人在她们自身还保留着另外一种商品性**,①并且制定了她们自己的规则和自己的法律,那该怎么办?假如像列维-斯特劳斯推理的那样,交换女人的规则与交换词语的语言规则差不多,那么我或许从事实中得知词语既可以超越也可以挫败和偏离说话者想要表达的意图。同样地,男人或许认为他掌控了词语可是却发现这些词语掌控了他、构成了他、挫败了他,男人或许还认为他可以交换女人,但是女人也可以干扰、推翻和挫败他从而使男人的计划泡汤。当女人拒绝作为战利品、新娘或牺牲品被交易时,那么这个本来可以通过这些交易得以巩固的体系反而垮台了。看到女性主体独立于男性规则之外,一旦如此那么就会深深印在读者和观众的意识中。②

最后,事实表明这种通过牺牲和谋杀女人得以确认的社会秩序,其定义和持续性正是依赖于女人的他者性所造成的中断。戏剧结尾提出的和解不能忽视伊菲革涅亚的牺牲以及克吕泰墨斯特拉对此的报复。那些遭受压抑的人的回归再次确保了此类结局只不过是想象出来的。

第八节　谋杀父亲与通过表演来写作

在西方戏剧开始的时候就像是在西方法律开始的时候一样是有词语的。作者/上帝/创造者书写的这个逻各斯/文本是至高无上的,为作为被动消费者的观众解释和指示舞台上发生的一切。不过,这样的戏剧用安东尼·阿尔托(Antonin Artaud)的话来讲是一个腐败的或压抑的剧院,把人物变成了"傀儡"把观众

---

① Luce Irigaray, *This Sex Which is Not One* (Ithaca, NY: Cornell University Press, 1985 [1977]), trans. Catherine Porter with Carolyn Burke, at 196.

② 有关这种可能性的更完整的论述参见 Nancy Sorkin Rabinowitz, *supra*, and Victoria Wohl, *supra*。

变成了"偷窥狂"。① 把《奥瑞斯提亚》视作文本外在表现来阅读是赋予文本以首要地位的断言,以及是在文本中发现逻各斯首要地位的断言。此外我还认为还有另外一种阅读方去发现文本中缝隙和矛盾之处存在女性差异性的断言。如果把戏剧看作游戏就会产生一个更进一步的可能,其中意义不是由一个作者——上帝或一个(守规矩或不守规矩的)读者给予的,而是当剧院中一群符号得以识别和充分利用后出现的。这种可能性不仅取决于阅读还取决于观看。把戏剧从文本和作者——上帝的专制中释放出来就是把我们带回到词语产生之前的时代,用德里达的话来讲这就要求弑杀父母而不是乱伦②,在这里就是一个希腊女儿杀死了一个希腊父亲。

当这些神话和悲剧不再是背诵或阅读的文本而成为**戏剧**的时候,这个女性他者可以扮演和展示她自己来挑战现有的结构和现有的法律。狄俄尼索斯通过详述男人与女人之间的界限对现有的阶层和界限提出了挑战也带来了困惑和混乱。身体在文本阅读中往往被人遗忘,而在戏剧表演中却又引人注目。假如就像巴尔特所说的戏剧是对人身体的歌颂,那么女人可以用她们的身体侵入之前她们的禁地并跨域现有法律界定的领域。③

剧院里的一簇簇符号就像在法庭上一样挑战了词语的中心地位,是剧院的符号而不是文本导致了意义的产生。虽然理论上我们把法律读作文本,但是在法庭上法律也是意象、表演和符号的集合,它们即便不是决定了结果也是共同影响了结果的产生。在这个**上下文**而不是**文本**中,通过其他语言符号和非语言符号的干涉和破坏,"词语"可以用来表示不同意味的东西。在剧院里就像在法庭里一样,音乐形式、绘画形式和手势、演员安排、观众选择、舞台设置、服装道具、灯光等不仅解释、装饰和伴随着书面文本而且还可以瓦解文本、揭示文本的脆弱、传递出不同的信息。④ 文本的表演可以探究、超越甚至可以推翻文本,也可

---

① Antonin Artaud, *The Theatre and Its Double* (London and Paris: Calder, 1993), trans. Victor Corti, at 64.

② Derrida, 'The Theatre of Cruelty and the Closure of Representation' in *Writing and Difference* (London and New York: Routledge, 1978).

③ 弗罗曼·蔡特林(Froma Zeitlin):"利用性倒错(两性之间)和戏仿(文本之间)作为侵入男性本不可入的神圣的女性地盘的方式,《特士摩》(*Thesmophoriazousae*)用女性气质跨越了一系列界限:性别与类别之间、神话与仪式之间、戏剧与节日之间、神圣与世俗之间,以及最后的生命与艺术之间",第14页:*Playing the Other*, supra, and further discussion at 341-416.

④ 帕特里斯·帕维斯(Patrice Pavis):"舞台上最根本的不是文本的所指而是词语的偶像崇拜(舞台布景):文本在其所有脆弱方面得以揭示,常常受到手势的威胁,手势随时都会干扰台词,这可以引领观众欣赏其韵律。" In *Language of the Stage* (New York: Performing Arts Journal, 1982), at 80.

以打乱每次阅读所体会到的意义。它还可以探究文本和古典剧院的边际和界限,并且在去神秘化过程中甚至可以杀死文本、作者以及作者的权威。①

正如劳拉·穆尔维在二十年前里程碑式的文章中提出的,女性在西方叙述中是男性关注的物体,几乎容不得她回顾。②虽然戏剧有主体与主题,但是文本不是给她的,因为她本身就是个悲剧问题:正如弗洛伊德对他的听众讲述女性气质时所说的,"从你身边的女性身上别指望得到什么,因为你本身就是个谜"。③我认为,女性通常是作为景观被人观看,但是她们本身也在书写和导演这些场景。④ 如果提出挑战的时刻是转瞬即逝的,那么是有创造能力的读者、演员、导演和观众才能够突显这些时刻,这样的话它们的影响力才会持久。这样的时刻包括:

(1) 描述伊菲革涅亚的牺牲以及克吕泰墨斯特拉的哭喊和眼泪的时刻,听到这些特别是听到伊菲革涅亚拒绝按照男性命令成为牺牲品的时刻。我们需要一个表演和戏剧或者展示来再现伊菲革涅亚不屑眼神里难以抹去的杀伤力,在这一时刻她的死亡象征了控制和权力的时刻,这一刻她用身体在书写。

(2) 克吕泰墨斯特拉跪在她儿子面前求他不要杀死这个哺育他生命的人:

> 我的儿啊,看看妈妈的奶头吧:
> 多少次你躺在这个怀里,你睡着了肉嘟嘟的小嘴还在
> 吮吸我甘甜的乳汁,这个赋予你生命和力量的乳汁。
>
> 《奠酒人》,897—899

与荷马的俄瑞斯特斯毫不犹豫地杀死其母亲不一样,埃斯库罗斯的俄瑞斯特斯迟疑不决还征求好友意见。不幸的是,皮拉德斯(Pylades)跟俄瑞斯特斯一样可怜拿不定主意,而且他还是一个看不懂"阿波罗言词"的言下之意的法律形式主义者(906)。我们反而需要一段表演来展现克吕泰墨斯特拉的请求和俄瑞斯特斯在目睹母亲乳房时的犹豫不决。

---

① 乔塞特·弗拉尔(Josette Feral):"表演征召了主体包括建构的主体和社会的主体以便使其混乱且揭开它的神秘性。表演是主体的死亡",'Performance and Theatricality: The Subject Demystified', trans. Terese Lyons, Vol. 25 (1) *Modern Drama* 170-81 (1982), at 173。

② 'Visual Pleasure and Narrative Cinema' 16 (3) *Screen* 6 (1975)。

③ 'The Psychology of Women' in *New Introductory Lectures on Psychoanalysis* in *The Major Works of Sigmund Freud* (Chicago: Chicago University Press, 1952), at 854。

④ See Loren kruger, 'The Dis-Play's the Thing: Gender and Public Sphere in Contemporary British Thratre' in Helene Keyssar (ed.), *Feminist Theatre and Theory* (London: Macmillan, 1996), 49:"常言道,女性总是使自己成为景观。只是在最近而且断断续续地,女性成为她们自己的景观。"

(3) 具有讽刺意味的是,在古希腊,在戏剧中扮演女人的是男人,这一点或许已经打破了性别本体论而不像当代戏剧中女性角色坚持要女人扮演,反之亦然。用朱迪斯·巴尔特勒(Judith Butler)的著名论调来说性别具有表述行为,男扮女装瓦解了我们认为性别要与身体相一致的看法。"假如表演者的生理结构与该表演者的性别不相符,而且这两个方面都与表演的性别不一致的话,那么这个表演意味着不仅性与表演不协调,而且性与性别、性别与表演都是不协调的……**在性别模仿方面男扮女装含蓄地揭示了性别本身具有模仿的结构就像它具有偶然性一样。**"①男扮女装再次撕开了表征与所指、模仿与现实之间的裂缝,特别是表演者的生理及其性别之间的裂缝,它造成了混乱、不协调或者麻烦。男扮女装没有反映或复制现有秩序,反而是通过打破身份的惯常观念特别是性别身份的观念,从而扰乱了现有秩序并且揭示了现有秩序的偶然性、历时性以及善变性。克吕泰墨斯特拉常常被描述为体型庞大身着黑衣,如果挑选一个柔弱的人扮演克吕泰墨斯特拉,一定会打破人们对她"男性"气质以及她所谓男性角色担当的预期。

(4) 最后,与内在相关的女人和与外在相关的男人以及法律上坚持把发生在内部的事情搬到外部的舞台上之间加以对比的时刻。跟法律审判一样,悲剧绘制出一条所谓的道路从无知走向知识,从欺骗走向揭示,从误解走向认可。伊菲革涅亚的被牺牲和克吕泰墨斯特拉的被谋杀由于太过下流因而不得不在舞台之外加以旁白,要是把她们搬到舞台上给予最显著的位置加以再现一定会引起观众各种不同的反响。② 一旦内在的东西被曝光到外在,其中界限就很难再保持完整不变了。

第九节　没完没了的表征

假如就像我们在第一章所论述的那样,符号创造了而不是反映了现实和主体性,那么艺术家就可以用他们的能力创造新的符号继而创造新的自我和新的法律。柏拉图无意识地承认这种能力的威胁,想把诗人和其他滑稽模仿者逐出

---

① *Gender Trouble* (London and New York: Routledge, 1990), at 137; emphasis in the original.

② See Ariane Mnouchkine's production of *Les Atrides*, discussed by Sarah Bryant-Bertail *supra*,在《奥瑞斯提亚》搬上舞台之前,欧里庇得斯的《伊菲革涅亚》已经搬上了舞台,因此提醒了观众阿伽门农所犯下的暴行(当然必须小心谨慎看待这是如何搬上舞台的,因为在欧里庇得斯的版本中伊菲革涅亚已经接受了她为希腊事业而牺牲的烈士角色从而心甘情愿地面对死亡)。

他的理想国。然而他却将自己的理想国拱手让给大师级诗人和戏仿者来治理,他们深谋远虑,自称为哲学家而不是艺术家,把他们的戏剧称作哲学而不是戏剧。在剧院里,原型和表征之间的模糊不清意味着表征和复述无须也不会导致认同或同一而不过是替代品、他者性以及差异性。在尼采看来,这个艺术性意志不是像柏拉图认为的那样具有欺骗性,也不是像亚里士多德所认为的那样具有模仿性,而是具有创造性并且超越在真理意志之上。它认为世界不是静止不变的,而是承认世界不断变化,并且为作家、观众以及读者打开了各种不同身份不同法律的大门。

此外,剧院经验特别提醒我们,身体不论是社会构建的还是历史构建的,本身就是一个面具或者伪装成舞台内外的景象。身体据说可以反映符号,而它本身也是符号的效果,这个世界包括法律世界及其规范和语篇、规则和等级等就是个舞台。剧院有能力让我们重返童年时光或许也可以打开另一种场景,另一种无意识的场景,揭示出压抑的欲望和遗忘的恐惧。作为"替代的法外之地"①,剧院可能扰乱我们做事情的方式,提醒我们此类规范和实践不仅是产品、表征和偶然事件,而且它们还是政治性的:它们有意无意地赋予某些群体以特权。在创造西方法律制度这案例中,此类表征不仅重新扮演了而且就是扮演了对母亲的谋杀,或者此类表征就是建立在谋杀母亲的基础之上。

假如戏剧中描述的自我和行为实际上是由符号和密码构成的,而符号和密码本就指望用来反映自我和动作的,那么观众同样也是由舞台之外的符号所铭刻和创造出来的。任何日常事件和日常话语都可能是戏剧表演或戏剧事件。②至于法律领域里的戏剧编导和观众,我们也依靠我们自己与其他看戏的人/编导之间的默契,从而使得法律景观得以继续。假如这个协定被破坏了,那该怎么办?假如该协定不被某些编导、女演员或观众遵守了,那该怎么办?假如观众接受表演只是**表演**的能力可以让表演先行开始,而该戏剧表演是以这类观众开始也是以这类观众结束的,那该怎么办?③ 假如观众开始关注其他方面,那该怎么办?假如观众否定或干扰现有的表演而要去观看新的故事和新的结局,那该怎

---

① Hélène Cixous, *La Pupille* (Paris: Cahiers Renaud Barrault, Gallimard, 1972), at 47; quoted in Susan Sellers), Hélène *Cixous: Authorship, Autobiography and Love* (Cambridge: Polity Press, 1996), at 83.

② 理查德·谢赫纳(Richard Schechner):"是上下文而不是基本结构将仪式、娱乐和日常生活彼此区分开来。它们之间的差异来自表演者和观众之间(有意识的或未表达出来的)约定。"*Essays on Performance Theory*, 1970-76 (New York: Drama Book Specialists, 1977), at 217-18.

③ Keir Elam, *The Semiotics of Theatre and Drama* (London: Methuen, 1980), at 87 and 97.

么办？我们不认为观众是被动的、麻木冷淡的，相反，我们认为观众是全新阅读和全新意义的代理人和发起者，尽管他们也是由此铭刻和行动的。对观众力量的全面解读就是在《奥瑞斯提亚》的一次上演还没有结束可是导演却误以为已经结束的时候，女性观众从座位上起身走到舞台给复仇女神松开身上五花大绑的绳索。

女人是模仿性动物，她用符号也把自己当作符号来表达自己的欲望并且让别人明白她的想法。不过，时光和语言、法律和制度一如既往各行其道，这就使得女人的欲望和她对欲望的表达之间存在着一定的差距。因此，不断需要更多的表征、更多的模仿和更多的戏剧。这个过程是无止境的，她在清醒的时候会创作诗歌并且通过诗歌来创造她自己。

第四章

《一报还一报》中死亡与欲望之间的婚姻[①]

[①] Shakespeare, *Measure for Measure*, ed. N. W. Bawcutt (Oxford: Oxford University Press, 1994); 文中所有引用皆出自该版本。

> 我渴望接受一切证据的拷问
> 以眼还眼,以牙还牙
> 不管怎样,我已经讲了真话,我不怕死
> ——尼克·凯夫与坏种子乐队,《仁慈宝座》
> (Nick Cave and the Bad Seeds, *The Mercy Seat*)

第一节 挪用莎士比亚

柯勒律治(Coleridge)写到,莎士比亚"是不分年龄的。我想补充,莎士比亚也是不分任何宗教、党派或职业的"。[①] 相反,他的作品穿越时空,值得人们不断研究不断搬上剧院,不断启发和愉悦学生和观众有关人性和人类境遇这些永恒的话题。

这种说法当然有很多道理:莎士比亚在不同地方给不同年龄的人讲述着那些人和事,一代又一代的演员、观众和读者在莎士比亚作品中看见、发现和理解与他们自身有关的问题与困境、爱恨与恐惧。在急于赞扬游吟诗人无处不在的启发和愉悦能力的时候,我们却往往低估了自己没完没了地把自身的问题和担忧投射并融入对莎士比亚的解读中。在四百多年的莎士比亚评论过程中一直不变的不是莎士比亚的人物、主题和忧虑而是读者解读或挪用这些文本的热情,让这些文本说出读者自己的问题和忧虑。在这种情况下,作者或作者的文本怎么能不是一个不变的符号?那些差不多相同的结论又怎么不会被各个时代的人听到?

莎士比亚已经给出了读者所乞求的如此多的解释,这对于那些习惯于且自在于作者已死、文本开放和读者欢庆的人来说一点也不奇怪。我们一直以来试图解读莎士比亚的兴趣和能力,更大程度上是我们有意无意地想把那些文本改

---

① Quoted in Terence Hawkes (ed.), *Coleridge on Shakespeare* (Harmondsworth: Penguin, 1969), at 122.

造成我们当代所关注的问题而不仅仅是要证明它们的永恒或伟大。我们当记住,因为这一点最容易被忽视,既不是莎士比亚也不是评论家操控了那些可以归因于他们所言词语的意义,他们也不是用跟现实一一对应的词语来进行写作的。词语不是未经调停地反映周遭世界这个事实意味着词语可以限定也可以扩大我们的意义和我们的世界。假如对莎士比亚的评论已经证明或者继续证明是无穷无尽的,这或许不仅仅是由于"修辞过剩"①,更多的是由于评论家们愿意发现并利用这样的过剩。这种过剩以及我们愿意追寻和利用这种过剩为文本的不同解读创造并维持了空间。

　　文本不是在文化真空中写出或阅读的,每位读者都是用"脏手"接触文学的,承认这一点就意味着我的忧虑与其他评论家在同样探寻文本意义时的忧虑一样存在着偏见,不多也不少。对莎士比亚或其他作家的任何阅读,首先是要进入我们自己的情境中,不可避免地嵌入我们自己的历史和文化背景中。我们自己的观点和历史会影响我们对于人物和行为的反应和解读。我在本章首先旨在发现有些忧虑是如何比其他忧虑更加受到关注,某些评论家解释的正义和怜悯问题连同国家事务和公爵的阴谋诡计是如何引起主要是男性的思考。莎士比亚首要关注的问题是如何表现为"王权的感伤以及伟大封建阶层的衰退"②,而对被统治阶层的可以听得见但是被压制的无声呐喊却充耳不闻。早期评论家几乎只关注权力、王权、政治和历史的男性定义和男性讨论,与此不同的是,我对正义和怜悯的概念解读是与性行为、欲望、婚姻、家庭以及被奴役的人有关。通过揭示和利用文本和戏剧最终"决议"的修辞过剩和歧义,我想反驳的是,我们不可以把戏剧肤浅解读为"法律必须因怜悯而和缓"或者简单地认为婚姻象征了戏剧中无休止的身体交换的合理分配。

　　承认我们自己对莎士比亚的解读具有偶然性,这也就意味着承认莎士比亚文本及其阅读对于文化意义藉此创造和维持这个过程的重要性。假设莎士比亚在我们的文化中占据着崇高的地位,那么通过莎士比亚我们可以找到自己以及他人存在的意义,而对它们的解读也永远不仅仅是学术性的。在这个有利可图的积极主动的行业里,特伦斯·霍克斯(Terence Hawkes)称其为"游吟诗人产

---

　　① Christopher Norris, 'Post-structuralist Shakespeare: text and ideology' in John Drakakis (ed.), *Alternative Shakespeare* (London: Routledge, 1985), at 58.

　　② Michael Bristol, *Shakespeare's America, America's Shakespeare* (London: Routledge, 1990), at 13.

业"(Bardbiz)①,专心于再上演和再创造莎士比亚剧作,借用琳达·博泽(Linda Boose)的话来讲,这使得莎士比亚已经成为"竞争如此激烈的角逐场,因为莎士比亚就是一座文化能量巨大的金矿"。② 此外,我们不能忽视这种观点,即许多文艺复兴戏剧是"虚构的问题",这些问题未必需要给出一个答案或解释,但是这些问题是要鼓励人们辩论的。③ 企图把莎士比亚戏剧固定为一个单一的、确定的意义不仅会冒犯我们后现代对于终极真理和终极意义的怀疑,而且也会冒犯剧作家和观众想要对这些真理和意义的辩论的参与。发现这些意义是如何商讨出来、如何界定和使用,又是对谁最有利,其间具有的政治价值再怎么强调也不会过分。

第二节 欲望及其禁令

自我与他者之间的冲突、我们和他人之间的必要分割以及我们和他人之间的必然需要之间的冲突,一直困扰着法律理论家对于法律企图调停这样冲突的理解、辩护甚至挑战。在契约开始威胁到我们、威胁到他人以及威胁到整个社会之前,法律的答案是以规则的形式来界定我们在多大程度上可以触及他人以及他人在多大程度上可以触及我们。越过法律颁布的界限是要冒着被惩罚的风险:法律承载着巡视它所创设的边界的权力,它对于自己掌管的客体执掌着赏罚甚至生杀大权。事实上像《一报还一报》这类文学文本也提出、辩论但是未必解决了这种同样的矛盾,这也是我要论述的焦点。

在分析这个矛盾时,法律与政治的自由主义理论赋予人文主体的意义跟传统文学批评理论赋予人文主体的意义是一样的,几乎只关注作者保证作品意义的这个意图。在这两个理论研究范围内人文主体是如何建构的、如何开始了解它的想法以及更具体地来讲如何表达它的意思和如何理解它的表达,这些只是近来才有的问题。通过质疑公开与隐私、自我与社会、自我与他人之间的区别,心理分析在早期就告诉或警告我们,如果不了解人的心理本质就不会正确地理解个人的本质以及她与社会的关系,也无法正确地谈论社会改革的可能性。

对于弗洛伊德和拉康来说,幸福富足的状态以及自我与他人之间假象的统

---

① Terence Hawkes, *Meaning by Shakespeare* (London: Routledge, 1992), at 141.
② Lynda Boose, 'The Family in Shakespeare Studies; or-Studies in the Family of Shakespeareans; or—The Politics of Politics', 40 *Renaissance Quarterly* 707-42 (1987), at 708.
③ See Joel Altman, *The Tudor Play of Mind* (Berkeley, Calif.: University of California Press, 1978).

一就是小孩的特权。小孩与他人之间的亲近关系还没有为父亲的干涉和那些规定"恰当"行为的社会规范所切断。在拉康看来,这样的干涉是通过语言这个媒介发生的,是主体在社会化之后接受被社会认可的行为模式的开始。这就是主体学会信奉和认同这些法律和禁令的力量,她开始舍弃享受转而服从实用主义接受现实。然而,俄狄浦斯情结的反复纠结不仅仅实现了主体的社会化也做到了对虚空、异化、缺失和遭受压抑的冲动的谴责。在拉康看来,孩子进入语言和符号秩序的世界总是痛苦的,因为词语和符号这个任意的外界系统开始代替早期的完整感和富足感。主体接触语言和语言所包含的陌生世界就是欲望产生的时候:"欲望总是在与言语表达的时候为人知晓,言语使得欲望显现,使得欲望突然显现奔涌向前。欲望只有表征在言语中才会出现,它是与符号体系一起出现的。"[1]主体对早期完整感的渴望与追求开始转变为对爱的需求以及被别人认可的需求,这种需求一直存在可是尚未实现,这就是欲望的体现。试图重获我们曾经拥有可现在却已失去的统一感和完整感会"让人恼怒"[2]、让人沮丧而且最终也是白费气力;因为"语言就在那儿,在他人那里不可思议地建立了我们,也同样不可思议地阻止我们对他的认识。"[3]正如齐泽克(Žižek)指出的,"主体总是太慢或太快了,从来就不能和它所想的客体保持同步。"[4]欲望是不变的现实,总是超出我们的能力范围,因为欲望是对别人欲望的欲望。然而,别人无法无条件地或永远地回应我们的呼求,别人也同样受到那些阻挠自我的缺失和分化的困扰。欲望因此从未产生满足感而只是带来了更多的欲望。

情欲如同宗教及其坚定的信徒以及法律一样可以提供一种方法来实现这种统一,因为情欲可以使我们能够对他人敞开自我,从而超越我们身体与他人身体之间的界限,甚至对于爱恋中的身体来说可以超越我们心灵与他人心灵之间的界限。情欲否认或经常忽视社会上调停自我与他人之间冲突的其他优选方式,这就使得情欲也成了它们的竞争对手,而且从社会的角度来看,情欲需要加以遏制。在《一报还一报》中欲望注定是要威胁维也纳的道德秩序、法律秩序、政治秩

---

[1] Jacques Lacan, *The Seminars of Jacques Lacan*, Book II: *The Ego in Freud's Theory and in the Technique of Psychoanalysis, 1954-1955*, trans. Sylvana Tomaselli (New York and London: W. W. Norfolk & Co, 1991), at 234.

[2] Georges Bataille, *Inner Experience*, trans. Leslie Anne Boldt (Albany NY: State University of New York, 1988), at 89.

[3] *The Seminars of Jacques Lacan*, Book II, supra, at 244.

[4] Slavoj Žižek, *Looking Awry: An Introduction to Jacques Lacan Through Popular Culture* (London UK & Cambridge USA: October, MIT Press, 1991), at 110.

序和宗教秩序。公爵说,法律得不到实施通常会造成这样的影响,即

> 自由牵着正义的鼻子,
> 孩子打骂看护他的人,逆行倒施
> 所有礼节都将消失(1.3,39—31)

虽然性侵犯只是无法无天的一个方面,但是公爵和安吉路(Angelo)都认为这是恢复法律和秩序的关键所在。这就需要我们认同猥亵的性行为是与无序混乱不可分的。于是颁布一道命令"维也纳市郊所有房子都要拆除"(1.2,94—95),安吉路接管公爵权力之后发布的第一条法令就是逮捕涉嫌通奸的克劳迪奥(Claudio)并判处他死刑。

凯瑟琳·贝尔西(Catherine Belsey)的戏剧研究[①]对于为什么欲望在政府看来总得严加提防提出了一些见解:性侵犯被单独挑出来看作社会动荡的一个主要源头是因为,它对社会秩序的威胁来自它对理性主体有意识地控制她自己所造成的威胁。在现代主义偏好根据二元对立解析事物之中,心智与身体的区别是最古老也是最普遍的一个。欲望与身体和隐私有关,也是主体的心智难以控制身体的地方,也是隔代遗传的冲动挑战她的主权与身份的所在。贝尔西继续解释,欲望不是心智或身体的财产而是存在于两者之间的缝隙之处,这是对于笛卡尔的心智与身体对立的解构,同时也使两者之间的差异性更加不稳定。假如法律坚持认为人是一种理性动物,而宗教坚持认为人是一种精神动物,那么欲望就会提醒我们,人还是一种情欲动物。性爱侵犯了柏拉图的传统和基督教的传统,正如奥克塔维奥·帕斯(Octavio Paz)指出的,"性爱把灵魂的属性转移给身体……爱人爱恋身体,好像它就是灵魂;爱人爱恋灵魂,好像它就是身体。爱情混淆了天与地;这才是伟大的颠覆"。[②]

情色戏剧承认,主要的或非理性的本能混淆了人与兽、自然与文化,甚至生与死的区别。用巴塔耶的话来说,从事性行为而不考虑生育就是沉溺于不计回报的纯付出,因而挑战了功利主义原则也挑战了工作比玩耍更重要的特权。性行为允许我们一窥与他人混合以及融入他人的可能性,从而实现我们渴望的联合、持续性和完整性。与此同时,生命的承诺和性行为的持续也给我们带来了死亡的暗示:"在我们看来,死亡的享乐与性行为的享乐是一样的,首先它被看作我

---

① Catherine Belsey, *Love Stories in Western Culture* (Oxford: Blackwell, 1994).

② Octavio Paz, *The Double Flame: Love and Eroticism*, trans. Helen Lane (London and New York: Harvest, 1993), at 10.

们自己的对立面,接着突然相反,它被看作生命得以体现的那种行为的深奥真理。"① 假如死亡不是被视作断绝而是被视作回归自然的一种重要的和谐以及持续性,那么情色的行为可以让我们一窥不朽与永恒。结果这就不仅混淆了人与兽之间的区别而且还混淆了人与神之间的区别。然而,情色是反复无常、飘忽不定的,情色忽视了昼夜、黑白以及不同社会阶层之间的区别,这就威胁了社会所倡导的稳定、持久以及层级有序。② 这就是情色的魅力所在:通过鼓励变化、不稳定以及危险的不安全,它是抵抗社会的文化传统和制度传统的力量源泉。对于法律卫士们来说,监督情色无可非议。

　　柏拉图和基督教把身心分开以及主张身体服从心智当然不是没有性别区分的:男人与心智相关联、女人与身体相关联,这就使得女性性行为让人特别联想到"羞耻"和"伤风败俗"③从而被人视为"恶心"和"不可靠"。④ 确实,女性或者至少她所感知的"羞耻"与违法体验不可分:用巴塔耶的话来说,"通常人们无法在自己身上体验到侵犯了法律,这就是为什么人们要等待一个女人带来困扰,即便这个困扰是伪装的,没有这个困扰就不会有违规的意识"。⑤ 因此,法律对于性爱的担心以及对于不受约束的情爱的认识也都是对于女性的害怕。苏珊娜·盖拉克(Suzanne Guerlac)在解读巴塔耶时认为女性是"情色的中心……是标记法律与违法之间界限或者对二者相互贯通的矛盾物",女性这个物体使得情色"可以查封",女性"借助视觉形式媒介"把情色呈现给"识想"。⑥ 因此,法律企图限制或规定性爱行为与法律企图驾驭或操控女性是分不开的,于是通常把女人收归私有或者金屋藏娇而不会公之于众或者逍遥于法律之外。假如作为主体的人追求完整性是为了追求与母亲丢失已久的完整性,那么男性主体于是通过成为

---

　　① Georges Bataille, 'Consumption' in *Accursed Share: An Essay on General Economy*, trans. Robert Hurley (New York: Zone Books, 1991) [1967], Vol. 1 at 34-5.

　　② See Terry Eagleton, *William Shakespeare* (Oxford: Blackwell, 1986), at 48-57.

　　③ Carol Thomas Neely, *Broken Nuptials in Shakespeare's Plays* (New Haven, Conn.: Yale University Press, 1985), at 101 and Carol Thomas Neely, 'Constructing Female Sexuality in the Renaissance: Stratford, London, Windsor, Vienna' in Richard Feldstein and Judith Roof (eds.), *Feminism and Psychoanalysis* (Ithaca NY: Cornell University Press, 1989), at 225.

　　④ Richard Wheeler, *Shakespeare's Development and the Problem Comedies: Turn and Counter-Turn* (Berkley, Calif.: University of California Press, 1981), at 96, 114.

　　⑤ Georges Bataille, *Oeuvres Completes* (Paris: Gallimard, 1976), Vol. 18; quoted in Suzanne Guerlac, '"Recognition" by a Woman! A Reading of Bataille's *L'Erotisme*', *Yale French Studies*, Vol. 78, 90-105, 1990, at 92.

　　⑥ Suzanne Guerlac, '"Recognition" by a Woman! A Reading of Bataille's *L'Erotisme*', ibid., at 104.

母性和通过成为生育发生环境的主宰来试图代替他那失落已久的天堂。

公爵试图规定性行为和生育情况与其说是来自宗教的灵感,还不如说是害怕不加管制的婚前性行为可能造成影响政治秩序和社会秩序的后果。私生子威胁到财产权和继承权的法律,因为正如一个历史学家指出的,"私生子官司可能最终引起的任何意识形态问题,首当其冲的总是对于土地的管辖权"。① 父亲是谁的不确定也会加剧乱伦的风险,因为男人和女人都不知道他们的父母和兄弟姐妹是谁了。俄狄浦斯就是一个极端的例子,这种"性生活和所有权的共通主义"将会导致代际区分的消解,并最终挑战统治者和被统治者之间的区分。②

然而,欲望与禁欲之间、自由与约束之间不单单是对立的关系,也是相互依附的关系。法律通过禁止某些性行为来控制欲望同时也培育了欲望,因为越是严格限制,越是想要去尝试做那个被禁止的事情。法律对于非正常的性行为的界定旨在规定什么是正常的、可接受的性行为,同时对于个体性生活同样的干预也会增加和提高那些被禁止的行为的价值。企图强加限定和惩罚违法行为通常会使那些被禁止的行为更加令人向往更加弥足珍贵。正如巴塔耶评述的,"爱的压抑当然提高了性爱乐趣的强度"③而且人们最想得到那些最严格禁止的东西。惩罚的风险当然激发了萨德侯爵(Marquis de Sade)的关于性的想象力:诚如布朗肖(Blanchot)所言,"法律对于这种力量又能如何反对?法律一开始想要惩罚它,可是最终却奖赏了它。法律辱骂它的时候也是在夸赞它。"④法律和惩罚因此不仅仅是镇压手段,而且也会是强化违法快感的工具。与此同时,萨德式男主人公面对法律却明知故犯,他自身或许就是"壁橱里的一个康德",把康德伦理学的含意推向了极限。⑤ 法律与欲望不是对立的而是共同创建和彼此提高:违法者需要法律,法律需要违法者,彼此需要的程度不相上下。

---

① R. H. Helmholz, 'Bastardy Litigation in Medieval England', 13, *American Journal of Legal History* (1969) 360-83; quoted in Marc Shell, *The End of Kinship*: *'Measure for Measure' Incest, and the Ideal of Universal Siblinghood* (Baltimore and London: Johns Hopkins University Press, 1988), at 37.

② 这些观点都是由马克·谢尔(Marc Shell)阐述的,同上。

③ *Accursed Share*: *An Essay on General Economy*, trans. Robert Hurley (New York: Zone Books, 1993), Vol. II, at 167.

④ Maurice Blanchot, 'Sade's Reason', in Michael Holland(ed.), *The Blanchot Reader* (Oxford: Blackwell, 1995), at 84.

⑤ See Slavoj Žižek, 'Kant with (or against) Sade?', in *The Ethics of Violence*, *New Formations*, Vol. 35, Autumn 1998, 93-7, at 95; discussing Jacques Lacan, 'Kant avec Sade' in *Écrits* (Paris: Editions du Deuil, 1966), at 765-90.

第三节 创造"正常的"公民

《一报还一报》中大量社会的、道德的、宗教的以及法律的协定昭告是为了监督管理欲望,这部剧作丰富地例解了性行为语篇是如何用来合理化解释现代西方社会对于广泛普遍的个人生活领域加以空前的统治监控并为此正名。福柯认为至少弗洛伊德要为性行为成为科学问题承担一定的责任,和其他人类话语一样,性行为是另一个权力语篇,是对现代国民的一种操控。性交易和纵欲这两个在该部剧作中循环出现的"伤风败俗"不仅仅威胁到法律,而且更重要的是,有助于使得权威合情合法,对它们的管理也就成了严加管控社会和国民的借口。

性行为作为社会管制的一种方式其有效性至少在于这样一个事实,即社会是不可能完全控制的。总会有违法行为因此监控和镇压就成为必要而且理所应当。正如庞培(Pompey)所提议的,"你所崇拜的东西是否意味着要阉割和杀害同城的所有年轻人?"(2.1,219—220),而卢西奥(Lucio)断定"修士,不可能把它完全根除的,除非禁止吃喝"(3.1,365—266)。

就像在任何社会中一样,威尼斯法律对于"正常"性行为的定义是由该社会认定的"正常的"或理想的社会秩序所决定的。这种秩序不仅体现在社会的、道德的和宗教的规矩方面,也体现在财产权和继承权的法律方面,后者是用来维护和复现社会秩序的。安吉路治理下的政权这种利害关系对于上层社会人士来说更加重要:虽然下层社会人士如咬弗动夫人(Mistress Overdone)因为性行为放荡而偶尔受到惩罚,可是只有克劳迪奥在行为不检点时才面临可能被处死的惩罚。正如福柯指出的,政府"主要关心的不是对于可压迫阶级的镇压,而是统治阶级或者有影响力阶级的身体、精力、长寿、长子继承权以及出身血统"。①

该部剧作进一步展示了统治者维持对国民统治权力的手段的变化,从中世纪的手段到现代的手段,从公开的手段到隐蔽的手段:宣传法律价值和宗教价值达到了公开镇压所不能达到的目的,即人们同意它们的统治和镇压。此类制度通过界定和宣告什么是正常的、可接受的行为使得政府可以干涉其国民的私生活。② 通过区分公私之别并且把欲望归为私人领域,法律对于欲望的规定就能

---

① Michel Foucault, *The History of Sexuality: An Introduction*, trans. Robert Hurley (London: Penguin, 1990), Vol. 1 at 123.

② 这一点吉姆·雷诺兹(Kim Reynolds)作了进一步论述,'Power and Pleasure: *Measure for Measure*' in L. Cookson and B. Loughrey, eds., *Measure for Measure* (London: Longman, 1991)。

更加有效更加巧妙地监管社会。在这个方面最显著的莫过于公爵决定将权力分散给两个副手,使权力得以秘密地扩张同时运作于社会的方方面面。他自身退出公众视野,他的伪装和他的隐身实际上是这种监管运作的一部分,这反而使他能够进入人们思想和情感的最深处。

公爵间歇的政治统治者和虔诚的修士这双重身份揭示了宗教在社会管控上的运作和合作。国家法律本身难以成就公爵的计划,因为它在规约外在行为方面也是有限的,而宗教在另一方面可以直指人们的"内在思考……私人意图以及他们内心的情绪"。[①] 因此,宗教话语借助深入地控制个体及其身心甚至比任何其他人类话语更能加强极权统治。忏悔是公爵使用而且是毫不羞耻滥用的一个工具,它看重人们的意图即所思所想,藉此来实现控制和规范化。公爵利用对玛丽安娜(Mariana)的忏悔企图引起她的尊重和顺从,甚至在床头把戏中还想利用她。至于玛丽安娜正如文本所限定的那样竟然毫不反抗反而以身相许,她对于这种被利用却表现为"自愿忠诚于无私的美德"。[②]

对于克劳迪奥和朱丽叶(Juliet)来说,他们一味急于承担和懊悔自己的过失,他们对自身的评判比该剧中其他人物对他们的批判还要更加严厉:克劳迪奥把自己比作饥渴的鼠辈(1.2,128—130),而朱丽叶忏悔、懊悔和担当自己的羞耻"最有耐心"(2.3,28—29)。在公爵与克劳迪奥和朱丽叶的谈话中不难察觉到这一点,这两位顺服的臣民承认并内在化了自己的内疚。由此而论,宗教对于婚姻的赞美是政府控制的另一个便捷的宣传手段。

该剧中只有两个人物试图反抗公爵规范化一切的企图,即巴拉丁(Barnadine)和卢西奥,因此他们不能简单地视作插科打诨的小丑。的确,正如下文将要论述的,只有通过喜剧、闹剧和狂欢才能一瞥颠覆和反抗的元素。

第四节 政治权威

企图借助法律和宗教的手段来规定和约束欲望和性行为,这就意味着心智和身体、公开和隐私、家庭和政府以及欲望和法律的二元对立不是政府想要它们

[①] Richard Hooker quoted by Jonathan Dollimore, 'Transgression and Surveillance in *Measure for Measure*' in Jonathan Dollimore and Alan Sinfield (eds.), *Political Shakespeare: Essays in Cultural Materialism* (Manchester: Manchester University), at 81.

[②] Ibid., at 82. 导演比读者更有办法让玛丽安娜在公爵的计谋中流露出不安,例如在史蒂文·宝路易(Steven Pomloy)1995 年作品中玛丽安娜的同意伴随着撕心裂肺的哭叫。

那样表现得干净利索。欲望对于市民私人关系的影响和对于市民的公共关系的影响是不相上下的,特别是当它涉及孩子的时候,因此政府企图规定和命名个体以及个体彼此之间的关系。政治权威在该剧中随着公爵的隐身无处不在,或公开地或隐蔽地干涉市民生活的每个角落。这种权威的本源和本性又是什么?该部剧作是肯定还是质疑这种权威的存在和运行?

评论家们认为文森修(Vincentio)与詹姆斯一世(James I)有许多相似之处,有的评论家甚至主张,该剧对于公爵的描述意在奉承詹姆斯一世。的确,公爵不喜欢门庭若市,他将自己的权力交由代理者履行可是又不愿意完全放弃管控,他对于正义的概念以及对于正义与怜悯之间的关系所存在的问题颇感兴趣,这一点与当时君主的性格和爱好有很多相似性。引用《皇家礼物》(*Basilikon Doron*)中著名的一段话来概述该剧作的主题:"法律",詹姆斯一世写道,"是规定道德品行和社会生活的规则,而不是诱捕良民的圈套:因此法律必须根据法律意义而不是文字本义来解释……还要学习如何睿智地识别正义与权益……正义,在法律看来就是让每个人都拥有自己的财产,而任意事物的权益是认定什么才是属于他。"① 评论家们还进一步描绘,詹姆斯的判决与沃特·拉雷爵士(Sir Walter Raleigh)及其同谋者最后时刻的赦免与该剧最后一幕中公爵给予的赦免之间存在惊人的相似性。②

然而,文本与主题的相似本身不能确定莎士比亚是否有意把它们作为奉承自己国王的一个方式,或者作为讽刺自己国王的一个方式——如果不是在公爵与这位统治者之间进行颠覆性对比的话,纳瓦拉国王亨利就称詹姆斯一世为基督教国家里最聪明的傻瓜。这种不确定性大多来自这样的事实,即批评家们不是很明确怎样看待公爵:正如罗西特(A. P. Rossiter)承认的,"如何看待这部戏剧取决于如何看待公爵……我不是很清楚如何看待公爵"。③ 这一坦言,文本和行动的不确定性和歧义,以及读者解读文本时不可剥夺的特权都意味着络绎不绝的读者、演员和导演都各自由地发现了公爵的不同品质,即从一个干涉他人的傻瓜到一个有智慧的人再到一个仁慈的统治者等各不相同。

---

① Charles H. McIlwain, *The Political Works of James I* (Cambridge, Mass.: Harvard University Press, 1918), at 39.

② For example, Craig A. Bernthal, Staging Justice: James I and the Trial Scenes of *Measure for Measure*, 32 *Studies in English Literature* 247 (1992); Wilbur Dunkel, 'Law and Equity in *Measure for Measure*', 13, *Shakespeare Quarterly* 257 (1962).

③ A. P. Rossiter, 'The Problem Plays' in Graham Storey (ed.), *Angels with Horns and Other Shakespeare Lectures* (London: Longman, 1961), at 164.

有的批评家认为该戏剧是对怜悯与正义的关系作出基督徒的人文主义探索,他们认为文森修的欺骗行为是合乎情理的,因为他所做的是为了伊莎贝拉(Isabella)的心灵成长,使她能够认识到怜悯的价值。① 有的批评家认为公爵"堪比神灵",②在道德教育"管控实验"中是"居高临下指导人们行为的天意",③或者是道成肉身的一个世俗类比。④ 此类解读常常伴随着一个观点,即认为该戏剧是救主受难剧,有罪的人通过上帝的怜悯得以救赎,表达了这一基督教讯息,即"所有人类都是被赦免的罪人而且必须要免别人的债"。⑤

有观点认为,莎士比亚在某种程度上超越了他的时代的意识形态争议之上或之外,这一观点解释了该剧中的元素终究是致力于重新实施集权制。特别是在公爵不在位时,接替他的那个副手随即滥用权力,这就导致了我们在最后一幕中见证了所有集权的再次回归。正如莱纳德·特尼豪斯(Leonard Tennenhouse)指出的,《一报还一报》揭示了"他们想让我们相信的自然法,只有真正的君主才是政治权力的最好形式"。⑥ 斯蒂芬·格林布拉特(Stephen Greenblatt)同样也是愤世嫉俗地看待《一报还一报》"行将结束时在权威再次确认之前公开地、持续地并且激进地质疑权威,同时嘲讽地保留意见"。⑦ 乔纳森·多利莫尔(Jonathan Dollimore)认为,"跟对权威的诸多显著威胁一样,这个威胁实际上是将权威合法化了:控制威胁在明显的危机时期成了权威采取应对措施的根本理由"。⑧ 此外,在享受这个"快乐"结局以及腐败代理者不齿行径曝光之时,观众或许不经意地就忘记了法律并没有改变,政治权威依然掌握在那个自始至终操控整个行动的人的手里。该戏剧对于贞洁的理想化追求以及将婚姻视作解决每个冲突的手段更是忽视了贞洁和婚姻本身也是用于维护既定社会秩序的意识形

---

① For example, Roy Battenhouse,'*Measure of Measure* and the Doctrine of Atonement', *Proceedings of the Modern Language Association*, LXI (1946), 1029; Rosalind Miles, *The Problem of Measure for Measure: A Historical Investigation* (London: Vision, 1976).

② G. Wilson Knight, *The Wheel of Fire* (London, 1960), at 82.

③ F. R. Leavis, *The Common Pursuit* (Hardmondsworth: Penguin, 1962), at 170 and 164.

④ Roy Battenhouse, *supra*.

⑤ R. W. Chambers, Man's Unconquerable Mind (London: Methuen & Co, 1939), at 277—310.

⑥ Leonard Tennenhouse, 'Representing Power: *Measure for Measure* in its time' in Stephen Greenblatt (ed.), *The Power of Forms in the English Renaissance* (Norman, Okla.: Pilgrim Books, 1982), 139—56, especially at 140 and 143. See also Leonard Tennenhouse, *Power on Display: The Politics of Shakespeare's Genres* (New York and London: Methuen, 1986), at 156.

⑦ 'Invisible bullets: Renaissance authority and its subversion, *Henry IV and Henry V*', in Dollimore and Sinfield (eds.), *Political Shakespeare*, *supra*, at 29.

⑧ Jonathan Dollimore, Transgression and Surveillance in *Measure for Measure*', *supra*, at 73.

态工具,特别是财产权法律和亲属权法律更是如此。在这个意义上,正如多利莫尔和辛菲尔德(Sinfield)主张的,剧院成了"展现权力以及权力合法化的主战场"。①

公爵的秘密策略不是企图公正无私地恩威并济,而是意在宣称他自己对于臣民身体的法律权威。为此他毫不犹豫地用一个身体取代另一个身体,比如对伊莎贝拉/玛丽安娜的床头诡计,或者用一个头颅取代另一个头颅,比如对拉格茵(Ragozine)/克劳迪奥的砍头诡计。"惩罚",正如弗洛伊德所言,"必须要实施,即便惩罚没有落在有罪人的身上"。② 这些交易、惩罚和赦免是把赤裸裸的暴力和监管干涉包装成为仁慈的权威和保护性措施。假如公爵的臣民以及观众对这些重新界定信以为真的话,那么这是因为公爵和法律用词语、意象和仪式诱使他们顺从。当权威以关心的方式呈现,当权力以疼爱的方式呈现,当暴力以理性的方式呈现,这时反抗的意志就会变成顺服的意志,质疑也就变成了迷恋,违法也就变成了服从。③

第五节 喜 剧 颠 覆

然而,不是每个剧中人物,也不是每个观众都是渴望顺从父亲法律的孩子或者必然被法律表现出来的爱的假象所诱惑。接下来,我们来识别一下那些成功地独立于公爵的和法律的魔力之外的人物和读者。因为文本总是给我们提供质疑公爵权威的阅读材料,解读和表演总是由读者、导演和观众自由作出。该部戏剧结局所引起的令人不安的批评,部分地解释了这是一部问题戏剧,在结局中一切又完全恢复原样使得公爵的权力和法律的力量好像是一场欺骗而不是对它们的肯定。④ 强迫婚姻与无限制赦免并不能鼓舞人们有信心认为正义得以实现或

---

① Jonathan Dollimore, 'Shakespeare, culture materialism and the new historicism' in Dollimore and Sinfield (eds.), *Political Shakespeare*, *supra*, at 3.

② *The Major Works of Sigmund Freud* (Chicago: Chicago University Press, 1952), at 711;关于这一点贝弗利·马尔默(Beverly Malmo)认为,在无视法律的妓院"身体是用来交换金钱的",法律"欲求身体"意味着在公爵的法庭上,"身体是当作金钱来交换的":'Beheading the Dead: Rites of Habeas Corpus in Shakespeare's *Measure for Measure*' in *The Ethics of Violence*, *New Formations*, Vol. 35, Autumn 1998, 134-44.

③ See Peter Goodrich (ed.), *Law and the Unconscious: A Legendre Reader*, trans. Peter Goodrich with Alain Pottage and Anton Schütz (London: Macmillan, 1997).

④ Anthony B. Dawson, '*Measure for Measure*, New Historicism and Theatrical Power', 29 *Shakspeare Quarterly* 328 (1988).

者正义得以持久。同样的作秀审判可以看作对公爵智慧和怜悯的庆祝,又可以看作揭示政治戏剧用以创建政府权力的方式,这也表明了公爵作为一个普通人在幕后牵线一个比他更强大的木偶在前台表演。① 在该剧结尾处公爵和安吉路一开始的政治主张几乎没有受到剧中其他人物的挑战或者不被其他事件大打折扣。②

一旦我们不再把公爵看作天意或神灵的正义化身,那么我们就有可能把他看作也是一个有欲望的臣民,他却跟安吉路一样声称不为欲望俘获(1.3,2—3)。正是在公爵身上,人们才有望发现法律存在和法律应用的必要性,同时又正是在公爵身上,人们才开始憎恶这种权力的被利用和被滥用。因为很难不赞同卢西奥的看法,即公爵是一个"装模作样的人",他操控了其他人物来维持和歌颂他自己的权力。③ 把安吉路表演为一个虚弱的、欲望缠身的臣民,这使得他比他主子更富有同情心,后者跟安吉路一样宣称自己对肉体欲望满不在乎,可是却利用自己的地位对伊莎贝拉想入非非。那些否定他这个权力的舞台表演,要比那些把伊莎贝拉以及其他人物最后都是追随其后的表演,更加令人满意。

就这一点而言,剧中明星人物正是卢西奥而不是公爵。卢西奥是"一个借口颇多的家伙"(3.2,195),他是"一个刺头",一个叛逆者,一个现实主义者,一个滑头,一个散漫的人,一个机灵鬼,一个讲究实惠的家伙。在卢西奥看来,摈弃欲望使得世人近乎圣人:

> 我奉您为天上神灵,
> 您摈弃欲望修炼不朽精神,
> 与您坦诚相见,
> 如同面对圣灵。(1.4,34—37)

卢西奥是"怪诞不羁的",他是该部戏剧中为数不多拒绝公爵背书的一个人物,无论是在公爵佩戴王冠的时候,还是在公爵身着修士服饰的时候。他最后被惩罚,

---

① See Craig Bernthal, *supra*.

② See Paul Hammond, 'The Argument of *Measure for Measure*', 16 *English Literary Renaissance* 496 (1986).

③ 为了支持这一看法可参见 Thomas F. Van Lann, *Role Playing in Shakespeare* (Toronto: University of Toronto Press, 1978), at 98-100。这里把公爵描述为他自己"精心设计的短剧"的作者/制作人/导演,他就像是"一个对高超演技比对理想脚本更感兴趣"的人。另外还可以参见 Marcia Reifer, 'Female Power in *Measure for Measure*', 35, *Shakespeare Quarterly* 157 (1984), at 161:"他最终意图好像是给他最后的戏剧储备搭建舞台,而这一天无须储备除非一开始就是为了他的计谋"。

这使得我们不至于幻想这是一个快乐的或者正义的结局,同时也使得我们坚定地认为公爵在最后一幕是恩威并施的。法律,正如卢西奥所理解以及自始至终所体验的那样,依然是一个外在的强制性力量,我们理当竭力规避之。与克劳迪奥、朱丽叶和玛丽安娜不同,卢西奥既没有从内心接受公爵的法律准则,也没有接受公爵作为修士的宗教约束。

法律是一个外部的强制性力量,而不是一个有助于构建社会的积极性力量,这一观点不仅被卢西奥掩盖了而且也被庞培掩盖了:后者很清楚法律是一个自我参照的操练,没有事先的外部来源或正当理由,只有自身存在的延续性问题。法律禁止某些行为,这使得它的存在合情合理,就像法律的存在取决于它对某些行为的禁止一样:

> 艾斯克拉斯(Escalus):这是合法的交易吗?
> 庞培:如果法律许可的话,它就是合法的,先生。
> 艾斯克拉斯:但是法律不许可它,庞培。(2.1,214—217)

换句话说,法律要求服从,这不是因为法律是基于真理或正义的基础而只是因为法律就**在那儿**。这种状况自莎士比亚以来并没有多大改变:在卡夫卡(Kafka)的《审判》(*The Trial*)里,起初约瑟夫·K(Joseph K)坚持认为法庭"只有当我认为它是法庭的时候"才是法庭,可是牧师跟他这么解释,"没有必要把每件事都当真,人们只是认为有必要时才想起要接受它"。① 这个"让人忧伤的结局",正如 K 所言,它"把谎言变成了普遍的真理",而且如同其他任何恒真命题一样允许言说者躲在权威语言的背后,也没有给法律所需求的更好的解释。②

本着同一精神,对巴拉丁的描写不能简单地认为是提供插科打诨的笑料,而是应当看作戏剧中一个重要的颠覆性潜文本,该戏剧的主要文本,准确地来讲是该戏剧文本的主要解读,它是支持专治权威的。巴拉丁不断地拒绝扮演一个认罪悔改的人,也不愿意表露出刑事程序旨在激发的焦虑不安。③ 他拒绝认罪、拒绝接受判决实际上是拒绝扮演使他自身处决合法化的角色。巴拉丁通过无权者唯一可以利用的武器即拒绝把权力当回事从而揭穿了公爵的骗子行径:"我发誓

---

① Franz Kafka, *The Trial* (Harmondsworth: Penguin, 1953) [1925], at 49 and 243.
② 关于恒真命题,参见 Roland Barthes, *Mythologies*, trans. Annette Lavers (London: Vintage, 1993) [1957], 152.
③ See Stephen Greenblatt, *Shakespeare Negotiation* (Berkley, Calif.: University of California Press, 1988), at 137.

今天无论谁劝我,我也不会去死的"(4.3,56—57)。巴拉丁短暂的几次露脸所带来的欢声笑语是对克劳迪奥"正襟危坐"集权的有力挑战。我们必须推断,巴拉丁拒绝一本正经地迎合绝对权威,这本身就是一本正经的事情:"他这个家伙就是想最彻底地扼杀——笑声。"①

第六节 威权铭文与贩卖妇女

在考量戏剧中女性的角色时不得不承认,读者的成见要比作者在提升或抑制性别平等方面所宣称的任何意图都重要得多。再说一次,此类成见在政治性质上一点也不逊色于读者所探究的其他问题。的确,正是选择对这个问题进行考虑才表明了读者在讨论文本时的主权;对该部戏剧早先作出的论述或表演里没有发现有什么问题或有什么原因要去挑战该剧给予其女性人物的作用。

因此,难怪有评论家把莎士比亚视作反抗国家权威的革命主义者,也有评论家通过莎士比亚的文本把他视作都铎王朝迷思的忠诚卫道士,而一半的女权主义者把莎士比亚看作热情的女权主义者原型,而另一半的女权主义者则把莎士比亚看作父权秩序的拥护者。② 然而,文本给这两种观点都提供了语料,是读者和制作人担当选择的责任并给他们的行为赋予一定的政治意义。我们必须得记住,女性在文化领域里的负面形象结果意味着女性在政治领域里处于劣势因而不得不顺从。在女性读者看来,最重要的是,要揭露在文本之中以及在对文本的解读和表演中存在的矛盾和歧义之处,以便发现文学话语中性别运作的方式以及女性是被排除在文本之外的事实。此类解读使我们能够设想社会组织的新形式,包括那些父权家庭结构之外的其他社会组织形式。

那种认为莎士比亚可视作开明的原型女权主义者的观点并非罕见:例如,克贝利亚·卡恩(Coppelia Kahn)主张,"今天我们在质疑我们已经继承的文化对于性别身份的定义。我相信莎士比亚也曾质疑过。"③还有朱丽叶·达森贝利

---

① Friedrih Nietzsche, *Thus Spoke Zarathustra*, trans. R. J. Hollingdale (London: Penguin, 1961), at 324.

② 对于前一个观点,可参见 Irene G. Dash, *Wooing, Wedding and Power: Women in Shakespeare's Plays* (New York: Columbia Press, 1981);对于后一个观点,可参见 Ann Thompson, 'The Warrant of Womanhood': Shakespeare and Feminist Criticism' in Graham Holderness (ed.), *The Shakespeare Myth* (Manchester: Manchester University Press, 1988).

③ Coppelia Kahn, 'Man's Estate' in *Masculine Identity in Shakespeare* (Berkeley and Los Angeles: California University Press, 1981), at 20.

(Juliet Dusinberre)认为,"莎士比亚关注如何解决性别之间的人为差异"。① 也有评论家没有这么肯定,他们担心莎士比亚剧作中的女性不论多么坚强或彼此之间多么相互扶持也是受制于或者最后臣服于操控她们生命的父权结构。②

此类主张当然认为,神圣作家的意图会被公正无私的读者发现,可是却往往忽视了后者所思所想也会影响他们对于剧中人物和文本的解读。他们进一步要求女性共同勇于挑战男性权威并以此作为女性的本质。对于这样的读者和观众,那种认为莎士比亚质疑父权权威的观点在该剧中难以立足,因为剧中女性只是男性的交换物品,其中签署交易合同以及法律和政治的权力是掌握在诸如文森修和安吉路等男性人物的手里。伊莎贝拉和玛丽安娜之间的友谊虽然曾经在智力上胜过男性权威,可是最终还是被婚姻取代。伊莎贝拉的贞洁和玛丽安娜的地位"既不是处子、寡妇又不是妻子"(5.2,80),虽然这一点可以解读为她们的自主权和女性抗争而实际上是被认为不正常的、成问题的。该剧对于解决这类"问题"的首选方式就是婚姻制度。伊莎贝拉在剧终时刻的沉默确实可以让导演把它视作对公爵企图收编她的一个女权主义者的蔑视姿态,而玛丽安娜并没有这样的机会,却为背叛她的情郎屈膝求情。正如凯思林·麦克拉斯基(Kathleen Mcluskie)主张的,在文本参数中女权批评主义唯一能做的也只有揭露自身被排除在文本之外,"跻身文本之中也毫无意义,因为叙述与所讨论的性行为二者进退维谷都是完全由男性话语建构的"。③

那些妄图把莎士比亚归类到女权主义范畴的人也发现,很难解释为什么莎士比亚戏剧中女性角色一再是以白纸的形象出现,并且等待着男人的笔/阴茎来书写。在这类形象中——而这种形象并非仅仅出现在莎士比亚的作品里④,性行为被比作是男性对自己的不断复制,女性不过是该复制过程中的工具或者是男性铭刻之上的或"铸造"出来的"印刷机"。这就意味着女性是男性权威在法律的、文本的以及性的话语里的被动对象。男人的笔或者阴茎不仅仅是作者而且

---

① Juliet Dusinberre, *Shakespeare and the Nature of Women* (London: Macmillan, 1975), at 153.

② See for example, Lynda Boose, *supra*; Kathleen Mcluskie, 'The Patriarchal bard: feminist criticism and Shakespeare: *King Lear* and *Measure for Measure* in Dollimore and Sinfield (eds.), *Political Shakespeare*, *supra*; Ann Thompson, 'The Warrant of Womanhood' in Graham Holderness (ed.), *The Shakespeare Myth*, *supra*.

③ Kathleen Mcluskie, 'The Patriarchal bard: feminist criticism and Shakespeare: *King Lear* and *Measure for Measure*' in Dollimore and Sinfield (eds.), *Political Shakespeare*, *supra*, at 97.

④ Elizabeth Abel (ed.), *Writing and Sexual Difference* (Brighton: Harvester, 1982), at 73-93.

还是女性身体和生命的权威主宰。克劳迪奥和朱丽叶之间的关系可能是该剧中最"相互依附的"一种关系,可它仍然是用交易合同的术语加以描述的,男人把女人描述成交易物品:克劳迪奥解释,"根据真实的合同,朱丽叶的床为我所有","我们最共同的娱乐/和他人最恶心的把戏就是密谋对朱丽叶的传票"(1.2,154—155)。卢西奥是一个典型率直的人,他认为克劳迪奥是一个在自己物业上种植水果的耕种者,而朱丽叶"富饶的子宫/象征了他全部的耕地和耕作"(1.4,43—44)。复制这个比喻还被扩展到包括孩子的合法性上,安吉路把私生子比作伪造的硬币(2.4,42—49)。婚姻在这个语境里是男性权威得以合法化的媒介,男人藉此获得对女人身体的真正"版权"和所有权。① 在这些交易中女性的被动并没有使她们免于责备:公爵作为修士的时候要求并迫使朱丽叶认同她的"罪孽"要比克劳迪奥的罪孽"更加严重"(2.3,28)。

言语的力量、性的操控以及法律的权威在整出戏中彼此相互支持相互强化,特别是在伊莎贝拉—安吉路和伊莎贝拉—公爵的场景中。公爵和安吉路都利用自己的权威试图对伊莎贝拉进行书写,虽然安吉路没有得逞,但是公爵是否得逞却不得而知。人人都承认安吉路要求伊莎贝拉在她的贞洁和她哥哥的性命二者之间择其一是不对的,伊莎贝拉不费周折便认识到安吉路是一个"邪恶之人",认识到他对法律和正义本质的看法是变态的、令人难以接受的。然而,对她自主权和选择能力的真正威胁却是来自公爵,可她是否能够抗拒公爵的引诱却语焉不详无法为人所知。

可是,即便在公爵对于女性人物的言行举止加以殖民的过程中也有间隙可供别样解读。公爵或许是用权力书写他人的最重要的人物,但是伊莎贝拉最后的沉默在现在读者看来却证明比莎士比亚可能赋予她的任何回答都要意味深长。正如乔纳森·戈德伯格(Jonathan Goldberg)所主张的,"权力的象征未必要发声,臣服的象征也未必就是不再发声"。② 与此同时,不仅仅是女性人物在最后一幕沉默不作声:安吉拉提请"立即宣判,然后去死"(5.1,374)未被公爵理睬,还有"我渴望死亡而不是任何怜悯。我罪有应得,我恳求赐死"(5.1,479—480)

---

① See Meredith Shura, *The Literary Uses of Psychoanalysis* (New York: Yale University Press, 1981), at 243-70. Ann Thomson and John Thompson, *Shakespeare, Meaning and Metaphor* (Brighton: Harvester, 1987), chapter 5.

② Jonathan Goldberg, 'Shakespeare Inscriptions: the Voicing of Power' in Patricia Parker and Geoffrey Hartman (eds.), *Shakespeare and the Question of Theory* (New York and London: Routledge), at 130.

也未被公爵理睬,即使公爵热衷于对别人书写他自己的语言和他自己的法律。克劳迪奥在第三幕之后也很少说话,甚至在他与死神擦肩而过之后更是如此。卢西奥多次试图参与自身的前途,然而他得到的回应却是公爵一而再、再而三的沉默。与该剧其他人物一样,安吉路、克劳迪奥和卢西奥也都是充作空白符号任由公爵题写他所认为的法律与正义的本质。

第七节　欲望与制度

该剧在公爵恩威并济的结局中描绘了一系列的肉体交易。他在这些策略中使用的主要手段或武器就是婚姻制度。克劳迪奥与朱丽叶团聚,安吉路与玛丽安娜走到一起,公爵自己牵手伊莎贝拉,卢西奥则被迫娶了凯特·克普当(Kate Keepdown)。为了应对欲望带来的威胁,首选婚姻这个策略,这个不是因为它是由宗教或只是由宗教支配的,法律的、政治的以及社会的秩序要求婚姻是限制通奸以免产生私生子的手段。换句话说,正如列维-斯特劳斯所主张的,这个脆弱的象征性秩序使用婚姻这门工具来调节自然和文化这两股相对立的力量:"亲属和婚姻的规矩不是由社会国家规定的必需品。它们就是社会国家本身"。[①] 通过婚姻,社会可以区分合法子女和私生子,可以限定子女之间因彼此不相识可能造成的乱伦"意外事故",法律把财产继承权严格限定于公认的继承人。婚姻是正义之道还是掩藏着剥削的高压机制,这取决于人们对于婚姻制度的一般看法,特别是对该剧中婚姻机制的看法。人们看法各不相同,有的人认为它干涉了自我实现,有的人认为它是维持社会秩序的必要机制,有的人认为它是消解自我与他人之间矛盾的理想手段,有的人认为它近似正义,也有的人认为它是压制女性的另一种社会控制手段。

伊格尔顿在早期的文章中提议,婚姻是对个人激情的公开制裁,使个人生活对社会负责的同时又不失自身的真实可靠。他说,从这个意义上讲,婚姻是一个合成意象,该剧竭力把婚姻打造成一个合成意象,这个意象近似于把人们带进关系和社会的语言,把他们的私人经历对外表述,使他们的私人经历公开接受公众评判和公众反应。这个结论跟他的婚姻是公开的承诺这个观点分不开,他认为婚姻是将个人经历与社会联系起来的一种方式,是通过代表真正相互接受彼此

[①] Claude Lévi-Strauss, *The Elementary Structures of Kinship*, trans. J. H. Bell and John von Sturner (Boston: Beacon Press, 1969), at 490.

复制品来解决自我与他人之间矛盾的一种方法。①

对于婚姻制度如此乐观的看法并不总是喜得人人爱。不同文化不同时代对于爱和婚姻的看法不断变化,充满激情的欲望与功利主义的婚姻二者彼此对立,这在爱的历史学家和人类学家眼里是最重要的修辞。在彼得·古德里奇探究的爱之法庭传递的另类法律体系中,"爱与婚姻彼此互相排斥……夫妻情分与真正爱情是不同种类的爱,它们分别源自截然不同的灵魂行踪。因此二者本就无法比较。"②在爱之法庭领域中如同莎士比亚诸多戏剧中一样,婚姻另外还是父权制度对于女性欲望的威胁或宣称权威的一种手段,女性欲望在成文法看来是过分的、无法满足和无法驾驭的:

> 臣民亏欠王公的就是这样的责任
> 女人亏欠丈夫的也不过如此

《驯悍记》(*The Taming of the Shrewd*)中的凯瑟琳(Katherine)得出以上的结论③,在《错误的喜剧》(*The Comedy of Errors*)中的卢西亚娜(Luciana)看来,

> 男人更加神圣,他们掌管了所有一切
> 主宰了这个辽阔大地、山川、荒野和海洋……
> 还操控了女人以及女人的主人。④

通常而言,婚姻可用作纠正社会错误的工具,这种婚姻观假定婚姻是正义之道,却忽视了权力结构规定了社会行为特别是假定了父权制度这个社会现实。对有些人而言,资产阶级婚姻把生育、性行为、爱情和法律合同统一起来,并藉此将女人在政治上和社会上的从属地位加以道德合法化。对于卡罗尔·托马斯·尼利(Carol Thomas Neely)而言,"女性是通过她们在婚姻范式中的地位得以界定且涵盖其中……这些模式反过来又是由与之相应的性行为模式界定的:

---

① Terry Eagleton, *Shakespeare and Society* (London: Chatto & Windus, 1967), at 66-98; a similar view is expressed in his *William Shakespeare* (Oxford: Blackwell, 1986), at 48-57.

② Peter Goodrich, *Law in the Courts of Love: Literature and other minor jurisprudences* (London and NewYork: Routledge, 1996), at 29-30.

③ Shakespeare, *The Taming of the Shrewd*, ed. Stephen Roy Miller (Cambridge: Cambridge University Press, 1998) at 5.2, 156-7.

④ Shakespeare, *The Comedy of Errors*, ed. T. S. Dorsch (Cambridge: Cambridge University Press, 1988), at 2.1, 24.

处女要守身如玉,妻子要守妇道保贞节,寡妇要洁身自好。"①凯瑟琳·贝尔西也没有幻想,从王室联姻的婚姻观念转变为基于相爱和同意的家庭之间仍有太多需要修改的东西:她认为父权制度再次重申对情感和对家庭的控制权,因为女性没有实现平等而是获得了她的势力范围仅限于家庭的一席之地,这个地方是远离政治之外因而也是远离权力运作之外的。② 婚姻在这种情况下与其说是确保相爱和合作的机制,还不如说是掩蔽在相爱和同意背后复制父权权威。

确实,该剧中只有一种关系不是欺骗或利用的结果,那就是克劳迪奥和朱丽叶之间的关系,他们在剧终都保持沉默。③ 安吉路虽然为自己滥用权力对待伊莎贝拉感到悔恨,可是对于自己新伴侣却无动于衷也没有表达丝毫爱意,而卢西奥对这个结果却毫无掩饰地表达了厌恶。公爵操控婚姻把婚姻当作惩罚或原谅相关男人(对于安吉路和卢西奥而言婚姻是杀头威胁的替代品)的工具,而女人则被认为是婚姻"挽救了"她们的道德以及"挽救了"她们经常遭遇的贫困窘境。伊莎贝拉对于公爵的求婚未作回应,这使得评论家和导演可以像早期的编剧那样把她的沉默解读为默许同意,也可以像乔纳森·米勒(Jonathan Miller)1975年的编剧那样把它解读为断然决绝,还可以让观众自己作出解读,就像斯蒂芬·皮姆雷特(Steven Pimlott)1995年的编剧所做的那样。

婚姻是社会控制的工具以及公爵的主要目标在于维持社会秩序都在这个事实中得以表明,即法律既是用来镇压男性人物如安吉路和卢西奥,同样也是用来镇压女性人物的。我们当代社会里对于单亲家庭的恐慌以及英国儿童保护局(the Child Support Agency)企图追查那些逃避责任不跟孩子同住的父亲们,这都表明了莎士比亚时代的维也纳公爵与当今政府有着共同的想法。在克劳德·列维-斯特劳斯看来,交换礼物是社会交往的基本形式,而婚姻中交换女人(母亲、女儿或姐妹)是礼物交换的最高形式。这类交换给男人之间打造了人为的联盟,确保群体的生存。④ 不过,对于女权主义者来说,文化取决于礼物交换

---

① Carol Thomas Neely, 'Constructing Female Sexuality in the Renaissance', *supra*, 213.

② Catherine Belsey, 'Disrupting Sexual Difference: Meaning and Gender in the Comedies' in John Drakakis (ed.), *Alternative Shakespeare*), *supra*, at 166-90.

③ 在皇家莎士比亚公司 1995 年对该剧改编制作的作品的最后一幕里,朱丽叶被两个警官把嘴塞住了还被插旗作了标记。

④ Claude Lévi-Strauss, *The Elementary Structures of Kinship*, (ed.), Rodney Needham, trans. James Harle Bell, John Richard von Sturner and Rodney Needham (Boston, Mass.: Beacon Press, 1969) especially at 480-1.

的形式从而确保了性别的层级关系这一观点不能不受到质疑。① 伊莎贝拉拒绝用贞洁交换克劳迪奥的性命以及她对于公爵求婚的暧昧回应让人们可以想象一种不一样的家庭组织形式。

同理,正如我们在第二章所见到的,拉康描绘的象征性秩序是一个父权秩序,其结构形式是以阴茎这个超验能指为中心而且是由父亲法律控制了这个父权秩序。不管这个体制中是否存在父权偏见,拉康跟弗洛伊德一样将这个主题立足于语言之中而不是生物学里,这就提出了秩序是存在于另一种表征体系和另一种法律体系之中。伊利格瑞认为父亲法律是对不确定的父权的一种补偿机制,同时还可以防止父亲对女儿抱有非分之想。女人因此必须拒绝接受男人代表女人以及服从父亲法律的诱惑,相反却要庆祝她们的性行为,她们的性行为不是单数的而是复数的、多样的、不固定的和不确定的。女人的一个反抗战场当然就是通奸,它可以贬低父亲的名誉。②

莎士比亚的文本是否许可一个空间来庆祝女性性行为和权力不受父亲法律的束缚? 这个父权法律先是由安吉路规定后来由公爵更加鬼鬼祟祟地操纵。马里奥·迪甘吉(Mario DiGangi)作出了这类解读,集中研究了通常被人忽视的人物埃尔伯夫人(Mrs Elbow),她蔑视医生和丈夫的权威,在"预产期之前"走进温室,此举被认为可能会造成胎儿早产。他认为,婚姻在该剧中并没有消解男人对女人性行为的焦虑,公爵在剧终时指定的婚姻也不能保证给丈夫们省掉很多麻烦:"因为那些在剧终时明确的配偶没有一对表现出相爱或给出承诺,在这个重建的、救赎的社会中他们不比埃尔伯(Elbow)及其夫人先进多少。跟公爵向伊莎贝拉求婚的'动议'未被回应一样,最后一幕中的议案通过一个造成自身危险的机制延迟了问题的解决,也抑制了未经批准的乐趣的危险……每位女性可能在经济上和法律上服从她的丈夫,可是她的性行为却溜出了丈夫的控制,就像伊利格瑞所说的'这个性别不单一'。这部戏集中叙述了伊利格瑞所确称的'女性欲望的多样性'以及女性性行为的复数状态,因此,它为女权主义解读女性乐趣

---

① See, for example, Gail Rubin, 'The Traffic in Women: Notes Toward a Political Economy of Sex' in Robert Reiter, *Toward an Anthropology of Women* (New York: Monthly Review Press, 1975), at 157-210; Luce Irigaray, 'Commodities among Themselves' in *This Sex Which is Not One*, trans. Catherine Porter with Carolyn Burke (Ithaca, NY: Cornell University Press, 1985), at 192-7.

② See Jane Gallop, *Feminism and Psychoanalysis: The Daughter's Seduction* (London: Macmillan, 1982), at 47-8; Helga Geyer-Ryan, *Fables of Desire: Studies in the Ethics of Art and Gender* (Cambridge: Polity Press, 1992), at 96-105.

及其对男性统治提出的挑战开辟了一条通道。"①

第八节　法律与语言中的情欲主体

　　拉康告诉我们,语言的不稳定性和歧义性给主体进入象征性秩序所造成的缺口把主体丢进了缺失、异化,当然还有再重获她之前对满足感的欲求之中。这种缺失被父权法律用父权秩序(在拉康看来有时候不可避免)逐渐填充起来。无须赘言,这部戏剧汇总了不同人物,用不同方法商讨了这一缺失和这一法律,这一点或许对于注定他们探寻的本质是显而易见的。

　　在安吉路看来,法律无论是字面意义上还是比喻意义上都开始取代他对完整的渴望。他好像已经完全接受了社会规则和法律规则,认为他已经发现了其他人物仍在寻求的富足。这就是达到这种状态的难处,他人很少相信他的人性。在公爵眼里:

> 安吉路主公……很少承认,
> 他的血液在流淌,或是他的胃口,
> 需要的是面包而不是石头。(1.3,50—54)

卢西奥嘲笑而不是羡慕这种无欲的满足感状态:

> 他们说这个
> 安吉路不是由男人和女人制造出来的,
> 不是来自这个世人皆知的造人之法……
> 有人说,是一个美人鱼孵出了他。也有人说,
> 他诞生于两块鱼干之间。但是可以肯定的是,
> 当他小便时他的尿液凝结成了冰,
> 我相信这是真的。(3.1,366—373)

　　换言之,安吉路是一个悲哀的、欲望缠身的主体,他代表了法律,代表了表达法律的语言,他宣称法律及其语言没有缺失也没有歧义,反而是作为填充缺失即他本人的一种手段。正如维多利亚·海恩(Victoria Hayne)指出的,安吉路采取了法律绝对论,"被记录下来的法律之声"据此表达了一目了然、绝对指称的语言,即

---

① Mario DiGangi, 'Pleasure and Danger: Measuring Female Sexuality in *Measure for Measure*' (1993) 60 *English Literary History* 589, at 604.

这个正义本身的化身。① 在跟伊莎贝拉初次相遇时,他否认可以对同一个法律作出一个以上的解释,否认语言是一个难以驾驭的工具以及语言的意义可以变化不定:他告诉伊莎贝拉,"是法律而不是我给你兄弟判了刑"(2.2,81),他既"不会"也"不能"撤销判决。他认为语言里没有歧义,正如他宣称的:

> 你的兄弟被法律惩罚,
> 而你不过是在徒费唇舌。(2.2,72—73)

不仅法律和语言是清楚明确的、相毗邻的,而且正义、仁慈和怜悯的意义同样也是限定的并且也是存在于相同的范围内:"我在展示正义的时候首先是在展示[怜悯]"(2.2,101)。

换言之,安吉路是一个理想的传奇式的法律主体,在情色方面他把自己依附到法律迷宫,竭力企图避免面对女性性行为的迷宫和他对于女人的欲望。然而,正如伊莎贝拉跟他表明的那样,没有哪一个领域是像他所期待的那样意义准确无疑。他害怕透过女性这面镜子照见自己,因为他担心自己会像本书最后一章中提及的弥诺陶洛斯一样由于看见了太多远不止自己所偏爱的意象而崩溃。伊莎贝拉的在场所做的就是这些:首先表明了他就是一个不受人待见的人,然后激起他内心欲求,试图否定他自己的曾经拥有。

安吉路对于法律本质、语言本质以及欲望本质的看法在剧中也是竞争激烈的。正如特伦斯·霍克斯指出的,对于安吉路而言,法律文本必须是统一的、客观的、连贯的,法律文本的意义必须是独立于读者之外的。然而,该剧中其他人物并不赞同这个法律观点,或者并不赞同表达该观点的语言。对于法律相互冲突的解读,特别是安吉路和玛丽安娜以及克劳迪奥和朱丽叶之间的婚姻合同的意义瓦解了所谓的统一性和连贯性,安吉路恐惧的合法性基础同时也就成问题了。② 艾斯克拉斯代表了该剧中另一种相反的法律和正义本质的观点(3.2,248),而伊莎贝拉则指出权力以及语言符号的不稳定性:"我那样是说了一句话。"她告诉安吉路,但是"可以马上再收回它"(2.2,58—59)。伊莎贝拉再次跟安吉路不同,而是跟本书最后一章中的阿里阿德涅一样,她承认并强调人性的弱点以及法律和语言两者的不稳定性(2.2,119—125)。她的在场还唤醒了安吉路压抑已久的欲望,同时使他倍感困惑。我们的解读与波斯纳(Posner)的解读存

---

① Victoria Hayne,'Performing Social Practice: The Example of *Measure for Measure*', 44, *Shakespeare Quarterly* 1-29 (1993).

② Terence Hawkes, *Meaning by Shakespeare*, supra.

在着很大差异,后者认为伊莎贝拉是"一个冷漠的、一本正经的小姐",最后却在公爵的求爱下成了"一个堪配伟大光荣婚姻的妇人"。①

第九节　欲望文化及其末日

彼得·古德里奇认为,制定法在结构上无法解决亲密行为、性行为和关系等领域的问题;要解决和重新思考复杂的性差异,我们需要"一个独立的临时性、空间或地点……性情中人可以从中梦想、想象或幻想各种新的关系形式以及各种不同的判断方式",这是单凭法律所无法提供的。② 假如法庭之爱的传统提供这样一个空间,那么它将被忽略、被压抑或被贬作文学而不是法律,这或许是因为文学也当受到谴责,因为它鼓励人们对于二者相互融合彼此缠绵的永恒爱情的期待。单凭文学本身就可以满足人们的这一欲望,而不是法律或生活。甚至正如**文学**作品中的人物偶然发的牢骚,"[小说家]没有呈现真实的世界;如果那样的话读者会顿觉寡淡无味。在现实生活中又有多少男女真正彼此**陷入爱河**?……一万对已婚夫妻中没有一对会彼此爱恋到难以自拔。"③罗达·那恩(Rhoda Nunn)忘了,正如我们在下一章看到的,这个渴求的绝对的统一和融合既不是在法律中实现的,也不是在文学中实现的,而只是在死亡中实现的。

法律和文学中的欲望,无论是同等歌颂的还是同等担心的,也跟法律一样是从文化中推演的,在历史上是临时的。我们对于爱情、激情和欲望的理解不是原生的、真实的或自然的,而是由我们所处的历史和地理中的位置所调节的,也是由我们任由处置的语言所表达的。我们开始表达爱情和欲望的方式不仅受到社会规范、宗教规范和法律规范的规约和限制,而且还要受到文学和艺术给我们提供的形式和意象的规约和限制。无论我们多么不想承认这一点,可是我们对于激情的理解和体验都是由时尚调解的,也和时尚一样变化不定。法律和文学作为我们文化中现存秩序的一分子确认且肯定了性行为、欲望和爱情都是自然的、自发的和本能的,即便有时候规约和谴责它们(在法律方面,规约和谴责的越多,

---

① Richard Posner, *Law and Literature: A Misunderstood Relation*, at 104. Coleridge also ignored her: Isabella, 'of Shakespeare's female characters interests me the least' in Thomas Middleton Raysor (ed.), *Coleridge's Miscellaneous Criticism* (Cambridge, Mass.: Harvard University Press, 1936), at 49.
② Peter Goodrich, *Law in the Courts of Love*, supra, at 61.
③ George Gissing, *Odd Women* (London: Thomas Nelson & Sons, 1893), at 86.

确认和肯定的也就越多)。这不单单对于莎士比亚和维也纳法律而言确实如此，而且对于那些不计其数的欲望叙述或相关叙述最终又涵盖在婚姻中的文本和法律而言也确实如此。这就意味着，已婚配偶和小家庭是社会组织和繁衍的理想形式。

然而，法律和文学偏爱这种组织形式不是公正无私的，当然也不是没有性别歧视的。正如凯瑟琳·贝尔西主张的，宗教对于扶贫和慈善的誓言是西方社会一方面欲求财产另一方面又欲求激情所导致的焦虑的一种回应。婚姻是另外一种方式，是用来包含财产和性的理想方式。① 那些认为婚姻是解决当今社会问题的理想方式的人们认为，婚姻是一个正义的解决之道。因为婚姻以及大部分文学有意无意地默许和赞许这个观点，有主见的读者无论是男的还是女的可以自主地利用法律文本和文学文本的任何歧义质疑以上观点。一代又一代的导演和读者打磨和提炼《一报还一报》的文本，给予我们充分空间来辩驳以上观点。对于当代观众而言，已经给他们提供了太多应承的欲望，这样一个存在歧义的结局推后了人们的满足感，然而令人费解的是，这比一个干净利索的解决之道更能够让人满意，因为后者在给人们带来满足感的同时也会扼杀掉欲望。

戏剧中与死亡相对等的婚姻当然没有鼓励西方世界把欲望限定在婚姻的法律制度之中，虽然这种限定已经相当成功，也没有肯定公爵颁布的统一命令要么是正义的要么是幸福的。卢西奥感叹，"主啊，与一个废物结婚还不如去死，把人折磨得死去活来"(5.1,525—526)，他的感叹让人想起了克劳迪奥早先作出的一个决定：

> 如果我必须死去，
> 我会拥抱黑暗如同拥抱新娘，
> 并且将她紧紧拥入怀中。(3.1,84—86)

克劳迪奥的形象撩起了人们对于死亡的激情，同时表明了性行为与死亡之间的关系，而这两者都是法律和教会所竭力否定的。因为正如巴塔耶所言，"需要坚强意志才能认识到情欲主义隐含的生命意义与死亡的感官反应之间的关联"。② 法律以及大部分文学对于这种关联的压抑就是否定这样的看法，即情欲主义不是否定神圣却是神圣的灵魂所在。克劳迪奥把死亡当作新娘拥抱可以说是已经

---

① Catherine Belsey, *Desire: Love Stories in Western Culture*, supra.
② Georges Bataille, *Eroticism* (London and New York: Marion Boyars, 1987) [1962], trans. Mary Dalwood, at 59.

"超越了享乐原则",以此为前提,正如拉康指出的,"'**享乐**'(*jouissance*)准确地说就是接受死亡"。① 《一报还一报》中法律权威和宗教权威倾向于主张,婚姻才是神圣的仪式,才是所有人类都必须经历的秘密,而情欲主义或死亡则不是。跟克劳迪奥不同,巴拉丁在该剧早先时期拒绝拥抱死亡,他是唯一一个最终免受婚姻和死亡双重惩罚的人物。

剧终所有"非正式的"关系都被置入了法律定义的范围,婚姻代表了维也纳社会问题和道德问题的解决之道。欲望被导入制度之中,它对于社会秩序的威胁据说也就被转移了。不过,正如伊格尔顿所主张的,没有什么毫无瑕疵的正义会从这个身体的最后分配中得以实现,因为世上没有什么东西是一模一样的;总是会存在一些区别、错位或差异威胁扰乱正义。② 欲望和制度之间的融合不是明确调和的,其中一个原因正如我们解读所提示的,那就是,要是维持这样一个融合,那么该联合体至少看起来是平等之间的对话。然而,该剧中女性与其地位及其反抗并非相称,虽然她们是沉默的或是被沉默的,可是在舞台作品中依然可以听见她们的声音,就像在文本字里行间的边缘依然可以读到她们的声音一样。

"婚姻",珍妮特·温特森论述,"是对抗欲望的最脆弱的武器;你手持一把破枪瞄准一条巨蟒。夜晚你仍旧难以入眠,不断把你的结婚戒指拧来拧去。"③ 在弗洛伊德看来,婚姻制度远未解决欲望提出的问题因而需要对此负责。而在拉康看来,主体进入语言之后留下的空缺并未从制度或法律中得到满足,相反,欲望"对于法律这个中介而言是自主的……它颠倒了爱的需求的无条件本质……并把它上升到绝对的权力"。④ 指望婚姻制度带给人们统一的承诺和欲望的满足也被剧中人物和剧中事件破坏掉了。即便象棋大师力图让棋子跳一支圆满结局的舞曲,还是会有"许多咯吱声",⑤ 也就是说欲望及其推论出来的法律依然存在。与另外一个人完美的持久的合二为一,即婴儿在娘胎里所体验到的统一既不是在法律中实现也不是在文学中实现的而是在坟墓中实现的;"要是我们希望在研究对象中获得言语系列发音之前的那个东西,获得符号产生时最初的那个

---

① Jacques Lacan, *The Ethics of Psychoanalysis, 1959-1960: The Seminar of Jacques Lacan*, trans. Dennis Porter (London and New York: Routledge, 1992), at 189.
② Eagleton, *William Shakespeare*, supra.
③ Jeanette Winterson, *Written on the Body*, (London: vintage, 1993), at 78.
④ Jacques Lacan, *Écrits: A Seletion* (London: Routledge, 1977)[1966], trans. Alan Sheridan, at 311.
⑤ A. P. Rossiter, *Angel with Horns*, supra, at 114.

东西,那么只有在这个东西死去的时候方可发现"。① 正如我们在下一章所见,莎士比亚也在其他地方提示过,欲望的完全满足只有超越语言之上方可获得,也只有在死亡中方可产生:

> 我现在绝望地赞同
> **欲望**就是**死亡**。②

---

① Jacques Lacan, *Écrits: A Selection*, *supra*, at 105.
② Sonnet 147 in William Shakespeare, *The Sonnets* (Cambridge: Cambridge Univeristy Press, 1996), ed. G. Blakemore.

第五章

差异之前的世界与超越差异的世界：艾米莉·勃朗特的《呼啸山庄》[①]

[①] Emily Bronte, *Wuthering Heights* (Harmondsworth: Penguin, 1965) [1847]；所有引用皆出自该版本。

> 要是它永远存在,那么我希望我第一个死去。
>
> ——詹姆士(James)《从容不迫》(*Laid*)

第一节 女性写给女性的文本?

女权主义理论家们已经冲锋在当今时代最前线,认为文化的形式是检验和挑战既得权力机构的一种方式。对于公众与私人以及个体与政治之间差异的解构已经伴随着这样的观点,他们竭力主张在文化层面而不是政治或法律层面为女性赢得代表权对于实现意义深远的变革十分必要。因为正如阿林·黛蒙德(Arlyn Diamond)指出来的,"我们在文学中扮演的角色与我们在生活中允许被扮演的角色并非毫不相干"[①]。既然文学参与了构成而不仅仅是影响我们的世界以及我们对于自身的了解,那么看待文学的新方法可能会鼓励我们对于自身以及我们在世界中的地位的重新界定,因而也激发了这个世界本身的结构和范畴的变革。

前几章旨在揭示性别对于解读男性作者书写的文本有什么作用,本章有望发现性别对于女性书写的文本作文学批评时的价值。伊莱恩·肖沃尔特(Elaine Showalter)梳理了女权批评主义的发展过程,女权主义批评家们刚开始处理的是男性作者的文学文本中对于女性的描述,却发现她们自身是被排除在那个对女性的各色描述所搭建的讽刺画廊之外,其中女性要么是被描述为天使或魔鬼,要么是被描述为淫荡娼妓或缪斯女神。伊莱恩·肖沃尔特认为,此类文学不仅没有解决女性问题,而且女性却成了它们的消费者和收件人,并且已经内化了男性批评主义的假设以及男性艺术价值观制度。[②] 许多女性代表人物对于

---

① Arlyn Diamond and Lee R. Edwards (eds.), *The Authority of Experience: Essays in Feminist Criticism* (Amherst, Mass.: University of Massachusetts Press, 1977), at 2.

② See especially 'Women and the Literary Curriculum', College English, Vol. 32, 855, (1972); *A Literature of their Own: from Charlotte Bronte to Doris Lessing* (London: Virago Press, 1978); 'Feminist Criticism in the Wilderness', *Critical Enquiry*, Vol. 8 (1981), 182.

女人的厌恶已经被视作中立观点而被人采纳,可是女性丰富多样的体验没有在文学文本中得以体现,女性的无能为力好像是事物自然秩序的一部分而不是父权结构的产物。朱迪斯·菲特里(Judith Fetterley)主张,为了避免这种结果,女性读者必须做一名有反抗意识的读者,而不是一味盲从的读者,要敢于抛弃文本里以及男性文学批评里铭刻的男性观点。①

女权主义解读研究的部分内容因而就是对于男性审美标准的攻击,男性审美标准假装具有普遍性,认为某些著作很重要且将这些著作推上无可挑剔的高位,引入更加玄乎更加高深的评判标准。男性读者们通常不重视女性作品,认为它们无足轻重或者多愁善感,即便有女性作品得到夸赞,那也是独立于文学范畴边缘之外不过是处理了女人的那些问题,而男性作品则不同,后者据说是解决全人类的人文问题:"一定总是存在两个文学",玛丽·埃尔曼(Mary Ellman)挖苦到,"就好像有两个公共厕所一样,一个是给男人用的,一个是给女人用的"。②男性批评家们常常无法透过作者的性别发现女性作家作品的优点(假如有优点的话),这些作品情感细腻丰富、激情四射、温馨浪漫、爱情柔美、情真意切,可是缺乏理智判断、抽象推理、独特创意、可控情节以及不够宽广、缺乏智慧。

在这种依照性别而区分的批评中,《呼啸山庄》给批评家们带来了一个难题。埃利斯·贝尔(Ellis Bell)③的《呼啸山庄》由于对暴力和邪恶所作的原创的、强大的描写而备受推崇,艾米莉·勃朗特(Emily Bronte)的《呼啸山庄》由于对两位前世有缘的爱人之间的爱情故事的描写而广受赞誉。④ 该故事从此书出版一百五十年来没有多少改变:"在论及就业、运动或者家政的时候性别之间的战线被打破了",最近的一份报刊文章写道,"但是在文学领域,男性和女性还是有明显不同的"。⑤ 最近一项有关性别对于阅读习惯影响的研究表明,男人对女人所写的文本"关闭了兴趣点",特别是"爱"或者是"情感的"这些字眼出现在标题或者出现在封面上的时候。

所以,为了重新阅读和抵制诸如《俄狄浦斯》和《奥瑞斯提亚》等经典名著,我们在大致浏览女性作家作品的同时就必须要研究女性文学传统,伊莱恩·肖

---

① Judith Fetterley, *The Resisting Reader: A Feminist Approach to American Fiction* (Bloomington, Ind.: Indiana University Press, 1978).

② *Thinking about Women* (London: Macmillan, 1968), 32-3.

③ 《呼啸山庄》在1847年以此笔名出版。——译者注

④ See Carol Ohmann, 'Emily Bronte in the Hands of Male Critics', *Collge English*, Vol. 32, No. 8, May 1971, 906-13; Nicola Thompson, 'The Unveiling of Ellis Bell: Gender and the Reception of *Wuthering Heights*', *Women Studies*, Vol. 24, 341-67, 1995.

⑤ Vanessa Thorpe, 'Women's books that turn men off', *Observer*, 19 March 2000, 8.

沃尔特称其为"女性批评家"(gynocritics)。由于用来评判艺术价值的标准总是偏向于男性作家的作品,女性批评家们不得不重新定义什么是主流文学和什么是微不足道的次要文学,并且指出审美价值观的定义中本质上存在着性别差异。就像本书最后一章中的阿里阿德涅一样,如此批评再次打开了什么算得上是有效的、有价值的写作的界定,也打乱了艺术价值的界定,而后者声称具有普遍性从而牺牲了女性作品和女性关心的话题却偏爱了男性作品和男性关心的话题。女权主义者对男性作家以及对于女性作家的解读歌颂了那些没有借助男性标准的女性作品以及女性评论,已经激发出一种文学批评方法,该方法承认并研究了性别在写作和阅读中的作用。正是归功于这样的研究才有可能认识到审美标准不是没有性别差异的,西方文学经典的诞生和持久不是两性平等的。作为一个本质上是"怀疑主义的"文学研究方法①,女权批评主义鼓励读者超越现有传统标准作出深入的研究,女权批评主义还研究任何文学文本及其解读中所隐含的内在假定是什么,以及此类写作和批评是为什么利益服务,又是如何服务的。这个研究方法激励着那些早先被男性文学标准排斥在外的女性作家和读者们,她们曾经被那个男性文学标准牵着鼻子误以为男性观点是自然的、中立的和放之四海而皆准的。

第二节 法律暴力及其他暴力

自从《呼啸山庄》于1847年出版以来,批评家们对作者假想邪恶和描述邪恶的能力褒贬不一。"艾米莉·勃朗特是所有女性中,"巴塔耶写道,"似乎成了被特别选定的诅咒对象。她的短暂人生只有不快乐。虽然她的道德保持得完美无瑕,可是她对无边的邪恶有深沉的体验。尽管很少有人能够比她更严厉、更勇敢或者更恰当地理解邪恶,她还是看穿了邪恶的深坑。"②该文本揭示了并且详述了个体挑起暴力的能力,而暴力的表现形式多种多样,可以是法律的、物理的、性的、情感的、阶级的和经济的形式。文本间接叙述也表明作者没有明显企图评

---

① 这是安妮特·科罗德尼(Annette Kolodny)使用的术语;特别参见 Annette Kolodny, 'Dancing Through the Minefield: some observations on the theory, practice, and politics of a feminist literary crticism', *Feminist Studies*, Vol. 6 (1980), 1. 'A Map for Rereading: Or, Gender and the Interpretation of Literary Texts', *New Literary Texts*, Vol. 11, (1980), 451-67.

② Georges Bataille, *Literature and Evil*, trans. Alastair Hamilton (London and New York: Marion Boyars, 1990 [1975]), at 15.

判或惩罚这个暴力肇事者。诚然,尽管浪漫主义作家如华兹华斯(Wordsworth)劝告作家不要利用文学进行道德教育,《呼啸山庄》的作者既没有评判什么也没有告诫什么。小说中那些被认为是恶棍的人物既没有忏悔也没有和解,反而对于那些人物报以同情心,作者也确实因而被指责对于这些暴力是默许的甚至是支持的——夏洛蒂·勃朗特在她1858年发表对该书的序言中也十分痛苦地为这个指责而道歉。关于任何作家应该能够想到并且应该能够详细描述这类邪恶的这个想法本身就十分糟糕,但是事后该小说的作者身份显示为女性这就让批评家们不知所措了:"没有哪个女人能够写出《呼啸山庄》",一个批评家如是总结。①

暴力肇事者最显著的代表当属希斯克里夫(Heathcliff)。小说一开端我们就见证了他对于年轻的凯瑟琳(Catherine)施加的身体虐待以及身体暴力威胁,接着见证了他后来想象着暴打伊莎贝拉(Isabella)的快感并且"每隔一两天就要把她打得鼻青脸肿"(93)。在小说的不同阶段他都要囚禁伊莎贝拉和凯瑟琳以便强迫她们服从他的安排。然而,使他成为邪恶的忠实信徒和践行者的原因是,他在给别人制造痛苦的过程中可以获得极大的快感,不论这种施暴可能会产生什么物质或其他利益:"我觉得没有任何什么其他东西可以让我更开心的了。当我们屈服于这种非凡的恶行就可以获得无与伦比的狂喜",他声称。"很奇怪,我对于任何似乎害怕我的东西有着野蛮的情感!要是我出生在法律不那么严格、风尚不那么文雅的地方,我当会慢慢地活体解剖[年轻的凯瑟琳以及他的儿子林顿(Linton)]当作晚上的消遣"(302)。正如巴塔耶指出的,这使得希斯克里夫成为萨德侯爵定义的虐待狂的最好化身。

然而,制造暴力并不是希斯克里夫的特权:在这部小说里一再可见那些位高权重之人,不论是在体力上、法律上、经济上还是社会地位上有权势的都会利用权势去欺负凌辱权势地位在他们之下的那些人,被欺负的可能是穷人、孤儿、女人、小孩或者是动物。辛德雷(Hindley)用刀威胁奈丽(Nelly),把刀插进她的嘴里,还把自己的儿子哈里顿(Hareton)扔下楼梯。辛德雷还是孩子的时候就对希斯克里夫拳打脚踢,奈丽也承认她对于希斯克里夫的"不公正"和"不人道",差不多跟辛德雷一样折磨和拧打希斯克里夫(78—79)。凯瑟琳拧奈丽的胳膊,"拧了很长时间,很有恶意地使劲拧她的胳膊"(111),凯瑟琳在她未婚夫林顿谴责她的时候狠命给他一记耳光。奈丽看见哈里顿将一窝狗宝宝挂在走廊的椅背上的时

---

① Quoted in Nicola Thompson, 'The Unveiling of Ellis Bell', *supra*, at 349.

候也没有什么大惊小怪(217)。甚至连和蔼的老人恩肖(Earnshaw)也非常容易"生气",而且"稍有质疑他的权威都会使他发怒"(82)。洛克伍德(Lockwood)这位所谓上流社会的人物,攻击凯瑟琳恳求的幽灵时也毫不犹豫:"我把它的手腕摁进破碎的窗框,并在上面来回摩擦直到流出的血染红了铺盖"(67)。

　　暴力并不仅仅渗透进呼啸山庄这个"混乱的、折磨人的"世界里,在地方法官林顿一家居住的画眉山庄(Thrushcross Grange)这个"有钱有势"的世界里也同样如此。希斯克里夫和凯瑟琳一天晚上去画眉山庄远足,他们目睹了埃德加·林顿(Edgar Linton)和伊莎贝拉·林顿(Isabella Linton)把他们的狗撕扯来撕扯去为了试图从对方手里抢走。教育和财富似乎并不能阻止暴力出现在中上阶层的会客厅里,就像暴力出现在下层阶级中一样。老林顿强调了他作为地方法官的角色和权力,这使得他得以保全他的财产权(特别是他在晚上刚收完租金的时候),包括向可疑的入侵者放出他的斗牛犬恶狗。埃德加·林顿也是一个地方法官,他刚刚开完一个司法会议回到家中毫不迟疑施行暴力给希斯克里夫猛击一拳,"结结实实地击中他的喉咙,这一拳可以把一个稍微瘦弱的人击倒在地"(154)。

　　随着凯瑟琳和哈里顿在小说第二部分的结合,小说转换到了维多利亚国内现实主义的模式,故事双方都展现了呼啸山庄和画眉山庄饱受身体暴力的威胁。家和家人远非家庭幸福的天堂,也不能免受外部世界的暴力袭击,相反却是冲突的源泉,这一切很容易爆发出污言秽语、身体暴力以及情感利用。尽管奈丽抗议道:"谢天谢地,这世界上还是有法律的,尽管我们在一个它管不到的偏僻之地"(305),她的调停遭到了希斯克里夫的无情嘲讽,而且她也没有能力阻止他敲诈年幼的凯瑟琳。尽管启蒙运动深信法律和理性有能力根除暴力,艾米莉·勃朗特还是描述了一大批不受法律制度管控的虐待行为,而且事实上法律制度的官员们有时候理应为这些暴力行为负责。正如批评家们经常指出的那样,这种暴力并非源自超自然的力量而是来自物质的、法律的、经济的和社会现实的不平等①。在马克思主义批评家们看来,希斯克里夫长期遭受辛德雷、奈丽和约瑟夫(Joseph)的毒手,辛德雷动辄鞭打他,奈丽承认常常拧他肉,约瑟夫每次都把他打得"胳膊疼痛难忍"(87),这些暴力压迫都导致了希斯克里夫后来非常强烈地

---

　　① See further discussion in N. M. Jacobs, 'Gender and Layered Narrative in *Wuthering Heights*' in Patsy Stonemen (ed.), *Wuthering Heights*: *Contemporary Critical Essays* (London: Macmillan, 1993).

想要变成一个暴君,一旦他有这个身体和经济能力之后,他会报复那些曾经对他不公的那些人。①

然而,这部小说中最厉害的暴力并不是法律暴力或父权制暴力,也不是社会和经济不平等的暴力,而是凯瑟琳和希斯克里夫之间的爱情暴力:自该部小说出版以来,批评家们都习惯了故事中青年男女们的爱情最终都是以结婚的高潮而结束,可是他们都被凯瑟琳和希斯克里夫结合所代表的暴力搞得心神不宁。在巴塔耶看来,艾米莉·勃朗特"不仅懂得如何把爱情和清晰思路联系在一起,而且还懂得如何把爱情和暴力及死亡联系在一起——因为死亡似乎就是爱情的真谛,就像爱情是死亡的真谛一样。"②

第三节 家长制及其受害者

在勃朗特的社会中,社会规则和传统把妇女们丢置到一个不利的位置,这样的规则和传统却是为法律制度所支持、所巩固和所维持的。当代法律没有把已婚的以及未成年的女性当人看,她们的身份隶属于她们的丈夫和父亲。正如列维-斯特劳斯所主张的,妇女在婚姻中作为交换商品是所有社会结构的基础,在维多利亚社会,这样的交换进一步维持和复制了资本主义交换制度。埃德加·林顿欣赏这些控制此类交换的神圣规则,得知自己姊妹伊莎贝拉引起了希斯克里夫的追求时他感到十分恐慌:"且不论跟一个无名小卒结婚会降低自己身份,一想到他的财产可能由于没有男性继承人而落到这样一个人的手里,他就觉得非常有必要去了解希斯克里夫的性情"(139—140)。一旦伊莎贝拉和希斯克里夫结婚了,法律制度赋予她丈夫希斯克里夫的权力是无法匹配她自己更高的社会地位的。他们的婚姻使得他成了伊莎贝拉的法律保护人,这就使她的自由不可以超出希斯克里夫许可的范围。伊莎贝拉从画眉山庄的出逃不仅将她的财产,不论是不动产还是她个人财产,而且将她整个人都交到了她丈夫的手里。当希斯克里夫把她监禁在他掌控中的呼啸山庄,他是在自己权力范围内行事,也很

---

① 特别参见特里·伊格尔顿,他把希斯克里夫看作"形而上学的英雄",希斯克里夫还很会利用企业家阶层的价值观: *Myths of Power: A Marxist Study of the Brontes* (London: Macmillan, 1975), at 97-121. 对于这本小说的当代读者而言,威廉·古德温(William Godwin)的《关于政治正义的探求》(*Enquiry Concerning Political Justice*)(1793)支持"犯罪是环境和专制制度的产物"这个观点; Nicholas Roe, *Wordsworth and Coleridge: The Radical Years* (Oxford: Oxford University Press, 1988), at 132。

② *Literature and Evil*, *supra*, at 16.

高兴有人可以见证他的暴行,他知道法律对于在家里实施的暴力行为是视而不见的:"告诉[林顿]吧",他对奈丽说,"让他把自己手足之情和官老爷心情放宽松,我会十分严格地控制在法律范围之内动手……如果你被传唤到法庭,你会记住她讲的话,奈丽,好好看看那副面容,她越来越合我的胃口了。不,你不适合再做你自己的保护人了,伊莎贝拉,现在,我,是你的法定保护人,一定得让你处于我的监护之下,不管这份义务多么让人倒胃口"(188—189)。希斯克里夫同时也承担了小凯瑟琳的法定监护人职责,凯瑟琳直到希斯克里夫死去,她的一生都是在不断的监禁中度过,一开始囚禁她的是在画眉山庄的她的保护欲望太强的父亲,接着是她的虚弱却十分挑剔的丈夫林顿,最后是她的公公希斯克里夫。在把妇女当作奴隶的社会和法律制度中,就连像埃德加·林顿和林顿·希斯克里夫这样软弱无能的男人也"通常欲求精神控制",对女性包括像大小两个凯瑟琳这样的强壮妇女作威作福。

正如吉尔伯特(Gilbert)和古芭尔(Gubar)主张的,在父权制度里男人们被鼓励外出追求那些引领自我探索的知识,而女人的教育只是在于自我否定和恪守妇道。凯瑟琳尝试着踏上自我探索的旅程注定失败,因为她所受教育特别是她在画眉山庄时所受教育让她相信她应该跟一个门当户对或者社会地位更高的人结婚,她对奈丽脱口而出的话不小心被希斯克里夫偷听到了:"要是我嫁给希斯克里夫会让我丢失身份的"(121)。社会对她的要求与她自身本能的需求之间的矛盾使她变得惊恐万分也不知所措。正如洛克伍德在她书页边角所见到的,她在沉思自己是否就是或者应该成为**凯瑟琳·恩肖**、**凯瑟琳·林顿**或者**凯瑟琳·希斯克里夫**(61)。她进退为难的处境有助于强调:"凯瑟琳或者任何其他女孩必须学会的是,她不知道自己的名字,因而也不会知道自己是谁,或者不知道她注定要成为谁。"①

希斯克里夫对于年幼的凯瑟琳行使的权力同样也是法律制度赋予他的:希斯克里夫盘算着,他的儿子,也是林顿的侄子,是画眉山庄最有希望的主人,那么"我当然不希望他死,直到我确保成为他的继承人"(243)。万一凯瑟琳成了继承人,"为了以防争端"他决定凑合林顿和凯瑟琳结成夫妻(249)。在年轻的凯瑟琳嫁给了林顿·希斯克里夫之后,她便由一个依附父亲的女儿成为她丈夫的合法

---

① Sandra. M. Gilbert and Susan Gubar, *The Madwoman in the Attic*: *The Women Writer and the Nineteenth-Century Literary Imagination* (New Haven and London: Yale University Press, 1984), at 276.

财产。要是她的父亲和丈夫都去世了，那么她就成了她的公公希斯克里夫合法掌控之物，如此这般希斯克里夫就确保了凯瑟琳所有继承的财产都划归到自己的名下。尽管埃德加·林顿在弥留之际叫人请他律师来修改遗嘱，并将他的一些私人财产永久转给凯瑟琳个人名下，希斯克里夫却故意拖延律师的到来，这样那些私人财产便由年轻的凯瑟琳转给了她的丈夫林顿·希斯克里夫，然后又从林顿·希斯克里夫转给了希斯克里夫本人。正如桑格（C. P. Sanger）细腻论述的那样，画眉山庄如何在林顿死后转到希斯克里夫本人名下，这仍然不得而知。根据信托法律，老林顿不动产由他的儿子（埃德加·林顿）而不是他的女儿（伊莎贝拉）优先继承，然后再由他女儿的儿子（林顿·希斯克里夫）而不是他儿子的女儿（凯瑟琳·林顿）优先继承。因此，如果小林顿比他舅舅活得更长，画眉山庄会短时间内由老林顿传给伊莎贝拉的儿子小林顿。然而，小林顿，一个未成年人，是不可能把权利过继给他的父亲希斯克里夫①："[年轻的林顿]将他全部的个人财产以及所有原本属于凯瑟琳的动产都遗赠给了他的父亲。这个可怜的家伙受到威胁或者被诱骗写下了那份遗嘱……作为一个未成年人，他不能乱动那片土地财产。"因此，希斯克里夫的权利是可疑的，但是希斯克里夫已经声称并将它们"归在他妻子的权利中，所以也是他的——我认为这是合法的"，奈丽注意到了，可是她还补充道，"毕竟，凯瑟琳没有钞票也没有朋友，不能干预他的产权"（325）。

　　法律规则对于女性的严格规定伴随着、许可了同时也导致了大小两个凯瑟琳的人身限制，当她们都渴望去呼啸山庄和画眉山庄之外的世界探索的时候，她们的法定"保护人"，不管是她们的父亲、丈夫，还是公公都阻止和禁止此类远足，通过体罚的暴力威胁（希斯克里夫）或者是道德绑架（埃德加·林顿）把她们束缚在家中。女主内男主外是西方文化的主导，这一点我们在阅读希腊悲剧的时候已经见证了。女人对内外之别的跨越就是对既有秩序的挑战。然而，这两位凯瑟琳在小说的不同阶段设法出逃去探究家庭之外的世界跟禁止她们这样做的条条框框同样重要。留在读者意识中的是女人们的愤愤不平，是她们拒绝遵从这些禁令以及此类远足的关键效果：凯瑟琳去画眉山庄的旅行让她与埃德加·林顿相识，凯瑟琳二世在去呼啸山庄的旅行中让她结识了希斯克里夫和小林顿。年轻的凯瑟琳意识到，即便她在体力上比希斯克里夫更加羸弱，她还是毫不畏惧地奋起反抗："我会放下我的书，因为就算我拒绝，你也一样会强迫我这样做。但

---

① C. P. Sanger, 'Remarkable Symmetry in a Tempestuous Book' in Miriam Allott (ed.), *Emilhy Bronte: Wuthering Heights* (London: Macmillan, 1992) [1962], at 109-18.

即便你费尽口舌,我也不会做任何事,除非我愿意!"(72)而奈丽对她这位年轻的女主人的不满,不仅是由于她的消极和软弱,更是因为她的"目中无人和刚愎自用"(106)。本书中的这两位女主人公,尽管缺少经济和身体上的力量,但依然勇于反抗父权制度,无论是在她们被未来的爱人控制的时候,还是在被她们自己的父亲控制的时候。法律的约束、女性身体的限制以及经济上的不独立,这都使得《呼啸山庄》的女主人公们因而可以宣称自己的意志和独立性,而这份意志要比那些强加于她们身上的种种禁锢更加令人难以忘怀。

第四节 前语言的欲望以及差异的消失

西方人偏爱用二元对立说事,《呼啸山庄》也有一系列的对比。在解读古希腊文本时发现了自然与文明之间的显著对立,这一点在解读《呼啸山庄》时也不断萦绕耳际,希斯克里夫主要代表了野蛮和自然,而林顿则代表了文明和文化。正如凯瑟琳所言,希斯克里夫是"一个未被驯服的野兽。毫不文雅,没有修养,就好像一片裸露着荆棘和岩石的荒野……他凶恶无情,如豺狼一般残酷"(141)。希斯克里夫与自然之间的关联意味着文化的法律包括列维-斯特劳斯的基本法律即乱伦法律对他毫无约束力。另一方面,林顿似乎不仅接受俄狄浦斯禁令而且还是一个理想法律主体的化身,他支持且尊重符号秩序、文明和法律。希斯克里夫还没有摒弃前俄狄浦斯欲望,所以他欲求与另一个人结合为一体,他会竭尽全力去反抗那些阻止他实现欲望的人,而林顿作为一名地方法官借助制度和法律的力量来驱赶希斯克里夫放荡不羁的旺盛精力。希斯克里夫一开始目不识丁,凯瑟琳发誓"我讨厌好书"(63),在书上乱涂乱画,或者用洛克伍德的话说"不将书本用在正道上"(62),而林顿总是在写作,在阅读,与书打交道。就像凯瑟琳在临终时的控诉:"我都要死了,他还整天跟书在一起,他究竟是存的什么心啊?"(122)

希斯克里夫与自然力量的结盟不断使他置身在法律之外随时听从自然的召唤。要是现实世界无法满足他那回归一体的渴望,他会毫不手软地毁灭挡他道路的人,哪怕这个挡道之人是他本人,也会同样如此。就像《一报还一报》中的克劳迪奥一样,他承认为了终极享乐(jouissance)就必须超越享乐原则并积极追求自我溶解。另一方面,林顿不仅努力使自己留在象征性秩序的范围内,还借助自己地方法官的身份使法律制度人格化。林顿在心爱的妻子离世后,比起安然接受死亡,他更想追随求生的自我本能。希斯克里夫拒绝长大,拒绝遵守成人法规,而林顿却像《一报还一报》中的安吉路一样,他同意加入成人行列,将他的弱点、欲望和不安全感隐藏在法律和象征性秩序的语言的背后。希斯克里夫住在"混乱的、折磨人的"呼啸山庄,而林顿住在"富足的、体面的"画眉山庄(119)。虽然在极短的一段时间内希斯克里夫步入了文明法律世界,利用资本主义制度和法律体系创造了财富购买了呼啸山庄,可是他这么做不是为了确信这些法律制度的公正性和必然性,而是为了在他们的游戏中击败林顿及其家族。奈丽赞赏希斯克里夫的改变[①],认为这不仅是一件好事而且可以持久下去,但是她未曾料到希斯克里夫接受这样的角色转换仅仅是为了证明这样的角色、规则和制度所具有的临时性本质,而不是坚信它们本身具有的真理和价值观。玛格丽特·霍曼斯(Margaret Homans)对比研究了凯瑟琳和希斯克里夫喜欢用的字面意思的语言以及林顿、律师们以及书中其他角色使用的比喻意义的语言,比如洛克伍德喜欢使用意义稳定的符号秩序的语言。[②]而且正如吉尔伯特和古芭尔指出的,希斯克里夫和凯瑟琳偏爱地狱般的精力和混乱,而林顿及其支持者们则设想出一个天堂,在这个天堂里,等级分明的规则给每个艰难痛苦的叙述强加了秩序。

当然,凯瑟琳和希斯克里夫前俄狄浦斯式的语言和游戏并非原封不动未加思索地传达给接受者:它们相互关联而且在传递过程中不可避免地会被重新解读,奈丽和洛克伍德通过理智、判断、线性思维以及逐步发展等自己所偏好的方式加以重新解读。他们的生活和欲望通过这样的叙述得以清楚地阐释甚至升华,这个叙述坚持由一片混乱逐步过渡到井然有序,并且遵循从开始到中间再到结束的一条必然之道。与这些对立面的辩证综合相对应的一个冲动就是,对凯瑟琳二世和哈里顿两人之间浪漫故事的描述。他们在这种情况下的关系是在符号秩序所偏爱的模式及婚姻法律制度里是封闭的。然而,正如下一章节所论述的,即便十分有趣的叙述和幸福美满的婚姻都不足以完全或最终抑制该书所描述的那个精力。在该小说描述的暴力行为中以及在法律制度所许可甚至施加的压迫中,都有可能窥见一种完全不同的秩序,这种秩序是循环往复的而非直线型的,是存在于永恒之中而不是存在于法律、叙述和制度的时间范畴之中。这种秩序是凯瑟琳和希斯克里夫梦想的、渴望的,也是偶尔得以享受的秩序,在这种秩序中他们能够得以逃离成人世界的责难,不用听命于辛德雷的颐指气使,也不用

[①] "他是那里唯一看上去很体面的人,我认为他从来没有看上去这么好过。环境把他们的地位改变得如此之多,以至于陌生人初见他一定会觉得他是个天生有教养的绅士,而他的妻子则是一个地道的小懒婆!"(125)

[②] Margaret Homans, 'Bearing the Word: Language and female experience in the 19th century women's writing' (Chicago and London: Chicago University Press, 1986).

畏惧老约瑟夫的宗教狂热。甚至正如奈丽感叹道:"没有哪个牧师能把天堂描绘得跟他们天真无邪的谈话中的一样美丽"(85)。这个世界在书中只是作了简短的描述,然而它却萦绕在凯瑟琳和希斯克里夫的脑海里,因而也是萦绕在读者对于该书通篇的想象中。它是跟自然而不是文明紧密相连的,它几乎完全只是由儿童们贸然闯进禁止入内的荒野所构成的。同时,正如玛格丽特·霍曼斯所主张的,它还代表了母亲的法律而不是父亲的法律,这在人类生命长河中只是沧海一粟,在那个时候我们和母亲、和自然融为一体是被许可的,也是其乐融融的,而这段时光只是在父亲的法律和文化的法律产生之前。

这里性别区分也是不相干的:凯瑟琳一世和希斯克里夫早期的关系是平等的,性别和阶级差异不是问题。对于这个前俄狄浦斯现状的第一干涉发生在凯瑟琳从林顿家回来的时候,她受林顿家族影响衣着得体举止大方,出落成一个大家闺秀。奈丽对凯瑟琳的变化赞许有加,而希斯克里夫却对她的新"角色"十分鄙视,倍感痛苦。因为关于女性气质和男性气质的定义,正如我们在解读安吉拉·卡特的《血室》时会再次发现的那样,它们的定义不是自然赋予的,而是由文化创造出来的规范和准则所构成的,这些东西都是必须要习得和被"履行"。凯瑟琳愿意扮演这个角色(学着"双重性格,却没有特定要欺骗谁"(107)),为了满足林顿家族及其崇拜者,奈丽把凯瑟琳和希斯克里夫悲惨地分开了,而希斯克里夫至少从一开始就拒绝扮演高雅文化所强加给他的角色。

凯瑟琳和希斯克里夫所欲求的世界要维持下去就不可能不受文化秩序的干涉,这一点为建构、再建构和重述这个故事的叙述者甚至包括艾米莉·勃朗特本人所一再强调。他们所欲求的世界是不允许存在的而且结果也只会导致死亡,因为只有在所有界限和所有对立最终消解的时候也就是说只有在死亡的时候,这个文化秩序才可能不加区分,包括不加性别区分。然而,人们渴望和想象没有差异的世界,这就使得我们思考那些坚持范畴化和等级化的社会结构究竟丢失了什么;这种思考即便是惊鸿一瞥也会在凯瑟琳和希斯克里夫生前死后的很长一段时间内萦绕在读者心中。①

---

① 大卫·马塞尔怀特(David Musselwhite)认为艾米莉·勃朗特在她的冈德尔岛(Gondal)诗歌中臆想出了一个没有差异、充满能量的世界,正如德勒兹(Deleuze)和加塔利(Guattari)所思:"我是神,我过去不是神,我是神的小丑,我是阿匹斯神牛,我是埃及人,我是印第安人,我是黑人,我是中国人,我是日本人,我是外国人,是陌生人,我是海鸟,我是陆鸟。我是托尔斯泰(Tolstoy)的树,我是托尔斯泰的树根……我既是丈夫又是妻子。我爱我的妻子也爱我的丈夫。" Deleuze and Guattari, *Anti-Oedipus*: *Capitalism and Schizophrenia* (New York: Viking Press, 1972)), trans. Robert Hurley, M. Seem, and H. R. Lane, at 77; quoted and discussed by David E. Musselwhite, *Partings Welded Together*: *Politics and Desire in the Nineteenth Century Novel* (London and New York: Methuen, 1987), at 75-108.

第五节　拒绝传统道德

对于父权法规的威胁来自于两股平行的力量：凯瑟琳一旦发现置身于父权法律的责难中就奋起暴力反抗；以及希斯克里夫对父权法规的系统性反抗。凯瑟琳和希斯克里夫从一开始就是局外人，他们的灵魂还未被法律、社会或者道德规范所制服。在该书的开端辛德雷先是对希斯克里夫，接着又对凯瑟琳施加不公正待遇，这就使得他们不受社会规范和家庭规范的约束并对这些规范不屑一顾。《一报还一报》中众多婚姻都声称标志着破坏性激情的终结以及法律和秩序的恢复，与此不同的是，凯瑟琳嫁给了林顿只是加剧了她对于法律的疏远。即便这些法律已经被她"地方法官"的丈夫及其井然有序的房子人格化了，即便这些法律俘获了她的躯体，但是她的灵魂并没有屈服，希斯克里夫的回归更是强调了凯瑟琳对于法律命令的热切反抗。

此书描写的浪漫主义自我的狂喜以及吞噬一切的热情正是维多利亚时期批评家们揪心的另一个源头。希斯克里夫是一个出类拔萃的拜伦式英雄，他那种孤独的利己主义、反社会的言行举止以及一根筋地追求他个人目标的方式，都被认为是无政府主义病态以及社区丧失的症结所在。浪漫主义运动旨在歌颂人类个体的力量和想象力，同时也希冀将人类思维从社会规约和道德规约中解放出来。希斯克里夫与其他浪漫主义英雄一样拒绝接受社会、法律、宗教和家庭的指令，就像一个弃儿或者局外人，这些外界责难对他们毫无约束力。[①] 尽管文本常常把希斯克里夫当作一个恶棍来处理，可是显然他比更加传统的埃德加·林顿和辛德雷更有魅力、更加有趣，也更加激励。不过，在社会和社区的拥护者看来，这些观点引发了无法无天的幽灵以及无政府主义的自我放荡。

凯瑟琳不是维多利亚时代的读者们希望看到的那个被动、温驯的女子，她"太过任性、诡计多端、乐于争宠"(79)，"当我们所有人一起责备她时，她却无比开心，她那粗鲁无礼的眼神挑战我们所有人"(83)。[②] 她与希斯克里夫的友情多少惹怒了颇具绅士风度的邻居们，老恩肖先生"听任她在异教徒中长大"(91)。她与天真无邪、冷淡无情，最好是愚昧无知的完美女性形成了鲜明的对比，后者

[①] 伊格尔顿认为希斯克里夫可能也是爱尔兰人，因而更不可能也不愿意遵从压迫他的国家和他的国人的制度：*Myths of Power*, supra。

[②] 正如帕特里夏·斯巴克斯(Patricia Spacks)所言，凯瑟琳是"一个反派英雄，在每个方面都与她那个时代青春期女性的完美原型格格不入。" *The Female Imagination* (New York: Avon, 1972), at 17。

唯一的作用就是要迎合"她的兄弟、家长和丈夫的需求"。与此同时,是林顿而不是希斯克里夫履行了一个完美男性应有的全部职责,林顿正如吉斯本(Gisborne)在《女性职责问卷》(*Enquiry into the Duties of the Female*)中所教导的那样,他从事于"法学、法理学、政治经济学;以及任职于政府所有行政职能部门的管理工作"。① 确实,如吉尔伯特和古芭尔主张的,希斯克里夫身上的阴柔之气,是他被社会制度边缘化和压迫的结果,该制度同样边缘化且压迫女性。② 跟本书最后一章提及的阿里阿德涅一样,以及跟我们在这些文本中遇见的许多其他人物(男的也好,女的也罢)一样,他身上的那一点女性气质保证了他永远不会因为社会法规而委屈自己的欲望,但是会屈服于另一种更高的法规及爱情法规。希斯克里夫就是阿里阿德涅苦苦找寻却未曾找到的、未被驯化的牛头人弥诺陶洛斯。

让某些读者更加难堪的是,凯瑟琳和希斯克里夫对于基督教的完美天堂一说不屑一顾,这让人想起了布莱克把地狱描述为活力四射的地方,凯瑟琳坚持认为天堂不是人们所想象的那样。她做梦自己曾经去过天堂,她告诉奈丽,"天堂好像不是我的家;在那里我伤心透顶,哭着要回到尘世间;天使们大怒把我扔出天堂,扔到了呼啸山庄这片荒野之间,我醒来后喜极而泣"(120—121)。这本书本身没有提供仰慕宗教制度的任何事由,而约瑟夫这个伪善又迷信的人习惯吹毛求疵,这表现出了他对宗教制度的狂热崇拜。约瑟夫是"最乏味的自以为是的法利赛人,这个伪君子搜肠刮肚地想从圣经上把恩赐划归自己,把诅咒丢给邻人"(82—83),在他看来,宗教不是爱和宽恕的方式而是恐怖和惩罚的手段。这就难怪年轻的凯瑟琳和希斯克里夫小心谨慎竭力躲避约瑟夫冗长的说教。

希斯克里夫直到死去也不愿意听命于传统的宗教,在临死前他毫无悔意也不忏悔,而且还拒绝接受他人评价或者上帝审判:"至于追悔我所做的不公之事,我并没有什么待人不公,我也没有什么要忏悔的……不需要牧师过来,也无须对我念叨什么……我就要升到**我的**天堂了;别人的天堂对我而言毫无价值,我也不稀罕"(363)。更糟糕的是,正如早先批评家们指出的,希斯克里夫的能力和精力既让人害怕又让人羡慕,隐藏在叙述框架背后的作者对于这一点的态度最暧昧。有人认为希斯克里夫这个家伙"仿佛从魔鬼那里出来的那样黑暗"(77),他一生

---

① 1796; quoted in Kate Ferguson Ellis, *The Contested Castle*: *Gothic Novels and the Subversion of Domestic Ideology* (Urbana and Chicago: University of Illinois Press, 1989), at 12.

② *The Madwoman in the Attic*, *supra*, 293-4:"希斯克里夫的残暴在某种程度上是女性气质……在这个世界中年轻的儿子、混蛋和恶魔与女人们联合起来反抗天堂的暴政。这个世界中,孤儿都是女性,继承者都是男性,肉体是女性,精神是男性,大地是女性,上天是男性,怪物是女性,天使是男性。"

"自私且毫无信仰",没有畏惧之心,"漠视圣灵"(363),这种看法不仅引起了人们的怜悯和同情还引起了人们的崇拜,这让批评家们担心作者并非在谴责希斯克里夫的罪过反而是在支持他。法律制度也受到了同样的抨击,人们批评法律更多时候只是社会和经济力量的手段而不是无私的正义工具。老林顿和他的儿子埃德加都是地方法官,这就意味着社会和经济权势与法律力量是携手共进退的。①

另一个极端的情况是,希斯克里夫拒绝摈弃他的欲望,不仅拒绝理性和法律的成人世界,而且更夸张的是,他还拒绝自我的求生本能。他拥抱死亡是他最后一次拒绝符号秩序,这个秩序否定了他、否定了凯瑟琳甚至否定了我们所有人以及否定了我们欲望的实现。

第六节 颠覆性的欲望

不仅希斯克里夫的浪漫个人主义和隐居的生活方式威胁到了传统的道德观念和社会规则,而且艾米莉·勃朗特描绘希斯克里夫和凯瑟琳之间非正统的热情是影响社会和谐的主要威胁。希斯克里夫和凯瑟琳两人十分相像,他们从小就一起嬉戏直到凯瑟琳宣告"我是希斯克里夫"(180),这就提醒我们,我们在追求他人的欲望的时候是意在追求对自我的肯定。凯瑟琳和希斯克里夫之间的关系就是爱情自我反思本能的极端例证,追求跟一个情投意合的人发展关系,那个人就是自己的另一半,这实际上就表明了爱情是一种自恋,或者最好是一种乱伦。文明敦促我们在选择伴侣的时候必须要选择一个跟我们自己不同的人,至少也要是家庭成员之外的人,尽管这种不同没有必要在种族和阶层方面不同得让人不安。凯瑟琳和希斯克里夫违反了这种要求,他们都选择了一个与他们自身太过相似的人,甚至他们都可以说对方就是自己。这种乱伦主题不仅在文本中隐约暗喻了:随着她接受这个继承她去世兄弟名字的义兄,凯瑟琳和希斯克里夫的结合也就成了真正的乱伦。② 凯瑟琳和希斯克里夫的结合因此违反了文明社会最早也是最关键的禁忌,即乱伦禁忌。

---

① 诚如卡尔·马克思(Karl Marx)所言,即使有时候政府曾试图改进工作环境,那些执行法律的地方官吏使得任何对工人有利的措施都变得毫无效力;see especially chapter 10, *Das Kapital*。

② Eric Solomon, 'The Incest Theme in *Wuthering Heights*', *Nineteenth Century Fiction*, Vol. 14, 1959, 80—3,认为凯瑟琳和希斯克里夫是同父异母(或者同母异父)的兄妹。另外参见 William R. Goetz, 'Genealogy and Incest in *Wuthering Heights*', Vol. 14, *Studies in the Novel*, Winter 1982, 359-76。

这个问题比《一报还一报》中的更加严重,这种欲望对社会是有害的,必须受到婚姻机制的管束。假如就像列维-斯特劳斯所声称的那样乱伦禁忌**就是**社会的话,那么凯瑟琳和希斯克里夫所渴望的形而上的结合就不仅是前社会的更是反社会的,它威胁着社会所偏爱的亲属关系安排甚至威胁着社会本身的现状。然而,凯瑟琳和希斯克里夫的爱情从来就没有采用社会所选择的婚姻结合这个方式。婚姻对于他俩来说确实好像很荒唐,好像与他们不相干。至于在我们下一章遇见的另一个局外人看来,婚姻制度更是无关紧要。希斯克里夫十分鄙视林顿对于凯瑟琳的爱情,因为林顿对她的爱不过是出于"责任、人性、怜悯和善心"(190)。相反,希斯克里夫和凯瑟琳认为他们之间的关系是一种认同是彼此灵魂上的精神结合:"他比我自己更像我。无论我们的灵魂是什么构成的,他的灵魂和我的灵魂一定是相同的……即便其他所有人都死了,只要**他**还活着,我就应该一直存在;假如其他所有人都幸存着而他却毁灭了,那么整个宇宙对我而言就成了一个凶猛的陌生人……我**就是**希斯克里夫——他将永远、永远活在我心里——他不是一种乐趣,我对于我自己一直以来不过就是个乐趣——他就是我自己的存在——所以别再谈论把我们分开"(121—122)。希斯克里夫用他自己的方式表达了凯瑟琳之死给他带来的痛苦,好像他的一半自我已经死去:"我**不能没有我的生命而苟活!我不能没有我的灵魂而苟活!**"(204),他还梦想着"随她而逝"以便再次获得他失去的自我。物质上的、身体上的以及尘世间的诸如婚姻之类的社会习俗和法律机制只会煎熬和延迟这个完全结合:"我很累,厌倦了这样的封闭生活。我伺机逃入那个辉煌的世界,永远待在那里"(196)。凯瑟琳和希斯克里夫拒绝听命于或受限于社会规则和社会限定,这就意味着他们的结合只有在死亡中才能实现。然而,他们的爱情观已然超越死亡而长存,他们的爱情观不仅打乱了小说中了解他们的其他人物的生活,而且读者们都认同他们的激情并为此动容。这就使得他们的爱情观不仅永远活在神话般的传说里,而且也活在当下的现实中。

正如约瑟夫·艾伦·伯恩(Joseph Allen Boone)主张的,凯瑟琳和希斯克里夫认为他们的爱情是对彼此的认同而不是彼此的竞争。爱情的传统表征是对立二人的结合,与此不同,"人们在年轻的凯瑟琳和希斯克里夫身上发现,他们显然冲破了'男性特质'和'女性特质'的社会建构所强加的种种限制。"[①]他们的关系

---

① Joseph Allen Boone, *Tradition Counter-Tradition: Love and the form of fiction*,(Chicago: Chicago University Press, 1987), at 154.

不是建立在敌对之上的而是建立在亲密和友情之上,最初激发他们情感的是他们都曾是受辛德雷迫害的共同受害者。相反,该书是基于爱情是对立二人的结合这种认识而建立的关系,比如凯瑟琳和林顿、辛德雷和弗朗西丝(Frances)以及伊莎贝拉和希斯克里夫都是注定失败的,首先是因为他们关系的基础"根本不平等",其次是因为他们关系的基础还是男性对于女性伴侣的压迫。另一方面,凯瑟琳和希斯克里夫的关系威胁要消除所有的差异包括性别的差异。从这个意义上来讲,艾米莉·勃朗特的故事发生在她对于关系和爱情的理解之前,对此的表述不是借助对立和挪用他人这类术语,而是借助对他人敞开心扉善于接纳他人这类术语。和他人相遇不是为了追逐自由、自主和权力,相遇可以认为是引起关联、理解和亲密接触。如果爱情观不是与他人竞争或挪用他人,那么理想的爱情观也就是逃离男性象征主义却偏爱女性理想的彼此关联。①

凯瑟琳和希斯克里夫之间的关系被描述为超越性的、道德的、社会的和法律的界限之上。这种爱情为社会环境和物质环境所限,然而却通过希斯克里夫和凯瑟琳死后灵魂的精神交流而存活在一个更高的层面。凯瑟琳当然深信在物质世界之上存在一个超然的精神维度世界:"我无法描述它,但是毫无疑问,你和其他每个人都会这样认为,在你之外存在或者应该存在另外一个你。假如我完完全全地呈现在此,那么创造又有什么价值呢?"(122)如果永恒的爱情不存在,那么人们对于时空的概念必须得重新思考:诸如时空的人造概念就是无厘头,因为这个爱情将会"永远永远"存在下去,就像"地下的岩石恒久不变"。死亡对于凯瑟琳以及日后的希斯克里夫来说就是逃离人类时空的界限,他们都开始渴望并追求死亡。凯瑟琳将她自己的身体称作一座"破碎的监狱"(196),她渴望得以解放和希斯克里夫一起自由进入一种脱离肉体的存在。将身体视为灵魂的牢房、将死亡看作进入更高层级的精神存在的解放者,这种观点在基督教思维中当然十分盛行,也给凯瑟琳和希斯克里夫的爱情赋予了强烈的宗教色彩。② 对于众多浪漫主义诗人而言,爱情是融合灵魂、精神超脱和形而上存在的媒介。这样的爱情颠覆了自己和他人的界限,青睐于永久结合的一个基本条件。正如我们在最后一章所见到的,尽管这一符号秩序试图否认这样的爱情,但是这个认同表明

---

① See especially Luce Irigaray, *i love to you*: *Sketch of a Possible Felicity in History* (New York and London: Routledge, 1996, trans. Alison Martin;我将在第六章中进一步论述这一点。

② J. Hillis Miller, *The Disappearance of God*: *Five Nineteenth Century Writers* (Cambridge, Mass.: Harvard University Press, 1963):"希斯克里夫和凯瑟琳之间的爱情如同天堂和人间的一种新媒介,使得许多其他媒介一开始就是多余的";第 211 页。

了,情欲正如巴塔耶所主张的是神圣的核心所在。

　　希斯克里夫和凯瑟琳认为这是他们在孩童时代就享有的结合,因此浪漫的爱情跟人类堕落之前在伊甸园中所设想的两小无猜的纯情是相似的。在凯瑟琳居住在画眉山庄之前,希斯克里夫和凯瑟琳享受着童年纯情,彼此饱含激情忘却性别差异和阶级差异。文明干涉以画眉山庄的方式引入了阶级和性别之间的显著差异,也教会了凯瑟琳一套全新的社会准则,对此希斯克里夫不屑一顾。凯瑟琳在临终前渴望能够回到她自己和希斯克里夫长大成人之前的那段时光,那时他们还未被文化准则和社会期望所困扰。据奈丽所言,"她最近不断回想着从前的快乐时光……'我多么希望自己还是个小女孩啊'她哭诉道,'有些粗鲁却又勇敢又自由……嘲笑所有的不公,而不是自己生闷气'"(167),这样的场景她只有死后才能重访。

　　在巴塔耶看来,《呼啸山庄》探究了情欲和死亡之间的关系,还确实说明了过多的性欲是对死亡的热爱:"可以说情欲赞美生命直至死亡时刻……情欲甚至在死亡之中还在赞美生命。"①从"正常的"社会角度来看,这种欲望必须得以克制、抑制或否定,恋尸癖的禁忌就是这种恐惧的一个例子,而希斯克里夫坚持再次打开凯瑟琳坟墓的行为正违反了这种禁忌。这样的关系忽视了文化上的时空概念和乱伦禁忌并公然追求死亡,从文明的角度上说这就注定会失败。因此,勃朗特的故事不仅描绘了一种理想的关系,还进一步地展示了这种关系在想象中实现时所伴随的风险:凯瑟琳和希斯克里夫不仅互相认同对方的需求和欲望,他们还声称彼此**就是**对方。因此他们意在超越自我与他人的最终界限,这一罪过不论是文化还是结果到头来该文本都无法容忍。就是这个以死亡为结局的失败表达了一种更高层次的虽然无法达成的真理或法律,这就使得该书成了众多批评家眼里有史以来最好的爱情故事:"《呼啸山庄》",加缪(Camus)写道,"是最好的爱情小说之一,因为它是以失败和反抗为结局——我的意思是以绝望而死为结局。主人翁还是个魔鬼。这样的爱情唯有在最终失败即死亡中方能得以维系。它只能在地狱里方能继续下去。"②

　　根据认同和亲缘的爱情观要比根据对抗和竞争的爱情观更加切合爱情的女性道德观和审美观;可能这也解释了我开篇所提及的男性读者对爱情小说的厌

---

　　① Georges Bataille, *Eroticism*, trans. Mary Dalwood (London and New York: Marion Boyars, 1962) at 11 [1957].

　　② Albert Camus, *Collected Essays & Notebooks* (Harnondsworth: Penguin, 1979), trans. Philip Thody, at 265.

恶,这不仅在勃朗特的时代,就是在今天也确实如此。假如我们阅读是为了在书中的人物身上发现自我,那么阅读凯瑟琳和希斯克里夫的故事(这个故事由于其叙述者意在维持符号秩序而得以调停和淡化)就是屈服于承认女性不仅威胁到了男主角希斯克里夫还威胁到了自己。

第七节　死亡,抑或用肉体写作

在拉康看来,孩子进入符号秩序的标志是脱离了他和母亲享用的符号语言或者个人语言,进入了另外一种语言的公共世界,这种语言取决于差异和缺失。符号秩序的语言在主体之前就存在,它一系列无穷指代其他能指的能指并不能弥补孩子不再许可与母亲亲密接触而导致的失落感。主体接下来不断寻找这个丢失的统一体,这就产生了永无休止的欲望,而语言永远无法满足这些欲望。诚如玛格丽特·霍曼斯所主张的,凯瑟琳拒绝生活在父权律法所标记的符号秩序之中,跟希斯克里夫一样,她更喜欢自然而不是语言符号提供的替代品。① 她年少时住在画眉山庄的短暂时光以及后来为人妇都不过是强化了她脱离这个律法的欲望。正如玛格丽特·霍曼斯指出的,在那段时光里她对自然和母亲的依恋并没有被否定而是被压抑了。母亲律法和自然律法的此类压抑不仅仅是短暂的、不稳定的,而且当希斯克里夫再次出现的时候又重新萦绕在她心中。

凯瑟琳拒绝接受她父权制度的代价,正如克里斯蒂娃警告的,就是精神错乱和发疯。② 拉康认为,脱离母亲是语言和表征产生的先决条件,如果还要继续信奉母亲律法则会导致不明事理甚至精神分裂。凯瑟琳临终前已不再有任何自我意识,她甚至无法认出镜子中自己的脸。就像茱莉亚·克里斯蒂娃所主张的,假如怀孕被认为是一种自我分裂,那么这种分裂在本身已经人格分裂的凯瑟琳身上就更加复杂了。母性的憧憬在维多利亚时期的小说中通常被浪漫化和情绪化,但它在凯瑟琳身上却被认为是导致了更深层次的禁锢和孤立的原因。正如吉尔伯特和古芭尔指出的,她试图逃脱母性的行为是拒绝成为林顿家族生存和

---

　　① *Bearing the Word*, supra, at 68-93.《呼啸山庄》围绕着重回与母亲在符号上一体这个欲望而建构的,关于这个观点还可参见 Philip L. Wion, 'The Absent Mother in Emily Bronte's *Wuthering Heights*' *American Imago*, 1985, Vol. 42 (2), 143-64。

　　② 特别参见"圣母悼歌"(Stabat Mater),其中怀孕被描写成自我分裂的最终体验,还可参见"论中国妇女"(About Chinese Women);"当符合秩序崩塌时女人没有什么可高兴的。"in Toril Moi (ed.), *The Kristeva Reader* (Oxford: Blackwell, 1986), at 150。

延续的工具以及拒绝成为禁锢其欲望的父权社会的工具:"毕竟,出生是自我的最终分裂,就像'分娩'(confinement)对女人而言是囚禁的双关语。"①诉诸厌食和死亡是她抗议这个社会的唯一方式,她只有通过"重新安身到其他地方"来逃离那些社会要求。②

尽管这个另类的地方被符号秩序解释为疯狂,奈丽称其为"智者的永久异化"(169),她的经历和绝望也质疑并引导我们去怀疑符号秩序所谓的"通情达理"。然而,凯瑟琳拒绝成为母亲以及诉诸绝食的行为不仅是对彻底无能的回应,更是一种力量的形式,即便代价是其身体的毁灭,她仍用身体写完了自己故事的结局:"如果我不能让希斯克里夫一直做我的朋友……我会通过伤自己的心来伤他们的心。当我被逼向极端时,这将是结束一切最迅速的方式。"③在追求她自身死亡和完全消亡的过程中,凯西(Cathy)像《一报还一报》中的克劳迪奥一样,已经走出了享乐原则,转而去拥抱和接受她自身的死亡,那是最终的享乐。

凯瑟琳的死亡和她语言的丧失正好与一位继承者的诞生和符号秩序的回归同时发生,此外,年轻凯瑟琳的继承者表现得更温顺并且接受父权律法。同样的命运也降临在小说中其他母亲的身上,例如辛德雷的妻子弗朗西丝和希斯克里夫的妻子伊莎贝拉。正如在《奥瑞斯提亚》中,母亲的死亡、被谋杀或者自杀似乎都是符号秩序、语言和律法产生的前提条件。然而,在勃朗特的文本中,有关凯瑟琳反抗的记忆显然比该书第二部分提供的替代品更加意味深长。她的死暗示着一种不能被完全消除的更高层次的真理或律法,并且它不断萦绕在小说中活下来的人物的心中以及一代又一代读者们的心中。彼得·古德里奇说:"历史上看,至少在西方司法传统中,自身招致的死亡,即所欲求的死亡或者在认知上卖弄的自杀威胁,都表达了一种更高层次的律法,它被视作以爱情和真理的名义拒绝生活所带来的妥协"。④

---

① *The Madwoman in the Attic*, supra, at 286.
② 这个词组出于芭芭拉·约翰逊(Barbars Johnson)在《女性主义差异:文学、心理分析、种族与性别》(*The Feminist Difference: Literature, Psychoanalysis, Race and Gender*)对《黄色壁纸》(*The Yellow Wallpaper*)的解读中(Cambridge, Mass.: Harvard University Press, 1998),第 25 页。
③ 在这个意义上讲,凯瑟琳的死使得权威认为她的爱情观就是,"两具尸体完美的一致……这违背了社会法律,超出了婚姻界限,甚至超出了生存的范围", Elissabeth Bronfen, *Over Her Dead Body: Death, Femininity and the Aesthetic* (Manchester: Manchester University Press, 1992), 303-313, at 310。
④ Peter Goodrich, 'Courting Death' in Desmond Manderson (ed.), *Courting Death: The Law of Mortality* (London: Pluto Press, 1999), at 216.

第八节 混合使用的各个流派

　　有的小说在阅读的时候给人感觉似乎同时是在读好几本书而不是一本书，这种感觉对于《呼啸山庄》这本小说而言并不稀奇，艾米莉·勃朗特似乎使用了跨越多个文学时期多个不同流派的主题和技巧。一方面这已经被视为一个不足之处，说明艾米莉·勃朗特还缺乏经验不能决定该追随什么流派。① 另一个评价则承认，"在法则的核心范围内"不要混合流派就已经嵌入了另一法则，即"不纯粹的法则或者混杂的原则"本身"不可能不混合各个流派"。② 此外，如果不同流派可以或者已经被用来表达和服务于不同意识形态，那么艾米莉·勃朗特想通过她对不同流派的借鉴、混合和探索究竟想要表达哪个或哪些看法呢？

　　跟其他 19 世纪早期的文学作品一样，艾米莉·勃朗特的小说包含着浪漫主义、哥特主义和幻想主义的元素。18 世纪的启蒙运动强调作品的理性思维，可是浪漫主义作家和诗人却强调主观体验、激情和想象。童年时的回忆就是这样一个首选领域，勃朗特的叙述随着希斯克里夫和凯瑟琳对童年自由自在的回忆而展开。哥特元素在小说的第一部分也大量存在，在这个部分，呼啸山庄被描述为阴暗的、与世隔离的地方，它的主人冷酷且不喜欢访客，这些描写刻画出了一个常见的哥特式背景。希斯克里夫对辛德雷、哈里顿、伊莎贝拉、他自己的儿子甚至是伊莎贝拉的狗的残忍行为符合典型的哥特式反派形象。与所有哥特式的主角一样，他蔑视等级制度、价值观和权威，无论它们是源自教会、法律体系还是社会地位。他的魅力至少有一部分来源于他公然违抗既定规则和特权以及他对诸如教会和阶级制度这类机制的挑战。与小说中浪漫情节和哥特式元素形成鲜明对照的是，希斯克里夫和凯瑟琳等人的人格魅力和创造力对于这个陈腐世界以及约瑟夫和林顿家族的价值观形成了巨大的冲击力。后者的权威来源令人质疑而且压抑人性，与男女主角的原始精力相比显得索然无味又不合时宜。

　　然而，最主要的哥特式主题是凯瑟琳的鬼魂超自然的入侵，它出现在洛克伍德的梦中，以及出现在希斯克里夫充满激情的回答中："我对鬼魂的存在深信无疑"，他强调，"我深信鬼魂可以存在并且确实存在，而且就在我们身边！"(320)。

---

① Q. D. Leavis, 'A Fresh Approach to *Wuthering Heights*' in Patsy Stoneman (ed.), *Wuthering Heights*, supra.

② Jacques Derrida, 'The Law of Genre' in *Acts of Literature*, ed. Derek Attridge, (London and New York: Routledge. 1992), at 225.

第五章　差异之前的世界与超越差异的世界：艾米莉·勃朗特的《呼啸山庄》

尽管洛克伍德和奈丽否认了超自然的存在，可是正如一个批评家所言，"否认希斯克里夫确信凯瑟琳的存在就是否定整部小说"。① 随着奈丽故事的展开，年轻的凯瑟琳和希斯克里夫之间的乱伦就是另一个哥特式主题，以此方式给了世俗文明的终极禁忌迎头一棒。希斯克里夫挖开凯瑟琳的坟墓这一行为又抛出一个精心安排的哥特式主题，触犯了另一个禁忌即恋尸癖的禁忌。在他自己死后，活人世界里一直怀疑他们的灵魂是否仍在交流。当然，鬼魂打破了生死界限，为了尝试描绘死亡，他们详细描述了一个主体，主流文化为了社会稳定的利益而名正言顺地掩盖并压抑了这个主体，对此不闻不问。就像我们在《一桩事先张扬的凶杀案》(Chronicle of a Death Foretold)中所见到的那样，这是一种试图借助写作的想象来表达无法表达的事物。

"乱伦、同性恋、恋尸癖、纵欲过度……仿佛我们是在浏览某个审查员列举的一连串被禁止的主题。"这些就是托多罗夫(Todorov)认为虚幻可以允许我们进入的领域，它们也是艾米莉·勃朗特的人物为了表达一个不同法律而遇到的一些障碍："因为超自然的功能"，托多罗夫接着说，"就是要让文本不受法律行为的束缚，这样才可能违反那条法律"。② 从女性角度来说，被囚禁的女主人公们这个哥特式主题进一步表明了女性真正被禁锢在父权制之中，这就使得家庭被描绘成一个不是那么安全的天堂之地，相反，家庭正如两个凯瑟琳所体验到的那样是一个监狱之地。简·奥斯汀(Jane Austen)《诺桑觉寺》(Northanger Abbey)中的亨利·蒂尔尼(Henry Tilney)在阅读哥特式小说时告诫女主人公，暴行不可弥漫在"我们所生活的国土和时代"："我们是英国人"他抗议说，"我们的法律、我们的教育和我们的宗教怎么会允许这类事情发生"。③

通过把哥特式主题与现实主义叙述相提并论，《呼啸山庄》的读者们被引导开始质疑这些假想，并且转而思考现实世界比小说中所描写的所谓"虚构世界"

---

① Walter E. Anderson, 'The Lyrical Form of *Wuthering Heights*', *University of Toronto Quarterly*, 47. (1977-1978), at 120.

② Tzvetan Todorov, *The Fantastic: A Structural Approach to a Literary Genre*, trans. Richard Howard (Ithaca, New York: Cornell University Press, 1975), at 158-9.

③ Jane Austen, *Northanger Abbey* (Oxford: Oxford University, 1980) [1817], at 159："亲爱的莫兰德(Morland)小姐，考虑到您已经心存怀疑的令人不快的本质，您是根据什么作出判断的？记住我们生活的国土和时代。记住我们是英国人，我们是基督教徒……我们的教育是为了让我们预备这些暴行吗？我们的法律会纵容它们吗？它们能够不知不觉地在这样的国土四处扩散吗？在这里，社会和文学交汇在这样的基础之上；这里的每个人都被周遭的间谍志愿者们包围了，这里的道路和报纸揭露了一切？"

是否更加混乱不堪如噩梦般可怕。① 凯特·弗格森·埃利斯（Kate Ferguson Ellis）进一步认为，哥特式小说不仅暴露了家庭理想上是一个天堂般温馨之地的矛盾，而且正是女主人翁的反抗和睿智净化了堕落的城堡并且重新恢复了秩序。母亲们虽然在《呼啸山庄》以及许多哥特式小说中显然缺席了，这个事实意味着是父亲而不是母亲充当角色模范，带来了更多的"有主见的"女儿们②。在《呼啸山庄》中"净化城堡的"以及恢复稳定和秩序的角色落在了年幼的凯瑟琳身上。

罗斯玛丽·杰克逊（Rosemary Jackson）认为，奇幻小说企图抹平自我和他人的区别，再次发现这两者之间的最初统一关系，结果使得两者的区别更加成为问题。③ 在这层意义上讲，虚幻对应着前俄狄浦斯时期，语言和父权律法还未曾干涉，婴儿享受着与母亲毫无间隙的统一，正如拉康所言，这个充满喜悦的状态只有在死亡中方可重新获得。④ 更为普遍的是，跟现实主义小说旨在或者有意直接模仿或表征现实不同的是，奇幻小说指出有些经验领域无法用理性来理解、驯服或控制：它承认并恢复了激情、情感和非理性的世界，这个世界在知识层级上被赋予了一个较低的地位。⑤ 在这个过程中它根据一个不同的真理和一个不同的法律揭示了一个或许是更高级的法律，这一法律是理性世界不愿意也是不可能赞同的。奇幻文学避开了注重现实表征，通过引入另一个时空威胁着传统的假设和期望。在科幻文学中我们遇到了所有法律、人类和自然的质疑，经历了不同事物的整合，见证了禁忌的突破。由此而论，"现实主义不过是资产阶级的偏见"。⑥

对于亲密无间的渴望与弗洛伊德在《超越享乐原则》（*Beyond the Pleasure Principle*）中辨识的死亡本能十分接近这是对完美的结合和幸福的喜悦以及个性消亡和张力的渴望。凯瑟琳和希斯克里夫虽然生前分开，但是他们深信不疑死后会结合，这就是奇幻的主要例子。凯瑟琳临终前在镜子里错把自身看成他

---

① Margaret Anne Doody, 'Deserts, Ruins & Troubled Waters: Female Dreams in Fiction and Development of the Gothic Novel' *Genre*, Vol. 10, Winter 1977, 560.

② Kate Ferguson Ellis, *The Contested Castle*, *supra*, at 217.

③ *Fantasy: The Literature of Subversion* (London: Routledge, 1981).

④ "我们想要在主体中知道究竟是什么出现在连续言语表达之前，在符号产生之前最原始的东西是什么，我们发现它就是死亡"：Jacques Lacan, *Écrits: A Selection*, trans. Alan Sheridan (London: Routledge, 1977), at 105.

⑤ See also Eve Kosovski Sedgwick, *The Coherence of Gothic Conventions* (New York: Arno Press, 1980)，在承认非理性的同时详细论述了哥特式的价值。

⑥ Herbert Read, 'Forward' in Devendra Prasa Varma, *The Gothic Flame: Being a History of The Gothic Novel in England: It's Origins, Effloresces, Disintegration, and Residuary Influences* (London, 1957).

人,她无法认出她自己,她的胡言乱语是拉康的镜子阶段的一个逆转,标志了重返统一和喜悦的前俄狄浦斯阶段,这时语言和父权法律还未入侵。尽管希斯克里夫可以到那里跟她在一起是若干年之后的事情,他却对自己的终点毫不置疑。这样的渴望和这样的启发威胁着符号秩序,因为它们否定个体之间恒久地存在着差异,它们追寻重新回到想象的秩序,回到语言和法律出现之前的秩序,回到法律、语言和文化所导致的差异之前的秩序。在符号秩序看来,这样的回归是不可能的,那些企图回归的比如凯瑟琳和希斯克里夫受到了惩罚,要么疯掉了,要么死掉了。希斯克里夫和凯瑟琳都渴望并且确实招致这个消解,这就是对符号秩序的最终侵犯、蔑视和报复。

没有什么可以比奇幻和哥特式主题结合起来表达对社会习俗的嘲笑更加巧合的了。正如茱莉亚·米歇尔主张的,接受并坚持社会结构、法律和习俗是无意识的而不是有意识的,我们遵从一定的道德制度、社会制度和法律制度来体验世界的方式以及在这些制度中的生活方式也都是无意识的而不是有意识的。因此,正是在无法意识中我们才有必要去探索,以便搞清楚人类主体及人类社会究竟如何得以创建和维系。[①] 在奇幻文学中,我们得以窥见这类无意识的、沉默的以及被压抑的欲望,这些欲望游离在法律和主流意识形态之外。特别是哥特式小说使符号秩序屈服于暴动,这就包括了符号秩序的父权假设,这个事实使得奇幻文学这个流派特别受到女性作家和女性读者的青睐。正如艾伦·莫尔斯(Ellen Moers)主张的,哥特式主题为表达女性害怕囚禁和迫害开辟了一个空间,同时也为表达女性力量、勇气和逃离开辟了一个空间[②]。尽管《呼啸山庄》中的女性跟她们维多利亚时期的同时代人一样无力改变婚姻财产法,即便她们不得不忍受这些法律给她们带来的后果,但是她们的反抗让人们瞥见了另一种可选择的秩序,尽管这种秩序只是昙花一现,但是在这种秩序里传统习俗无须被遵守,父权法律已经被破坏。

第九节 社会场景中的爱

尽管凯瑟琳和希斯克里夫避开了传统道德的约束,避开了两个人之间的结合应该框定在婚姻之中这个机制的约束,但是如果没有此类约束,那么是否有可

[①] Juliet Mitchell, *Psychoanalysis and Feminism* (London: Allen Lane, 1974), at xvi.
[②] 'The Female Gothic' in Ellen Moers, *Literary Women* (London: W. H. Allen, 1977).

能去设想他们之间的爱情呢？换句话说,如果他们的爱情不是为了竞争的需求,那么他们的爱情是否能够维持或者界定它的另类特性呢？跟所有欲望一样,凯瑟琳和希斯克里夫的爱情起源于、发生于且存在于社会场景之中,他们爱情的界定也是在社会场景中实现的。如果没有注意到辛德雷和弗朗西丝结婚后的关系,凯瑟琳和希斯克里夫做梦都不会想到一个与众不同的关系以及一个与众不同的表达这种关系的方式:"[弗朗西丝]走过去坐在她丈夫的腿上,就在那里他们俩像两个孩子一样亲吻对方,闲聊着,一聊就是几个钟头——说一些让人脸红的傻瓜情话"(63)。如果不是上流社会的那些讲究,凯瑟琳应该不会拒绝希斯克里夫;如果没有那个迫使他们分开的决定,凯瑟琳和希斯克里夫也不会彼此爱得那么死去活来。就像传统道德需要有背叛者来巩固它自身一样,凯瑟琳和希斯克里夫同样需要传统道德将他们视为异端,将他们的爱情视作"另类"。他们对一个不同寻常的关系的追求是对他们眼前社会环境的一种反应,简单地说,在凯瑟琳和希斯克里夫的例子里他们都遵循这些现实。就像希斯克里夫指责凯瑟琳所说的那样:"因为痛苦、落魄、死亡以及任何上帝或者魔鬼撒旦能施加给我们的厄运都未能将我们拆散,而你自己意志中的*你*却这么做了。我没有伤透你的心,伤害你的是*你自己*"(197)。确实,凯瑟琳和希斯克里夫之间的爱情只是存在于而且只能存在于跟与社会规则相对立的地方,如果没有那些规则,他们就会不知所措,也不知如何描述这份爱情的本质和内容。正如马修斯(J. T. Matthews)指出的:"这对恋人自身无法找到一种表达方式去解释甚至去命名他们之间的关系……他们总是很容易满足……他们追求欲望却没有值得一提的内涵……他们的欲望无法忍受僵硬不变的表征"。① 这种满足感和表征的缺失正是欲望的状态,也正是对文明的维系,虽然这种文明差强人意。

或许正如巴塔耶提及的那样,凯瑟琳·恩肖和艾米莉·勃朗特本人也希望有着希斯克里夫表现出来的同样的欲望和恶毒。从某种程度上来说,凯瑟琳还是遵循着习俗,她并没有因为童年梦想而考虑离开她的丈夫。但是对这个梦想和欲望的渴求使她拒绝接受奈丽"可靠的、明智的"(103)建议,包括理性要求她开始进食以便能够活下去。艾米莉·勃朗特把他们建构成悲剧英雄的样子,他们超越或违背法律和社会习俗的企图注定要失败,这些法律和习俗坚决要求限定和规定他们的关系。

---

① J. T. Matthews, 'Framing in *Wuthering Heights*' in Patsy Stoneman (ed.), *Wuthering Heights*, supra, at 62.

在某些评论家们看来,艾米莉·勃朗特自己无法消除终极爱情和终极邪恶这对孪生梦想,故而在小说的第二部分她尝试否认这对梦想,这似乎是要从小说第一部分描述的爱情与邪恶所带来的激情和暴力中撤退出来。不过我们不得不怀疑这个妥协能否成功克服第一部分的颠覆性潜能。这个关于失去童年纯真和精彩的故事对于凯瑟琳二世来说是与众不同的,相比于她的母亲,她更愿意抛弃童年的无法无天。她在十六岁生日遇见希斯克里夫后渐渐地摆脱了对母亲的依恋(在这个案例中是奈丽)而后慢慢地成熟,进入了父权法律世界。在小说结尾的时候她已经拥护她所处社会的规则,她是一个快乐的、年轻的即将为人妻的女子。凯瑟琳和希斯克里夫在小说前半段的颠覆性激情很快就被后来凯瑟琳和哈里顿之间婚姻法律制度所蕴含的更加顺服平淡的情感所代替。与凯瑟琳和希斯克里夫之间的激情相比,凯瑟琳和哈里顿之间的爱情更为成功却也是更为平庸,因为它可以被文化接受和同化,也可以用人人都能理解的语言来描述。与此同时,正如约瑟夫·伯恩所主张的,她们遭受希斯克里夫压迫的共同体验意味着这种关系从开始到后来都是亲密友好的而不是竞争敌对的,就像她的母亲和希斯克里夫的关系那样。勃朗特再一次发现完美的爱情应该是对他人的认同而不是反感,还创造出一个超越社会、集体和性别差异的空间。①

然而,社会不仅在它能够背书婚姻这种关系之前要求施行婚姻制度,而且还要认可财产权和父系继承权。呼啸山庄的新继承人哈里顿背负了这个房梁上三百年前就雕刻的同一个名字。希斯克里夫的到来破坏了长子继承权,老恩肖死后辛德雷成了希斯克里夫的受害者,辛德雷作为其父的继承人企图坚持他的地位。希斯克里夫在小说后半部分成了有钱人更加蔑视财产继承的规矩,他要收购呼啸山庄把辛德雷扫地出门。他利用这种资本主义制度的规则来实现自己的这个目的,可是这个事实不能认定他就是合法占有者,因为父系继承让人回忆起过去的封建制度。

的确,哥特式的小说在描述邪恶贵族公然蔑视法律和习俗的同时,也暴露了对封建秩序和贵族价值观的怀旧之情怀。这种对社会制度的违背,通过威胁全社会的分崩离析来制造混乱给人们带来焦虑和恐惧,同时也导致了人们对于法律和规矩的热烈欢迎。虽然哥特式小说已经跟革命的力量和精力联系在一起,

---

① Joseph Allen Boone, *Tradition Counter-Tradition*, supra, at 169. 正如上文所论述的,这个也是罗斯·伊利格瑞《我对你的爱》(*i love to you*)的版本:这个相互关联性没有取消对方的差异,没有吞噬或挪用对方,更重要的是个人身份并不局限于社会所指定的所谓恰当的"男性"行为或"女性"行为。

然而那些哥特式英雄们最终受到的惩罚却使得社会加强了而不是否定了革命所威胁的那些秩序。① 此外,哥特式的能量通过表达和展示革命思想在具体实践过程中表现出来的却是取代和空想,是对现实的逃避。

小说中的奇幻元素在小说第二部分也消除了,我们也随之见证了十分熟悉的维多利亚时期家庭小说的场景。这类小说就像南希·阿姆斯特朗(Nancy Armstrong)所论述的那样,尽管能够容忍甚至背书女性写作的愿望,然而前提是她们的写作只限于家庭主题和幸福婚姻。② 女性书写她们的体验是被容忍的,因为与此同时那些体验被解读为公共政治领域之外的东西。

然而,虽然小说的第二部分可能是家庭小说的原型,但第一部分描述的精力和激情没有那么容易被抹去或者被压制。希斯克里夫不断出现在家庭故事情节中确保了读者对另一种秩序的记忆没有被冲刷掉。残存下来的呼啸山庄的房屋也同样证明了一个被击败的秩序并没有完全消亡。早先评论家们对于这本小说没有提供一个明晰的道德教育而非常不满,对于小说所展示的持续不断的超自然力量、反智力和反社会的东西而感到不满。不过它并没有被否定,与希斯克里夫和凯瑟琳有关的力量没有被否定,相反他们的力量与第二部分叙述的轻松结局相抗衡。虽然奈丽声称"死者安息",但是,她还是承认"可我现在仍不喜欢待在外面的黑暗中,我不喜欢把自己关在这座冷酷的房子里"(366),她还说一个当地人和一个小牧童看到过凯瑟琳和希斯克里夫的鬼魂。

第十节　叙事性法律

不要高估奇幻文学的颠覆性潜能。一方面,奇幻文学使用的是主流社会秩序的语言,这种语言承担和建构了它自身的现实版本,使用这种语言意味着或者说导致了对它的行为规范的认可和接受。另一方面,通过表达那些被镇压的、抑制的或丢失的欲望,奇幻文学能够使它们跃然纸上,这或许延迟了或者取代了它们在社会实践中实现的可能性。

---

① 要进一步论述哥特式流派在侵犯和包含之间的进退两难处境,可以参见 Fred Botting, *Gothic* (London and New York: Routledge, 1996)。

② *Desire and Domestic Fiction: A Political History of the Novel* (New York and Oxford: Oxford University Press, 1987):"文化手法准许女性有写作的权力但是又否定她们表达政治的权力"。夏洛特·勃朗特的序言特别鼓励读者去定位小说表征了艾米莉情感生活中违反了性的合约,因而就避免了政治争论,第一代人的侵略最后都被顺服了,特别参见第36—58页。

《呼啸山庄》中凯瑟琳和希斯克里夫超凡脱俗的激情以及不被文明约束的精力受到了文本中保守的叙述者奈丽和洛克伍德的抑制。叙述的冲动本身不仅是娱乐也是理解的冲动。在奈丽和洛克伍德看来,这个冲动的表现形式是理性解释他们无法理解或者确实无法用语言表达的欲望和事件。他们共享同一种语言这个事实意味着他们之间的交流没有多少空间留给他们的语言意欲否定的东西。奈丽正如洛克伍德所赏识的那样一直苦于顺应和模仿她所认识到的她雇主的价值观包括他们的语言:"除了一些不太重要的乡下习气之外,你言行举止没有什么明显的我习惯认为你们阶级所特有的那些东西"(103)。奈丽用的语言是资产阶级为了调停和解决任何异常矛盾所需要的标准语言。从一开始,奈丽既没有尝试事实上也没有能够将自己限制在对事件的客观描述上,所谓的"客观"叙述是不可能的,因为不仅小说作者做不到,甚至连律师和法官也做不到。奈丽的偏见、喜好、兴趣(特别是希望她年轻的女主人和洛克伍德结合在一起,这又一次把她建构成画眉山庄的管家)一直碍手碍脚。要实现她认为有利于她自己又有利于她周围的人的这个孪生冲动不断提醒她,"无所事事的好奇心"也不断提醒她,于是她就冒充自己有权决定"什么应该掩藏,什么应该披露"(296)。

然而,不仅仅是她对事件的叙述受到她个人的理解和判断的影响,就连事件本身也同样如此,就像她有时承认的那样:"我坐在一把椅子上,前后摇晃着,心里严厉地责备我多次的失职,由此我惊讶地发现,所有我雇主们的不幸一下子都跳出来了。事实上这不是我所知道的情况。但是它却曾经在我想象中,那个凄凉的夜晚,我认为希斯克里夫不比我愧疚"(308)。在凯瑟琳对她倾诉不知道该选择希斯克里夫还是埃德加的时候,奈丽为了反对凯瑟琳和希斯克里夫结合在一起没有告诉凯瑟琳希斯克里夫就在附近。她认为凯瑟琳生病是故意的、任性的,却没有告诉林顿这个病情的严重性,也没有提醒埃德加·林顿他的准女婿是一个让人讨厌的家伙,却只是轻描淡写地说"那个缺点情有可原"(297)。洛克伍德赤手空拳在玻璃上摩擦直到鲜血直流以此来驱逐凯瑟琳的鬼魂。无论是奈丽还是洛克伍德都是通过常见方式把那些神秘的超自然的东西简化为日常经验的东西。对于利奥·贝尔萨尼(Leo Bersani)来说,洛克伍德灵巧的循环叙述和平行的两份爱情"创造了让事情得以重复或者返回起点的一种结构……《呼啸山庄》致力于结构的循环和重复,只有希斯克里夫可以打破这种结构,但是这种结构最终也没有留给希斯克里夫什么空间"。① 凯瑟琳和希斯克里夫的"另类"以

---

① Leo Bersani, *A Future for Astyanax: Character and Desire in Literature* (London and New York: Marion Boyars, 1978), at 222-3.

及他们的过分激情都无法包容在文化、社会、机制以及最终的语言范围内。在社会角色、阶级和结构等这些因素介入之前就表明了这样一种反社会的关系，这就威胁到现有的秩序。更重要的是，符号秩序的语言暗示了这一点却又控制不了这一点。只有在死亡中他们的鬼魂才被许可徜徉在呼啸山庄而不会威胁到画眉山庄的内在祥和。

作为"父系社会中的典范管家"，奈丽是一个"属于男人的女人"，她不仅仅认同并且负责"理顺他们的会客厅、他们的女儿们以及他们的故事以及井然有序地整理好男人们的房子"①。就像我们在书里看到的其他那些真正代孕母亲们一样，她认识到自己是父权文化中的弱者，她接受同时也强烈地反抗她认为的既强大又高傲的那些力量："我的心总是依附着主人的，其次才是依附凯瑟琳那边"，她承认毫不后悔选择维护父权利益而不是她年轻女主人的利益(146)。她希望林顿家族及其财产能够延续，所以她谴责老林顿将他的财产留给了他的女儿伊莎贝拉而不是他的儿子们："我心里骂着老林顿，因为他把财产留给了他的女儿而不是他的儿子们"(201)。她担心希斯克里夫和伊莎贝拉的婚姻会使林顿的财产落入"一个陌生人的手中"。而且在凯瑟琳生病期间，她还在满脑子想着如何让林顿家族的名声和财产得以延续："因为她的存在取决于另一个人的存在；我们怀抱希望，很快林顿先生就会满心喜悦，他的土地不会落到陌生人手里了，只要生出一个继承人来"(172)。重要的是，凯瑟琳和哈里顿的婚姻不仅确保了他们家庭幸福而且也确保了奈丽的幸福："在英格兰将没有哪个女人比我更快乐的了"(268)。

洛克伍德同样对他所听到的和偶尔观察到的故事总是一头雾水。到最后他否认了鬼魂的存在，否认了"任何人都曾辗转反侧难以入睡，因为睡着的人已经安然入睡"(367)。艾米莉·勃朗特用洛克伍德的叙述方式来表达这个故事意味着认同他的世界观，如若不然，读者一定感到意外，洛克伍德一方面过度关注阶级、阶层、传统习俗以及他处理感情时可怜的无能，同时还过度关注那些懦弱现象，这些现象却又不易作出合理解释或掌控。他在早期就坦白，他发现自己如何躲避了"一个迷人尤物，一个真正女神"的关注和关心(48)，而他显然已被深深迷住了难以自拔。虽然他是小说里唯一一个遇见凯瑟琳鬼魂的人，他却残忍地镇压它不让它进屋，以及残忍镇压了它对他理性信仰所提出的一些要求。更重要的是，他坚持的解释是，他作为男性主体这个地位赋予他的那些解释，他有特权

---

① *The Madwoman in the Attic*, *supra*, at 291-2.

审视和挪用他身边的客体。当这些客体挑战他审视她们的权威,比如像那个"真正女神"或者是年轻的凯瑟琳回视他的时候,而不像奈丽那样接受他审视的目光,他就会退缩到自己的壳里,"如同一只蜗牛"(48)。①

虽然勃朗特娴熟地模仿洛克伍德以男性为中心的话语,她通过洛克伍德冷漠的人格也给我们表明了此类话语的局限性。因此她成功地将模仿和评论结合起来,利用洛克伍德的话语来暗指和想象不同的语言和不同的世界。② 我们自身想要给小说画个结局,想要理解和解释小说,这些都只能借用符号秩序的语言方可产生。语言和逻各斯保证传达了主体所需,保证弥合那些由于禁止乱伦以及与母体分离而产生的欲望鸿沟。但是语言是一个指代其他能指的能指体系:奈丽、洛克伍德以及奇拉(Zillah)意在获得词语与现实之间的对应是虚妄的、误导人的,因为语言悄悄溜走了不受他们掌控,语言在它们表征现实与最终现实本身之间的差异和间断中有所暗示。同样的,过去事情继续干涉且阻止它们企图解释和掌控当下事情。

艾米莉·勃朗特的小说混合了不同的流派、不同的语言以及不同的法律,它仍然存在于符号秩序范围之内同时又置身于该范围之外,一方面使用符号秩序的法律和符号,另一方面又借助其他语言、其他法律和其他现实的干涉对符号秩序世界提出质疑。理性的语言遭受到凯瑟琳疯言疯语的威胁,地方法官的律法遭受到爱情律法的威胁,书本和宗教的语言遭受到希斯克里夫和凯瑟琳的消除、耳语和窃窃私语的威胁,活人的"现实世界"遭受到鬼魂的威胁。在这个另类世界里,男女之间的区别、兄妹之间的区别、肉体与灵魂之间的区别甚至生与死之间的区别都是模糊不清的。是世界在我们进入符号秩序之前就已经存在而且在我们退出符号秩序之后依然存在:因为对于凯瑟琳和希斯克里夫来说以及对于任何认同他们故事的读者来说,诞生在这个文明世界并非就是开始,死亡也并非就是结束。文本因而超越并威胁着符号秩序和父权法律,拉康理论让我们相信,符号秩序和父权法律就是写作和解读的前提条件。

---

① See Beth Newman, ' "The Situation of the Looker-on": Gender, Narration and Gaze in *Wuthering Heights*' (1990), Vol. 105 (3), *Proceedings of the Modern Language Association*, 1029-41.

② 茱莉亚·米歇尔认为,女性的写作表现歇斯底里,既认可又排斥父权社会,拒绝却又陷入女性气质中。这种"歇斯底里"既可以像米尔斯(Mills)和伯恩(Boon)的小说那样循规蹈矩,也可以像《呼啸山庄:女性,最漫长的革命》(*Wuthering Heights: Women, the Longest Revolution*)那样具有批判性(London: Virago Press, 1982)。

第六章

感官世界中的法制：论加缪的《局外人》[①]

[①] Albert Camus, *The Outsider*, trans. Joseph Lakedo (Harmondsworth: Penguin, 1982) [1942]; 文本中所有引用皆出自这个版本。

>　　地方法官看着坐在下面被告席上的我和斯巴德,脸上神情不定,既有怜悯也有厌恶。
>　　——你们从"水石"书店偷了一些书,还打算把它们卖掉,他说。
>　　——卖他妈的那些书,他妈的克尔特语。
>　　——哦,是吗?
>　　——是的,斯巴德知道。
>　　——我们转身相互对视。我们呆在一起尽是想把我们的事情给扒拉明白……
>
>　　　　　　　　　　欧文·威尔士《猜火车》(*Trainspotting*)

第一节　叙事与紊乱之间

　　假如所有叙述都试图把一个有序的外表强加给一个我们无法理解、无法预测、无法解释的世界,无论这个外表多么短暂,那么加缪早期的小说《局外人》(*The Outsider*)似乎就是从事这样一个不可能实现的工程:通过一个必然强加了有序外表的叙述,一方面宣称世界毫无意义,另一方面又宣称人类无法从这个世界中获得意义。正如萨特(Sartre)论述的,有人在体验这个世界之后认为它是荒诞的,有人不仅怀疑那些试图给这个世界赋予意义的宏大理论,而且还怀疑语言是否能够表达意义和表达无意义,这样的人没有其他想法只有保持沉默。又或者,这是加缪本人在另一部作品中提出的一个问题:如果生命体验就是无意义,那么为什么我们不自杀?为什么我们不停止提出那些哲学意义上的问题?或者为什么我们不在更多根本意义上主导我们自己的生命?事实上,萨特主张,加缪写了一部关于保持沉默之必要性的小说。然而,这个结论只有在审查证明其他尝试不足之后方可得出,这些其他尝试是要获得我们生命的意义,有时候是要独裁式地给我们的生活强加意义,不论这些尝试是基于浪漫爱情、友谊和家庭的想法,还是基于那些提倡经济和职业进步的社会习俗或者是基于那些把宗教话语和法律话语制度化的社会习俗。而且在获得一个意在调停我们与这个无意义之间的关系而不是逃避的人生观之前没有作出那些尝试。这个意义，假如不只是一个反意义，可以从主人公或者反派主人公的一些尝试行为中获得，他书写他自己的故事，他尝试在被处决前用他自己的话语结束他的生命。

许多读者仍不相信加缪得出了这种和谐统一的方法及其结论。虽然不可否认有些评论很有道理，但是我认为《局外人》继续吸引着读者，因为它坚持要直面那些持久的困境，坚持要伴随那些获得意义和强加意义所带来的风险。此外，它还阐述了尼采的信念，尽管有些尝试任性、随意并且前后矛盾，艺术仍能给存在的无意义赋予形式和解脱。这种尝试并不是通过理性——法律首选的主要叙述手法——来表达生命的意义和无意义，而是通过特别关注肉体和感官以及总体关注艺术、文学和审美来表达生命的意义和无意义。用尼采的话来说，艺术可能是我们唯一能接触到的形而上学的活动，也是我们唯一的避难所："只有作为一种审美作品，世界才会永远是合理的。"①

然而，这个深刻见解的全部重要意义并不是由加缪探索出来的，特别是我认为，加缪优先考虑艺术、审美和感官的同时忽略了一个因素，这个因素使得这种意义不是转瞬即逝，不是仅仅依附当下，而是永远存在的；这就是女性给荒诞话语做出的贡献。这种贡献是存在的，虽然它不被文本承认，因为"女性时代"，借用茱莉亚·克里斯蒂娃的说法，会把持续和永恒的维度引入到一个话语中，这个话语认为，生命就是一连串孤立的断断续续的时刻构成的，最终只有走向死亡。我们还可以进一步论述，比方说，假如加缪乐意听了女人说的话，那么默尔索（Meursault）真的就不会回到海滨沙滩躲避女人的哭泣声，这一切也就不会发生！

加缪在《西西弗斯神话》(The Myth of Sisyphus)中暗示，我们不可能活着不去追问生命的起源和意义。俄狄浦斯，正如我们在该书开篇所见，在侦探式冲动驱使下要去探究真相，结果却又因为探究出太多真相而被击垮。尽管这样的探究伴有危险，人类的确有时候发现自己无论是情愿地还是不情愿地都会停下来不再墨守成规循规蹈矩，反而质疑为什么要做自己所做的事情。此刻，我们对于意义的欲求与我们无法找到一个意义而起冲突，我们对于理解和解释的欲求被这个世界的不合理而挫败，我们对于透明公开的呼吁被这个世界对我们的呼

---

① Friedrich Nietzsche, *The Birth of Tragedy* [1870], trans. Francis Golffing (New York: Doubleday, 1956), at 42.

吁充耳不闻而抵制。此刻,我们给跟其他人之间隔阂带来的孤独所打击,给自己的道德觉悟所打击。确实,荒诞可以总结为人们对于长生不老的欲求与死亡不可避免的现实之间的矛盾:"人类的欲望和令人失望的世界相脱离。"①

人们对这种窘境的回应常常是以提出一个首要能指的形式给那些复杂的看似混乱的符号赋予意义和秩序,这些符号是世界给我们大量提供的。萨特根据加缪和卡夫卡对待这个荒谬窘境的不同反应来对他们二人进行区分:"加缪的观点完全切合实际,而卡夫卡是一位描写不可能的、超验事物的小说家;对卡夫卡而言,这个世界充满了我们无法理解的符号,存在一个反面的装饰。对于加缪而言,恰恰相反,人类存在的悲剧就在于不存在任何超验东西。"②毫无疑问,加缪反对"圣灵"作为一个超验能指的概念,这个超验能指可以给无序赋予有序。"法律"和"理性"这两个概念,至少像法国的阿尔及利亚法庭所显示的那样,同样被斥之为稳定我们经验的潜在基础。然而,难道加缪貌似很看重的概念如"人类""自然""感官"以及我将要论述的"艺术"和"文学"都没有那么多问题吗?特别是,即使我们作好了准备去承认它们的重要性,它们自己能为默尔索的生命赋予意义吗?如果没有承认另一个被忽视的能指即"女性",它们自己能为默尔索的死亡赋予意义吗?

第二节 想要解释的意愿与拒绝解释的荒诞

看似漂流过了一个炎热地中海夏季,《局外人》的第一部分通过默尔索简洁的行为方式来描述一批人物,他们对于什么使他们的生命有价值有意义各持己见。不管多么不相干或者顺带而过,默尔索仍旧跟读者分享了他的一些观察:阿尔及尔(Algiers)的年轻男女们在献殷勤上找到了休闲娱乐,萨拉马洛(Salamano)对自己的狗爱恨交织(我们相信这是因为他与妻子的类似关系不复存在而造成的),玛丽(Marie)相信浪漫的爱情和婚姻,雷蒙德(Raymond)的老板为自己的公司高效地工作,雷蒙德对那些在身体素质或者社会地位方面不如自己的人比如他的阿拉伯女主人耀武扬威。默尔索据说仍与这些众人关注的事情保持距离,既不分享也不评判。

---

① Albert Camus, *The Myth of Sisyphus*, trans. Justin O'Brien (London: Penguin, 1975) [1942], at 50.

② Jean-Paul Sartre, 'An Explication of *The Stranger*' in Germaine Brée (ed.), *Camus: A Collection of Critical Essays* (Englewood Cliffs, NJ: Prentice-Hall, Inc., 1962), at 116.

这个荒诞之作的作者可以说是分享了尼采的信仰，在有些情况下它可能是一种绝望，在没有超验权威的时候它可能是那个圣灵或者是另外一个教条，我们所有的价值都是同样任意的、无意义的以及偶然的。没有外界的权威强迫我们选择这个而不是那个生活计划，包括没有理由保护自己的或别人的生活而不是接受生活。尽管这些价值观呈现给我们的是自然的、不可避免的，它们不过是文化的、约定俗成的。此外，它们很危险还奴役我们，使我们不能创造或改造我们的世界、我们的价值以及我们自己，掠夺我们可能存在的真实性。只有承认这些价值观的本质是人为建构的，人类才可能真正自由地认识到自己的潜能、选择自己的价值观以及无须信仰或教条的支撑而自力更生。加缪因此基于另一个文学模型即尼采的查拉图斯特拉（Zarathustra）创造了一个文学模型："放松身心自由独立，这对于你们这些崇高的人类来说最为困难"。①

然而，赋予事物以意义的一个尝试似乎吸引的不仅仅是默尔索的习惯性冷漠。小说第二部分遇见了地方预审法官以及后来的监狱牧师，这激起了向来不为外界所动的默尔索的鄙视甚至愤怒。没有什么比地方预审法官对于默尔索顽固地拒绝认可超验权威这里即为上帝的重要性而爆发出来的愤怒更能解释人类赋予意义的存在的重要性："你想让我的生命变得毫无意义吗？"（68）他抗议道。在尼采看来，人类对安慰性叙述比如宗教的偏爱不仅仅缺乏根据而且对于人类能够有所成就的能力绝对有害。祈求怜悯与恻隐之心的基督教道德观是人类变得渺小软弱的一个原因，它将身体禁锢在灵魂之中，使得人类病怏怏难以自立。

跟尼采一样，加缪认为基督教是不公平和特权的教条，因为它建立在无辜儿童牺牲的基础之上，并且它认为想要获得真理就必须要接受磨难。② 更为糟糕的是，它通过提供另一个世界未来公正的幻想给它的信徒们植入顺从被动的思想态度，并且剥夺了他们反抗现有不公平的能量：尼采写道，"基督教想要支配**猛兽**；这就意味着要做到这一点首先要让他们变得病怏怏变得虚弱。使人虚弱是基督教驯服和教化的秘诀"。③ 随着现代化的进展，促进理解的动力由神转变为人，由宗教转变为科学，由信仰转变为理性和法律。然而，对于尼采而言，这样的道德准则同样吸引着弱者和懦夫，这些人更愿意坚持最低标准的共同点并且随

---

① Friedrich Nietzsche, *Thus Spoke Zarathustra*, trans. R. J. Hollingdale (London: Penguin, 1961) [1885], at 141.
② Albert Camus, *The Rebel*, trans. Anthony Bower (London: Penguin, 1971) [1951], at 50-6.
③ Friedrich Nietzsche, *The Antichrist*, trans. R. J. Hollingdale (London: Penguin, 1990) [1885], at 144.

大流遵循群体价值观:"家畜,群居动物,变态的人中禽兽——基督教徒"①。这就是探究并宣称自身的伟大以及与众不同的特性时所具有的本能带来的破坏性。

默尔索展现了类似的缺乏对超验的欲求以及类似的对传统规则和标准的漠视。他十分怀疑用形而上学来解释人类的存在,这就给那些潜在的信徒以及这些教条的追随者造成了威胁。对付这个威胁,官方社会只有将它销毁,而销毁则必须把它关进社会规则范围内方可完成,这就没有认识到默尔索对这些准则的任意性和无意义提出了更加广泛的挑战。面对这个威胁,这些教条的行使者被引导着展示出它们的能力,它们不仅具有宽容和慰藉的能力,而且还具有独裁和武断的能力。

第三节 书 写 荒 诞

正如萨特和其他评论家指出的,在一个统一的或整合的系统里表述怀疑,这就意味着荒诞英雄无法声称他是在解读这个世界、解读他自己或者他身边的人和事。所有他希望通过说和写来达到的不过是在描述。当然,这是不可能的,正如加缪本人所承认的:没有什么东西可以比得上一部绝望的文学作品,因为"绝望是沉默的……如果它说出来,如果它推理出来,尤其是如果它写出来,立刻会有一个兄弟伸出他的手,这棵树是合理的,爱是与生俱来的。"②加缪因此被当场抓住,他给毫无意义的体验赋予了意义,表达一个无法表达的体验,尝试理解我们无法理解的无能。默尔索,就像创造他的人一样,尽管努力了却还是无法避免语言,无法避免语言游离在外难以掌控。由于文字走向我们总是已经被赋予了意义,默尔索无法在他每次说话时作出价值观判断和解释,或者同样地,每当他保持沉默时,情况也如此。

在小说第一部分中,默尔索试图叙述一个记录对话和事件的故事,却没有把它们联系起来,也没有得出结论或对他自己的和其他人物的言行作出价值观判断。正如萨特评论的,每一句话都是孤立的、冻结的、自给自足的,动词也没有连接过去和现在,也没有暗示一个因果顺序,它们对我们而言似乎"如同岛屿"。我

---

① Friedrich Nietzsche, *The Antichrist*, trans. R. J. Hollingdale (London: Penguin, 1990) [1885], at 128.

② 'The Enigma' in *Selected Essays & Notebooks*, ed. & trans. Philip Thody (Harmondsworth: Penguin, 1970), at 145.

们从一句话跳到另一句话,从一片虚空跳到另一片虚空。① 假如有一个顺序得以表明,那么这个顺序不过是一系列间断时刻串联起来所构成的顺序。由于叙述者声称给每个不同事件赋予了同等的意义(或者给同一件事情赋予了同等的无意义),那么他串联的那些片段从表面上看都是同样无关紧要的,也同样毫无意义。

加缪早就意识到,艺术中的现实主义是不堪一击的:写作就是选择,就是评判,就是任意删减;他认为,所以作家应该旨在创造"隐形的格式化,或者更准确地说,就是格式化的具象"②。罗兰·巴尔特称赞这种风格是"零度写作",因为天真的或中立的写作"达到了一种缺失的风格,这几乎就是一种完美的缺失风格,接着写作被降低为一种负面情绪,在这种情绪里一种语言的社会人物或神话人物都被废除了,以便支持一个中立的惰性的形式状态……这是作家新处境的模式,一种特定沉默存在的方式,它故意放弃了任何的优雅或是装饰"。③ 对于巴尔特来说,与那些通过假装"自然不做作"以此来模糊它表达资产阶级的意识形态和社会价值观的现实主义小说相比,加缪的风格质疑了资产阶级文化统治这个世界所借助的并以此吸引对它们的注意的那些传统风俗。然而,正如巴尔特后来也渐渐意识到的,"中立"本身就是一种风格,跟其他任何风格一样都是历史上和政治上偶然出现的,而且它的革命潜能可以借鉴。④

默尔索对于完成时态的使用并不比更加普遍使用的过去时态更能帮助达到记录的客观性或是表达的即时性。然而,为了包含或者省略每次使用这一个词而非另一个词,价值观的判断和解释的渗入不被发觉也不被承认。因此文本第一部分中价值观判断对于事情所作的解释不比第二部分中律师对事件所作的解释更加中立或者更加直接。默尔索试图记录事件却没有评论它们的重要意义,而且似乎也不旨在把它们联结或统一成一个完整的整体,即便如此他也无法掩藏这样一个事实,即他选择纪录这些事件而不是那些事件或者他选择这个叙述顺序而不是那个叙述顺序。

然而,最让默尔索感到厌恶的是,别人坚持让他表达他的情感。无论是他发

---

① Jean-Paul Sartre, 'An Explication of *The Stranger*', *supra*, at 119.
② *The Rebel*, *supra*, at 237.
③ Roland Barthes, *Writing Degree Zero*, trans. Annette Lavers and Colin Smith (London: Jonathan Cape, 1967) [1953], at 83-4.
④ See Roland Barthes, *Mythologies*, trans. Annette Lavers (London: Vintage, 1993) [1957], at 134-5,"从内部击败神话特别困难"。

现在自己母亲的葬礼上,还是跟玛丽在床上;无论是在跟像雷蒙德(Raymond)这样给他带来友情的人相处或者是跟像萨拉马洛这样给予同情的人相处,还是在面对法庭诉讼的时候,他都是一直沉默不语。他不情愿表达不仅是由于他不相信诸如悲伤、后悔、爱恋或者喜爱这类的抽象情感,而且是由于怀疑语言作为一种媒介能否恰当地表达这些情感。当他意识到语言无法精确地表达他即时体验之后,默尔索决定不再言说任何东西了。他偏爱沉默,因为言语发泄出来的扭曲是他坚持真理的一个方面,这个真理使他很受他的创造者喜爱:他这个人"没有任何英雄人物的自负,愿意为了真理而死。"①

然而,他声称的冷漠,他的不断重复"这没关系""这一切都没有什么大不了的,我都懒得去说什么",与其说是一个不复杂的、欠考虑的、非道德的密码标记,倒不如说是故意选择的结果。生活在他人期望和传统道德观的发号施令中不仅仅是我们大多数人的生活现状而且也是一个简单的选择,如果我们不论对什么东西都是不假思索地接受,那么这个选择也是最简单的。默尔索绝非懒惰,他拒绝选择躲在他人以同意的名义而选择的价值观背后。从这个层面上看,默尔索努力抗争那股诱使我们在追寻真理的时候成为他人的影子。② 然而,同样可以认为,默尔索也选择了一种简单的生活方式,即将他无法理解、无法处理甚至很少表达的生活和情感领域之门紧紧关闭。在精神分析评论家看来,默尔索在语言上的压抑对应着他在母亲去世后企图同样关闭他的部分生活(以及他的公寓)之门,而且还不为人知。特别是我认为他不愿意承认、表达或是讨论他的情感是对他身上女性气质的否定,是对他死去的母亲的否定,对于死去的母亲他声称没有哀伤。

第四节　想要解释的法律意愿

默尔索企图避开解释和价值判断,这与法律话语坚持解释和价值判断形成鲜明对比。法律话语深信,理性有能力解释人和事,这就使得地方预审官员、检方和辩护律师积极寻找默尔索行为背后的动机。尽管法律教义可以接受无意识

---

① Albert Camus, 'Afterword' to *The Outsider*, *supra*, [1955], at 119.
② 关于用社会的和道德的准则来对真实性和兼容性作历史分析,参见 Jacob Golomb, *In Search of Authenticity: from Kierkegaard to Camus* (London and New York: Routledge, 1995). 戈洛姆认为默尔索只有在临刑前回顾自己的一生时才达到那种状态,也就是说,只有当这是一个精心研究而不是不假思索的选择的时候才能达到那种状态。

的自动行为这个概念,这就可以解释为什么默尔索开了第一枪后扳机失去了控制,可是默尔索拒绝解释为何还开了另外四枪,这给辩解带来了缺口。律师们痛恨这个缺口决定给他的自愿行为强加意义,这就把该行为带入法律话语能够理解从而能够调节的那些传统习俗中。

法律推理中的主观意图这个概念认为,法律主体可以评判而且确实评判当下行为的利弊,并且把它们与过去体验和未来影响联系起来。鲁莽这个概念也假定当事人有能力预见他/她的行为后果,虽然可能疏忽了。默尔索很少有习惯去分析他的行为意义在当前以及可能的将来会有什么后果。无论是他在给雷蒙德的情妇写信的时候还是在参加他母亲的葬礼的时候,也无论他是在看电影的时候还是在杀人的时候,都是如此,做事不计后果。要是他真的权衡利弊,那么他会选择走上一条会给他自己带来最大麻烦的道路:他会端着锅来吃饭而不愿意拿着盘子,他会迎娶玛丽而不愿意解释为什么婚姻制度毫无意义。至于将来这个概念或者时间这个抽象概念出现在他头脑中时,这仅仅是作为现在的延续和日常的重复,由于缺少全盘计划,他认为没有必要去改变什么:他在老板给他提供一个去巴黎晋升机会的时候说,"我回答说,你改变不了你的生活,无论怎样生活都一样好,我在这儿生活得没有什么不满意的……真的没有什么大不了的"(44)。

法律不愿意承认这种观点,即生活是由间断的、不相干的事情构成的,没有旨在遵照和达到一个整体构想的逻辑顺序。因此,默尔索的过去需要用法律可以理解的话语来重新书写,为此检方选择重点阐述默尔索在他母亲葬礼上的表现。渐渐地但是可以肯定的是,默尔索从一个我们在小说第一部分中认识的对太阳和女孩都无动于衷的人转变成了一个在小说第二部分中有着杀人冲动的老谋深算的怪物。他对意义和价值的虚无主义否定使他个人孤立开来而没有冒险把它们描述为让人心神不宁的痼疾,这个痼疾影响并因而威胁破坏社会及其价值观整体。检方把默尔索看作社会共同价值的例外,给他贴上"怪物"这个标签,"他空洞的内心有吞噬整个社会的威胁"(98—99)。这个解释有助于构建一个有着犯罪意图的、难以捉摸的犯罪主体。

把有罪或无罪的名头归因到主观意图,这就假定了我们的行为都带有价值判断,这个判断只能由超验权威之外的客体来提供。然而,默尔索的人生观或反人生观不仅破坏了理性对于动机的要求而且破坏了此类概念的重要性及其存在。因此,地方预审法官无法理解默尔索拒绝承认外部权威制裁或禁止人类行为。企图创建一个可被法律话语约束的法律主体不仅是检方也是辩护律师所欲求的。默尔索的律师试图暗示他那些可被法庭接受的回答:"他要我保证不说,在听证会上或者在法官面前……我唯一肯定要说的事情就是,我多么希望母亲还没有去世。但是我的律师似乎不太高兴。他说,'那是不够的'"(65)。正如罗兰·巴尔特指出的,"法律总是准备着借给你一个多余的脑袋以便义无反顾地谴责你……法律把你描述为你应该是什么样子而不是你就是现在的样子。多亏神话这个媒介,正义正式访问被告的世界才是可能的,而神话媒介总是为官方机构充分利用……语言的透明度和普遍性。"①

即便召集以法律机制的形式而存在的社会准则所具有的社会力量,道德力量,以及物理力量来摧毁默尔索的冷漠,这个摧毁也是不完全的。默尔索对他们的企图"改造"依然无动于衷,他不情愿地接受他的罪与罚。他不在乎他们企图评判他,只承认他们的语言能力,依然固执地拒绝对自己的行为表示悔意或歉疚。总之,他没有接受法律制度的价值观,因此毁灭是对付他的唯一办法。虽然惩罚他了,但是没有达到法律制度和牧师所希望的那样触动他,反而惩罚确实促使他理解了自我。当默尔索敞开心扉面对这个"和善的、冷漠的世界"的时候,这个理解就是他所声称的那样全面吗(117)?或者这个理解也存在着局限性,只不过默尔索不会有意识地承认,可是文本却作了暗示?

第五节 对法律主体的书写与沉默的证人们

任何一件事件,不论是当下发生的还是过去发生的,脱离语言媒介都是无法解释的。正是语言赋予了形式并且构成了世界以及人类自身的概念。我们任意支配的语言让我们有能力让我们相信或者引诱我们相信,我们的思想、情感以及对我们行为的解释都是在对那些思想、情感和解释作出表达之前就已经存在了。语言诱使我们进一步相信我们操练着代理和自由意志这些概念,没有这些概念,现代法律制度就不能主张它的判与罚的权力。相反,我们通过语言创造出来的人格、价值观和梦想这些概念也是受到我们任意处置的语言的限制。语言的物化不仅创建了而且稳定了人类主体,如若不然,我们人类依然处在不断变化的状态之中。一旦稳定下来,人类主体就被法律监禁了,这个监禁不仅是比喻意义上的而且也是真正意义上的。法律的介入当然是以社会和正义的名义进行的,但是它首先要服务的还是法律自身的利益,即确保法律自身持续存在。

---

① Roland Barthes, *Mythologies*, *supra*, at 44.

法律叙述难以承认它自身的人造性和任意性：它难以承认它是人类创建的众多叙述中唯一一个用来给混乱强加秩序的叙述。因为法律叙述不仅吸引道德力量而且吸引政治力量，它的人类起源或者犯错的可能性都不被允许。加缪对默尔索庭审的描述，虽然在某些方面看是法律诉讼的拙劣模仿，然而却指出了法律不愿意承认它本身的人造性。特别是通过对比法律语言和默尔索及其朋友的语言，该文本破坏了法律在对有罪和无罪这些概念言说事实时自我做主的角色。

在杰曼·布里（Germaine Brée）看来，加缪饱受自己对沉默寡言的母亲怀有的爱心和同情心折磨，作为一个作家，有责任为那些沉默的人说话，"为了那些要么像他母亲那样不习惯操纵语言而沉默不语的人说话，要么是屈于各种形式的压迫而噤声不语的人说话"。① 毋庸置疑，在庭审时加缪描绘了一系列证人由于不能理解法律话语，也不能理解别人期望他们在法庭要说的话语，换句话说，由于他们不习惯语言的法律修辞和巧妙运用，因而不断地发现他们自己要么被误解要么被禁言。正如理查德·韦斯伯格（Richard Weisberg）所论述的，《局外人》再次例证了"可感知的、不动情感的、不用语言表达的"个体与"说教的、理智化的、认知性表达的法律程序"之间的冲突；后者决定给事件赋予自己的叙述意义，成功地歪曲了事件本身以及它开始分析从而控制的人类主体。②

例如，玛丽和默尔索的关系被检方标记为违法的临时性联系，她自己对他们关系的意义的评价（虽然默尔索不这样认为），正如她发现的，不管怎样是记录在文本中，如果不是用法律或者词语记录，那么就是用声音、话语以及面部表情来传达她的沮丧和表达她的分歧："玛丽突然痛哭流涕说，事情不是那样的，是另有其事，她被迫说了跟她想法正好相反的话，她了解我，我没有错"(91)。塞莱斯特（Celeste）的证词同样如此，他认为默尔索是"一个精通世故的人……每个人都知道那是什么意思"(89)，这一证词据说被检方认为不相干而不予采纳。然而，他们对抗议的回忆比检方的辞藻更具有说服力，记录了对法律语言和权威语言的抵制。

默尔索本人的沉默，并没有人强加给他，而是他有意选择的结果：从来就不愿意多说话，无论是要讨好玛丽、他的老板、养老院负责人还是他的朋友，他都同样克制不说任何可能会拯救他自己性命的话："有好几次我都想打断他们所有人

---

① 'Introduction', in Germaine Brée (ed.), *Camus: A Collection of Critical Essays*, supra, at 6.
② Richard Weisberg, *The Failure of the Word* (New Haven and London: Yale University Press, 1984), at 114-23.

对他们说,'且慢,这里谁是被告?作为被告就要作些解释,我有话要说',但是再一想我也没什么要说的了"(98)。这种沉默在杰曼·布里看来是"严格的诚实""十足的真诚"、没有任何"虚伪或假装",用萨特的话来说,把他解读为"一个可怕的无辜者,他不接受这个游戏规则却震惊了全社会"①。在加缪本人看来,默尔索是"我们值得拥有的唯一基督徒"②,而阿兰·罗伯-格里耶(Alain Robbe-Grillet)在宣称"'局外人'就是我"时呼吁众多读者准备把默尔索看作"我们值得拥有的唯一基督徒"。③

然而,在法律语境中不愿或不能用授权的方式来表达都被视为有罪的进一步证据。法律作为一个依赖词语的精确性来表达人物和行为的制度,法律不允许默尔索保持沉默或者他的朋友用哑口无言来破坏它对于语言权力的信仰。检方损坏了辩方证人的证据,开始了他的演说,实际上旨在把默尔索建构成迄今不为默尔索的朋友和默尔索本人所了解的一个人,而不是要对他描述或评价。"在我看来那不过是另一种方法,把我排除在诉讼程序之外,把我贬低为一个无足轻重的人,从某种意义上就是用他自己来取代我"(100)。这就是他演说的力量以至于连默尔索都快要被说服了:"他看待事物的方法不乏明晰。他说的话好像都很在理"(96)。

在另一方面,辩护律师的表演又更加糟糕,就像默尔索自己鉴别的:"我觉得我的律师很可笑……他似乎不如检方那么有才华"(100)。正如简·H.达菲(Jean H. Duffy)主张的,鉴于巴尔特对《S/Z》叙述的分析,"默尔索该死,不仅仅是因为他的行为对社会法规和伦理法规构成了挑战,而且也是因为检方团队比辩护律师更会讲故事。"④但是就像默尔索鉴别的那样,"无论如何,两个言语之间没有多大区别"(95);他们共同的问题是,双方都坚持谈论他的"灵魂"。

默尔索在被告席上始终保持一个旁观者的形象,一个格格不入的"入侵者"(82),他体验着他的审判,体验着被审判的生命,却是像一个观众在观看一场舞

---

① 'An Explication of *The Stranger*' in Germaine Brée (ed.), *Camus: A Collection of Critical Essays*, *supra*, at 111.

② 'Afterword', *The Outsider*, *supra*, at 119.

③ Alain Robbe-Grillet, 'Monde trop plein, conscience vide' in Raymond Gay Crosier and Jacqueline Lévi-Valensi (eds.), *Albert Camus: CEuvre fermée, œuvre ouverte?* (Paris: Gallimard, 1985), at 214; quoted by Ben Stoltzfus, 'Camus's *L'étranger*: A Lacanian Reading', *Texas Studies in Literature*, (1989), Vol. 31 (4), 514-35, at 516.

④ 'Narrative Code versus Truth: the Prosecution Case in *L'etranger*', *Essays in Poetics*, Vol. 14, No. 2 (1989), at 28.

台表演。对于法国的律师和精神分析学家皮埃尔·勒让德(Pierre Legendre)来说,法律体系中运作的美学、诗歌和意象共同建构了法律主体的身份,并且不仅通过畏惧还通过魅力和爱将他和法律捆绑起来:法律主体过度依恋法律就像孩子过度依恋父亲一样。用彼得·古德里奇的话,"法律创立了外部限制或者外部服从,还创建了内部情感结构,这就通过畏惧和爱、通过魅力和效忠把法律主体捆绑到正义和真相的剧场……法律理性剧场的存在掩盖了权力的暴力和疯狂,它的运转就是要让人相信法律就是理性从而掩盖了法律也是权力这个事实。"①

默尔索被他所看到的景象迷住了吗?他会过分地依恋法律而且被法律官员给予他的仁慈的家长制作风说服了吗?在我看来,默尔索在整个诉讼过程中、在他出庭以及在他会见律师和地方预审法官时始终固执地拒绝了法律的诱导。确实,他觉得诉讼过程很有趣,他也对律师的雄辩以及对语言的灵巧驾驭感到无比惊叹,但是他在审判过程中始终固执地坚持不被迷惑住。就像本书最后一章中的阿里阿德涅一样,他对法律很感兴趣也很好奇,却从不对法律放弃自己的欲望。事实上,就是在法律竭尽全力向他展示"父亲"形象的时候,这一点我们稍后可见,默尔索才最激烈地抵制法律的前进。我认为,默尔索有一点女性气质,这让他的欲望一直停留在母亲身上。

法律没有摧毁默尔索对超验权威的否认,没能成功地用它的理性、语言和意象诱导他,换句话说,法律没有"同化"掉默尔索的不同,法律只剩下一个办法来宣称它的绝对优势:最终的惩罚。法律以正义、理性和"法国人民"的名义,参照默尔索自身对法律的侵犯,继续剥夺默尔索的生命。用福柯的话来说,法律通过唤起早先训诫社会的方式对罪犯的身体施加暴力,这就触动不了默尔索的"灵魂"。因此,法律就像我们在《俄瑞斯提亚》中再次看见的那样并没有放弃暴力意志而是借助同样的方式满足了它的暴力意志。当众处决这个场景将会确保旁观者们共同参与施暴所获得的解禁快感。这样的场景也会用作宣泄情绪的方式,通过针对默尔索一个人来摆脱社会自身的暴力意志。用吉拉德的话来说,默尔索就是个替罪羊,他的牺牲可以让社会摆脱其他罪恶并且恢复社会秩序。② 这

---

① 'Introduction: Psychoanalysis and Law' in Peter Goodrich (ed.), *Law and the Unconscious: A Legendre Reader*, trans. Peter Goodrich with Alain Pottage and Anton Schütz, (London: Macmillan, 1997), at 32.

② René Girard, Violence and the Sacred, trans. Patrick Gregory (Baltimore: Johns Hopkins University Press, 1977). 需要补充的是,吉拉德自己并没有这样分析《局外人》。

种牺牲对于法律制度并不陌生反而更进一步走向法律制度,在对默尔索施加刑罚的过程中法律背叛了它宣称要体现的价值观,法律接管了而不是消灭了它声称要谴责的默尔索的暴力冲动。

第六节 荒诞之道德

默尔索是不是像某些评论家们所认为的那样,是一个不知是非的"少年犯"①、一个自私的孩子甚至是精神病患者?② 他在小说一开始的时候就是这样一个人,如果真是这样的话,那么他在小说结尾的时候是否依然如此还是有所变化? 毫无疑问,默尔索承认确实存在着他人所接受的社会准则和价值观,而且就他惰性许可的情况下努力地适应这些社会准则和价值观并且活在它们的范围内。

然而,这样一种态度并非像有时宣称的那样不假思索自发产生的,而是精心选择对社会及其价值观故意漠视的结果,他发现社会价值观同样冷酷无情毫无意义。"在我还是个学生的时候,我追求上进。可是在我不得不放弃学业的时候,我很快意识到一切都真的不重要了"(44)。默尔索所谓的懒惰是对这世界本身惰性的反应,后者往往表现为爱、宗教信仰、友谊和正义的叙述给人带来安慰。尽管默尔索承认他对玛丽想入非非却又不能亲口告诉她他爱她,爱情这个概念在默尔索眼里跟任何其他形而上学的小说一样是一贴安慰剂。默尔索同意跟玛丽结婚以讨她欢心,可是他却补充道,他会和任何一个跟他开口要结婚的女人结婚。让默尔索用任何其他词语来考虑诸如浪漫爱情之类的抽象概念,他都会给它赋予宏大的元叙述的意义,而不是将它看作众多叙述中的一个给人安慰的人为叙述。社会用婚姻的形式把爱情制度化是进一步尝试给我们要不然则是混乱生活赋予了秩序和了断的假象,防止我们对独自生活感到无能为力。正如尼采调侃的,"啊,这个伙伴关系中可怜的灵魂! 啊,这个伙伴关系中丑陋的灵魂! 啊,这个伙伴关系中痛苦的放松! ……嗯,我不喜欢这个多余的天堂! 不,我不喜欢它们,这些被天堂之网捕获的禽兽!"③

---

① René Girard, 'Camus's Stranger Retried', 79, *Proceedings of the Modern Language Association* (1964), at 519.

② See J. G. Murray, 'Moral Death: A Kantian Essay on Psychopathy', *Ethics*, Vol. 82 (1972), 284-98 and A. Duff, 'Psychopaths and Moral Understanding', *American Philosophical Quarterly*, 14, (1970), 190. These are discussed and challenged by Robert J. Smith, 'The Psychopath as Moral Agent', *Philosophy and Phenomenonlogical Research*, Vol. XIV, 2, Dec. 1984.

③ *Thus Spoke Zarathustra*, supra, at 95.

在《西西弗斯神话》中加缪提出这样一个问题，假如生活没有意义为什么我们不自杀？对加缪而言，身体上的自杀是对荒诞存在的悖论的屈服，就像信仰的飞跃是精神上的自杀一样。解决之道就是与悖论共存，不断面对它的各种条款和后果，而不是忽视它或向它认输。对荒诞的体验并没有终结道德思考或判罚人类去自杀，在加缪看来却是所有思考的开始，包括道德的构想，为了自己，也为了他人，这就是承认人类死亡的不可避免，而无须屈服于这一点。

在阿尔及利亚炎热的阳光下，在地中海凉爽的日子里，默尔索和加缪不仅渴望生活而且接受生活，这就抵消了北欧哲学家如叔本华（Schopenhauer）和克尔凯郭尔所遇到的悲观和苦行生活。加缪及其"没有宗教信仰的主人公"[①]非但没有出世隐居来抵消绝望或者皈依宗教来寻求慰藉，反而在**这个**红尘王国所提供的具体体验中生活得很和谐很愉快。确实如此，他认为"世界的秘密和宇宙的广袤"可以简单轻松地被视为"树枝落影在我家白色窗帘上"[②]。他告诫说，希腊人花了二十年时间试图夺回海伦，西方思想界要为把美好事物驱逐出人类生活而负责；人类没有美好事物就无法生存。[③]

面对宗教和法律规则所主张的无性的、空洞的权力，加缪鼓励道德物化的同时要求积极入世。[④] 跟基督教把肉体谴责为瞬间即逝的罪恶不同，默尔索否定了罪恶这个概念：的确终极罪恶就是否定身体和感官带来的财富，如果说默尔索被什么东西唤醒或激起欲望，那就是他对自身身体存在的意识。与基督教偏爱死后进入天堂世界不同，默尔索肯定此生活在这个世界上的意义。跟政治意识形态愿意牺牲当下以便谋求将来的利益不同，加缪否认历史在不断进步的这个说法。跟马克思主义和法西斯主义不同，加缪宣称"对未来真正的慷慨就是把一切都献给当下……当下才是生命的时刻，没有放弃生活就不能否定当下"[⑤]。在他的文章中，这种观点是在跟希腊人的中庸教条以及在跟阿波罗力量和酒神力量之间寻求平衡存在一定的关联。

---

① Robert J. Champigny, *A Pagan Hero: An Interpretation of Meursault in Camus's The Stranger* (Philadelphia, Pa.: University of Pennsylvania University, 1969), trans. Rowe Portis [1960].

② 'Betwixt and Between' in Albert Camus, *Selected Essays and Notebooks*, *supra*, at 63.

③ 'Helen's Exile', *ibid*. 关于加缪在文学、哲学、法律等领域之外的影响，以及作为另一种形式的真理对感知和当下时刻的歌颂，最近的一个例子请参见 Ilse Crawford, *Sensual Home* (London: Quadrille, 1997).

④ See especially Serge Dubrovski, 'The Ethics of Albert Camus' in Germaine Brée (ed.), *Camus: A Collection of Critical Essays*, *supra*.

⑤ *The Rebel*, *supra*, at 268.

对加缪来说,生命的荒诞和死亡的不可避免都无法否定,但是我们对美的认识使我们能够用"反抗、自由和激情"去面对它们①。反抗来自拒绝屈服于安慰剂式的信仰;自由来自主动地有意识地维系人与世界之间的张力;激情来自无条件地爱着对方,每时每刻直到永远。这种喜悦无比强烈,因为我们明白它转瞬即逝:"当下以及持续的当下在一个始终自觉的灵魂面前就是理想的荒诞人生……关键在于活着"。② 没有希冀没有妥协,生命必须活在当下,要明白活着时的即时情感而不是抽象教条或是形而上的安慰。正如尼采的查拉图斯特拉说的,"我恳求你们,我的兄弟们,**脚踏实地**,不要相信那些对你们言说人世间之外的希望的人。他们是囚徒,不管他们自己知不知道"。③

这也是一个道德参与,而不是出世隐居,也不是人与自然之间的共鸣。默尔索描述和玛丽一起游泳差不多就是在描述身体对自然的开放和拥抱:"一起游动,一起感到满足"(52)。在这样的时刻,默尔索体验到全身心投入自然的和谐,这就是加缪本人在阿尔及利亚夏天所体验的。默尔索对于诸如爱情、友谊和事业这些抽象概念的漠不关心跟他对美的认识以及跟自然的亲密接触所体验到的快乐形成了鲜明对比。从该小说的一开始,默尔索就坚信感官人生是人类在这个唯有死亡才可确定的世界里唯一可以体验到的快乐。他在狱中对玛丽的思念差不多也是局限于他面对玛丽时所感受到的快乐;"既然我们身体上彼此隔开,那么没有剩下什么东西可以让我们在一起或者让我们彼此牵挂"(110)。

死亡的不可避免并没有减少生命的意义,反而给生命赋予了意义,赋予了一种生命可能具有的唯一意义,这是默尔索在小说结尾的时候所感受到的。默尔索通过不得不蔑视死亡意味着**不是**什么来试图弄明白死亡意味着**是**什么,前者也算是对后者的一种回馈。他肯定要死,无论是在几天后或是在几年后死,都是增加了每一时刻的价值和快乐;加缪写道,这个该死的家伙认为世界上"没有什么东西是可能的,一切都是注定的,他从拒绝希求中以及从不屈服的生命证据中获得力量"。④ 接受死亡增强了没有确定性和没有希望的生存意志。反抗的态度没有给生活赠予意义,却使这个荒诞的家伙能够直面人生不抱幻想:"想要知道生命有没有活着的意义,这是过去曾经问过的问题。相反,现在很清楚,即便没有意义好歹也要活着。活着这个体验,这个特殊的事实,就是要全心全意地接

---

① *The Myth of Sisyphus*, supra, at 62.
② Ibid., at 63.
③ *Thus Spoke Zarathustra*, supra, at 42.
④ *The Myth of Sisyphus*, supra, at 58-9.

受它……在唯一连贯的哲学式地位中,反抗就是其中一个。它是人与人自身的晦涩之间持续存在的对抗。"① 从那个角度来看,在该小说最后几页描写牧师来访之后,默尔索体验到的所谓的"顿悟"就是肯定而不是复制小说前半部分他认为的不假思索率性而为的生活方式。

默尔索曾肯定活在当下的感官生活,现在又更加肯定死后生活的承诺以及他对意义缺失的毫不在乎,这都不能说他就是检方和预审法官所暗指的没有人性,而实际上他是一个超人:他这个超人宣称"自由,它毫无畏惧地萦绕着人类、习俗、法律以及事物的传统评价"使他获得了尼采式的快感。② 在加缪看来,自由飞跃不抱幻想也不抱希望是勇气而不是绝望的表现:"荒诞给予他们一种王权。事实上,这些王子没有王国……这个荒诞的、无神的世界充斥着思维清晰不再希求的人"。③ 希求会削弱他们应对命运的勇气,从而导致一个顺从的人生而不是积极参与甚至反抗的人生。积极地接受负面处境即缺少希望的处境可以使荒诞的人能够直面自己的孤独并且肯定仅有一次的生命所赋予他的独特人生:"荒诞就是他的极端张力,他一直通过孤独的努力所不断维系的张力,因为他知道在那个意识和日复一日的反抗里他证明了他唯一的真理就是反抗"。④ "人必须想象",他总结道,"西西弗斯的快乐"。⑤

第七节 其他沉默

默尔索用这个勇敢的未加掩饰的方式面对他的处决,通过默尔索这个普通人我们能够推理并且能够面对不可避免的死亡。假如想象力完全没有说服力,那么部分是因为加缪呼吁海伦价值的后果就是创造另一个神话,一个地中海男人的神话,他的价值和勇气值得苛刻的北方佬以及土生土长的北非人去效仿。北方佬的反应由贝尼昂·约翰(S. Benyon John)总结为:"[加缪]代表了那个强

---

① *The Myth of Sisyphus*, supra, at 53.
② *Human, All Too Human* (London: Penguin, 1994) [1878], trans. Manon Faber and Stephen Lehmann, at 37-8.
③ *The Myth of Sisyphus*, supra, at 85.
④ Ibid., at 55.
⑤ Ibid., at 111. 虚无主义不是依靠哲学、艺术或者政治来救赎世界,而是以放弃"事情可能是另外那样"的要求来对抗世界,对于虚无主义的最新回应可参见 Simon Critchley, *Very Little...Among Nothing: Death, Philosophy, Literature* (London: Routledge, 1997)。

烈智力抽象的婚姻,点燃了英吉利海峡两岸的道德激情,然而在英格兰它更加频繁地耗尽热情。"① 当然,要"耗尽"北方人的常识并非是一件坏事。但是,在把世界塑造为既温柔又冷漠的过程中,在把自然塑造为既艰难又平定的过程中,加缪也留下了其他的分歧、失误和矛盾,这些都让读者感到不安、想要取代和重新解释这个罪该万死的家伙所承诺的结局。其中一个这样的分歧就是把这个庶民主体贬低为一个未加区别的沉默的大众,让我们想知道这个荒诞体验是不是普遍的人类困境,或者是不是仅限于西方白人男性。面对荒诞,这个反抗精神是解决了还是压抑了其他有意或无意的欲望?

法律制度娴熟地让默尔索的工人阶级朋友缄默不语,这个描述记录了他们的冷漠,同时也记录了他们反抗法律企图诋毁他们的价值观以及他们的语言。特别是玛丽努力地想让那些行使法律权力的人明白她所讲的,可是她的涟涟泪水显然表明了她对此感到无比失望和沮丧。事实上,虽然阿尔及尔的白人工人阶级被法律文本压迫、收声或损毁,但是他们并没有被加缪文本收声。让人关注他们遭受的压迫确实是忽视那些被迫缄默的人的一种方式,他们不仅被法律话语忽视了,而且起初也是被默尔索忽视了,接着是被加缪本人无论是有意还是无意地忽视了。于爱德华·萨义德而言,加缪《局外人》中的阿拉伯人不过是他探索西方形而上的焦虑的装饰背景:加缪"吸收了、不妥协地概括了以及在很多方面依靠了阿尔及利亚大量法语话语,这个话语属于法国帝国态度的话语……[他因此]复兴了法国统治阿尔及利亚的那段历史,细心准确却又丝毫没有悔意或同情"②。从局外人的立场来看东方,不足为奇的是东方错综复杂的差异被否定了、被压制了或者被包含在急于回答西方人的形而上学的提问中:正如加缪本人在《反抗者》中评论的,反抗这个问题"在我们西方社会之外的地方是没有意义的……[在其他社会]形而上学被神话取代了"③。

正如爱德华·萨义德发现的,《局外人》中的阿拉伯人好像是无名的、去人格化的、客观化的动物,与他们周围环境几乎难以区分:"我看到过有些阿拉伯人在烟草店橱窗外闲逛。他们默默地打量着我们,用他们自己特别的方式打量着我们,仿佛我们不过是一堆石头或死木头"(50)。约翰·埃里克森(John Ericson)

---

① 'Albert Camus: A British View' in Germaine Brée (ed.), *Camus: A Collection of Critical Essays*, *supra*, at 85.
② Edward Said, '*Culture and Imperialism*' (London: Vintage, 1993), at 223. See further Edward Said, 'Representing the Colonized', *Critical Inquiry*, 15, Winter 1989, 205-25.
③ *The Rebel*, *supra*, at 26.

评论了这里灵巧的语言转移,这个正在察看的殖民主体通过语言转移否认,正是它的凝视惊呆了它所看见的客体;①事实上,默尔索并没有"看"阿拉伯人,而且当他这样做的时候,那些阿拉伯人在他看来是沉默不语、阴险邪恶,如同鬼怪一般,对他们即便是炮击也不会留下什么痕迹(60)。

弗朗茨·法侬(Frantz Fanon)在《哀鸿遍野》(*The Wretched of the Earth*)中将那些被欧洲人描述为肮脏、懒惰和呆板的阿拉伯人跟殖民者偏爱从希腊—罗马来源中塑造的模型进行对比。② 加缪更倾向于后者,无论是希腊人还是反基督教的人,这充其量表明了他缺乏对传统的好奇,也就是说他在阿尔及利亚的时候被犹太教和伊斯兰教所包围。虽然他对北非的文字描述显示了他对于北非自然风景无比热爱,但是加缪似乎只有通过西方的镜头特别是希腊的镜头方可鉴赏它的美景③:实际上,这个国家给加缪提供的至多也就是他写在自己话语里的那些东西。此外,正如康纳·克鲁斯·奥布莱恩(Conor Cruise O'Brien)所论述过的,文本描述了一个主人公在杀死一个阿拉伯人之后并无任何悔意,而且"表明了法庭在对待阿拉伯和法国人之间是公正的,它含蓄地否定了殖民现实却证实了殖民虚构";加缪似乎暗指阿拉伯人"真不是人",因此"软化和歪曲了"殖民统治的本质。④

与此同时,加缪明白殖民制度渗透的不公正和不平等,是"一个抵制殖民的殖民者"⑤。该部小说中默尔索和任何其他人物都没有表现出对阿拉伯人**作为**阿拉伯人的任何憎恶。雷蒙德同阿拉伯人的争执起因于他与女主人之间的不和,对于要把默尔索在争吵中的角色描绘为完全没有动机,加缪感到十分痛苦。第一次开枪是由于太阳刺目而扣动扳机的,可是另外四次开枪尽管是有意为之,可是对于受害者却没有任何愤怒或仇恨,也不是因为种族主义或者其他什么原因。默尔索正式提出的唯一结果就是"我已经摧毁了这里的平衡以及这个海滩完美的静谧,在这里我曾经快乐无比"(60)。正如批评家们已经指出的那样,加

---

① John Ericson, 'Albert Camus and North Africa: A Discourse of Exteriority' in Bettina L. Knapp (ed.), *Critical Essays on Albert Camus* (Boston, Mass.: G. K. Hall & Co., 1988), at 77.

② Frantz Fanon, *The Wretched of the Earth*, trans. Constance Farrington (London: Penguin, 1967) [1961], at 32-3:"事实上,在他提及原住民是这个殖民者所使用的术语是动物学术语。他说过黄种人的爬虫类动物式的情绪,说过土著部落的臭味,说过繁殖的蜂群,说过卑鄙,说过产卵,说过比画手势。"

③ 对于加缪所有作品中依靠希腊资源的研究,请参考 Paul Archbold, *Camus' Hellenic Sources* (Chapel Hill, NC: University of North Carolina Press, 1972)。

④ Conor Cruise O'Brien, *Camus* (Londo: Fontana, 1970), at 23.

⑤ Albert Memmi, *The Colonizer and the Colonized*, 1957; cited by O'Brien, *supra*, at 13.

缪坚持迅速略过杀了一个阿拉伯人的故事这本身就说明了他不愿意探讨种族问题的解决之道。默尔索在审判时拒绝请求正当防卫的辩护或许是对阿拉伯人的另一个让步,这些阿拉伯人不仅被默尔索的枪声给镇压了而且也被加缪的文本给镇压收声了。该小说没有过多描写死者的受害情况,后半部分发现默尔索身陷囹圄,他告诉牢房狱友他杀死了一个阿拉伯人。刚开始"鸦雀无声。但是几分钟后,天开始黑下来了。他们告诉我如何铺开垫子来睡觉"(171)。文本在这里暗示了默尔索和阿拉伯人之间的关系,他们都是反对法律的、理性的和资产阶级道德的世界,这个世界坚持要求他们给出原因和解释。但是正如米歇尔·格里莫(Michel Grimaud)所主张的,"问题是加缪反抗的太多了;他太急于否定他的主人公与阿拉伯人之间的任何敌意因而表明了加缪并非不知道自己小说里的种族色彩"。①

斯拉沃热·齐泽克认为,种族主义起源于种族主义者担心其他种族的人对他们的欲望比对他本人了解更多,②这一点从默尔索对阿拉伯人表露出来的嫉妒中可窥见一二。作为本土人,阿拉伯人都能够见怪不怪地体验和享用异教徒的价值观,而默尔索只能**学着**接受。他们似乎知道如何体验单纯存在的喜悦,这样的存在只能通过言语来沟通,这些言语轻轻地触动人,或者更好地还是用沉默来沟通。这样的状态在默尔索和加缪看来比资产阶级社会更加真实,资产阶级社会强调假设的道德观并且注重进取心、事业心、社会进步以及经济效益。默尔索的冷漠和拉康式的言行可能确实是企图仿效他们所嫉妒的阿拉伯人的世界和沉默。③ 默尔索自己抛弃资产阶级价值观以及法庭对他的判罪,法庭坚持那些资产阶级价值观的普遍性,默尔索的这些抛弃表明了他的异化与阿拉伯人的异化很相似。

这种对于被殖民者的认知方式当然是唯我论的:殖民者发明了或者给被殖

---

① Michel Grimaud, 'Humanism and the White Man's Burden: Camus, Daru, Meursault and the Arabs' in Adele King (ed.), *Camus's L'Etranger: Fifty Years On* (Macmillan: London, 1992), at 175.
② Slavoj Žižek, *The Sublime Object of Ideology* (London and New York: Verso, 1989), at 187: "这个假定的享乐是种族主义的一个关键要素:其他人(犹太人、阿拉伯人、黑人)总是被认为可以获得某种特定的享受,这就是真正困惑我们的地方。"另外还可参见 Jacpues-Alain Miller, 'Extimité'(译者注: "Extimité"这个词语是拉康自创的词语,有时候也写作"extimacy",相对于"intimacy")in M. Bracher, M. Alcorn Jr., R. Corthell and F. Massardier-Kenny (eds.), *Lacannian Theory of Discourse: Subject, Structure and Society* (New York: New York University Press, 1994), at 74-87.
③ See especially Jan Rigaud, 'The depiction of Arabs in *L'Etranger*' in Adele King (ed.), *Camus's L'Etranger: Fifty Years On*, supra, at 189 and 191:"在这些阿拉伯人身上,默尔索找到了真正的怜悯和正义"以及默尔索的"拉康式的言行带来了一个'阿拉伯的我'"。

民者设计了他想要的但是却不能自己拥有的东西。在加缪发掘这个理想的地中海"类型"的过程中，阿拉伯人一方面被欧洲化了同时欧洲人也被阿尔及利亚化了，从这个理想的地中海"类型"身上，严峻的北欧人可以学习到很多东西。① 然而，正如弗朗茨·法侬主张的，创作和再创作被殖民者馈赠给他们的歌曲和历史，这是被殖民者在表达他们自己。正如托尼·莫里森(Toni Morrison)所阐述的，通过想象来再创造过去，是打造新身份和建设新国家的基本工作。因为要创作这样的歌曲，经典文本包括加缪的文本必须得篡改、解构和打乱：对于法侬而言，文本暴力是解放之路必不可少的工具。

第八节 沉默的欲望

默尔索是一直在展示免受传统习俗和他人期望束缚而获得的自由吗？或者说《西西弗斯神话》提倡的**有意识**的反抗是压抑和忽视其他**无意识**欲望的一个面具吗？从该小说前几页起，默尔索激动地表达因别人对他的看法而感到的不安，表达对于他所言所行而感到的一种负疚感，不管他的表达多么含糊不清。当他请假参加他母亲葬礼的时候，他激动地向他老板抱怨，"这不是我的错"(9)，而且后来不得不停止对玛丽说出同样的抱怨。他在拜访老年公寓主管的时候说，"我觉得好像他在责备我什么"(10)，而且在老年人来到他身边向他母亲遗体告别时他说，"一瞬间我有种荒谬的感受，仿佛他们过来是要审判我"(15)。这就不奇怪，当时守夜的人包括护士和护工一共是十二个人，跟他后来受审时坐下来审判他的评审团人数是一致的。这个歉疚是指什么？默尔索在本小说最后部分有没有为自己开脱罪责？

我在上一章节里指出，从部分程度上讲，这是殖民者意识到他的规则所造成的不公平和艰辛之后感到内疚。② 默尔索混合了对阿拉伯人他者性质的羡慕、嫉妒和欲求，这一点也表现在他对终极他者即女性特别是其母亲的含糊态度上。默尔索就像《西西弗斯神话》中的唐璜(Don Juan)一样不太情愿表达对女性的深

---

① 杰曼·布里认为这个融合是加缪的野心，'Climates of the Mind: Albert Camus 1936—1940' in Bettina l. Knapp (ed.), *Critical Essays on Albert Camus*, *supra*, at 91.

② 正如作为记者的阿尔贝·加缪报道卡比利亚(位于阿尔及利亚)的饥荒时所说的，"如果殖民征服可以找到一个借口的话，那么它是与给被征服人民提供帮助使其保持自身人格成正比的。如果我们要在这片殖民地上做些什么，那就是许可这世界上最骄傲、最有人性的那群人忠于自己忠于自己的命运。" Quoted by Germaine Brée, *supra*, at 96.

层情感。假如在《局外人》中存在爱的情感,那么这些情感不是从"内心"或"灵魂"那里产生的,而是从感官、肌肤、体表和外形中散发出来的。这些是默尔索描述他对玛丽喜爱之情时用的词语,毫无疑问玛丽在面对默尔索爱慕的眼神若即若离的时候也分享且回报他的感官享受。然而,尽管性的吸引对于玛丽而言也很重要,但是她还是表达了想要透视表面去发现和了解更多的默尔索的愿望。无论人们是否能够概述和暗示这一点,爱都是开始于情欲吸引,可是"女性选择男人很少是仅仅基于这一点"①,我们认为即便爱情起步于表象,"爱可以超越欲望的肉体,并在肉体中寻求灵魂以及在灵魂中寻求肉体。"②然而,默尔索拒绝玛丽试图了解他"灵魂"的欲望,而且对玛丽同样不太感兴趣,除了她的肉体以及她的笑声带给他的视觉享受。"爱情?"朱莉亚·克里斯蒂娃质疑道,"或者更是一种感觉……不敢自我反思的感觉……而且变成了词语,简单的词语,稠密却又精确。他们获得了一种体验,一种声称进入言语却没有进入心理的一种体验。"③

在《局外人》中这个荒谬的男人无望超越人类境遇,他一定忽视了和女人发生关系可能会带来繁殖、生育,甚至是超越死亡的意义。女性能够生育因而可以带来生命的延续和永恒,这就表明即便这个荒谬的男人如此勇敢,他也缺乏一种勇气,一种"不做男人"的勇气④,也就是做女人的勇气。默尔索的世界声称是同性社交的,在这个世界里女人的哭泣和眼泪太多太烦人,是令他反感而且唯恐避之不及的噪音。然而在逃避女人眼泪的过程中,默尔索不仅造成了另一个人的死亡也导致了他自己的死亡。从这个层面上说,这个荒谬的叙述是另一段男性之旅,即使在肯定拒绝对一个目的地或者一个目标的期望的时候,仍然企图压制不论是自我内部的还是自我外部的女性和女性气质。

在对《局外人》早期弗洛伊德论式的解读中,阿兰·科斯特(Alain Costes)认

---

① Bell Hooks,'Fools for Love',The *Guardian*,14 February 2000.
② Octavio Paz, *The Double Flame: Love and Eroticism* (London: Harvest,1993),trans. Hellen Lane, at 33.
③ Julia Kristeva, *Strangers to Ourselves* (New York: Columbia University Press,1991), trans. Leon S. Roudiez, at 25.
④ See especially Anthony Rizzuto,'Camus and a Society Without Women',Modern Language Studies, Vol. 13 (1),1983,3-14;"不当人就是决绝生命中给予的一切东西,包括生物身份。这种拒绝反过来导致加缪在他的作品中否定女性的任何真实地位";第 6 页。另外还可参见 Louise K. Horowitz, 'Of Women and Arabs: Sexual and Racial Polarization in Camus', *Modern Language Studies*, Vol. 17 (3),(1987), at 54-61. 其中,提出这样一个问题:这个荒谬的文本是否既"厌恶女人(如果不是同性恋的)又带有种族歧视",第 55 页。

为默尔索枪杀阿拉伯人是希望与母亲再结合的无意识欲望导致的结果①。本·斯托茨弗斯(Ben Stoltzfus)在作出拉康式的分析时更加关注文本语言而不是加缪的个人传记,他认为《局外人》描绘了一个经典的俄狄浦斯三角关系:太阳,男性,即为父亲;大海,女性,则是母亲,大海(la mer)与母亲(la mere)同音异义;而默尔索是一个寻找泉水(spring)或起源(la source)的孩子,因为水代表了原始的母亲的元素。太阳或者说是父亲通过盗用"雷蒙德手枪"这一阳具象征物来惩罚默尔索的追求,当法律制度将默尔索送上断头台的时候,父权法律胜利了,默尔索头颅被砍掉象征着最后的阉割。② 正如斯托茨弗斯指出的,默尔索在整个庭审过程中都能保持冷静,却在神父唤他为"吾儿"并自称为"乃父"时勃然大怒,无比愤慨:"当时,因为某些原因,我感觉身体要炸开了,我开始扯开嗓门高声大叫,我侮辱他并告诉他不要为我祈祷"(115)。继默尔索案件之后审判的是一桩弑杀至亲案,这也绝非巧合。对于公诉人来说,这两起案子的关联再明显不过了:"我认为现在正坐在被告席上的这个家伙和这个法庭明天要审判的被告同样犯了谋杀罪,你们不会认为我的这种想法是鲁莽的"(98—99)。默尔索在该小说的第二部分就像《俄狄浦斯在克洛诺斯》一样根据语言来讲述他的故事,而且和俄狄浦斯一样承认了他自身的异化并接受了他的死亡:"我第一次向这个世界仁慈的冷漠敞开了自我"(117)。

然而,假如我们把《奥瑞斯提亚》而不是《俄狄浦斯》看作西方文化的神话基础,假如弑母相比弑父更是基于符号秩序的话,那么默尔索的罪过就不是弑亲罪而是无力有效地葬母。默尔索死去的母亲是全文唯一一个一直出现的人物,就像阿拉伯人那样无声凝视着默尔索或是低声交谈,默尔索的母亲在静默中也显得伶牙俐齿:"她在家的时候常常一直都在沉默地注视着我"(11)。亡母形象跟被压抑者一样不断再现,贯穿全文。假如就像加缪所言,"唯一的天堂就是我们已失去的地方"③,那么他对完整感的怀念呈现为对大海的渴望,这个完整感是每个主体曾经与母亲合为一体时所拥有的:"我要和大海结婚……浩瀚的大海永远纯洁始终被人探索,是我夜晚的信仰!……如果我马上要死去,在不为人知的

---

① Alain Costes, *Albet Camus et la parole manquante* (Paris: Payot, 1973); discussed by Ben Stoltzfus, 'Camus's L'étranger'. A Lacanian Reading', *supra*.

② Ben Stoltzfus, 'Camus's L'étranger: *A Lacanian Reading*', *supra*. See also Stephen Ohayon, 'Camus' The Stranger: The Sun-Metaphor and Patricidal Conflict, *American Imago*, Vol. 40 (2), Summer 1983, 189-205.

③ 'Between Yes and No', in *Selected Essays and Notebooks*, *supra*, at 38.

山上冰冷地死去,被我的人民所抛弃,用尽最后一丝力气,海水会在最后一刻涌入我的细胞让我觉醒超越自我并助我不留一丝怨恨地死去。"① 然而,太阳或者父亲是使默尔索失明的敌对元素(这又让人想起了俄狄浦斯,失明和阉割在这里相对等)并导致手枪扳机"走火",可是水不论是泉水还是海水总是善良的、温暖的、热情的,水缓解了刺目的太阳造成的严肃感并且带来了庇护。

正是由于默尔索(以及加缪)无法离开或忘却母亲才使他们受到了法律的谴责,法律宣称自身的理性价值观并把它凌驾于母亲的感官亲和力之上。② 默尔索最后和母亲的和解承认了他在文中始终痛苦压抑的东西:他坚定拒绝接受父权法律和符号秩序,这标志着他完全脱离父权的世界以及死亡的贫瘠。默尔索最后并不是肯定了符号秩序向父权法律低头,而是有意识地回归到了母系法律、母系语言和母系沉默之中。确实在艾伦·西克苏看来,加缪是那些男性作家中极少数"能够在峭壁边缘中冒险游走,在此写作不受法律束缚不受节制阻碍从而超越了男性权威,在此描写自身效果的主观性都女性化了"③。假如父权语言、法律语言控制、决定甚至异化了我们,那么前俄狄浦斯的母系语言在语言造成的分离之前让我们想起了丢失已久的完整感和同一感。默尔索在生命的最后时刻就像本书最后一章中的阿里阿德涅一样已经抵制了法律迷宫所带来的诱惑,他偏好与母亲的结合和同一。

第九节 叙 事 秩 序

"生命彻底逝去,再也回不来了",米兰·昆德拉(Milan Kundera)写道,"就像影子一般,没有重量,夭折了,……不能承受之轻,轻如鸿毛,如同尘埃卷入空中。"在这个世界上,"最为优秀的杰出人士,毫无经验的优秀人士等等……[我们]永远不知道自己想要什么,因为对于只有一次生命的我们而言,我们既不能将它与之前未曾拥有过的生命相比较,又不能在将来无法拥有的来生中使之至臻完美。我们随遇而安,没有征兆,就像一个演员不再当红渐渐被人淡忘。而且

---

① 'The Sea Close By' in *Selected Essays and Notebooks*, *supra*, at 157 and 162.

② See especially Vicky Mistacco, 'Mama's Boy: Reading Woman in *L'Etranger*' in Adele King (ed.), *Camus's L'Etranger: Fifty Years On* (Macmillan: London, 1992);维奇·密斯塔克也指出,默尔索孩子气的语言和初级句法结构让人想起了前俄狄浦斯的母系语言,而符号秩序的语言是抽象的、独裁主义以及等级分明的。

③ Hélène Cixous and Catherine Clément, 'Sorties: Out and Out: Attacks/Ways Out/ Forays', in *The Newly Born Woman*, trans. Betsy Wing (London: I. B. Tauris, 1986), at 86.

假如生命的第一次彩排就是生命本身,我们又该如何使它变得有价值?"①

假如这就是默尔索、加缪和米兰·昆德拉所经历的生命,那么他们为什么要将这些经历写下来公之于众呢?读者一定想知道为什么有人宣称对这个世界及其建构的价值观满不在乎却不厌其烦地要克服身体上的怠惰以便记录下来,因而不可避免地去分析、解释以及给那些致其死亡的事件灌输价值判断。尽管有着他个人故意的漠不关心,但是默尔索和他的创造者决不会放弃对于规则的渴求以及人类对于统一、清晰及结局的渴求。当然,死亡提供了唯一的结局,唯一的"永远"承诺;死亡也确保了默尔索渴望已久的沉默。叙说的冲动永远是沉默的,在一个人面前为了结束生命和自己故事的冲动永远是沉默的,甚至冷漠的默尔索也逃脱不掉。在虚无主义及犬儒主义的引诱之中,默尔索肯定了法律,这个法律不仅仅是由艺术表达出来的,也是由艺术建构起来的。

默尔索声称理解了为什么他的母亲在生命的最后一刻想再完整地体验一次生命;在等待行刑的时候,在让他浸淫幻想上诉获准的时候,他发现他自己也希望再次完整地体验一次生命,把自己的一生从头到尾再活一遍。正如尼采对于永恒回归所定义的那样,人类对于自身存在的无力感和无意义感是受全能人这个概念改变而改变的,全能人他再造自己,再造自己的过去,做自己的父亲。正如西西弗斯不断重复徒劳的工作一样,重复给那种被剥夺了幻想的存在赋予了价值。

对默尔索生命的最后时辰的描述与对其他等候处决的囚犯的描述是惊人的相似,他们体验到了与这个世界妥协的强大冲击力。亚瑟·库斯勒(Arthur Koestler),一个对于自己的死刑作出深刻反思的人,这样回答道:"那又怎样?还有什么更糟糕的事情让你担忧呢?回答是如此不假思索,如此新鲜,如此好笑,仿佛这个意想不到的烦恼是已经丢失的领扣。于是仰面朝天浮游在平安之河……接着河消失了,我也消失了。那个我已经不复存在了……已经跟着这个普世池水取得了联系,并融入其中。"②尽管加缪和默尔索可能会否认用这种对于神圣的起源或是对于上帝的信仰的这个概念来解释喜悦、和谐和认命,但是超验主义却从未缺席在他们的写作之中。

在《西西弗斯神话》中艺术家是加缪甄选的四大主人公之一,他找到了一条

---

① Milan Kundera, *The Unbearable Lightness of Being*, trans. Michael Henry Heim (London: Faber and Faber, 1984), at 3, 8, 223-4.

② Arthur Koestler, *The Invisible Writing*, *Arrow in the Blue* (London: Hamish Hamilton, 1954), Vol. II, at 351-2.

与荒诞共存的生活之道。跟演员、唐璜以及探险者一样,艺术家摒弃了"永远"这个承诺,摒弃了对绝对知识的欲求。因为缺乏一种像上帝那样可以创造一切的能力,艺术家接受了这样一个事实,即人类必须面对自我繁衍这项任务而且在生命延续过程中要超越社会法律和传统习俗带来的束缚。通过创造和再造自己,通过成为自己故事的作者,默尔索成了艺术家同时也成了艺术品:"他同时是主体、客体、诗人、演员和观众"。① 写作装扮了被世俗社会所否定的统一、和谐与凝聚力:正如加缪所主张的那样,"实际上小说就是现实世界,在这里行为都被赋予了形式,在这里结局得以宣告,在这里人们彼此完全拥有,在这里生命承载着命运,是吗?小说世界只是对我们所生活的世界的矫正,是根据人类内心最深处的愿望来进行的矫正。"② 这里有一个重要的不同之处:就像这个荒诞的主人公一样,艺术实现了承诺的统一,"独特与普遍和谐统一",不抱幻想:"艺术怀疑现实但是并不躲避现实"。③

因此对于希望的反抗绝不会结束。希望既不是来自默尔索对于"这个世界和善的冷漠"的觉醒,也不是来自接受了他自身不可避免的死亡并勇敢地面对他的断头台,而是来自一种信念,这种信念认为写作有可能是讲述他自己故事的一个方式。如果没有与自己或他人进行交流的希望,换句话说,如果没有抛弃绝望,写作就不会发生。作为内心的独白,默尔索的叙述是一种精神宣泄,承认、理解和开脱他的罪恶感,不管他有没有意识到这一点。作为讲给他人听的叙述,默尔索的叙述旨在表明他的故事的另一个版本,该故事是由诸如法律制度等社会结构所提议且血腥执行的。最后,艺术给存在的无意义赋予了形式和结局。在言语世界里即便是"局外人"也可以找到家。

此外,这个写作和象征的希望和可能性大概是与母亲及其对于调和、持续性和永恒的慷慨承诺相关联,而不是与男性经济和父权法律所规定的赎回权取消和处决相关联。在默尔索的死刑执行前几个小时,他的思想并不是徘徊在父权法律上,尽管牧师们和律师们试图用这个父权法律迷惑他,却最终白费了力气,他而是在想着寂静、爱和母权法。通过协调自己与母亲的往事,默尔索和这个荒诞的家伙重新获得了语言和父权法律所强加的遗失已久的满足感,把他们的生命和他们的话语与持续和永恒而不是死亡深渊联系在一起。

---

① Nietzsche, *The Birth of Tragedy*, *supra*, at 42.
② *The Rebel*, *supra*, at 228.
③ *Ibid.*, at 223-4.

就像在《西西弗斯神话》中的那个艺术家一样,默尔索认识到,无论他是否意识到这一点,"去创造就是拥有两次生命"。① 这也是一种尝试,尝试去模仿母亲的生育能力,给言辞赋予生命,重新活着,重新死去,很多次很多读者阅读且再读默尔索的故事便是如此。

---

① *The Myth of Sisyphus*, *supra*, at 87.

第七章

女性作为立法人的奇幻小说：安吉拉·卡特的《血室》是赋权还是诱捕[①]

[①] Angela Carter, *The Bloody Chamber* (Harmondsworth: Penguin, 1979)，本文所有引用皆出自该版本。

> 我回头看你是想知道,
> 你是否也在回头看我,
> 想看见我正回头看你。
>
> ——《远离伤害》(Safe from Harm),
> "大举进攻"乐队(Massive Attack)

第一节 互 文 性

艺术作品是个人创意和天赋的独特表达,这一概念是现代主义艺术和文学的一个基本假定。然而,正如米哈伊尔·巴赫金(Mikhail Bakhtin)、茱莉亚·克里斯蒂娃和翁贝托·埃科(Umberto Eco)等理论家已经指出,意义的产生不是独白式的,而是对话式的或者互文式的[1]。艺术作品不是原创的或者独特的,而是既有话语或文本的一部分;这样的文本,正如巴赫金所主张的,就像马赛克一样是从其他文本中建构出来的,最后生成的文本就像是过去文本的拼凑物一样。精英主义和现代主义坚持艺术光环、自主性、独特性以及把艺术与大众文化区分开来,这都是与我们对所有权和产权的概念紧密相关。然而,作者有能力赋予其作品以某种意义,而这种能力被读者解读和使用这类文本时所扮演的角色所破坏。特别是"作者之死"对"作者是万能的"这种观点提出了质疑,该观点认为作家的至上权威决定了文本的意义。[2]

---

[1] 对这些重写本和互文性的讨论,特别参见 Umberto Eco, 'Casablanca: Cult Movies and Intertextual Collage' in *Travels in Hyperreality* (New York: Harcourt Press, 1986); Mikhail Bakhtin, 'From the pre-history of novelistic discourse' in *The Dialogic Imagination: Four Eassys*, (ed.), Michael Holquist, trans. Caryl Emerson; Julia Kristeva (Austin, Tex: University of Texas, 1981) 'Word, Dialogue and Novel' in *Desire in Language: a semiotic approach to literature and art*, ed. Léon S. Roudiez, trans. Alice Jardine, Thomas A. Gora, Léon Roudiez (Oxford: Blackwell, 1980)。

[2] See especially Michel Foucault, 'What is an Author?' in *Textual Strategies* ed. Josue V. Haran (Ithaca, NY, 1979);"'作者'这个概念的诞生构成了构念、知识、文学、哲学和科学的历史上个性化的特权时刻",第 141 页; Roland Barthes, 'The Death of the Author' in *Image-Music-Text*, trans. Stephen Heath (London: Fontana Press, 1977)。

当代作家通过拙劣的模仿以及对现有表达方式、陈腔滥调和传统惯例的使用破坏了现代艺术概念中的艺术自主性。这些文本一方面承认其语言中的情景性和构造性,同时又试图颠覆和批评同样的惯例。通过揭露我们对日常现实所感知到的人造痕迹,他们使我们可以明白我们的价值观、行为准则和组织系统在本质上都是被构造出来的。① 这种模仿/批判的核心在于这样一个信念,即文化表征难免同样具有重要的政治意义。

安吉拉·卡特十分清楚地意识到了艺术的政治意义,并对现代主义坚持艺术独立于政治感到不耐烦。她告诫,"只为自身而存在的艺术是艺术上最大的无能"。② 相反,她把对政治的关注带进了她的文章中,渴望借助艺术的能力来设想新的世界,在想象的世界里废除旧的法律和组织结构,创建新的法律。

或许没有哪一种体裁可以像童话这种艺术形式证明作者之死、互文性以及每个文本对于之前的作者和文本的感激之情。那些童话主旨千百年来都是人们热衷于挪用、模仿和再创作的主体,从农家的灶台到18世纪巴黎的沙龙,到维多利亚时期的幼儿园,再到20世纪的华特·迪士尼(Walt Disney)的工作室,都是如此。童话应该是这类政治活动主题绝非偶然:跟所有文学一样,童话在意识形态领域也有一席之地,维护和促进它们自身的道德和政治信息。尽管这类信息随着听众和讲述者的不同而变化,但是童话的普遍存在及其对儿童与成年人同样具有的吸引力,这使得童话成为意识形态价值体系的重要来源。

最近一次这样的挪用是,女权主义作者关注这些故事重述时所存在的父权偏见。通过把新故事与旧文本并置,女权主义作者得以揭露旧故事的压迫本性,同时发现了其中存在着女性的新声音、新潜力以及新角色。然而,使用旧文本不是一个简单的挪用或者模仿的问题。所有文本和语言,无论是法律的还是文学的,都是构念和意识形态的载体,使用甚至滥用此类体裁来实现她的新目的正是新锐作家的任务。可是问题在于,这样的冥想是否可以通过想象来给现实问题提供解决方案。

只有将童话故事这个体裁整合为一个整体之后,我们再来探究卡特《血室》使用的体裁问题。在本章对比卡特感兴趣和有意思的挪用同样主题之前,我们将要探讨诸如夏尔·佩罗(Charles Perrault)和博蒙特夫人(Madame de Beau

---

① See especially Patricia Waugh, *Metafiction: The Theory and Practaice of Self-Conscious Fiction* (London:Routledge, 1984)以及参见我在第一章的论述。

② Angela Carter, *The Sadeian Woman* (London: Virago,1979), at 13.

mont)等作品中①的三大著名故事的主题,即"蓝胡子"(Bluebeard)、"小红帽"(Little Red Riding Hood)和"美女与野兽"(Beauty and the Beast)。

第二节 童话世界中的立法魅力

如果故事是构建这个世界的一部分,那么童话故事在普遍性、持久性和传播深远方面都强于其他故事的童话,因而在我们对自身、焦虑和梦的理解中承担了一个至关重要的角色。这样的故事有一个不可避免的规范标准,那就是提供一个让成人和小孩都遵循的强大的道德范例神话。因此,正如托尔金(Tolkien)断言,"儿童和童话故事之间的联系是我们国内历史的一个意外。孩子既不比大人更喜欢童话也不比成人更理解童话"。②

对于布鲁诺·贝特海姆(Bruno Bettelheim)而言,这样的故事为解决从童年到成年的成长过程中出现的恐惧与困境提供了一个避风港。③ 然而,除了简化成长的过程,童话故事还帮助人们培养进入成人社会所需的合适的人物角色和行为模式。童话故事中存在着大量的好与坏、强与弱、富裕与贫穷、男人与女人、男孩与女孩等刻板印象。这些二元对立有助于灌输什么行为是社会可接受的并能带来回报,以及与之相反,什么行为不被社会接受而且会导致伤害或惩罚。尤其是,童话故事断言存在道德秩序这样的东西,而且断言在童话故事的世界里永远是"善有善报,恶有恶报"。

对于在主流意识形态和权利系统之外的人群来说,童话故事也代表了主流文化和历史之外的那些东西。他们没有精英主义、怪癖和顺从反而提供了在另类历史和文化中刻画自己的一个方法。口耳相传的民间故事常常表达了农民阶级的希望和渴望,故事中乞丐变成了王子,贤德女子变成了公主。通过这类神话,那些穷困潦倒和疾病缠身的下层社会人士可以表达他们梦想生活在另外一个不同的、更加幸福也更加公正的世界里的美好愿景。④ 此类神话改写不断被

---

① These are collected in Jack Zipes (ed.), *Beauties, Beasts and Enchantment: Classic French Fairy Tales* (Harmondsworth: Penguin, 1989).

② J. R. R. Tolkien, *Tree and Leaf* (London: Allen & Unwin, 1964), at 34.

③ Bruno Bettelheim, *The Uses of Enchantment: The Power and Importance of Fairy Tales* (Harmondsworth: Penguin, 1978).

④ 参见杰克·齐普斯(Jack Zipes)作品中观点即童话可以让弱势群体能够将自己写进历史: *Breaking the Magic Spell: Radical Theories of Folk and Fairy Tales* (London: 1979) and *Fairy Tales and the Art of Subversion* (London: 1988)。

一代又一代讲述者和听众加以拓展和改编,同时也进一步削弱了资产阶级对于艺术是独一无二的一次性事物的界定,以及削弱了文学流派之间高贵与低贱的文化和层次方面的现代主义区分。

然而,在 19 世纪,有关穷人的神话故事被挪用和被改写以便用于资产阶级的教育和娱乐。虽然这类故事传统上是由女性讲述的,但是那些版本被主流文化诋毁成"老妇女们"的故事,而法国夏尔·佩罗(Charles Perrault)版本和德国格林兄弟(the Grimm brothers)版本等成功传播的版本则掩盖了女性竞争对手的作品。17 世纪法国女才子们的作品确实直接反抗了现有的学术权威的束缚和责难,他们注重希腊和拉丁古典艺术,他们表达女性平等以及包办婚姻的危害等观点所青睐的方式就是童话故事。正如卡特为维拉戈出版社(Virago Press)所写的童话故事集中提到的,"这些故事提倡的女性幸存和繁荣的品质从来就不是那些被动隶属的东西",而是展示了"女性的丰富多样性,实践中这些女性气质表征在'非官方文化'中,女性对于她们的生存困境及其策略、计谋和努力的回应也是丰富多样的"①。女性的积极主动在此得到了奖励而不是惩罚。然而,这样的版本由于人们更加喜欢那些号称有必要维护一致性以及认为女性的欲望很危险而被人遗忘或者遭受排挤。因此,从佩罗和格林兄弟手中夺回童话故事以及充分利用她们的可能性和权力对于女性作家来说相当重要。

卡特和前辈女才子们结成统一战线,致力于把童话故事再次解读为一种变革的手段,女性不再是创造历史和创设法律的奴隶而是主人。卡特认为,神话"比历史更有可塑性",因此,通过声称对过去的共同担当来索取对未来的平等分享。② 通过将女性铭刻进历史,女作家可能会探索并倡导新观念、新结构,以及在社会生活的婚姻、经济和法律活动中女性的新角色。

此外,童话故事是过度写作,卡特自己版本下的巴赫金"狂欢"伴随着不敬、不当、嘲笑以及对等级和符号秩序的抵制。这类写作通过创建一种不同于现存的价值观和组织结构来弱化官方的文化、法律和惯例。童话居住在幻想的王国,暗示存在另一个空间、另一个时间和另一个法律,也从而打破了传统的时空一体并且颠覆了统治秩序。正如我们在《呼啸山庄》中所看见的,超自然元素的存在主要是为了"把文本从法律行动中豁免开来,继而违反那个法律"。③ 奇幻文学

---

① Angela Carter (ed.), *The Virago Book of Fairy Tales* (London: Virago, 1990), at xiv.
② *Ibid.*, at xvi.
③ Tzvetan Todorov, *The Fantastic: A Structural Approach to a Literary Genre*, trans. Richard Howard (Ithaca, New York: Cornell University Press, 1975), at 159.

通常用无序和非法行为来威胁文化的稳定,探究主流规范和价值观之外所存在的那些东西。① 这类文学支持碎片化的、易变的自我以及人物变形,它还违背我们文化对于那些统一的、整体的和基本的主题的依靠,并且指出了我们习以为常视作真实的、必然的那些东西所存在的缺陷。正如罗斯玛丽·杰克逊所主张的,奇幻文学梦想着在父权、文化及法律干涉之前在幻境中回归到统一的状态。在幻想的世界里自我与他者、人与兽、人与神、男与女、日与夜甚至生与死之间的文化差异都在溶解。简而言之,奇幻从它们的正统应用中释放出符号,从而打乱了文化创建和规范意义的方式。符号从表征实践中得以解放意味着特别是女性作家把奇幻文学用作颠覆主流父权秩序的工具。

杰克逊赋予奇幻文学以颠覆的特权,但是这类写作是否也存在着逃避现实的危害,给它们的听众灌输着梦想和幻觉从而阻止了他们采取行动去改变他们的命运?这样的探索是否通过文学给日常生活中缺乏经验的作者与读者提供了想象中的满足和补充?这类文学必须使用主流秩序的语言这个事实增加了作为评论文章的共谋伪装的危险。②

第三节　立法中的性别差异

在19世纪重新讲述诸如佩罗和格林兄弟以及维多利亚时期的幼儿园中所创作的版本,童话故事的道德和说教方面的作用变得尤为重要。作家们意识到了童话故事的立法魅力,于是重新改写它们以便适应童年是天真和教育的时期这个不断发展的概念。随着佩罗坚持给每个童话故事附件一个所谓的道德结论,这类差异便得以加强,格林兄弟也给故事增加了基督教教义的表达,而且将性的东西从他们版本的德国故事中给剔除出去。简而言之,童话被家庭化了,人类性体验的部分被否决或被压抑了。③ 然而,这样的审查制度旨在"儿童的性教育",正如福柯提醒我们的,这是一种不超过局部重要性的策略,不仅导致了压

---

① Rosemary Jackson, *Fantasy: The Literature of Subversion* (London: Routledge, 1981).
② "合谋批判"(complicitous critique)这一概念作为后现代文化中的一个政治策略是由琳达·哈钦在其著作中提出来的: *A Poetics of Postmodernism: History, Theory, Fiction* (London: Routledge, 1988 and *The Politics of Postmodernism* (London: Routledge, 1989).
③ 玛丽·卡多根(Mary Cadogan)和帕特里夏·克雷格(Patricia Craig):"倾向于强调童年的欢乐(趣事)是有意试图反对青少年早熟的一部分……女性作家处在一种尴尬的境地,含蓄地否认青春期的本性", *You're a Brick, Angela!* (London: Gollancz, 1986), at 170.

抑,而且导致了"被规制的、多形态的言论煽动"。① 福柯拒绝"压抑性的假说",鼓励我们检验在过去被认为是不受权力干扰的那些领域里权力的偶然性、睿智性以及多义性。

童话故事就是这样一个领域,将自身构建成一个知识领域,有自己的法律效果和道德信息。这些教训包括那些构成好与坏、善与恶、奖与惩的东西,都不是没有性别歧视的,而是充满了父权文化的价值观。② 性别差异铭刻在男女不同角色分配之中并从中得以强化,以及对男女主人公的刻板印象使用之中,男主人公勇敢、强壮且充满智慧,女主人公纯洁、忠贞、温驯,就像睡美人一样永远那么有耐心。在诸如"灰姑娘"和"睡美人"的故事里呈现给年轻女孩的角色模范表达了耐心、无私、安静和顺从的美德。对女孩子来说,最大的财富永远都是美丽,她的美貌给她带来了王子、财富和婚姻。这样的女生除了等待无须做任何事情,往往是在一个偏远的城堡里等待一个勇敢的王子来拯救。童话故事还重演了希腊神话,警告女人言多必失,暗示女性人物话越少越可爱。③ 美好的家庭生活是对这类人物因为自己的美丽、被动和毫无怨言的无助而得到的回报。

与此相反,那些试图通过表现主动、才智和足智多谋来掌控自己生命的女孩在这些世人皆知的故事中十分罕见;即使出现,她们也是被谴责为丑陋的、邪恶的角色,她们达不到社会对她们的期望就会受到严厉的惩罚。女孩也因而被引导去相信驯服、受苦和自怜自哀会得到奖赏,而且最大的奖赏就是嫁给一个有钱人。另一方面,男孩被鼓励去认同年轻的王子把无助的女主人公从困境中解救出来,并敬仰王子的勇气、意志和对冒险的渴望。同样的故事却挑起了女人之间(她们毕竟都是渴望吸引王子的关注)以及母亲和继女之间(她们都渴望获得父亲的关注)的竞争和猜忌。

正是这样的惯例在安吉拉·卡特戏谑重新讲述这些熟悉的故事时遭受质疑。安吉拉·卡特永远意识到神话——无论是旧的还是新的神话——所具有的强大力量,她对于识别、揭露和探究这些神话十分关注:"我在从事去神话的工作",她说,也就是研究观念、理论、虚构在多大程度上开始调节我们的生活,并且

---

① Michel Foucault, *The History of Sexuality*, Volume 1: *An Introduction*, trans. Robert Hurley (Paris, 1976; New York, 1978), at 34.

② See Andrea Dworkin, *Our Blood: Prophesies and Discourses on Sexual Politics* (London: The Women's Press, 1982) and Jack Zipes (ed.), *Don't Bet on the Prince: Contemporary Feminist Fairy Tales in North America and England* (London: Gower Publishing, 1986), especially at 185-260.

③ Marina Warner, *From the Beast to the Blonde: On Fairy Tales and their Tellers* (London: Chatto & Windus, 1994), at 387-408.

披上了半宗教的外衣不让我们质疑它们。①那么,我们有什么比巴尔特更好的武器去对付这些神话,用它们的方式把它们去神话化,再另外制造其他的**人为神话**?②

第四节 女人生,男人造

卡特在 20 世纪 70 年代的写作中十分娴熟地利用福柯关于性和身体的概念,福柯认为它们是可塑的、物质的并且是在历史中构建出来的。对于卡特而言,人性以及人体不是永久自然的,而是由历史的和文化的符号所构建和铭刻的,这样我们就不可言及文化之前的自然、(男性或女性)、性或性别:"肉体从历史中走向我们……我们可能相信我们被剥夺了社交技巧;躺在床上我们甚至感觉我们触碰到了人性本身的基石。但是我们被骗了。肉欲不是一个无法减少的人类普遍存在的东西。"③这些符号不仅是虚拟的而且在文化上也是临时性的,如果用父权社会的规范和期望值去界定,它们还是有危险的,它们被用来把女性束缚在限定的角色或原型中。④ 艺术和文学在这一点上如果不是更加负责也是跟法律在创建模型中一样负责,这些模型重新创造了女性作为圣母和娼妇这样的刻板印象,或者用童话故事的术语讲是邪恶的巫婆和睡美人这样的刻板印象。

纯洁少女这个概念以及荣格的母亲原型的概念,卡特特别谴责为"安慰人的废话":

> 假如女性允许她们自己因为文化肯定无法进入智力辩论而得以安慰,祈求假定的至上女神,那么她们不过是自我安慰得过且过……所有女性的神话形象,从清纯少女纯贞救赎的神话到给人抚慰调节矛盾的母亲神话,都是安慰人的废话;不过安慰人的废话好像都是神话的一个合理的定义……

---

① Anna Katsavos,'An Interview with Angela Carter' 14 (3) *Review of Contemporary Fiction* (1994) 11, at 12.

② Roland Barthes,'Myth Today' in *Mythologies* (London: Vintage, 1993)[1957], trans. Annette Lavers, at 135.

③ *The Sadeian Woman*, supra, at 9.

④ 卡特坚持这一看法:"女性人物以及塑造女性人物所基于的女性想法都是男性社会的产物":Angela Cater, *Shaking a Leg: Collected Journalism and Writing* (London: Vintage, 1997), at 110。也可参见"人类经验普遍性的概念是一个骗局,女性经验普遍性的概念是一个巧妙的骗局":*The Sadeian Woman*, supra, at 12。

母神们与父神们一样危险。①

对女性作为母亲这个角色的赞扬把女性特质瓦解为母性和女性的生殖行为。这就威胁要把女人关禁闭并把她们从历史和立法中流放到一个假设的永恒本质的世界里,而父亲则应当是历史和法律范围内自治和行动的担保人。正如伊利格瑞的"一个巴掌拍不响"②里所说的,母亲必须抵制在认同女儿的时候失去自己身份的威胁,同时女儿必须要实现自治,假如有必要的话,就像卡特所主张的通过摧毁母亲来实现自治。③

女性局限于刻板印象在萨德侯爵的双胞胎女主人公身上得以充分说明,一个是以自我为中心、好胜心强的朱丽叶(Juliette),;另一个是她的妹妹贾丝廷(Justine),向来被动,逆来顺受。用精神分析的术语来说,这两个女人符合弗洛伊德的女性性行为模式即要么男子气概的(阴蒂是阴茎的替代品)要么女子气概的(强调阴道被动)。这个对比最鲜明的地方不在于朱丽叶坏、贾丝廷好,而是在于朱丽叶坏、贾丝廷好是"取决于男人给女人所制定的规则"。④

卡特大胆分析了这两位女主人公以便表明这两种模式的陷阱和缺陷。朱丽叶受启蒙运动理性的影响,获得了"放荡不羁者寂寞的自由",她已经明白"要逃脱奴役,她就必须拥抱专制"。她知道"在神灵、国王和法律统治的世界里,这个三重男性权威符号系统里,反抗是毫无意义的"⑤,因而模仿男性规则并制造痛苦而不是遭受痛苦。她的自我定义假定了笛卡尔主义的自我与他人的二元论,信奉了性快感的经济学理论。根据这个模式"快乐在于伙伴的顺从,但是这远远不够。伙伴的灭绝是自我胜利的唯一足够的证据"⑥。朱丽叶与尤金妮亚(Eugenie)对于母亲角色的否定和滥用有力地支撑了母性的去神秘化。但是,对于母亲的这类恐惧以及采用占有性个人主义和大男子主义的原因最终并不是视作对父权规范的挑战。朱丽叶没有改变主人的规则,而是理解并有效地利用了这些规则来使自己获利,然而,这个策略使得他们所制定的那些规则和等级制度原封不动地保留下来了:

> 萨德式的女人……颠覆了她自身在神灵、国王和法律的世界里社会定

---

① *The Sadeian Woman*, supra, at 5.
② (1981), 7 *Signs* 1.
③ *The Sadeian Woman*, supra, at 124.
④ Ibid., at 38.
⑤ Ibid., at 80.
⑥ Ibid., at 143.

型的角色。她没有破坏社会,除了偶尔地作为个体意识的突击队员。她依然在她的阶级创造的特权领地里,就像萨德依然矗立他那个时代的哲学框架里。①

假如卡特不满意朱丽叶的"没有人道主义的理性",她甚至对贾丝廷的自怨自怜、"内心的无厘头"以及"情感的错误逻辑"更是无法忍受。贾丝廷是被动的受害者,虽然无辜却遭受殉道的苦楚,她盼望得救,却毫不反抗压迫,与其说她自我帮助还不如说她是自我牺牲的陪葬品。这样一个人物的界定极为负面,就像是男性经济体制的镜中形象,这个男性经济本身创造了女性被动和顺从的神话。"这就是为什么,"卡特评论道,"比起那些恶名昭彰的邪恶男人,历史上声名狼藉的女人屈指可数。我们作为受害者的社会地位确保了我们很少有机会去成为恶名远扬的邪恶之徒。我们被强迫接受所谓的美德。"②这种美德被男权文化为了自身利益而鼓吹和维系:

> "要成为被追求的对象就意味着被定义为被动者。
> 要以被动者的形式存在就意味着以被动者的形式死去,即被杀死。
> 这就是完美女人童话故事里的道德。③

既然朱丽叶和贾丝廷的范畴和特征,无论是男子气概的还是女子气概的,本质上都不是一成不变的,故事讲述者的任务就是与有关女人本性的传统神话搏斗然后再去建构另外的角色。④ 童话故事是父权小说得以创造和维护的地方,就是在这个地方,卡特开始刻写她的不同故事。

第五节 卡特改写

(一) 蓝胡子

在佩罗改写的赛克(Psyche)和丘比特(Cupid)的故事里,死亡是对蓝胡子妻子的好奇心以及不服从丈夫命令所隐含的恰当惩罚。正如在潘多拉(Pandora)、

---

① *The Sadeian Woman*, supra, at 133.
② Ibid., at 56.
③ Ibid., at 76-7.
④ Angela Carter, 'Notes from the Front Line' in Michelene Wandor (ed.), *On Gender and Writing* (London: Pandora Press, 1983), at 77.

夏娃(Eve)和罗得(Lot)妻子的故事中,对女性的好奇心被看作对男性文化的威胁,这个男性文化鼓励男人寻求知识却敦促女人不要去探索而只能是被探索。

在卡特的版本里,故事主角贫穷无知,如同萨德笔下的贾丝廷受到了侯爵的关注,并被他的性知识和财富所吹捧和引诱。在侯爵看来,她就是一个尤物、一个商品、一个奖品,就像她所意识到的,她的贫穷和无知使得侯爵有权立下规矩并控制她。在他们的约会中她碰巧看到了侯爵在镜子里看她,她就像侯爵看她那样看待她自己,"如同行家挑选马匹一般,或者更甚,如同主妇在市场上挑砧板上的肉一样"。侯爵就好比是"购物者",而她就是"侯爵买到手的划算的商品",他在自己的闲暇时间里慢慢打开包装细细品味。然而,尽管这位女主角①是男性竞相追求的对象,跟贾丝廷不同的是,她仍然保持一份自我意识,这就避免她丈夫企图把她仅仅当作他欲望发泄的对象。侯爵的窥视和财富对她的诱惑与物化使她惊恐万分:"在我无知而又有限的生命中,我第一次从心底感受到了堕落的强大潜能,它使我无法呼吸。"

当女主人公违反了侯爵的规则进入血室时,她不仅看到了在这之前被侯爵杀死的前妻们,同时也激发了她自身性欲和独立的渴求。为此,她必须受到惩罚,因为她打开了潘多拉魔盒。然而,跟贾丝廷不同的是,女主人公不再愚昧无知,也没有屈服于受害者这个角色。她的救星并非之前版本中有着骑士风度的王子,也并非格林兄弟版本中她的哥哥,而是她的母亲。这位母亲通过母性的心灵感应意识到女儿的危险,拿着枪飞奔过去解救她的女儿。这位盛怒的母亲把侯爵这个怪物吓得呆若木鸡,"将一颗子弹无可指责地射入他的脑中,履行了愤怒的正义":

> 这个玩弄木偶的主人,张大嘴,瞪大眼,最终无能为力,眼睁睁地看着他的木偶们扯断了丝线,打破了他一开始就给它们制定的规矩,开始为自己活着;国王目睹他臣民的反抗,惊慌失色。(39)

尽管母亲的形象在卡特的作品中非同寻常,但是这个母亲形象与童话故事中的角色样板有巨大差异。在童话故事里,母亲的角色要么是死了,要么懦弱无力,即便是在某些作品中存在着强势的母亲形象,那也只是一个决意毁掉她女儿的邪恶继母。这里,女主人公对母亲的崇敬之心以及两人之间的良好关系,是比较稀有的母女关系。这样一种关系,即伊利格瑞的"黑暗大陆中的黑暗之地",是"我们社会中极具爆炸性的思想精髓:去思考它,去改变它,然后最终去颠覆父权

---

① 这里是指朱丽叶。——译者注

秩序"①。

显然,正是这位母亲如同美杜莎一样的凝视使得父权主义这头怪兽现出原形并最终消灭了它。在这个故事中,正是母亲而非父亲起而捍卫法律并使女儿回归到符号秩序之中,与此同时,父亲/情人却违反了法律并肢解了他们的臣民。然而,这个故事主角所进入的符号秩序并不是由等级制度和父权主义所预期支配的。在这位母亲非凡壮举之后,故事主人公与她的母亲以及她的新恋人即一个盲人调琴师远离城堡诱惑的地方建起了一个朴实小家。她与盲人调琴师之间的关系是一种彼此理解相互包容的关系,而非一方吞噬另一方反抗的关系。他的失明确保了她不会再一次成为男人注视的对象。而且,这种母女关系使得她们可以进入符号和历史的世界,这不是神秘的至上女神简明扼要表达的关系,而是一种幽默和自嘲所维持的关系,既能理解它自己的身份又能理解它的行为。

(二)美女与野兽

在弗洛伊德看来,女儿对父亲的倾爱之心是儿童顺利过渡到成年必须要克服的一大障碍。"美女与野兽"的故事就是重演了这种不伦爱恋,该故事戏剧性地刻画了女儿对父亲的爱,甚至不愿意为她的任何一位追求者而离开父亲。她决定去野兽那里也是她决心要死在父亲居所后的另一种自我牺牲的举措。在布鲁诺·贝塔汉姆(Bruno Bettelheim)看来,这个故事描述了女儿成功地走出了俄狄浦斯情结,她学会放弃对父亲的爱慕,作为回报与一个陌生异性建立关系。②

然而,在这类版本中,美女从父亲走向野兽的过程并不是自我探索和理解的过程,而是以一个男权换取另一个男权的交易。野兽变成英俊王子的结果是对她遵从和屈服男性价值观与期待的回报。在维多利亚时期改编的版本中,这个童话强调的是,正如卡特所言,"管教本我",也就是说通过暗示野兽内心存在一个英俊王子这样幻想来教育年轻女子如何最好地服从并认命包办婚姻。在伊利格瑞看来,不是女儿追求父亲,而是父亲对女儿想入非非,然后才设立法律以免对女儿有非分之想自食其果。强调父亲的占有欲而不是女儿在父亲面前软弱无能,这也是卡特采用的视角。

在"里昂(Lyon)先生的求婚"中,美女是她父亲的"宠物",是两个男人物物

---

① *Le Coprs-a-Corps avec la mère*, quoted in Margaret Whitford, *Luce Irigaray: Philosophy in the Feminine* (London: Routledge, 1991), at 77.

② Bruno Bettelheim, *The Uses of Enchantment*, supra, at 303-9.

交换的商品。美女本人还没有意识到自己是一个独立的人,她在野兽面前觉得自己是"羔羊小姐,纯洁无瑕的献祭品"。她与野兽共进晚餐:

> 因为她父亲想让她这么做……当他一开口,她紧张害怕的肚子都疼了,她知道一言既出无法再改,她对野兽的拜访在某种程度上是一种不可思议的互惠互利,也是她父亲巨大财富的筹码。
>
> 不要认为她没有自己的意志;只是,她被一种非比寻常的责任感所俘获了,况且,她很乐意为她的父亲做任何事情,哪怕到天涯海角也在所不辞,因为她深深地爱着她的父亲。(45—46)

野兽在利用美女的弱点(或者说是"善良")时比起她父亲有过之而无不及。通过极力利用美女的"善良",他们将美女约束成为一个多愁善感的女性刻板形象,剥夺了她的选择权并确保这样的善良只为他们而不是她自己服务。如同她父亲一样,野兽在榨干美女的同情心以及最终榨干她的爱情方面毫不留情:

> "我快要死了,美女,"他神情恍惚,再次咕噜咕噜地小声低语。"自从你离开我之后,我就生病了。我不能去打猎了,我发现我没有勇气去猎杀那些温顺的动物,我茶不思饭不想的。我病了,就要死了;但是如果你能过来和我道别,我会心满意足地死去。"(50)

美女答应了他,并向他献出了她的同情、她的爱甚至她自己的全部:"你不能死,野兽! 如果你需要我,我将永远不会离开你。"

对于美女在这两个男人的交易中的忍气吞声,卡特感到十分不耐烦,并鞭策她成长为一个独立的人。在她看来,这个童话是"宣传道德要挟的广告:当野兽说他因为美女快要死去的时候,美女唯一应该说的在道德上正确的话就是,'"那就去死吧"'"[①]。尽管这位美女缺乏如此回应的动力和勇气,另外一个故事中的美女在处理与男性的关系时明智得多,在父亲和追求者面前维护自身独立性的时候更加娴熟更加老练。

在"老虎的新娘"中,美女如同她的母亲一样再次成为两个男人之间的交换物品。他的父亲在跟野兽打牌时输了个精光,当然把女儿即美女也输掉了:"你千万不要认为你的父亲觉得你还不足以抵国王的赎金;但是也不会比国王的赎金值更多的钱。"不过,这位美女意识到了自己就是一个用来交换的物品,于是反而质疑合同的条款并且要求对此重新协商:

[①] John Haffenden, *Novelists in Interview* (London: Methuen, 1985), at 83.

第七章 女性作为立法人的奇幻小说:安吉拉·卡特的《血室》是赋权还是诱捕

我曾是一个年轻的女孩,一个少女,因此男人们否认了我有理性,就像他们否认了任何跟他们不是完全一样的人有理性一样,这是多么的没有理性的思维……我对自己的本质进行了思考,我是怎么被买下又被卖掉,怎么从一个人手里转到另一个人手里。那个给我脸上涂粉的发条女孩;我是不是也被分派了与那个木偶制造者分派给那个女孩的同样的命运?(63)

跟萨德笔下的朱丽叶一样,而跟贾丝廷不一样,她下决心不再继续做一个受害者,而是利用自己的处境来为自己谋利:"从现在开始我的肌肤是我在世上的唯一资本,今天我要进行第一笔投资"(56)。

当美女以自身的欲望面对野兽并警告他同时要求在性别上跟他平起平坐的时候,她摆脱了"合同中冷淡的白肉"这个角色。她不仅拒绝在野兽面前脱衣,还与他争辩且还以眼色,使野兽成为她凝视的对象并按照她的意愿去做。她不仅没有被摘掉面具的野兽吓倒,还安慰野兽让他放心她是不会伤害他的:"老虎永远也不会与羊羔共眠;他承认没有哪个契约不是互惠的。羊羔必须学会与老虎一起奔跑"。

美女在与老虎一起奔跑而不是逃离老虎的同时,她给野兽提供了一个不同的自我与他者之间的可能关系,"这种关系是王国和平的关键所在,这样的话他就不一定要吃掉我"(67)。野兽的他者性不能理解为面目狰狞或一口就把人吞了的样子,而应该是积极向上富有创意。美女亲吻他的时候不是野兽变成了英俊的王子,而是野兽在舔她肌肤的时候她变成了老虎。在美女脱掉一层皮和野兽摘掉面具之后,他们在文化固有印象之外自由地重新发现了自己,也很享受这种互惠互利的关系而不是剥削与被剥削的关系。美女由女孩变成了女人、由交换客体变成了交换主体,她制定了自己的合同,设立了自己的法律,在她把一个发条装置的双胞胎即一个上发条的玩偶派送给她父亲的时候,这一切都完成了:"我给她穿我自己的衣服,给她上了发条,再让她回来扮演我父亲女儿的角色"(65)。这个女儿并没有对父亲有什么非分之想,而是建构了她自己的身份,独立于她父亲的法律和欲望之外。野兽也被看作在男性经济中创建出来的,这个男性经济命令男人应该是掠食者而女人应该是牺牲品。面对美女主动的而不是被动的性行为,野兽表露了他自己愿意成为而且也可以成为一个温柔的人,野兽也如获重释无须再扮演侵略者的角色。这个皆大欢喜的结局不是美女有耐心的不作为的结果,而是她发现了自己的野性和独立的欲望,她没有恐惧,也没有压抑。

(三) 与狼为伴

早在佩罗重新讲述的小红帽故事之前就口口相传的故事已经不再那么为人知晓。在那个版本中，机智勇敢的小红帽在面临自己可能被一口吃掉的危险时刻，她想出了一个计策，用智谋战胜了大灰狼，成功地实现了自救。在更加著名的夏尔·佩罗所写的版本里，小红帽自然是被大灰狼吃掉了，这是一个比较适当的惩罚，佩罗暗指因为她没有遵守妈妈的嘱咐，从大道上走偏了，还跟陌生人说了话。格林兄弟对于小红帽稍微仁慈一点，安排了一个强壮猎人及时出现将她从狼口中解救出来。在这两个版本中，这个小姑娘都是被劝阻不要独立不要探究，更不要说实现她的才能包括她觉醒中的性欲。假如她真这么做了，那么这就意味着等待她的是痛苦和泪水而不是父权制度所提供的安全保护。与此同时，当小红帽因为不听话和粗心大意而受到责罚的时候，狼的贪婪胃口却免于惩处。正如苏珊·布朗米勒（Susan Brownmiller）所主张的，在这样的故事中，女主人公得承担被奸淫的责任，因为她暗地里是"咎由自取"，而男性人物却被表述为权力的象征，无论他是冒犯者（因为抵挡不住女人的诱惑），还是保护者（孤独无助的女人的保护者）。[①]

跟格林兄弟版本不同的是，在卡特的重新讲述中，性的含义是十分明确的：

> 她的胸部已经开始隆起；她的头发就像棉绒一样，在她苍白的额头上几乎没有一丝阴影，这十分恰到好处；她的脸颊出现了标志性的猩红色，白里透红，她才刚刚开始来月经，她体内的生理时钟就要敲响了，从此以后每个月都会敲响一次……她不知道如何颤抖。她手握刀刃，无所畏惧（113—114）。

小红帽"意志坚强""机智聪慧"，并且在性方面极具挑衅性。她从没有将自己视为受害者，也没有给狼的掠食性的性行为吓倒，也没有在狼威胁说要吃掉她的时候选择退缩："这个小女孩突然放声大笑；她知道她不会被任何人吃掉。她当着他的面毫不掩饰地嘲笑他，她在自己的衣服已被丢进火堆里后撕掉了他的上衣并将它也扔进火中"（118）。

这个小红帽被刻画得十分出色，这不仅仅是因为她有耐心、天真无邪，而是

---

① Susan Brownmiller, *Against Our Will : Men, Women and Rape* (New York, 1975). Also Jack Zipes, *The Trials And Tribulations of Little Red Riding Hood : Versions of the Tale in Sociocultural Context* (London, 1983).

因为她机智勇敢,同样她自己成了自身性发育的活性剂。反过来说,狼也没有像男性经济所命令的那样吓人;就像卡特故事中的其他野兽一样,他也承受着"残忍的孤独",而且"假如(他)知道怎样办的话,一定会愿意少一点兽性"(112)。面对女主人公主动的性行为,他显露出了自己有能力可以待人温柔一些友好一点而不是充满敌意:"看!在这温柔的狼爪里,她躺在奶奶的床上睡的多甜多香啊。"(118)

第六节　将色情想象占为己有

对于像帕特里夏·达恩科(Patricia Duncker)这样的评论家们来说,我们在这个重述的故事中所见证到的是将小红帽当作色情文学中自愿的受害者来照例脱光她的衣服。① 作为"色情文学研究生的最高女祭司"②,卡特就像小红帽一样对这种诠释嗤之以鼻。因为色情这个概念就像性欲这个概念一样不是固有的或不可改变的,而是像美人一样存在于旁观者的眼里。进一步来说,色情依赖于它的定义,认为它超过了假定为"自然的"或"正常的"性爱。③ 由于性爱本身是在文化层面上构建起来的,所以正常的或色情的性爱之间的界限在每代人之间以及在每个文化之间都不相同。难怪很难对色情立法或者将它与情欲区别开来,情欲,再用卡特的话来说,不过是精英们的色情。④

卡特没有把色情文学看作对女性的明确的暴力,相反,她很欣赏这类体裁而且再次利用它的符号希望给她的女主人公们赋予能量。她提出了这样一种看法,即"道德色情文学作家们把色情文学当作评判两性之间当下关系的尺子"⑤,并且还揭示性行为不是永恒不变的,而是由社会环境、经济状况以及历史背景所构建的。更具争议的是,她在给女性气质和母性特性的概念去神秘化的过程中赢得了萨德的帮助,萨德把女性性行为和生育区分开来,因而有助于女性的解

---

① 'Re-Imagining the Fairy Tales: Angela Carter's *The Bloody Chamber*' 10 (1) *Literature and History* (1984), 3. 关于童话故事的意识形态力量无法克服这个观点还请参见 Robert Clark, 'Angela Carter's Desire Machines' (1987), 14, *Women's Studies*, at 147-61。

② *New Statesman*, 1987; quoted in Merja Makinen, 'Angela Carter's *The Bloody Chamber* and the Decolonization of Feminine Sexuality' (1992), 42, *Feminist Review*, 2, at 3.

③ 参见苏珊·桑塔格(Susan Sontag)把色情文学解读为过度的写作;桑塔格没有强调色情文学作为一个整体的概念,而是强调它的多变风格:'The Pornographic Imagination' in Susan Sontag, *Styles of Radical Will* (New York: Farrar, Strauss & Giroux, 1969)。

④ *The Sedeian Woman*, supra, at 17.

⑤ Ibid., at 7.

放。尽管萨德最后被看作法律力量和国家力量的共谋,卡特还是认为他把色情文学放置到为女性服务的地位上或者他许可色情文学为女性所侵入。①

西方艺术与文学都肯定父权神话给男人分配了角色或含蓄地指定了特定角色,因而这些神话对于女性来说就是他者。从传统上来看,在这类色情的/情欲的表述中"**男人在行动而女人在登场。男人看着女人。女人则看着她们自己被男人们看着。这不仅决定了男人与女人之间的主要关系,也决定了女人与她们自己的关系**"。② 劳拉·穆尔维的著名论文《视觉快感与电影叙事》(*Visual Pleasure and Narrative Cinema*)③论述了好莱坞电影是如何把女性解释为男性欲望以及偷窥癖的客体对象,由此刻画出两性之间的差别。神话故事也不例外,它教导年轻女子如何使自己能够更加吸引男人的关注,而叙事作品,无论是文本的还是影视的,都是从男性的角度来看待欲望。④ 佩罗重述的故事给女主人公提供的角色范围可想而知是少之又少的,它不断教唆年轻女子要美丽动人而不是聪慧过人,要被动从命而不是积极主动。在他的故事里,女主人公不要去看而是被看,她们被用来确认、表达并且反映男性欲望和男性身份。相反,那些硬要霸占看之权力的女人都会因她们的叛逆与鲁莽受到惩罚。

卡特对这个情节的回应是要创造出不同于性别刻板印象的女主人公,她们敢于看敢于选择而不是仅仅被动地让自己被男人们看。这个"看",被卡特的一个荧幕女主角露露(Lulu)定格为永恒的瞬间,它"不是'你过来'所说的那个看,而是对每一个性别所说'我会来找你'的那个看(如果,也就是说她喜欢看你的样子,事实上还是大大的如果)"。露露就像"老虎的新娘"中的美女一样公然反抗野兽看她的权力,反过来回看他,"怀着极大的兴趣……[她]没有把自己表现为一个被注视的物品,就像丢下一副长手套……实际上,她的态度是:'现在让我看看你,你能怎么样'"。⑤

朱迪斯·巴尔特勒认为性别就是表演,卡特用一种可以展望该观点的方式表现了,女性气质与性别差异是男性对女性的定义所创造出来并遵照此定义的奇观。当女性拒绝成为被动的受害者角色时,这种奇观便被揭露出究竟是什么,由此带来了改变角色和重塑角色的可能性。卡特创造的女主人公喜爱解放有史

---

① *The Sedeian Woman*, supra, at 37.
② John Berger, *Ways of Seeing* (Penguin, 1972), at 47.
③ (1975) 16 (3) *Screen* 6.
④ As for example in Jean Cocteau's film '*Beauty and the Beast*'.
⑤ *Shaking a Leg*, supra, at 377.

以来自我建构的潜能,她们在父权法律和俄狄浦斯情结之外重新创造了她们自己。这样的女性不再演绎传统神话故事指派给她们的角色,从而展现了性别角色是"真正的一种坚持不懈的扮演"①。她们在意识到性别的表演本质时为了自身利益来创造和再创造自我版本。通过掌控男性所看的东西,她们避开男性所写的脚本而且避免成为被描述的对象。② 男性同样受益于在男权主义刻板印象之外自由地重塑自我,从而表明任何文化给野兽、男性和女性所指派的角色都不是固定不变的而是开放的、可协商的。

此外,这样的女主人公在叙事过程中不断变化:人性既没有在男性身上固定也没有在女性身上固定,因此男性和女性都有可能具有掠食性、暴力倾向或攻击性,同时反过来也都会具有被动性、惰性或成为受害者。正如罗莎琳(Rosaleen)的母亲在尼尔·乔丹(Neil Jordan)的电影版中所言:"假如有野兽般的男人,那么一定也能找到对应的野兽般的女人"。在《爱情小屋里的女人》(Lady in the House of Love)这个故事中,正是那位女性吸血鬼是侵犯者而男性却成为无辜的、纯洁的受害者。在萨德作品中朱丽叶和贾丝廷呈现出一成不变的本质,而在卡特的故事中性别角色是相对的,男人可能是羔羊,女人则可能会是老虎,或者在叙事过程中可能由羔羊转变为老虎,反之亦然。

结果就是卡特把色情想象由之前刻画不平等性别关系的一个手段转变为如今女性用来表达自身差异的一个工具。此外,她刻画的女性性行为比萨德和她的女权批评家们所局限的二分法更加复杂,承认女性可以像男性一样有暴力、有危险、有主动的欲求、放荡不羁、多相变态。对于"这个性别不单一"的欲望不是像伊利格瑞所探究的那样要么单独、要么统一或者要么主动、要么被动,而是同时是流动的、含糊的以及过度的。③ 无论是男性主体还是女性主体,都是多重的而不是单一的,都是可以通过发挥和展示来重新塑造自我。主体永远不断发生变化,不再局限于父权主义脚本(色情的或者非色情的)和男性经济的控制。卡特阐述了性别角色和性别范畴是法律和权力作用的结果而不是它们的原因或缘

---

① Judith Butler, *Gender Trouble* (London: Routledge, 1990), at viii.

② Patricia Palmer, 'From coded mannequin to brid woman: Angela Carter's Magic Flight' in S. Roe, (ed.), *Women Reading Women's Writing* (Brighton: Harvester Press, 1987) and 'Gender as Performance in the Fictions of Angela Carter adn Margaret Atwood' in J. Bristow and T. L. Broughton (eds.), *The Infernal Desires of Angela Carter: Fiction, Femininity, Feminism* (London: Longman, 1997).

③ Luce Irigaray, *This Sex Which is Not One*, trans. Catherine Porter (Ithaca, NY: Cornell University Press, 1985) [1977] especially 23-33.

起，让我们可以重新思考性别角色和性别范畴，重新思考它们的新女权主义的想象秩序或者女权主义的符号秩序。

第七节　他异性的伦理观

　　早先那些美女与野兽版本所信赖的符号秩序是厚颜无耻的同性社交：美女是两个男人之间的交易物品，是他们承诺与契约的保证人，这就是资本主义本身。博蒙夫人的版本阐明了列维-斯特劳斯的观点，即在被称作婚姻的契约中商品交换是发生在两群男人之间的，而女人是他们交易中的那个循环物品。[①] 不过，正如卡罗尔·佩特曼所表明的，通常契约这个概念以及特别是由自由主义理论所创建的社会契约小说实际上都是父权结构的产物。在这种交易中的市民总是男性，而女性只能在变成男性后方可参与交易。在这种契约中女性彼此之间的关系不被认可，结果导致了女人在男性经济中被迫扮演竞争对手的角色。[②]

　　卡特对这些故事的修正和还原向我们展现了如果像伊利格瑞所主张的那样，诸如美女一类的商品如果"拒绝走向市场"，那会怎么样？假如她们制定了自己的规则和自己的价格"在她们自身之间维持了另一种商业形式，又会怎么样？"[③]这样的措施并不意味着拒绝参与任何交易，就像有些卡特评论者所偏好的，仅仅作为一个自主的主体而不是交易的物品来参与其中。它并不存在于协商俄狄浦斯情结及其所谓的对父亲的欲望，就像早先那些美女与野兽版本所表明的，而是在于实现她自己的欲望，该欲望平等于且独立于野兽的欲望。然而，对于这些新交易的发生，女性正如伊利格瑞所主张的，必须努力获得自身的新身份，不同于她们作为母亲的身份，也不同于她们作为男性衬托的身份。这种身份包含承认女性的不同、女性彼此之间的关系以及女性自己的法律、神话和历史。

　　诚如伊利格瑞所主张的，基于接触和生育而不是死亡和牺牲来创建一个社会组织，这就包括设计一些结构和规范，这些结构和规范超越男女之间诸如掠食者与受害者、主动与被动、侵略与顺从、征服与被征服、理性与感性等二元对立的

---

　　① Claude Lévi-Stauss, *The Elementary Structures of Kinship*, trans. James Harle Bell, Jon Richard von Sturmer and Rodney Needham (Boston: Beacon Press, 1969) especially at 480-1.
　　② Carole Pateman, *The Sexual Contract* (Cambridge University Press, 1988).
　　③ *This Sex Which is Not One*, supra, at 196.

关系。相反,他们必须承认他们有可能是这一种人,也有可能是另一种人,或者有可能同时具有这两种人的特性,又或者是由这一种人不断转变成为另一种人。① 这样的规范反对性别之间的二元论,这样的规范取决于互惠而不是威压,取决于相互沟通、彼此认可而不是相互敌对:"互惠欲望的客体本身既是被动的客体又是主动的主体。这样一个伙伴影响我们而同时也被我们影响。"②

在一个人被另一个人消费的关系中,就像在萨德的妖怪故事以及这些故事的早先重述中,其结果用弗洛伊德的话来说就是食人文明。同样的,饥饿的人试图拥有一个物品来填饱自己的肚子,爱人渴望拥有爱的对象来满足自己的欲望。③ 这样的食人风气在法律文本和文学小说的表述中得到强化,这些表述把女人看作男人的附属,而不是承认女人的身份和不同。

然而,在伊利格瑞的经济中,女人不仅拒绝成为男人的低级附属物,拒绝成为"像照片的底片一样黑暗"④或者是"加工好的一块肉"⑤,而且她们希望走进社会并且在她们自己的空间和自己的时间里进行交易。伊利格瑞将这种关系描述为一次"多情交易","承认另一种能量,这种能量既不是这个人的也不是另一个人的,而是彼此共同产生的能量,是不可化约的性别差异的结果。"⑥在这种他异性的伦理中,两性之间的关系并非由竞争或一方战胜另一方所决定,而是由一方主体尊重另一方主体不可化约的差异所决定的。就是在这种关系中,老虎的新娘懂得了,"他的胃口并非意味着我的灭亡"。

某种程度的食人风气,某种程度的兼并吸收他者,当然的确都在发生。我们自身的存在和自我定义都是取决于他者的存在。诸如生气、嫉妒而且尤其是爱意不断地提醒我们,自我与他者之间的界限是不断变化的。对于德里达而言,侵犯他人不可避免:"一个人不顾一切地吃掉他人,也让他人来吃自己……在这里,道义问题因而就不是,也从不是……人该不该吃……但是既然不管怎样,人都必

---

① *The Sadeian Woman*, supra, at 79.
② *Ibid*., at 146.
③ Emmanuel Levinas, *Existence and Existents* (Dordrect: Kluwer Academic Publisher, 1988); for an excellent analysis of this point see Susan Sandford, 'Writing as a Man: Levinas and the Phenomenology of Eros' 87 *Radical Philosophy* 6 (1998).
④ Angela Carter, *Heros and Villains* (Harmondsworth: Penguin, 1981), at 137.
⑤ Angela Carter, *The Passion of New Eve* (London: Virago, 1992), at 31.
⑥ Luce Irigaray, 'Questions to Emmanuel levinas', in R. Bernasconi and S. Critchley, (eds.), *Rereading Levinas* (Bloomington Ind.: Indiana University Press, 1991), at 113.

须要吃……那么看在老天爷的份上应该如何优雅地吃呢？"①

伊利格瑞所说的"我喜欢你"而非"我爱你"，试图通过将对方视为主体而非客体来解决这个问题。它接受并受益于我们的相互关系，但是尽量不要让他者臣服于自己。事实表明，拥有他者是不可能的，因为他者总是在避开或者逾越我们将之吞并的企图。因此，成功的关系是建立在平等和承认他者差异性的基础之上，在这样的关系中，没有谁要同化谁而是许可对方成长。② 这就是一种相爱的关系，在这里，每个爱人面对对方满心欢喜，在跨越彼此界限之时两人邂逅不会导致身份的丢失反而激发更多的创造性：

> ［我们］需要达到另一种层次，另一种意识水平，一种不再有征服想法的水平，而是一种试图寻找被动和主动之间精神和谐的水平……它将包含……既能给予又能接受，既能主动又能被动，能够保持互动，也就是说能够追寻一种新的存在的经济，这种新经济既不是征服的经济，也不是奴役的经济，而是不包含任何已经提前构成的物体的相互交易……接下来我们将会处理的是建立一个新的文明时代或者文化纪元，其中，物品的交换，特别是女性的交换，将不再是构成文化秩序体制的基础。③

部分是幻想，部分是乌托邦，这种想象或者想象力是开始设想另外一种社会组织形式，即一种新的符号秩序所不可或缺的。

第八节 女性作家：共谋还是满足？

美学革命对于政治问题和政治目的的重要性在哪里？此外，这次革命是否利用了现存制度的语言和类型？这样的一种战略是否可以避免隐含在那种语言和那些类型中的价值观？对于男性语言和男性话语的模仿是否可以避免被男性价值观和男性规范吸收同化？此外，幻想是不是一个适当的政治工具？它是否

---

① Jacqutes Derrida, *Points... Interviews, 1974-1994* (Paris: 1992; Standford: Stanford University Press, 1995), at 282. On this point I am indebted to Patricia Deutscher's 'Irigaray anxiety: Luce Irigaray and her ethics for improper selves', 80, *Radical Philosophy*, 6 (1996).

② See also Kaja Silverman, *Male Subjectivity at the Margins* (New York: Routledge, 1992)对于拆解对方的特发性(*idiopathic*)认同和把对方尊为他者的逆症疗法式(*heteropathic*)认同作出了相似的区分。

③ Luce Irigaray, *i love to you: Sketch of a Possible Felicity in History*, trans. Alison Martin (London: Routledge, 1996), at 45.

会让作者和读者沉浸于仙境之中从而忘却了他们所处的物质环境？在这个仙境中,所有的差异和斗争都解除了因而从此可以永远快乐地生活下去。换句话说,卡特是不是在创造一个她自己的给人慰藉的新神话？

通过选择借助童话故事这个体裁,卡特知道她正在以身试险:"毕竟新的观点很少能够从旧的形式中得到充分的表达。"①相反,她希望"用旧瓶装新酒,这样新酒的压力或许可以使得酒瓶爆炸"。②幻想作为一个颠覆性的变革手段也并不是解决女性政治问题的灵丹妙药:利用幻想的力量来讲述新的故事,卡特在面对物质条件以及有关性和社会正义、堕胎法律、接受更多教育的机会、平等权利和黑人女性地位等当代问题时依然能够"脚踏实地"。③"我他妈的是个社会主义者,你怎么可以期待我对童话感兴趣？"④与此同时,幻想也使我们能够找到空间来表达另外不同的故事或者被镇压的故事,从而质询、曲解同时也改变现有的故事和观念。从这个层面上来说,幻想和一般文学对于主流文化而言并非无足轻重,而是对于克里斯蒂娃所说的"符号对象征的反抗"作出了举足轻重的贡献。⑤

当然这类表达仅仅是在现存语言和现存话语中产生。卡特意识到这个局限性之后采取了一个策略,即用父权制度自身的技巧、知识和话语来挑战父权制度。这个策略跟伊利格瑞⑥的手段十分相似,它借用男性话语,刻意模仿和夸大男性话语,以便表达出一些新东西。就好像一个歇斯底里症患者,伊利格瑞认为,

> 有人必须刻意去承担女性角色。这就意味着早已把一个附属的形式转变为一种肯定的形式,并因此开始去挫败它……戏耍模仿就是……尝试用话语恢复她被剥削的地位,而又不至于让她简单地归结到这一点。这就意味着将她自身重新提交给……有关她本身的观念之中,那些用男性逻辑精美包装的观念之中,但是用一个好玩的重复效果把那些本应该保持不可见

---

① Angela Carter, 'The Languagev of Sisterhood' in L. Michaels and C. Ricks, (eds.), *The State of Language* (Berkley and Los Angeles: University of California Press, 1980), at 288.
② Angela Carter, 'Notes From the Front Line', *supra*, at 69.
③ Marina Warner, *The Independent*, 17 February 1992, at 25.
④ M. Harron, *The Guardian*, 25 September 1984, at 10.
⑤ Julia Kristeva, *Revolution in Poetic Language* (New York: Cornell University Press, 1984) [1974], trans. Margaret Waller.
⑥ 'the option left to me was to have a fling with the philosophers': *This Sex Which is Not One*, *supra*, at 150.

的东西变得"可看见":用语言来掩盖一个可能的女性行动。①

伊利格瑞和男性哲学家的交战就是互文性的精彩例证,伊利格瑞调戏男性的哲学家、作家和色情文学家,引诱且仿效他们,同时说一些跟他们所说的截然相反或者截然不同的东西。

问题在于,如何区分那些有技巧地模仿男性中心话语的人和那些真正言说且深信不疑男性中心话语的人?如何能够从舞会中找出舞者,从被引诱的人群中分辨出引诱者?② 答案,从某些方面来看,就是此类模仿并非盲目的鹦鹉学舌而是戏谑反讽,从模仿主流话语到创造和歌颂自己的语言和自己的话语。因为这种语言和这类体系不是完全统一的或者单一的,而是一个不断发展的过程。虽然卡特评论家们担心不可能逃避童话故事性别偏见的意识形态,但是童话故事及其得以表达的语言都不是单义的而是多义的。结果就是,语言符号尽管在任何一个时期都是由一定人群所掌控,可是通过努力奋斗也有可能成为相关利益群体包括妇女群体所挪用的对象。

安吉拉·卡特充满想象力地重述传统童话故事,分享了戏仿者可获得的自由,一边模仿,一边批评。一方面,她保留了传统童话故事的许多惯例,另一方面,她还创造性替换进一些新的意象、人物和情节,而且在重复和借用一些陈旧的惯例和意识形态的同时也颠覆了它们。安吉拉·卡特没有彻底破坏那些原有的故事,而是从中大方地窃取了一些符号来实现她自己根本不同的目的。这种策略性的窃取或许是唯一的选择:

> 如今,不存在资本主义意识形态之外的语言空间,我们的语言来源于此,回归于此,而且依旧封锁在此。唯一可能的答案就是既不对抗也不破坏而只是窃取:将旧有的文化文本、科学文本和文学文本打成碎片,然后用我们伪装偷窃商品的方式来伪装和宣称这些碎片化的文本。③

这种拙劣的模仿在琳达·哈钦看来不是怀旧而是讽刺和批判,它让主流价

---

① 'the option left to me was to have a fling with the philosophers': *This Sex Which is Not One*, *supra*, at 76.
② Patricia Palmer, 'Gender as Performance', *supra*, 质询性别表征是否是"对社会当前沉溺于按固定的传统风格处理身体和情色行为的背叛",第 27 页。在同一章,克里斯蒂娜·布里哲拉媞丝(Christina Britzolakis)通过"安吉拉·卡特的盲目崇拜"(Angela Carter's Fetishism)试图了解戏剧风格和伪装的观念所承诺的解放是否比真实的更明显。
③ Ihab Hassan, *The Right Promethean Fire: Imagination, Science and Cultural Change* (Chicago and London: Chicago University Press, 1980), at 17.

值观和意识形态成问题,暴露了所有表征的政治本性。①

读者还可以从现有符号中自由地构建自己的意义解读,在诸如《血室》这类互文性文本中读者的参与不可或缺。读者对先前文本和表征的记忆对于文本和表征政治之间的联姻起到了内在的本质作用。这种参与仅限于那些熟悉早期文本的读者们,因而已经引起了精英主义的批判,然而,童话故事的高度流通意味着大多数读者都可以尽情地比较这两个文本并且从中获悉了这两个文本的不同之处。虽然有些读者发现了卡特的重述故事与父权意识形态串通一气,但是寻找不同故事和不同意识形态的自由和责任在于读者对文本的参与度,而不是作者的写作习惯。②

对于作者和读者而言,结局就是面对那些不赞成父权模式却又恢复了被遗忘的发言权的女主人公们。尽管她们必需重复最初的暴力和最初的创伤,然而她们这样做的意图却是不同的。③ 在此,反讽和幽默作为颠覆早先文本和文化正统观念的手段,其力量再怎么高估也不过分。虽然幽默具有"吹破法律,破坏'真相'"的作用④,但是它本身不在法律话语之内,众所周知法律话语这种制度无法嘲笑它自己。这种解构揭示了性别歧视的价值观是隐含在童话故事中的,同时也重新定义了童话故事的意识形态地位。正如玛丽娜·华纳(Marina Warner)所指出的,"卡特从厌女症嘴巴里抢夺出对女人来说'有用的故事'"。"在那里她发现萨德"是一个解放男女现状的导师,并且使他点亮了女性多态欲望的遥远边际。结果就是把美女、小红帽、蓝胡子的最后一任妻子从柔和的托儿所中托举出来然后丢进了女性欲望的迷宫之中。⑤

当然,法律状况、社会背景以及经济条件的改变对于达到实现女性的自治很有必要。然而,假如语言和表征规范事先没有改变,那么这种改变则需要陪伴,因为女性在文化平台上的负面表征会导致女性在政治和社会的平台上遭到诋毁。卡特表征女人和女性气质的语言并没有受到男性中心主义文化的指定,而

---

① *Supra*.

② 梅里亚·马基嫩(Merja Makinen):"叙述体裁的确会铭刻出意识形态(虽然这并不能固定文本解读的模式),但之后采取这个体裁且加以改编的重新改写并不一定会对这些相同的意识形态假设进行编码。" *supra*.

③ See Judith Butler, *Excitable Speech: A Politics of the Performative* (London, 1997), especially 37-8.

④ Hélène Cixous, 'The laugh of the Medusa', in Elaine Marks and Isabelle de Courtivron (eds.), *New French Feminisns: an Anthology* (Brighton: Harverster Press, 1981), at 258.

⑤ Marina Warner, *The Second Virago Book of Fairy Tales*, ed. Angela Carter (London: Virago, 1992), at x.

是建构出另外不同的模式，该模式尊重女性的差异性。萨德侯爵的无辜受害者贾丝廷模式以及咄咄逼人的朱丽叶模式都是毫无益处。相反，女性必须要找到自己的话语权和自己的性特征，以便开始写作/创造她自己。《血室》中的女主人公们把她们自己从男性欲望和男性法律的对象中解救了出来，并且发现了她们自己的欲望，把她们自己的结局写进了古老的故事里。她们遵循伊利格瑞的模仿策略，担当起制定法律的角色，重新塑造了她们自己，不受男性脚本的影响。这些新的自我是依据早先闻名于世的文本塑造出来的，这就使得读者能够欣赏其中充满反讽、智慧和幽默的对比。

幻想，我们以此来拓展吉莉恩·比尔(Gillian Beer)的术语，可以根据女性欲望的意象来重新创造世界。① 设想新的虚构秩序能够让我们为了已经成为法律之外的那些符号秩序设想出新的法律吗？

---

① Gillian Beer, *The Romance* (London: Methuen), 1970, at 79.

第八章

逃过火灾的档案热：《一桩事先张扬的凶杀案》中的法律记忆以及其他文本记忆[1]

---

[1] Gabriel Garcia Márquez, *Chronicle of a Death Foretold*, trans. Gregory Rabassa (London: Picador, 1982), 文本中所有页码引用都是出自该版本。

> 过去是一个概念,一种假设,一首诗歌……
> 它不是一份文档,反倒更像是一个烙印或者一处伤疤。
>
> ——卢克·桑特(Luc Sante)
> 《事实的工厂》(*The Factory of Facts*)

第一节　故事与历史

"Chronicle"(编年史),在《牛津英语字典》(the *Oxford English Dictionary*)中的解释是:按照发生时间顺序编写的一系列事件;详细完整的叙述;"*Chronicles*",是《旧约》或者希伯来典籍中的两本历史书的名字;依照发生时间顺序来记录(事件)。在读者(男性**和**女性?)开始翻阅加夫列尔·加西亚·马尔克斯(Gabriel García Márquez)的《一桩事先张扬的凶杀案》(*Chronicle of a Death Foretold*)的时候,这一术语及其解释很快就会被抛到脑后。仅仅这个标题就已经足够吸引读者眼球了,它预示了小说的高潮:预知的死亡无法逃脱,而且只有死亡才能带来解脱。

然而,通过反复阅读,标题的讽刺意味渐渐显露出来,也令人心生不安。在122页的叙述中,标题预示给读者的那个不可避免的无情命运非但没有满足反而是打消了人们在阅读中产生的欲望。预示高潮的情节不仅不断重复以便一再推迟高潮的出现,而且还从根本上残忍地否决了高潮。在某种程度上,小说最后一页血腥描写的死亡是"事先张扬出去了":圣地亚哥·纳萨尔(Santiago Nasar)"弹了弹粘在他肠子上的灰尘"(122),然后一头栽倒在厨房里,就在这里,就在两小时前,他惊恐地目睹了一只兔子被破肚挖肠,热气腾腾的肠子扔给了狗吃(8)。那些插页文字据称是"按时间顺序记录了"圣地亚哥从清晨五点半起床到早上七点零五分他"像头猪一样被宰割后劈成块"(2),这些记叙没有作出让人宽心的解释,也没有按目录分类,更没有详细叙述那些穿插进来的事情,只是成功地揭开其他事实和其他空间,激发起而不是实现了读者的多层梦想和欲望。这些欲望直到小说结尾也没有得到满足,而且在文本中仅仅是得以暗示,叙述者/作者也只是窥见一斑却并没有捕捉到,他的众多读者看到的甚至更少。

"三十年后",马尔克斯说,"我发现我们小说家经常忘记,最好的文学形式就是事实"。① 他还让我们相信,"我感兴趣的,以及我认为应该也会让评论家们感兴趣的,就是事实与文学作品之间的比较"。② 然而,这些主张就像小说中人物巴亚多(Bayardo)的说话方式一样,"更多的是在掩盖而不是揭露事实"(25),而且制造了更多的冲突,却没有给出安抚的解决方案。跟小说文本一样,这些主张没有揭示出作者捉摸不定的写作意图,也没有传达出文本的"意义",而它们只是成功地让人们注意到,事实与虚构、文学创作与新闻工作、文学与历史、文学与法律、传记与预测之间的界限总是模糊不清。

众所周知,这个故事源自1951年1月22日发生在哥伦比亚苏克雷市的真实事件。文中也出现了"真实"的人物,比如叙述者的母亲路易莎·圣地亚哥(Luisa Santiago)和他未来的妻子梅赛德斯(Mercedes)。叙述者也声称不会用小说的方式来解释这些类似的事件,实际上是为自己找借口,因为他把此类事件送上了文学书架,甚至是言情小说这样没有多大文学价值的垃圾文学的书架(11),他还声称"我不愿承认生活竟会像如此拙劣的文学作品这样来结束"(89)。在那位调查法官看来,"生活应该利用文学所禁用的如此多的巧合,这似乎从来就不合理,于是死亡应该不受约束地得以实现,死亡也是如此清晰地被事先张扬出去了"(100)。这些旁白像是在故意戏弄读者,把他们弄糊涂了,一方面声称本文不同于小说,同时又需要作品中的虚构内容来博取读者的注意力。叙述者因此暴露了而且确实也承认了他声称所依靠的这些区别是虚假的。

《一桩事先张扬的凶杀案》有意模糊了文学、法律报告、新闻以及历史等体裁之间的界限,不仅违背了"体裁不要混杂"这个法则,"我不会混杂体裁。我再说一次:体裁不要混杂。我不会把它们混杂在一起。"③该小说还阐述了德里达的观点,即那种妄图制度化并保持体裁纯洁性的法则总是行不通的,因为体裁难免会越过它们的界限,难免会受其他体裁的染指。

---

① Quoted by Gonzalo Díaz-Migoyo, 'Truth Disguised: *Chronicle of a Death* (Ambiguously) *Foretold*' in Julio Ortega (ed.), *Gabriel Garcia Marquez and the Powers of Fiction* (Austin, Tex.: University of Texas Press, 1988), at 77.

② *Ibid.*, at 75.

③ Jacques Derrida, 'The Law of Genre' in *Acts of Literature*, ed. Derek Attridge (New York and London: Routledge, 1992), at 223.

那么从何种意义上看文学作品才是马尔克斯所说的在讲述"真相"呢？在《一桩事先张扬的凶杀案》里，叙述者据说一直在寻找的"真相"不仅没有被找到而且还捉摸不定，就像他"愚弄"我们让我们认为他一直在试图描述"现实"一样。我认为，"真相"不是来自那种"就在那里"等着法律报告或者文学文本来捕捉的现实，而是一种不同的真相，也许比那些相互竞争的体裁或话语所表达的真相更加高级，无论这些体裁或者话语是宗教的、历史的、法律的还是文学的。真相是一种暗示，是文学以及作为文学的女人所统治的领域的暗示，是神灵和女神所言真相的暗示，是法律、宗教或历史所表达的真相的暗示，是写作以及通过写作创造她自己、她的故事和她的法律的女性的暗示。

第二节　法律与历史的文本

纵观整部小说，读者从来就不能确定，哪部分叙述可归为文学，哪部分可归为历史，哪部分可归为法律纪事或是叙述者所记录的法律纪事。关于如何界定事实与小说、历史与传说、艺术与现实的研究一直在进行，这一话题也因此广受争论。要声明、规定或判断哪种才是更真实的描述几乎不可能。在这部作品中，文学、法律和历史相互交融，它创造了自身的一套法律和历史，也就相当于重新书写了这一事件经过和文中所论小镇的历史。所以，自《一桩事先张扬的凶杀案》于1981年出版以来，渴望调查报道这一"真实"事件的记者纷纷来到苏克雷市，也就不足为奇了，这进一步促使了事实、法律、历史和文学相互关联相互渗透，这使小说本身得到了更进一步的发展。

这种发展在马尔克斯《百年孤独》(One Hundred Years of Solitude)所描绘的著名的香蕉大罢工等相关事件中也有所体现。马尔克斯承认，"没有人研究过香蕉大罢工所真正发生的系列事件，而如今人们在报纸上甚至在国会里谈论这件事时，他们说当时约有3000人死亡！我在想，随着时间的推移，3000人被杀会不会真的成为一个事实。"[①]再次以《一桩事先张扬的凶杀案》为例，不难相信人们将来回忆"真实"事件时即便不被它们的虚构重述所代替，也会被这些虚构改写的内容所歪曲。"真实"事件脱离它们的文学新编是无法设想的，更不要说去复述它们了。特别是因为马尔克斯再次向我们保证，"我自命不凡地认为，我

---

① *Playboy*, interview with Claudia Dreyfus, February 1983, Vol. 30 (2), 65, at 76.

书中所写的'戏剧'才是更好的,我控制得更严格,也更加有条理"。①

但对于一些历史学家而言,这种发展是非常令人憎恶的②:跟19世纪法律理论诉诸实证主义来解释法律规范的约束力一样,历史学家也肯定了从科学的角度认识过去的可能性。想要实现历史的"科学化"无异于实现法律的科学化,都跟这些学派本身所谴责的形而上学家们的观点不谋而合:通过将法律和历史从其他无关元素中区分开来,目的就是把法律和历史建立在一个牢固的基础上,确保它的纯粹性、完整性以及根本的终极意义。历史学家跟律师一样通过调查和想象就可以发现历史的起源和真相,就像侦探或考古学家一样。历史学家称作的起源、真相和意义并不是"制造"出来的,而是被"发现"出来的,而且一旦被发现出来,人们可以像相信真神上帝那样相信它。借用一位历史学家的话,"一切事情都必须在历史的总框架里加以捕获或重新归位。所以,尽管困难重重,甚至还有一些根本性的悖论和矛盾,我们仍应尊重历史的统一性,因为这也是代表了生活的统一性"。③

一些思辨式法律学者的作品警示我们,实证主义一味蛮干可能会导致谬论,固执地认为法律是脱离政治、道德和文学的事实可能会造成无法挽回的损失。同样地,诚如海登·怀特所言,对事实的盲目崇拜已经导致历史"对它起源于文学想象这个事实视而不见"。④ 诸如怀特和多米尼克·拉卡普拉(Dominic LaCapra)等历史学家的作品已经提醒我们的,历史跟法律一样也是一种文本,是由文本建构起来的。分析传统总是企图把隐喻从人类话语中剔除出去,可是却忽视了文体是文本内容本身内在固有的,学术经验主义不过是众多文体中的一种,可以让人们择其一而选之,却不可高冷地强迫人们作选择。虽然历史学家渴望找

---

① 'An Interview with Gabriel García Márquez, *Cencrastus*, 7, quoted in Bernard McGuirk, 'Freeplay of fore-play: the fiction of non-consummation: speculations on *Chronicle of a Death Foretold*' in Bernard McGuirk and Cardwell (eds.), *Gabriel Garcia Marquez: New Readings* (Cambridge: Cambridge University Press, 1987), at 171.

② Eduardo Posada-Carbo, 'Fiction as History: the bananeras and Grabriel Garcia Marquez's *One Hundred Years of Solitude*', *Journal of Latin American Studies*, Vol. 30, 1998, 395-414. 认为,《百年孤独》包含了现在关于香蕉区在20世纪20年代的发展的"官方版本",自从这本书出版后,哥伦比亚似乎没有认识到香蕉罢工不是真地出现在他们生活的哥伦比亚,以为它只出现在小说家所描写的历史中。

③ Fernand Braudel, *On History* (Chicago, Illinois: University of Chicago Press, 1980), trans. Sarah Matthews, at 16; quoted by Linda Hutcheon, *The Politics of Postmodernism* (London and New York: Routledge, 1989), at 63.

④ Hayden White, Tropics of Discourse: Essays in Cultural Criticism (Baltimore: Johns Hopkins University Press, 1978), at 99.

到一个解释之外的现实或难以解释的现实,但是历史不会"就在那"等着我们挪用。即便它真的会被发现,也应该通过它在其他已经被文本化了的出处中所留下的痕迹来发现。档案、证人证言、法律报告和政治文件都是不透明的表征形式,可是它们总是并且已经取决于其他符号和代码。①

历史学家试图给这些不同来源的事实赋予一定的意义,但是如果不对它们进行选择、分层、增补、压制和降级,结果就不可能产生。这个过程只能是文学的,历史学家的工具和文学批评家以及作家的工具是一模一样的:正如海登·怀特所言,历史学家"给他的数据赋予了意义、让陌生事物变得熟悉、使神秘的过去可被理解",在这些过程中,所借助的工具都是"**比喻性**语言的技能……历史……通过诗人或小说家试图理解它时所使用的方法被弄清楚了,也就是说,通过给那些最初看起来成问题或不可思议的东西赋予了一种可识别的……形式。不论这个世界被看作真实的还是仅为虚构的,这都无关紧要,认识它的方式是一致的"。②

经验主义者尝试使过去变得条理化,但招致的损失是巨大的:试图区分历史与小说,抑制文字、修辞和思辨,这就导致排除了其他多种可以兼顾法律与历史的方法。在法律学术圈内,像彼得·古德里奇这样理论家的作品已经警示我们注意那些已经被遗忘、被忽视或者在法律走向"一体"的过程中被压制的"次要法律体系"③。同样的,"自 19 世纪后半叶以来",海登·怀特谴责道,"历史日益成为所有那些'神智正常'的人的避难所,他们擅长在复杂中找寻简单,在陌生中找寻熟悉"。④ 对于怀特而言,历史作为一种文本的身份意味着,过去不能被捕获,只能被解释。这并不是说历史毫无意义,也不是否认过去的存在。相反,它为理解过去以及与过去共存提供了一些新的机会。对于那些对单一的、明确的和永恒的真理持怀疑态度的人而言,这就是一分收获:因为它的作用不是要否定过去的和当下的法律与历史,而是要拓展它们。

---

① Dominic LaCapra, History and Criticism (Ithaca, New York: Cornell University Press, 1985), at 128:"过去体现在文本和经过文本化的遗迹中——回忆录、报告、发表的著作、档案、历史文物等。"

② Hayden White, Tropics of Discourse, *supra*, at 94-98.

③ See especially Peter Goodrich, *Law in the Courts of Love: Literature and other minor jurisprudences* (London and New York: Routledge, 1996).

④ Hayden White, Tropics of Discourse, *supra*, at 50.

第三节 挪用历史

　　有些历史学家欢迎这些观点,这跟法律机构接受思辨式的法律学术研究的态度是一样的,其中的原因是相同的,也是可以理解的。正如法律故事构成了我们作为法律主体的身份,我们所讲述的过去的事情不仅构成了我们过去的身份,也构成了我们现在的身份,无论这些身份是我们个人的还是集体的。我们记住或者试图记住这些事情,是为了理解我们自身作为人生于世以及与人共处的主体身份。我们讲述这些故事所采用的文本和意象并不是中立地展现它们自己,而是通过一种一直以来早已政治化的代码来展现。揭露这些表征的政治本质,也是为了能够任由不同群体来解释它们、挪用它们。

　　表征的政治本质,正如我们在上一章所探究和利用的,女性为了女性而重新讲述古老的故事,这也是后殖民作家的起始点。那些从过去流传下来的故事,那些被表征为终极的确定的故事,往往都掩盖了被殖民者或者失败者的声音,剥夺他们表达的机会,也由此让他们为他们自己创造了他们的身份。正如马尔克斯在诺贝尔奖获奖演说中所说的,"用他人而不是我们自身的模式来解释我们的现实,只会使得我们越来越不为人知,越来越不自由,越来越孤独"。[①]越来越多的后殖民作家开始通过想象重现过去,重新书写并质疑那些古老的故事,从而不仅创造出新的故事,而且给个人、社区和国家创造出新的历史和新的身份。沙尔曼·拉什迪(Salman Rushdie)称之为"历史的混合辣酱"[②],既没有否认过去的概念,也没有否认身份的概念;相反,它肯定地认为,历史以及它创造的身份是一个永无止境的过程,并且这个过程与政治过程不可分割。

　　如同我们在安吉拉·卡特《血室》里发现的一样,我们在《一桩事先张扬的凶杀案》中同样发现了对独创性和独特性的现代主义概念的否定。该文本是自我有意识地根据其他文本内容收集汇编得来,这些内容紧密相连,互相重叠相互影响,这也阻碍了找寻终极意义或封闭意义的任何尝试。一些知名的现有文本被挪用,并被赋予了新意,这些西方神圣的文本成了"合谋批判"的主要

---

① 'The Solitude of Latin America' in Julio Ortega (ed.), *Gabriel Garcia Marquez and the Powers of Fiction*, supra, at 89.

② Salman Rushdie, *Midnight's Children* (London: Picador, 1988), at 459.

对象。①过去对这些文本的解读是为了给历史感赋予线性发展的意义以及揭示出普遍的真理,而如今这些文本再次用来揭开其他真相、不同意见以及遭受压抑的矛盾。"真相"被一代代流传下来,它们被授予一张空头支票,作为被质疑也是经常被嘲笑的报酬。

第一个和最主要地被重新提出和重新定位的西方主要故事原型是《圣经》。我们知道,圣经文本的庄严性从这部小说的一开始就被破坏了,叙述者讲述了圣地亚哥父亲的枪如何不小心走火了。他写道,子弹"击坏了房间里的橱柜,穿透了客厅的墙壁,像战争中乱飞的炮弹一样从隔壁邻居家的餐厅呼啸穿出,最后把位于广场另一端的教堂大祭坛上和真人一般大小的石膏圣像打得粉碎"(4)。这里用词的幽默、无礼、粗俗和夸张极大地贬低了教会对待其标志性建筑的严肃性,教会及其要员的价值和意义也同样遭到质疑和破坏。叙事者意在说明,教会官员没有积极采取措施防止悲剧的发生,因而间接地对此事负有责任。如果不是为了主教的来访,圣地亚哥将一直穿着他的全套狩猎装备,也就是说,当他转身面对他的攻击者时,他会是全副武装的。与此同时,市民因为一心关注主教的此次来访,却忘记了或者耽误了警告圣地亚哥和他的母亲以及他的朋友,巴布洛·维卡略(Pablo Vicario)和彼得罗·维卡略(Pedro Vicaro)(他俩的名字真是讽刺意味十足)在搞阴谋诡计。而神父阿马多尔(Father Amador)尽管已经收到了这一悲剧的告急信,却只是像彼拉多(Pilate)一样试图洗净他的罪恶之手,安慰自己,"那不是我的事,而是民政当局的事"(70)。他告诉叙事者,他正准备去告诉圣地亚哥的母亲,但是由于主教的来访分散了他的注意力,所以他把这件事忘得一干二净了。然而,尽管市民热切期盼主教的来访,主教本人甚至没有下船给予他应给的祝福,因为他"讨厌这个城镇"(6),可是主教却对收集当地人的供品"鸡冠汤"似乎更感兴趣,人们都知道他好这一口。

彼拉多在耶稣受难十字架面前的行为这个类比只是圣地亚哥作为耶稣形象的众多象征标志之一。圣地亚哥·纳萨尔(Santiago Nasar)的名字及其命运唤起了人们对于拿撒勒人耶稣遇难的回忆:根据报道,他右手的刺伤"就像被钉在十字架上的耶稣的伤痕。"(76)更具煽动性的是,教会教义的真相本身重新被揭开。圣地亚哥的牺牲没有为社区带来谅解或救赎,反而由于他们无法领会这一

---

① 这是琳达·哈钦的用语与方式:*The Politics of Postmodernism*, supra, at 11:"我的后现代主义是自相矛盾的,包含共谋和批判、自反性和历史性,这一度改写和颠覆了20世纪西方世界的主流文化和社会力量的习俗和意识形态。"

悲剧的意义,甚至招致了更多的苦难:彼得罗·维卡略"害怕地断定余生恐难以入睡了,'我已经十一个月都没有合上眼了',他告诉我,我对他十分了解,知道他的话是真的",而巴布洛·维卡略却打开了"可以引起瘟疫的轻症霍乱"这个潘多拉魔盒(80)。

在进一步模仿西方经典文本的过程中,另一个违背体裁规则的是,将圣经寓意与希腊神话主题以及古典悲剧主题改写在一起。① 正如这部小说的书名所"宣扬"的,这个犯罪本性上已经预先宣告了,让人们不禁想起俄狄浦斯王那注定的命运,圣地亚哥比俄狄浦斯也好不到哪里去,同样无法逃脱自己的命运。那天早晨看到圣地亚哥的人们把他形容为"幽灵"和"天使",他们碰都不敢碰。被圣地亚哥碰到的人感觉他的手"冰冷得像块石头,仿佛真的是一只死人的手"(12)。另外一个让人想起希腊史诗的是小说中的安吉拉这个人物,她就像特洛伊城的海伦一样,是冲突的导火线,并最终造成了悲剧,之后她又像佩内洛普②宅在家里一心刺绣与世隔绝痴心等待弃她而去的丈夫回家。然而,文本中改编这些主题所用的幽默和夸张并没有强化反而是动摇了那些经典文本意在铭写的根本思想。正如我们随后所见,安吉拉跟佩内洛普不同,她不仅仅只是在傻傻等待巴亚多,她还认为没有必要对陌生人或追求者隐瞒她的过去和现在。

跟俄狄浦斯一样,可以说圣地亚哥犯了傲慢的错误("他以为自己有钱就没人敢惹他"(102))。他对于计算安吉拉和巴亚多婚礼费用的热情更是进一步表现出他的狂妄自大。但是在希腊悲剧中,像俄狄浦斯这样的人的命运是由神的智慧和预知所支配,不可阻挡无法改变,而圣地亚哥的死亡却给我们留下诸多不确定性。尽管整个小镇都知道他的攻击者的计划,意外和巧合还是导致了他被公开宰杀,这一点动摇了而不是肯定了我们的信仰,即宇宙是由一个神圣的秩序来维持的。跟俄狄浦斯不一样的是,圣地亚哥死亡之前对这场凶杀一无所知,事先没有什么发现(anagnorisis),事实上,他死得不明不白,因为他不知道攻击者的动机到底是什么:"我想不通这他妈的究竟是怎么回事",这是我们听到他说出的临终之言(116)。

---

① See John Carson Pettey 'Nietzsche's *Birth of Tragedy* and Euripides' *Bacchae* as Sources for the Apollonian and Dionysian Aspects of Gabriel Marquez's *Chronicle of a Death Foretold*: A Speculative Reading' *Hispanofila*, 1997, Vol. 121, 21-34. Also Arnold Penuel 'Echoes of the *Iliad* in *Chronicle of a Death Foretold*' in his *Intertextuality in García Márquez* (York, SC: Spanish Literature Publications Co., 1994).

② 佩内洛普是奥德赛的妻子。——译者注

圣地亚哥的死没有使镇上那些袖手旁观的人们得到情感上的宣泄。相反，多年后那个小镇依然像是"一个无法愈合的伤口"(99)，他们无法忘记这桩凶杀案，也无法继续正常生活下去。书中告诉我们霍滕西亚·鲍特(Hortensia Baute)感到极度悔恨，有一天竟支持不住，赤着身子跑到了大街上。圣地亚哥·纳萨尔的未婚妻同一个边防部队的中尉私奔了，这个中尉带着她在橡胶园工人那里卖淫。那位接生婆得了膀胱痉挛症。克洛蒂尔·阿门塔(Clothilde Armenta)的丈夫因受到惊吓而丧生(98)。小镇居民长期以来一直感到愧疚，这已成为悲剧的一个标记，可是与索福克勒斯的《俄狄浦斯王》不同，信仰一个支配并监管人类命运的全能的神并不能使人们的这种内疚得到安慰和救赎。

第四节 挫败侦探

"死尸"，齐泽克写道，"是最能激发人们好奇心的东西，是激起侦探(和读者)解释欲望的东西：这是怎么发生的？是谁干的？"① 希腊文化中跨体裁的开篇之作，现在被我们称作悲剧和侦探故事的是《俄狄浦斯王》，该文本中的侦探原来正是那个罪犯。根据茨维坦·托多罗夫的分析，经典的侦探故事通常由两个故事组成：一个是犯罪的故事，充满了动作场景，往往是血腥的，接着就是调查的故事，包含调查过程、获得启示和讯息。② 这些故事通常这样发展：违法犯罪行为暂时破坏了社会稳定和社会秩序，社会也无法防止违法乱纪的行为，然而一旦罪犯被抓到并且他/她的犯罪动机也能得到解释，那么社会便再次回归到稳定有序的状态。③

不仅是侦探小说而且法律制度也都同样假定，罪犯和侦探留下的所有迹象都是可以被破译，也都是可以解释出一个真相。当法律面对一个挑战其至高无上权威的行动的时候，法律不会容忍不确定性、分歧或矛盾的东西。由于谋杀是

---

① Slavoj Žižek, *Looking Awry: An Introduction to Jacques Lacan Through Popular Culture* (London, UK & Cambridge, USA: October, MIT Press, 1991), at 143.

② 'The Typology of Detective Fiction' in Tzvetan Todorov, *The Poetics of Prose*, trans. Richard Howard (Oxford: Basil Blackwell, 1977) [1971].

③ See Stephen Knight, *Form and Ideology in Crime Fiction* (London: Macmillan, 1980); 斯蒂芬·奈特认为，随着社会现实在小说中得以描述，受到威胁的价值观典型的是中产阶级的，然而孤独的私人侦探的成功再一次肯定了资产阶级的价值观，特别是强调了个人主义原则在维持和保留这些价值观中的重要性。

"下流行为",是"错位的东西"①,所以法律和侦探英雄们力图收拾残局清理异常,给这些不合常理的迹象赋予一个一致的、单一的意义。跟侦探小说一样,法律认为这个意义可以通过叙述来实现。法律相信语言可以担当这个重任,通过语言这个工具那些多重迹象可以凝练出唯一的真相,同时实现公正并完成叙事。② 推理和语言有能力解读和解开谜团传递出可靠讯息,只要有足够多的努力和毅力,秩序和意义必将战胜混乱和愚昧。在此类体裁的最佳例子里,读者认为她/他也参与了解谜过程,而且她/他的功劳应该和作家相当,并从中获得乐趣。反之,一桩悬而未决的犯罪没有被社会认可的符号体系所同化,因而挑战了该体系的一致性和有效性。

马尔克斯没有忘记侦探小说最吸引人的地方,实际上他声称"《一桩事先张扬的凶杀案》就像钟表一样小心谨慎地被构建起来"。③ 该小说的文本中充斥着众多侦探小说的标记,比如动机、情节、地点、时间、罪行、受害者、调查和惩罚。然而,注意到这些标记的读者很快会发现到,如果把它作为一个侦探故事来读,那么即便不是错读,至少也是片面的阅读。因为该部小说让人想起侦探小说的这些特点只是为了说明它们无关乎理解和应对这一悲剧。在《一桩事先张扬的凶杀案》中,侦探试图找寻的一切在案发前就已经世人皆知:"有一个人,他的身份一直没有得到确认,他从门缝中塞进一封信,警告圣地亚哥·纳赛尔有人伺机要杀他,此外,这封警告信还明示了杀他的地点、动机以及这个阴谋的其他十分精确的细节"(12)。而且,虽然叙述者着手调查这个阴谋犯罪的唯一真相,可是他的调查并没帮助他了解真相和结案,反而使得真相和意义更加五花八门扑朔迷离。他已经"力图重新拼凑那面支离破碎的记忆镜子"(5),结果却只是发现了新的记忆碎片,这让他的叙述更加碎片化,更加不连贯,最终不但没有揭开谜团,反而使得整个事件变得更加复杂更加神秘。

这是因为侦探/叙述者寻找的秘密不涉及案件的前因后果。他不认为自己具有像夏洛克·福尔摩斯(Sherlock Holmes)或者法庭那样的权威,能够提供真相,能够改写和复述罪犯的故事、受害者的故事以及其他参与到悲剧中来的人的故事。一旦这些故事被讲述出来,叙述者就坚持认为,这些故事更多的是碎片化

---

① David Trotter, 'Theory and Detective Fiction' *Critical Quarterly*, Vol. 33 (2), 66-77, (1991), at 70.

② See further, Peter Hühn, 'The Detective as Reader: Narrativity and Reading Concepts in Detective Fiction', *Modern Fiction Studies*, Vol. 33 (3), (1987), 451-66.

③ *Playboy*, interview, *supra*, at 70.

第八章　逃过火灾的档案热:《一桩事先张扬的凶杀案》中的法律记忆以及其他文本记忆　　223

的内容,并不完整。叙述者想亲自面对读者所分享的秘密就是他自身的秘密,而读者该做的就是要问"为什么"。更重要的是,叙述者想要教导大家应当"承担追问所带来的负担"。① 数年来,叙述者和小镇上的居民像着了魔一样给我们详细地讲述了那些导致圣地亚哥荒谬被杀的事情。"显然,我们决不会因为想弄清楚疑惑才这样去做,而是因为如果我们对我们所生活的地方和自己命定的责任一无所知的话,那么我们每个人都无法继续活下去"(97)。换句话说,这里的任务不是解开或驱散这个谜团,因为这也是不可能做到的,而是要学会如何带着这些疑问去生活。

　　侦探小说,正如丹尼斯·波特(Dennis Porter)所主张的,就是要激发读者了解真相的欲望,同时推迟揭开谜底从而掌控和强化读者的这种欲望。读者一直处在兴奋期待的状态,直到文本最后给出的最终结局才得以释放,也直到最后一页才会感到满足。② 勒让德认为,法律主体也为法律的权力所迷惑、着迷和俘获,就像孩子对自己的父亲一样既畏惧又敬爱。③ 然而,那些不仅推迟而且拒绝作答并且留下一个模棱两可的结局的法律或者侦探小说,起不到治疗的作用,也缓和不了读者和法律主体的焦虑。只有甘心屈服于永远无法获得唯一最终"真相"的人,只有满足于混乱和不安定生活的人,只有不必解开每个谜团解答每个谜语的人,才能从这部小说所提供的结局里得到欢乐,这种欢乐用尼采的警句来概述就是"命运之爱"(amor fati)。

第五节　法律及其他记忆

　　以警察莱昂德罗·珀诺伊(Leandro Pornoy)为代表的执法人员本来有机会防止犯罪的发生却没有把握住机会,他们事后再次出现强行维持秩序,用法律话语和社会可以接受的方式来重新讲述事件,进而要求公正地审判犯罪嫌疑人。尽管事实上"没有人能够理解此类致命的巧合",调查法官也感觉到了这些巧合,却没有奢望承认这一点,法官以及法律对于"给这些巧合作出合理的解释的兴趣在报告中是显而易见的"(10—11)。尽管这些事件本身的意义难以捉摸,可是仍

---

① Graham Swift, *Waterland* (London: Heinemann, 1983), at 93.
② Dennis Porter, *The Pursuit of Crime: Art and Ideology in Detective Fiction* (New Haven & London: Yale University Press, 1981).
③ Peter Goodrich (ed.), *Law and the Unconscious: A Legendre Reader*, trans. Peter Goodrich with Alain Pottage and Anton Schütz (London: Macmillan, 1997).

然不乏有人企图去寻找真相去创造意义,不过却没有找到。然而,叙述者没有让我们忘记这个意义是人为创造出来的而不是被寻找到的,是被强加的而不是被侦查到的,因为这个意义不是这些巧合本身所具有的。因此,任何给它们赋予最终意义的企图都注定要失败。

由于对现状感到不安,叙述者和社区居民希望通过拼凑碎片化的过去来给他们自己的将来构成一个更加安全的身份。强调记忆对于身份创造的重要性是因为遵守了这样一个传统,即人们认识到记忆是自发的、本能的和无意识的行为,它跟历史写作不同,后者是自觉的、故意的和人为的行为。人们认为历史是文本的和抽象的,而记忆是通过具体的意象和感知来运行的,正如霍勒斯·沃波尔(Horace Walpole)所说的,记忆比眼睛看到的还要多。通过叙述者以及其他幸存者的回忆,叙述者试图再现那个缺席的过去。但是记忆并不存在于过去,只是重复或指称过去,正如伯特兰·罗素(Bertrand Russell)主张的,对过去的记忆从来就只是发生在现在,从逻辑上讲过去根本就不必存在。① 因此,记忆不过是为了现在的好处和利益来担当创造和再创造过去、发明和再发明过去。

"多年以来",叙述者说:"我们总是一直在谈论这件事。我们以前日常交往本来受那么多的线性习惯支配,可是突然所有话题都围绕一个普遍的焦虑展开"(97);社区的居民们一直难以自抑地重复这些令人痛苦的事情,希望能从中找到一个意义,果真如此,他们的记忆也会停止对他们的折磨,他们也可以开始新的"生活"。② 想要认识法律科学化和历史科学化的动机,正如伊恩·哈金(Ian Hacking)主张的,与"通过研究记忆把灵魂科学化"的动机是一致的,我们早先探究过的法律科学化和历史科学化在这里也出现了:"当家庭破裂,当父母虐待自己的孩子,当乱伦报道占据了媒体,当人们试图彼此毁灭,我们关注的就会是灵魂的欠缺。但是我们已经知道了如何用知识和科学来代替灵魂。因此,精神战斗打响了,战场不是在灵魂这个明确的地方,而是在记忆的领域,在记忆中我

---

① Bertrand Russell, *The Analysis of Mind* (London: George Allen & Unvin Ltd, 1929), at 159: "过去的感觉似乎只有存在于现在的印象里。从逻辑上来说,记忆中事物未必存在过,即所记起的事物似乎应该发生过,或者过去的东西似乎应该存在过。从逻辑上来看,世界可以一下子跳到五分钟之前,跟当时一模一样,然而人们所'记起的'是一个完全不真实的过去。"

② 凯茜·卡鲁斯(Cathy Caruth)将其描述为"心智绝对无法避免一件不被赋予任何心理意义的不愉快的事件":*Unclaimed Experience: Trauma, Narrative and History* (Baltimore: Johns Hopkins University Press, 1996), at 59。

们认为有这样一个东西就像知识一样应当被拥有。"①

继续这个假定,即回忆过去的口头证言既有价值又可信赖,而且的确比官方记录更可靠,叙述者开始着手采访该事件的幸存见证者。他因此遵循西方哲学和英美法律制度所支持的那些传统或偏见,即说话主体当时在场会使他们的表达更真实、一致和权威,无论他们的表达关乎的是过去的行为还是将来的目的。然而,这个假设从一开始就大打折扣,因为显然幸存者的记忆不仅是碎片化的而且还是自相矛盾的,问题还远远不止这些,目击者还想要掩盖或歪曲他们在这些事件中的作用以便逃避道德或法律的谴责。他们确实非常急切地承认任何该受谴责的行为以及他们自身的疏忽。他们急于讲述和重述导致圣地亚哥被杀的那些事情,这是他们自己的一种疗伤方式,可是却并没有治愈,也没有得到最终的宣泄。问题是,即便是问他们一些无关痛痒的琐事,他们的证言至多也就是模棱两可而且常常自相矛盾。因此,许多人回忆起当天天气的时候说,"那是个阳光明媚的早晨……可是更多的人却认为那天的天气是阴沉沉的,就像死了人似的,天空乌云密布,光线阴郁暗淡,低矮的空气中氤氲着浓浓的湿气,在悲剧发生的那一刻还下起了毛毛细雨,就像圣地亚哥在梦中小树林里曾经见过的那样,细雨纷飞"(2—3),然而"维多利亚·古兹曼(Victoria Guzman)这位厨师却肯定那天没有下雨"(7)。假如见证者连天气状况都想不起来或意见不一,那么他们的记忆似乎受到个人认知太多的干扰,他们自以为悲剧发生当天的天气应该就是自己认为的那样,既然如此,那么他们又能在多大程度上可以启发我们识别其他事情呢?叙述者和读者因而很快就会恍然大悟,说话者在场就一定会传递"真相"吗?

我们来解释一下约翰·斯特罗克(John Sturrock)的话,如果历史"是那些一件接着一件该死的事情,那么历史编纂就是一件该死的事情造成了另外一件该死的事情"。② 可是叙述者能够搜集到的各类"事实"却并没有按照叙事青睐的因果关系将彼此神奇地联系起来。事实上,每一个事实,每一个回忆,不论它们是书面的还是口头的都会有助于我们重新思考其他事实和其他记忆,同时也会迷惑我们强迫我们重新解释重新反思。地方调查法官收集的那些书面证据同样也是零碎的,部分是因为存放这些资料的建筑物的底层被水淹过,所以叙述者只能"从本来500多页的案情摘要中抢救出322页"(99)。这份不完整的案件摘要

---

① *Rewriting the Soul*; *Multiple Personality and the Sciences of Memory* (Princeton, New Jersey: Princeton University Press, 1995), at 5-6.

② John Sturrock, *Paper Tigers*: *The Ideal Fiction of Jorge Luis Borges* (Oxford: Clarendon Press, 1977), at 139.

包括法官用红笔在页边空白处潦草书写的记录,叙述者十分欢喜这些笔记,因为它比搜集到的那些目击证人的证词更有说服力。调查法官,"一个文学发烧友"(99),在提到圣地亚哥遇害之地的那扇门时忍不住引用希腊悲剧的典故称之为"命运之门"。假如累积的大量事实旨在给这些事件作出经验主义解释,那么对理性的阿波罗尼亚(Apppolonia)式的追求冲动将会不断被页边空白处的这些记录给颠覆,这些笔记暗示出不同的真相,而这个不同真相是受到由酒神狄奥尼索斯(Dionysus)而不是太阳神阿波罗(Appolo)的启发,是受到想象而不是推理的启发,是受到文学而不是事实的启发。

因此,叙述者所讲的故事都是对过去的**构建**,而不是对过去的**反映**,不是那些现在无法挽回的已经丢失的事件本身口述建构的,而是叙述者对于那些事件作出他自己的解读和重述建构的。然而,此类重述尽管享有特权,叙述者还是认为应当跟口头证词一致,所以重述只能在**文本**里进行。叙述者更看重口头表达而不是书面表达,这是遵循西方悠久的传统,即他们认为口头表达的才是真实可靠的,然而这一偏爱本身也只有在**书面表达**中才能沟通。不管这个最后累积的证据是书面的还是口头的,是同时发生的还是追溯既往的,"真相"依然捉摸不定,事件依然荒唐可笑毫无意义。叙述者对此心知肚明,另一段文字很好地阐释了他关于镜子的隐喻:"我被迫用破碎的镜子来映照那个世界……我必须要接受那些丢失的碎片无法挽回的这个事实。"① 然而,即便是文本中缺失的意义也只能在文本里得以沟通,也就是说通过更多的写作来沟通。

假如书写这些事件就是企图给它们赋予意义,就是企图获得真相且让它永久不变,那么叙述者所做的就是不断地推迟传达这样的意义。所允诺的结果从来就没有出现,叙述者只是不断围绕着和重复着我们从该书的标题就能确定的事情。假如专注于19世纪现实主义小说的线性故事情节象征了相信秩序和法律不仅能够传达知识而且还能够传达正义,那么坚持循环的没有结局的叙事情节就会让我们醒悟知识和正义的承诺原来不过是一张空头支票。正如海登·怀特所说的,"历史学家在当下和过去的世界里建构似是而非的连续性对任何人都没有用。相反,我们比以往任何时候都要求历史就是要教育我们,历史是没有联系性的,因为非连续性、分裂中断以及混乱不堪就是我们的命运"②。然而,当我们再去阅读加缪的《局外人》时就会发觉没有什么写作,无论是历史写作、法律写

---

① Salman Rushdie, *Shame* (London: Picador, 1983), at 69.
② Hayden White, *Tropics of Discourse*, supra, at 50.

作还是文学写作,都可以逃避给混乱强加秩序假象的嫌疑,即使在《一件事先张扬的谋杀案》中,这个秩序也是由死亡传递出来的。

第六节 荣誉的污点

维卡略家族就像他们名字所表达的那样一直在扮演和维护着一个社会法则,尽管这个社会法则不由他们制定也不受他们掌控。这个法则是社会制度中的一部分,它认为男子的性行为是个人荣誉和个人娱乐的事情,偶尔会招致谴责,而女子的性行为则是一件政治事件并且关系到全社会。这个荣誉法则要求从他们家族出来结婚的女子必须是处女,在这个法则里性政治、资本主义道德和基督教传统相互结合彼此支撑。一旦这个法则被打破,不仅是当事人双方就连整个社会都想要看见"有罪的人"受到惩罚,这样被临时破坏的社会秩序才能得以恢复。

作为已经失去社会和经济权利的家族的一家之主,庞西奥·维卡略(Poncio Vicario)一直致力于维持"家族的荣耀",因为这是该家族仅剩的一点体面。关于这一点,跟许多其他事情一样,公开的形象要比内在的实质更重要,因此,当这个家庭的一个女儿死了,这个家庭面对哀悼"关起门来可以放松心情而走在大街上却要凝重沉痛"(60)。在维卡略家族里,男孩子要培养成为男子汉,"而女孩子则是养在闺中待嫁,学习刺绣、缝纫、编织骨花边、浆洗熨烫衣物、制作人造假花、花样糖果以及写作婚约声明"。跟同时代其他女子已经忘记了"对死亡的崇拜"不同,维卡略家的四个女孩"是古代科学思想里的主妇,照顾病人,给他们临终关怀,给死者穿寿衣"(30)。总之,正如叙述者母亲赞许她们时所说的,"她们完美无瑕……任何男人跟她们在一起都会很开心,因为她们从小就被教导学会承受"(31)。

在这个故事里,20世纪的苏克雷市这个地方的社会对于性别角色控制的原则无异于古希腊的社会规矩、法律、神话和仪式,或者无异于那些传统神话故事中所推崇的价值观。女子的美好德行就是宅在家里、照顾病人和负责丧葬。拉丁美洲女人的理想形象跟许多其他社会一样从过去到现在都是要"信教、虔诚、顾家、宅家,是她们家的道德力量"。[①] 写作不如刺绣,言谈限定在家里或者局限

[①] Susuan Hill Gross and Marjorie Wall Bingham, *Women in Latin America: The Twentieth Century* (St Louis Park, Minnesota: Glenhurst, 1985), at 141; quoted in Irvin Solomon, 'Latin American Women in Literature and Reality', *Mid-West Quarterly of Contemporary Thought*, Vol. 34 (2), 1993, 192-205, at 199.

在跟其他女性之间,闲荡在外会被制止而且还要受到谴责。女性的贞洁不仅是理想的状态,而且维持节操严格地受到警觉的父亲和兄弟的监督,更重要的是还受到其他女性特别是她们的母亲的监督。而另一方面,对于男性而言,他们应当积极经历性行为以便早日成熟,这不仅是可取的也是必须的,镇上的妓院迎合了这样的需求。

女人的性欲又被视作对社会构成威胁,因为据说女人不能使自己的炙热情绪听从于理性的自控。正如弗洛伊德所言,"理性的男人是他自己的立法者和忏悔师,他能够自我免罪,可是女人,更不必说女孩子,她们自身没有道德标准。女人只能在道德范围内行动,她们必须要遵守这一点,遵循社会已经建立起来它所认为的合适规范。如果女性违抗了道德规范,即使她这样做可能是正确的,她也永远不会被原谅。"① 同性交往的社会里控制这个威胁的方式就是婚姻制度,女性在婚姻制度里就是男人彼此交换的礼物。如同上一章探究的童话故事里所描写的那样,被称作婚姻的契约交换不是在男人和女人之间建立的,而是在两群男人之间建立的,女人仅仅是交换对象,而不是交换主体。②

贞节崇拜要求新娘必须"如同一张从未被书写过的白纸一样纯洁"③,或者像是从花园里刚刚摘下的"花朵一样纯洁无瑕"④,就像克里斯托弗·希尔(Christopher Hill)所说的,贞节崇拜与资本主义交换体制密不可分:"在资本生产中,贵重商品必须不能是陈旧的或者有瑕疵。"⑤ 镇上居民了解这个经济基础,他们把"荣誉之事"看作"只有剧中人物才可以接触到的神圣的垄断。"(98)他们以此

---

① P. Grosskurth, Review of Ronald W. Clarke, *Freud the Man and the Cause*, *Times Literary Supplement*, 8 August 1980, 887-90.

② 伊利格瑞在"她们之间的商品"(Commodities Amongst Themselves)中质疑,假如女性决绝扮演她们自身交易中被动物品的这个角色会怎么样:"假如这些'商品'拒绝走进'市场'那该怎么办?假如她们自她们中间继续保持为'另类'商品那该怎么办",in *This Sex Which is Not One* (Ithaca, New York: Cornell University Press, 1985), at 196. 列维-斯特劳斯的规范男性把女性看作男人才是真实伙伴这种关系中的导管,这也是夏娃·克斯夫斯基·塞奇威克(Eve Kosovski Sedgwick)作品中的主体,*Between Men: English Literature and Male Homosocial Desire* (New York: Columbia University Press, 1985).

③ D. H. Lawrence, 'A Propos of *Lady Chatterley's Lover*' in T. Moore (ed.), *Sex, Literature adn Censorship* (New York: Viking, 1959) [1929], at 85.

④ Meredith, *The Egoist* (Harmondsworth: Penguin, 1968) [1879], at 152;"贪婪的男性利己主义者喜欢把它们用作过度抛光的无生命的纯金属珍贵器皿,这些器皿刚刚是工匠手工做成的,他们揣在怀里大步走开,还声称是他们自己的,用这些器皿来喝饮,喝光了再倒满,再喝饮,全然忘了这些器皿是他们偷来的。"

⑤ Christopher Hill, 'Clarissa Harlowe and Her Times', *Essays in Criticism*, Vol. 5, (1955) 315-40, at 331.

安慰自己,安慰他们没有阻止罪恶的发生。

重要的是,人们克制住没有谴责安吉拉丢失了贞节,因此否认她有犯罪的主动性。人们认为安吉拉没有犯罪的自由,相反这件"错事"的责任怪罪到那个"强暴"她的男人身上,据说就是圣地亚哥。同样地,受到伤害的不是安吉拉而是其他男人:她的丈夫以及她娘家的男人们。弥补这个错误的责任也落在了男人身上,在这个案例中即为她的弟兄们身上,而不是她这个女子的身上。假如安吉拉的母亲普拉·维卡略(Pura Vicario)是唯一一个惩罚她的人,那也不是因为社区民众认识到了她有独立自主的欲望或性自由,而是因为荣誉法则跟其他法律一样,都是由男人为了男人之间的事物而制定的。对于公众来说,这个悲剧的受害者不是安吉拉也不是圣地亚哥,而是那些被这个女人伤了自尊的男人们,他们从这个女人那里得到的不是崇拜而是他们当面或背后都不知道的这个女人她自己的故事:"在大多数人看来,受害者只有一个,那就是巴亚多·圣·罗曼(Bayardo San Roman)。人们想当然地认为这个悲剧里的其他主角已经获得了尊严,甚至是某种程度上的庄严,也就是说生命赋予他们的那部分财富。圣地亚哥·纳萨尔弥补了所受的冒犯,维卡略兄弟也证明了作为男人的身份,他们那个被人诱惑的姊妹也再次获得了她的荣誉"(84)。

正如彼得·古德里奇所主张的,现代法律"从一开始就是男人占主导的事业,也是同性社交的职业"①。通过否认她有犯罪的能力,通过让她的弟兄们而不是安吉拉本人来负责解释,法律继续忽视并抹除她在这出戏中的个人欲望和作用。再次借用古德里奇的话来讲,"法律判定死亡是不忠行为的道德报应或男人之间的谎言,法律除了将女性看作男性欲望畅行空地之外没有给女性留下什么其他的空间,这样我们也就更加了解现代制定法的概念以及与之相关的爱之法律的嘲弄或消极的说法"。②

第七节　替罪羊与集体犯罪

像安吉拉这样的女人是这些法律的客体而非法律主体,同时她的弟兄们也缺少社会所期待他们具有的男子气概。尽管他们是要"被抚养成为男子汉"就像

---

① 'Gynaetopia: Feminine Genealogies of Common Law', 20, *Journal of Law and Society* (1993), 276.

② Peter Goodrich, 'Courting Death' in Desmond Manderson (ed.), *Courting Death: The Law of Mortality* (London: Pluto Press, 1999), at 227.

"女孩子被养在闺中待嫁"一样严格要求(30),尽管他们意识到荣誉法则要求他们担负沉重责任,但是他们都迫切需要一条退路。正如克洛蒂尔·阿门塔意识到的,"他们就像两个孩子"(55),她还认为镇长应该逮捕他俩,因为他俩"让那些可怜的男孩免遭落在肩上的可怕重担……她确信维卡略兄弟与其说是期待判决的执行,还不如说是期待有人来帮他们一个忙即组织他们这样去执行判决"(57)。

然而,由于人们发现这样的错误已经产生,由于安吉拉无法"在自家庭院晾晒污迹斑斑的亚麻床单"(38)从而玷污了维卡略家族的荣誉,由于这个规矩是荣誉法则的一部分,而荣誉法则是整个社区选择并且需要继续遵从的,那么要求弥补这个错误的便是整个社区。这两兄弟不愿意充当社会规范的导管,这一点只好被忽略,而且如果有必要的话则必须加以反对。试图挑战荣誉法则的女人们,诸如克洛蒂尔·阿门塔以及叙述者的母亲则绝不可以这样做,否则会被视为疯子。社会坚持强化安吉拉丢失贞操所破坏的社会秩序,不论有没有意识到这一点,用吉拉德的话来讲,结果将圣地亚哥的被杀看作恢复社会秩序所付出的代价。

在吉拉德看来,牺牲是强加给替罪羊的有意为之的集体暴力行为,是社会为了缓和压抑已久的内部积怨、紧张和敌对情绪的一种替代形式,有助于保护社会不受它自身暴力的袭击。在祭出牺牲品之前有一套十分讲究的礼仪和仪式,其目的就是要恢复和巩固社会结构。圣地亚哥被害之前是一场精心打造极其奢华的婚礼。然而,在对浪漫言情小说的仿拟中,《一桩事先张扬的凶杀案》中的婚礼不是聚焦主人公人生颠覆串联文本松散情节的高潮,而是对超支过度的不计后果的显摆,进而导致了死亡。吉拉德坚持认为,那些被当作替罪羊或替罪者的牺牲品必须保证不能再衍生出其他暴力行为。因此,安吉拉选择圣地亚哥作为牺牲品,这并非偶然:圣地亚哥是异族通婚的独子,他的父亲已经亡故,对他施行的暴力当然不会刺激产生循环暴力的进一步报复的风险。为他死亡复仇的唯一可能人选只会是来自阿拉伯人的社区,可是他们中的阿拉伯人要么被圣地亚哥的巨额财富疏远了,要么就是不愿意插手此事的和平爱好者。

在大多数读者看来,牺牲圣地亚哥所恢复的荣誉法则就是贞洁法则,而文本没有掩藏该法则的虚伪本性,即它将女性贬低为男人之间交易的交换商品这个等级。然而,也有人作出了一个颇有说服力的看法,即该社区对于那个造成安吉拉丢失贞操的真正作恶者却视而不见应当负有责任,那个人就是安吉拉的父亲庞西奥·维卡略。庞西奥对于这一点的无知使他自己成了一个像俄狄浦斯那样的乱伦犯罪者。① 安吉拉的母亲和兄弟们以及全社会都无法认同这种可能性,这使他们无法得知真相。罗哈娜(Rohana)和西贝尔(Sieberh)认为,他们没有意识这一点,其动机是为了抑制乱伦在他们之间发生的可能性,就像他们掩藏他们自己对于凶杀案发生的无意识欲望一样。但是他们不愿意面对过去的真相,正如叙述者所描述的,这就使得他们无法处理现在也不能计划未来。在罗哈娜和西贝尔看来,安吉拉选择圣地亚哥作为牺牲品的受害者并非意外,因为文中暗示了圣地亚哥也跟他的母亲有不伦关系。更有意思的是,罗哈娜和西贝尔认为这种理解也是读者所共享的,因为他们也无法认同乱伦这种可能性,宁愿怪罪这个悲剧是"命中注定的"。

　　假如乱伦这个终极禁忌确实已经被破坏,那么对过错的报复、社会的净化、秩序的恢复以及稳定的维护就无法增强。在这个方面,就像吉拉德所主张的,社会忽略了他们的所有差异把他们团结起来共同抵制那个替罪羊。这种"集体暴力"使他们忘记了或蒙蔽了他们的认知,他们自身也暴力地参与了这起死亡事件,就像叙述者所说的,"我们所有人都应当受到谴责"(82)。正如我们在《奥瑞斯提亚》中所看到的,法律制度的出现并没有消灭暴力,而是满足了人类似乎不能满足的暴力欲望,并且还把它伪装成为知识或正义。诚如吉拉德所主张的,牺牲没有什么区别,只不过向前迈进了一步:

　　　　朝着法律制度的方向迈进了一步。但是进化是没有连续性的,假如进化是个恰当的术语……只有当相关各方都不是很清楚它涉及惩罚,这个制度才最有效。法律制度围绕着被告以及有罪这个概念对自身进行了重组。实际上,惩罚还不确定,却被锻造成为一个抽象正义的原则,即所有人都必须遵守和尊敬该原则……一旦司法制度获得至高无上的地位,它的机制就会消失。就像牺牲品一样,它掩盖了自身与复仇的相似性,即便它也揭示出了这一点……在司法制度中,暴力确实落在了"罪有应得的"牺牲者身上。它的落实如此有力、如此无上权威,以至于反抗是不可能的……那些把人类暴力局限在一定范围内的程序都有一个共同点:它们对暴力的方式都不陌生……千百年来人们还没有认识到他们的正义原则和复仇概念二者之间没

---

① Elena Rahona and Stephanie Sieburth, 'Keeping a Crime Unsolved: Characters' and Critics' Responses to Incest in Garcia Marquez's *Cronicaa de una muerte anunciada*', *Revista de Estudios Hispanicos*. Vol. 30 (3), 433-459; and John S. Christie, 'Fathers adn Virgins: Garcia Marquez's Faulknerian *Chronicle of a Death Foretold*' *Latin American Literary Review*, 21, (1993) 41.

有什么真正的区别。①

尽管这个牺牲仪式中的祭品是一个男人,我们也千万不要忘了这个社区特别是她的母亲要求安吉拉也必须被"活埋"来祭祀,也就是说通过将她放逐,来恢复社会的秩序、纯净和稳定。然而,正如我后来主张的,安吉拉跟《奥瑞斯提亚》中的伊菲革涅亚不同,她成功地走下了祭坛,成了男人的写作题材,而且开始了她自身的写作。这个写作提醒了其他受青睐的女儿们虽然沉默却是意味深长的抗议,不要为了父权法律或符号秩序的名义去牺牲。就像伊菲革涅亚那样,正是因为女性被用作巩固男性之间关系的交换物品,牺牲才被看作稳定社会秩序的必需品。女性要是像最后一章里安吉拉·卡特的女主人公们那样作为独立的主体按照自身的方式走进人际社会关系,那么正如伊利格瑞所主张的,同样需要避免献祭、抨击和杀戮。② 我在本书结尾章节里重新塑造了阿里阿德涅的故事,把她塑造成一个跟安吉拉一样的女主人公,她书写她自己的人生,并且与这个充满机遇、不确定性和挫败感的世界自在相处,这是对男性自负求知的一剂良药,后者经常导致的不是真知灼见却是暴力和死亡。

而且,在反转希腊悲剧中牺牲主题的过程中,圣地亚哥的牺牲并没有给社会带来精神宣泄情感净化,他们无法理解也无法忘却这件事。确实,该镇居民们知道这个即将到来的悲剧后争相占据有利位置,就像观看一场行刑的看客们一样:"他们在广场安营扎寨就像观看游行的时候那样。他们都看到他出来了,他们也都知道他本人现在也知道他们要杀他了"(116)。这壮观的场面让观众们各自放心他们仍然还活着,同时也提醒他们人都是要死的。见证一场死亡当然不是说亲自体验一下,他们和我们可以见证的唯一一次死亡不是我们自己的死亡而是他人的死亡。因此,活下来的人必须要让自己接受这个事实,即认识到死亡就是那个总是否认他们的东西。

第八节 母亲与女儿

如果说我们在《百年孤独》中见证了男人试图抵抗他们对孤独的恐惧从而出去争战,那么在《一桩事先张扬的凶杀案》中是女人的生活被孤独所标记和糟蹋,

---

① René Girard, *Violence and the Sacred*, trans. Patrick Gregory (Baltimore and London: John Hopkins University Press, 1977) [1972], at 21-4.

② Luce Irigaray, 'Women, the Sacred and Money', *Paragraph*, 8, October 1986, 6-18.

第八章　逃过火灾的档案热：《一桩事先张扬的凶杀案》中的法律记忆以及其他文本记忆　233

这个孤独是对男人掌控的社会结构感到沮丧和无能为力的结果。叙述者的母亲卢西亚·圣地亚哥（Lusia Santiago）有生以来第一次无视她丈夫而指责男人是"卑劣之徒……狗屎动物，干不了什么大事情"（22），但是就在她试图阻止男人们的疯狂行为的时候反被认为疯掉了。克洛蒂尔·阿门塔同样试图说服维卡略兄弟和镇上官员去阻止这个谋杀，可是却一再不被重视："那一天"，她总结道，"我才意识到我们女人在这个世上是多么的孤立无助！"（63）。

普拉西达·利内罗（Placida Linero）是一个"孤独的母亲"（6），被禁锢在一个只有利害关系却没有多少感情的婚姻里，"没有一丝的幸福"（5），圣地亚哥正是这样婚姻的独子。在圣地亚哥被谋杀前不久，我们短暂地瞥见了这位"睡美人"，圣地亚哥的朋友克里斯多·贝多亚（Cristo Bedayo）在找他的时候经过他母亲的卧室瞥见了她，他心潮澎湃蠢蠢欲动。她自称圣地亚哥是"我这辈子唯一的男人"（5），这就暗示了其他不正当的欲望和挫折。27年后，她更加孤独，叙述者在她吊床的同一个位置发现了她，她嚼着胡椒水芹种子，已经成瘾，妄图从中给她那多重欲望和孤独寻找不可能找到的慰藉。

表面上看，故事中其他女人好像都很喜欢她们的圈子，她们喜欢说三道四，对男人都不信任：特别是维卡略家的女人"偏好发现男人计划背后潜藏的真实意图"（32）。叙述者的母亲不出家门便能知晓镇上发生的一举一动，并且对人对事都能给出一个似乎公平的评价："[她]好像有秘密线索可以洞察镇上人们的交际活动，尤其对于那些和她年龄相仿的人，有时她能事先知道一些消息，这让我们很吃惊，这些消息只有通过占卜方可知晓"（19）。安吉拉也有一些闺蜜和死党建议她怎么做才能确保她贞节已丢一事不被她丈夫发现。

然而，尽管女人们在男人世界内部形成了一个独立的圈子，可是她们的圈子并非旨在逃离、改变或者推翻她们自己生来就有的社会结构，而是意在维护那个束缚她们的父权主义文化，或者至多保全自我活下来。帕布洛·维卡略（Pablo Vicario）的未婚妻普鲁登西娅·科特斯（Prudencia Cotes）比书中任何男人都更敬畏更信奉荣誉法则："'我知道他们要干什么'，她对我说，'我不但同意他们，而且要是他没有做一个男人该做的事，我反而永远不会跟他结婚！'[她]站在厨房里等候，直至目送他们离开，她继续等了三年，没有一刻灰心过，直到帕布洛·维卡略出狱，成了她的终身伴侣"（62—63）。

因此，书中对于男人的大男子主义的批评不能不说也把矛头指向了女人，她们与这些价值观沆瀣一气，所以她们也参与了对她们自己的迫害。普拉·维卡略将她钢铁般的意志深藏在"温顺却又痛苦的外表"（30）之下，因为就像《呼啸山庄》中的奈丽一样，普拉·维卡略把自己当成男性社会中的弱者，她认同强大的男权意识形态，并把它吸收成为自己的意识形态。当巴亚多将安吉拉因为失去贞操而退还给她的时候，普拉·维卡略非但没有支持她的女儿，反而竭尽全力，身体的以及道德的力量，怪罪并暴打她的女儿，如此愤怒以至于安吉拉认为她的母亲要杀了她。普拉·维卡略没有意识到她循规蹈矩要在女儿身上复制接受这同一个模子的社会，可是这个社会却是一直在边缘化她们母女。① 为了把女儿养成自己的样子而把儿子培养成尽量跟自己不同的样子，普拉·维卡略给她的子女们灌输这些价值观，以期永久维持这些价值观，也正是这些价值观流放了她的女儿。因此，像安吉拉这样的女人她所面对的抗争、她必须明白的敌对以及她要摆脱的这一切不是来自男人而是来自她自己的母亲。②

当安吉拉认识到她的母亲跟她一样深陷父权制度的桎梏，她决心要冲破这个循环。当普拉·维卡略戴着新眼镜冲安吉拉微笑时，"就在那个微笑中，安吉拉·维卡略自出生以来头一次看见了她母亲本来的样子，这个可怜的女人一辈子都在崇拜她的缺陷"(93)。正如伊利格瑞所主张的，母亲和女儿都生活在彼此的意象中，女性应该寻求一个不再是作为母亲的其他身份，不再受男人规范和期望的束缚。③ 因为普拉·维卡略一直在给她女儿传达那些父权神话，安吉拉对她母亲缺陷的理解和接受使她能够摆脱她母亲和男性规则的约束。在那一天，安吉拉同意主观性既不是对母亲的否定也不是对母亲价值观的默许，而是对她母亲的一种感同身受的理解以及对父权制度投射给她的价值观的理解。也是这同一天，我们得知安吉拉"重生了"。她开始了写作，这是一件具有标志性意义的事情。

---

① See Angela Carter, *The Sadeian Woman* (London: Virago, 1979), at 124: "如果女儿是母亲嘲讽的记忆，——'因为我就是过去的你'——那么母亲对于女儿可能就是一个可怕的警告——'因为我是这样，所以你也会是这样'，母亲为了年轻女性的道德品行企图确保自己的压抑及其伪善的孤独能够延续，也就是说，性福利掩盖了母亲要把自己女儿贬低到她自身所处的同样的临时被动状态之中，这种状态是风俗所赞扬的，也是禁忌所防备的。"

② This argument is developed by Rosalind Coward, *Our Treacherous Hearts: Why Women Let Men Get their Way* (London: Faber & Faber, 1992).

③ 'And the one doesn't stir without the other', *Signs*, 7 (1), (1981), 60-7, trans. H. V. Wenzel.

第九节 作为文学的女人

  假如文本从头到尾都没能揭露"真相",也不能对事实和虚构、历史和文学、现实和幻想之间的区别给出令人满意的解释,那么我认为这是因为关键在于女性主义之谜悬而未决。女人,我们在《奥瑞斯提亚》中遇见的这个主要模拟者以多种形式伪装再次出现在《一桩事先张扬的凶杀案》里,危及且挫败叙述者和读者试图"掌控"她以及试图宣告文本结束的企图。

  我们知道在谋杀案发生的时候男权法律也得以彰显,而另一部法律在另一个空间和另一个时间里也得以确认。主宰这部法律的女神不是理性而是激情,不是法律而是文学,不是案发的早晨七点零五分而是永恒的早晨七点零五分。叙述者没有在案发现场,他告诉我们他当时跟玛丽亚·阿勒贾德琳娜·塞万提斯(Maria Alejandrina Cervantes)在一起,她的名字让人想起了文学之类的东西而且对男权法律及其企图否定和抑制文学提出了挑战。玛丽亚"使徒般的大腿上"(3)已经坐过一整代年轻小伙子,他们都在"她流沙似的温柔"(78)中失去了童贞。另外一部法律,正如我在最后一章所提议的那样,已经成了一座迷宫,宫门掩蔽,困惑着那些想要试图进来的人,玛丽亚·阿勒贾德琳娜"的房子四门敞开",在这里他们学习其他法律,"远远超过他们本来要学的,尤其是没有什么比一张空床更令人悲伤"(65)。玛丽亚·阿勒贾德琳娜的存在让我们想到了伊利格瑞所认为的,"曾经正好相反,在那个时代是女人主动开始去爱。在那个时候,女人是女神而不是女仆,她监督着肉体的爱和精神的爱。在她那里,爱情和欲望是不可分割的"。① 正如彼得·古德里奇所主张的,这是"一部独立而崇高的法律,它源自女人并由女人掌管,是在命运或正义、财富或实践智慧的女性标记下加以管理"。②

  在玛丽亚·阿勒贾德琳娜的王国里,与其说存在着行动、歉疚和稳定的身份,还不如说存在着戏耍、感官放弃和困惑的身份。我甚至认为,圣地亚哥是替罪羊的完美人选,不是因为他糟蹋了安吉拉的贞洁,而是因为他加剧了女人的神秘,而不是**像男人一样**解决了这个问题。叙述者记得圣地亚哥作为魔术师最爱

---

  ① *i love to you*: *Sketch of a Possible Felicity in History*(New York and London: Routledge, 1996), trans. Alison Martin, at 135.
  ② Peter Goodrich, *Oedipus Lex*: *Psychoanalysis*, *History*, *Law*(Los Angeles and London: University of California Press, 1995), at 147.

的一个把戏是让白黑混血姑娘们交换衣服,"这样她们最终都觉得不是原来的那个自己。有一次,一个女孩发现另外一个跟她一模一样的人吓得号啕大哭,'我感觉镜子里的自己走出来了,'她说"(66)。事实已经表明圣地亚哥跟他母亲的关系暧昧不清,他跟镇上鸨母的关系也不是嫖客和妓女那么清楚的关系。他跟玛丽亚·阿勒贾德琳娜之间的深厚情感纯粹是因为"混乱的爱",而玛丽亚在他死后再也无法跟他的朋友做爱,因为"在他朋友身上你能闻到他的气味"。

因此,叙述者以及镇上聚集一起不断讨论圣地亚哥死亡的居民们所一直探寻的秘密不是这件罪行的秘密,却是女性性行为的秘密,是妇女特质的谜。这个谜依然没有被解开也没有被驯服。它是科学知识的手段和实证主义的方法都无法解决的,包括我们在《俄狄浦斯》那一章所见到的男性精神分析学家也无法解决这个谜。安吉拉继续躲避和挫败那些批评家们,他们企图"捕获"她、她的文本以及她的法律。假如像拉康这样的男性理论家们总结的那样认为女性并不存在,假如像鲍德里亚他们那样被迫表明女性总是不在场可是女性"在并且总是在其他地方",那么他们也会承认这就是"女性力量的秘密"。① 这也是女性为什么对法律文本构成威胁的原因:由于她是无意识的、被遗忘的或者是被压抑的面孔或图标,她从来就不是以本来面目展示或出现,所以她威胁着男权法律,用彼得·古德里奇的话来说,她通过不断提醒男权法律它"从来就不是唯一的"来威胁男权法律。②

第十节 历史:书写自我

安吉拉并不是唯一一个在文本中依然是个谜团的女人,但是她不仅知道她初恋情人的身份而且还超越了她母亲竭力灌输给她的"裸露伤口"的障碍,就这一点,无人能比得上她。尽管叙述者将她描述为"表情无助、精神贫乏"(31),可是她的勇气一开始就可圈可点,比如,她拒绝嫁给这个镇子里最有能力的单身汉,她十分厌恶像巴亚多这样傲慢的男人,厌恶像圣地亚哥这样财迷心窍的男人,最后她拒绝听从闺蜜建议如何欺骗她的丈夫以便能够在第二天早上展示"带着名誉污渍的床单"。叙述者的母亲路易莎·圣地亚哥再次"是唯一一个赞赏她

---

① Jean Baudrillard, *Seduction* (New York: St Martin's Press, 1990) [1979], trans. Brian Singer, at 6.
② Peter Goodrich, *Oedipus Lex*, *supra*, at 155-7.

勇气的人,赞赏她对最终后果摊出暗号牌是一个有勇气的举动"(41)。

安吉拉宣告圣地亚哥是玷污她的那个作恶者,或者用西班牙语说是"她的作者"(101),这也是遵循了同一个传统,即认为女人是给男人的笔和阴茎来书写或刻画的,就像我们在莎士比亚的《一报还一报》中所遇见的那样。但是安吉拉跟她的母亲不一样,她的母亲在这件"丢脸丑事"发生之后强迫全家逃离小镇,安吉拉却很乐意把这个故事讲给任何想听的人,毫不后悔,也不曲解事实,更不感到羞耻。因此,安吉拉超然于父权文化强加给女性"沉默是金"的审美价值观。芭芭拉·约翰逊认为,似乎有两件事女性应该保持沉默,"她们的快乐和她们的污辱。这种沉默的理想化所行使的功力就是它有助于文化无法区分这两者之间的区别。"① 安吉拉拒绝她的文化对她的期待,没有企图对巴亚多隐瞒她受到的"污辱",而且后来还坚持写出她的欲望,不管巴亚多是否愿意或者是否有勇气阅读她写出来的东西。尽管叙述者把她描述成耐心等在窗边,有意识地让人想起了童话故事中的主旨,比如睡美人或者荷马史诗中的佩内洛普,跟她们不同的是,安吉拉不仅仅只是睡觉、流泪或织布。她觉得自己的故事没有必要撒谎,相反有责任把它写出来。虽然人身自由受到限制,但是她能够写她自己而且发现她本人就是她自身生活的唯一"作者"。如果说那些信件的部分内容是对她过去生活的忏悔——"在那个不幸的夜晚之后她就让自己所扛的痛苦的真相烂在心里"(95)——包括她不正当的第一次外遇,那么安吉拉是在挪用她的过去因而也是在书写她的未来。

假如在阅读中我们被动地迷失在别人的生命中,被动地认同他人或者变成他人,甚至如同弗洛伊德所说的我们需要多样化的生活,那么我们每次写作都是在积极地创造一个全新的自我。在书写中我们被剥夺自我或者被自我流放,我们可以是同一个人也可以是任何一个人。将自我抛弃在无限的空白或页面中,我们立即丢失了自我成为永恒,我们变得无限变得不朽。用彼得·古德里奇的话说,"写作从这个意义上讲是最有力的道德活动,它不仅在建构自我的可能空间,也是在把自我安置到那个空间里并与他人进行人际交往。写作把自我插进历史、插进他人,正是自我与写作的关系遍布于法律以及其他对应的体裁里。"写作特别对于女性来说就是"超越自我进入政治和法律的行为"。② 女性书写爱情

---

① Barbara Johnson, *The Feminist Difference: Literature, Psychoanalysis, Race and Gender* (London UK & Cambridge USA: 1998), at 137.

② Peter Goodrich, 'Epistolary Justice: The Love Letter as Law', *Yale Journal of Law and Humanities*, Vol. 9 (2), (1997), 245-95, at 273, 281.

和她自己的爱情故事,这是在进一步走向独立:正如奥克塔维奥·帕斯(Octavio Paz)指出的,"爱的历史与女性自由的历史不可分割"。① 这样的抱负尤其被后殖民女性作家表达出来:正如爱莲娜·波妮亚托斯卡(Elena Poniatowska)指出的,"我们在拉丁美洲写作就是要在他人面前以及在人类社会面前开拓一个空间来发现我们自己——这样他们就可能看见我们,这样他们就可能爱上我们——形成世界观获得某些维度——这样他们就不能如此轻易地抹除我们。我们就是为了存在而写作"。②

对于安吉拉而言,写作不是生活的替代品,写作就是生活本身。值得注意的是,这样的写作是在夜晚进行的,它远离父权法律的指令,远离父权法律的坚定支持者(她的母亲)的监视,她在夜晚坐下来开始写作。写作、语言、爱不是它们自身的结束,而是建构她本人的一种方式,把她建构成一个独立个体的同时又把她建构成一个与他人相关联的个体。安吉拉通过写作"变得头脑清醒,气场强大,成了她个人自由意志的女主人……她认为除了她自己没有谁可以掌控她"(94)。假如在写作中安吉拉想要被他人认可,想要在巴亚多的欲望中找到对她自己的认可,那么她似乎赞赏巴亚多跟她自己一样也是分裂的,因此她自己的欲望或者缺少欲望并不能被另一个缺失或另一个欲望来填满。所以,她不求回应,他的沉默也没有阻止她。她用大半辈子一直写了两千封独白信,这不仅承认了别人超过她而且承认了别人不能无条件地或永远地回答她的这个事实,此外更重要的是,这还证明了他人就是她自己的延伸这个事实。正如勒让德提出的,"情书不求回应,情人不是在等一封信……**情人在写他们自己**。他们沉迷于他们的书信。"③跟所有写作一样,她的写作也是在孤芳自赏:她对真实的巴亚多了解很少,她创造了一个幻想中的巴亚多,一个她通过写作来创造的她自己意象的延伸。

然而,巴亚多"对她的疯狂麻木不仁;这些信好像就是写给一个不存在的人一样"(95)。如果说安吉拉是被驱使着倾诉她的内心讲述她的人生故事,那么相比之下巴亚多则痛苦地拒绝表达情绪、情感和泪水。他突然结束了这段婚姻并

---

① Octavio Paz, *The Double Flame: Love and Eroticism* (New York: Harvest, 1993), trans. Helen Lane, at 93.

② Bell Gale Chevigny, 'The Transformation of Privilege in the Work of Elena Poniatowska', *Latin American Literary Review*, Vol. 13, (1985): 49-62, quoted in Irvin Solomon, 'Latin American Women in Literature and Reality', *supra*, at 199.

③ Legendre, 'Protocol of the Love Letter', in Peter Goodrich (ed.), *Law and the Unconscious: A Legendre Reader*, *supra*, at 82.

消失了,没有跟谁沟通或咨询,咄咄逼人却又积极自卫:他对安吉拉没有衬托出他的崇高的自我意识而愤怒,而在他的概念里这是妻子应该做的事情。这也是自我保护,因为他在保护自己不要成为女人那样的人,他唯一欣赏女性的品质就是她们可以衬托出他自己的满足感:"假如情书标记了变化或成为他人的威胁或可能性,那么对男人来说它代表了自我放弃的威胁,代表了爱的威胁,代表了变得有点女人气、有点生机、有点疯狂的威胁"①。

跟巴亚多不同的是,安吉拉并不害怕表达她的情感,而且实际上"她寄出的信越多,她的狂热燃烧掉的能量也就越多"(94)。巴亚多意识到自己被戴了绿帽之前就寡言少语,他给自己设立了太多防备,以至于镇上没有人可以声称对他很了解,他拒绝安吉拉的通信给他带来的亲密空间。面对她苛求的、不断的或许也是无法满足的欲望,他退避三尺保持沉默,正如我们后来发现的,他不仅没有回信,也没有读安吉拉写给他的那些信,甚至根本就没有拆开她源源不断寄来的纷飞雪花般那么多的信。他永远恪守跟女性保持一定距离的决心,他认为这可以吞噬一切,决定永远少说话少表露情感,27年后他回到了安吉拉身边,可是竟然也只不过就说了一句:"嗯,我来了。"(96)

没有什么写作甚至没有什么情书可以逃避孤独。然而,安吉拉写的东西,虽然没有被读也没有被回复,却使她可以表达和理解她的孤独并从这个孤独中活了下来。另一方面,《一桩事先张扬的凶杀案》中的叙述者,尽管据说又把那些破碎的记忆拼凑在一起,可是却坚定地忽视或拒绝透露这些信件的可能内容。就像彼得·古德里奇所说的,跟一代又一代的史学家们一样,叙述者有选择地忽视了"实证法或世俗法中无意识的或被抑制的东西"。这个忽视最后却付出了高昂的代价:"阅读那些情书,恢复那段历史,不是作为现实而是作为虚幻,不是作为真相而是作为一种可能性的历史,这就在公共领域里开辟了一个伦理—政治空间,一个或许是女性特质的空间……那个空间或者是那个被遗忘的领域就是道德伦理的领域,而不是规则的领域,是爱情以及爱情法律的领域"。② 安吉拉依然是这个伦理和这个法律的卫道士,守卫着依然不为叙述者、作者和无数读者所知的"真相"。

---

① Peter Goodrich, 'Epistolary Justice: The Love Letter as Law', *supra*, at 281.
② *Ibid.*, at 294.

第十一节　死亡与结局

　　叙述和重新讲述有关过去的故事,正如海登·怀特和多米尼克·拉卡普拉所主张的,不是关于找寻过去的"真相"。这类重述如果不是重复至多就是娱乐,给受众提供美的享受,从一个很动听的故事中得到的享受。通过用语言蜷伏在圣地亚哥谋杀案的创伤里,重述也是一种治疗方式,尽管重述是暂时的,尽管跟任何其他分析一样重述是无止境的。因为无论是叙述者还是叙述者拜访的那些证人都无法担负他们所见证的一切带给他们的重担。同样的,在整个叙述中读者并没有从"掌控"文本中得到满足感,也没有给它强加什么意义,反而感到十分沮丧十分焦虑。激发探究、写作和阅读的那些欲望仍未平息:因为"不会有归档的欲望",就像德里达所说的,"没有健忘的可能性……没有死亡驱动、没有攻击和毁灭的冲动,也就没有档案热"。①

　　在《一桩事先张扬的凶杀案》中,读者的满足感,虽然在这迂回文本的刺激中一再被延迟,却在唯一可能的高潮即死亡中实现了情色享乐。在弗洛伊德看来,渴望不朽的人,面对死亡的恐惧和死亡的不可避免,带领我们延缓、忽视或者根除我们对于死亡在我们生命中是不可避免的认识。虽然法律叙述和文学叙述中存在着大量的死亡表述,但是它们实际上都是替代品:我们对于自身死亡的恐惧是通过我们对于他人死亡的表述得到缓解。他人的死亡一方面证实了我们也必将死亡,同时又证实了我们成功地活下来了比他人活得久:"[我]们自己的死亡确实难以想象,一旦我们试图想象它,我们就会认为真的幸存下来了,就像旁观者一样幸存下来了。因此,精神分析学派可能会敢于断言,说到底没有人相信他自己会死,或者换句话说,潜意识里我们每个人都会认为自己是不会死的,对自己的不朽深信不疑"。②

　　在《一桩事先张扬的凶杀案》中,死亡当然被理解为不可避免:它被宣告,被期待,还被预见。但它的"意义"却不为叙述者、镇上居民以及最后的读者所知。叙述者着手调查圣地亚哥的死亡"真相",希望可以查明他的死因并对他的死亡给出一个合理的解释。然而,叙述者发现悲剧不仅意义多样,而且还在完全抵制

---

　　① Jacques Derrida, *Archive Fever: A Freudian Impression* (Chicago and London: Chicago University Press, 1995), trans. Eric Prenowitz, at 19.
　　② 'Thoughts for the Times on War and Death', *The Major Works of Sigmund Freud* (Chicago: Chicago University Press, 1952), at 761.

任何所谓的意义。小说中的人物及其动机和故事都不是完整的、统一的或连续的。小说的结尾并没有表达出叙述者的结局或决议，反而把我们猛烈地弹回到了小说的一开端。审判的叙述也企图给出原因、意义、秩序和结局。这个故事中的审判过程跟每个故事中法律企图作出宣判一样，目的就是要成为"作者"，成为意义的来源和权威，就像安吉拉声称圣地亚哥是她的"作者"一样。但是，文本却破坏了这些企图，使得这些企图变得荒唐可笑。安吉拉的"作者"死了，留下了一个不解的缺口，别人试图用他们的权威来填补这个缺口，可是他们的叙述既不能解释他的死因也不能给幸存者带来一丝慰藉：这个镇子还在舐舐着这个事件"撕裂出来的伤口"。

　　宗教语言经常被用来给死亡赋予一定的意义，宗教语言的力量也在这个文本中被削弱了，因为宗教领袖们在这场屠杀中几乎就是沆瀣一气的。在法律语言和宗教语言失效的地方，诗歌语言会成功吗？诗歌通过隐喻来表达死亡，可是隐喻也是推迟意义而不是赋予意义。故事不能说，事因找不到，因为社会和读者都必须要承认他们在维护制度长久存在过程中所犯下的集体罪恶和共谋，这个制度把女性变成了交换物品，男人却可以在这个物品上面书写自己的欲望。跟镇上其他人不同，安吉拉一个人继续活出并且重新活出圣地亚哥的死亡，她通过失去自我以及在写作中重新创造出她自己来获得"重生"。读者用安吉拉书写她自己的方式可以阅读他们自己，不受男性的结局和死亡政治的摆布。重要的是，安吉拉的写作就像我最后一章中的阿里阿德涅一样，避开男性死亡话语而垂青于书写爱情、连贯性和永恒。因为没有什么语言有资格谈论死亡。一旦死亡这个高潮出现了，也就没有什么话可以说了。从字面意义上讲，确实如此。

第九章

托尼·莫里森《宠儿》的语言、道德和想象力[①]

[①] Toni Morrison, *Beloved* (London: Picador, 1988), 文中所有参考内容均来自此版本。

> 我是记性长的女人。
> 漂了洋过了海，
> 也丢失了舌头。
> 却在原来的地方，
> 又长出了一根新的。
>
> ——格雷斯·尼克尔斯(Grace Nichols)

第一节　后现代的幽灵

对于后现代主义的批评家们来说，在宏大叙事方面意见分歧严重，他们认为我们无法脱离自身的历史来作出判断，认为在语言的束缚之外不可能存在客观的事实，还认为历史的进程中缺乏诚信，这就导致了虚无主义和被动顺从这类幽灵的产生。假如没有一个体系可以揭示出全部真相而至多不过是看待问题的一个视角，假如权力不只局限于某个阶级的手上而是分散在各处，假如现在不比过去好也不比过去差，那么为什么还要试图抵制或改变现有机制呢？特别是，假如真理这个概念既不可能存在又不可能欲求，那么又该如何识别和弥补过去的和现在的不公呢？在真理标准不可能脱离语境而存在的世界里有没有可能发展出正义的原则？诸如洛特(Rorty)[①]这样的新实用主义者和贝尔(Bell)[②]这样的新保守主义者他们的教诲无济于事，他们似乎邀请他们的读者被动默认现状并接

[①] Richard Rorty, *Consequences of Pragmatism* (Minneapolis: University of Minnesota Press, 1982). Similar disquiet has been expressed concerning Stanley Fish's *Doing What Comes Naturally: Change, Rhetoric and the Practice of Theory in Literary and Legal Studies* (Oxford: Clarendon Press, 1989) and *There's No Such Thing as Free Speech and It's a Good Thing Too* (New York and Oxford: Oxford University Press, 1994) 这几本书留给我们的似乎只有一点，即没有一点意义。

[②] Daniel Bell, *The Cultural contradiction of Capitalism* (London: Heinemann, 1976).

受当今美国社会的价值观。① 正如克里斯多夫·诺里斯(Christopher Norris)进一步警告的那样,让·鲍德里亚将现实与想象糅合在一起却忽视了"对于很多人来说,现实仍然很顽固很残酷:在放任自我大口咀嚼意象之前,他们还是必须要吃一些实实在在的面包来填补肚子"。② 对于那些有着明确政治规划和议事日程的人来说,这样的禁令全都是诅咒:正如凯瑟琳·麦金农(Catherine MacKinnon)不耐烦指出来的,"从认识论层面上说,女性知道男性世界就在那儿,因为她们在这个男性世界里被打得鼻青脸肿……这个男性世界有太多的不确定性,就像是一个桥台被每小时六十英里的速度冲击一样"③。

有时候后现代似乎已经抛弃了理论与实践的可能性,然而概念的改变和理论的可能性能够并且已经导致了再思考而不是放弃政治目标和政治方法。要质疑历史有原因或者有目标,或者历史代表着进化和进步这个观点,就是对现在的合法性提出了怀疑。假如跟福柯一起猜测启蒙运动的**秩序**理想实际上是在监狱里得到了最好的保障,因为该理想的实现是伴随着对其他声音、其他种族、其他民族以及其他性别的镇压,那么这更是对现在的合法性提出了质疑。学校、教堂、医院、工厂,当然还有法庭和法官统统都参与了这些镇压,他们通过造就"正常的"个人这类产品来参与这些镇压活动。尤其是"人文"科学通过界定"正常的"人跟疯子和离经叛道之徒的区别从而宣称控制了个体的灵魂。然而,对于福柯而言,**统一**和**一致**不过是关于自然性的神话和妄称,不过是为对那些偏离正常轨道之徒严加管教的合理性而作出的一种辩解。因此,它们不是为了真理和自由而进行的抗争,而是为了权力、纪律以及对人类主体的操控而进行的抗争。④

从理论层面上讲,有人认为那些被视作真理和意义的东西都是历史的偶然,这种观点意味着西方思想体系以及西方政治和社会地位维持他们势力所依据的逻辑是有问题的因而应该受到质疑。理性本身是一种具体的历史形式,它跟其他事物一样不是自我生效的。因此,它对合法性的声称必须要给出解释。正如

---

① 'The political consequence of such a relativism can only be quietism': Tony Bennett, *Outside Literature* (London: Routledge, 1991), at 55. See further, Christopher Norris, *What's Wrong With Postmodernism: Critical Theory and the Ends of Philosophy* (London: Harvester Wheatsheaf, 1990) and *Uncritical Theory: Postmodernism, Intellectuals and the Gulf War* (London: Lawrence & Wishart, 1992).

② Christopher Norris, *Uncritical Theory*, supra, at 155.

③ Catherine MacKinnon, *Toward a Feminist Theory of the State* (Cambridge, Mass.: Harvard University Press, 1989), at 123.

④ Especially Michel Foucault, *Discipline and Punish: The Birth of the Prison*, trans. Alan Sheridan (London: Allen Lane, 1977), 1979.

诺里斯解释的,这不是否定康德命题,而是通过对合理性本身给出理由以及强迫我们重新思考古老的前提来把它推向极致。① 关键是,现代主义者对于结局的欲求导致了解决、建构和临时性真相而不是决议、事实和最终的真相。因此,后现代性不是毁灭一切的,而是要推翻错误的肯定、自以为是的主张以及未经证明的真理错觉,由此强迫我们正视我们用以评价所在世界的标准是临时的、偶然的。这种"清场行动"②揭示了隐藏在哲学结构、伦理结构、司法结构以及政治结构中的那些假定,由此引导人们更加密切地关注细节、上下文以及看待问题的视角。这并不一定意味着混乱,反而是创造力。

从政治层面上来讲,目的和目标也改变了:不再关注诸如"群众"这类抽象事物而是具体的个体;不再关注诸如经济这类单个的因素而是多样的过程和要素;不再关注客观的、制度性的和普遍性的东西而是主观的、多样化的、特别的和相对的东西;不再关注宏大叙事、革命、全球性进程和大规模的政治变革,而是关注微观叙事、局部的、扩散的以及被忽视的斗争;不再关注一个终极的、统一的、主导的意义以及对单个有秩序的社会的向往,而是关注微观政治、多种声音和迷你社会。③

第二节 后基本伦理观念

在现代主义者看来,正义是根据源自个体的普遍法则而界定的;对于平等或者对称的寻求是由当权者展开的,他们把他们自己放置在普遍规则的阐述者的地位。正如杜兹纳(Douzinas)和沃灵顿(Warrington)所主张的,实际上这常常意味着绝对的**不**公正:用自己的话来解释别人意味着压制跟自己不同的那些东西。④ 此类同质和统一意味着承担了康德绝对命令(the Kantian categorical imperative)提出者的地位,否认价值观的多元化,把每个人不论是什么种族、性别或阶级降低为一个大概是中立的、普遍的实体。这个研究根本谈不上什么伦理道德,它阻止我们用他者(他/她)自己的语言来评价他者:正如列维纳斯

---

① Christopher Norris, *Derrida* (London: Fontana, 1987), at 160.
② Zigmunt Bauman, *Intimations of Postmodernity* (London: Routledge, 1992), at ix.
③ See, for example, Anthony Carty, (ed.), *Postmodern Law* (Edinburgh: Edinburgh University Press, 1990).
④ Costas Douzinas and Ronnie Warrington, *Justice Miscarried: Ethics, Aesthetics and the Law* (Hempstead: Harvester Wheatsheaf, 1994).

(Lévinas)所言,他者是单个的、独一无二的,我们既不能把他者降低到我们自己眼里的她,也不能指望她遵从我们的规则。因此,有道德地行动并不意味着根据普遍原则来行动,而是根据她自己的独特性和单一性来对另一个人提出需求和要求。道德对于列维纳斯而言不是来自对对称、互惠或共性的接受,而是对于不可减损的他者性的接受:"主观之间的关系是一个非对称的关系。在这个意义上说,我对他者负责,无须等待互惠性,如果我对此十分渴望的话。互惠性是**他的**事情……我对全部责任负责。"[1]

列维纳斯的他异性伦理观发端于"任何行动之前"[2]的他者,而且拒绝把他者降低到同一种类。跟道德哲学的断言相反,这个要求没有取决于普遍的理智或通用的法律,而是取决于与他人赤裸相遇的具体经验。他者,正如杜兹纳和沃灵顿所主张的,在任何道德体制中都是率先出来的,是语言、自我和法律存在的条件;我们对她的要求不仅先于法律规则也先于我们自身的自我维护而存在。他们表示,我们对正义的渴望也是来自我们自身对他者的缺乏与渴望:正义是"哲学家、诗人和律师建立起来的幻想屏风,用以保护他们自己不受对他者有所欲求的影响"[3]。相反,我们的悲剧在于我们从未完全了解他者:我们从不换位思考,从未体验她的体验,从未理解她具体的、与众不同的地方,特别是她独特的、不可复制的处境。我们可能会触及她的世界,可是如果不用暴力是无法走进她的世界。我们面对的挑战就是如何试图接触她却无须使她妥协,无须给她施加暴力或者无须用我们的欲望使她感到痛苦。虽然我们无法成为他者,我们与他者有本质的区别,但是这并非意味着绝望。相反,这可能是对他者的他者性的快乐源泉,也是再认识我们自身的自我感觉的机会:尝试接触他者可能会暴露和打碎我们对自己身份认同的安全感。

正义,就像杜兹纳和沃灵顿所推断的那样,总是一个令人困惑的难题:依情况而定,不可预测,因而也是不可立法的。如何处理正义与我们对他者的欲求之间的僵局,其中一个方法就是要承认公正意味着在一般规则和具体情况之间不断变化。正义不是一套放之四海而皆准的、永恒不变的原则,而是各种各样的标准,这些标准是局部的、实际的、短暂的、无限开放的并且依情况而定。与此同时,尊重他者,把他者看作一个完整的人,在独特的历史环境中看待她的言行,凭

---

[1] Emmanuel Levinas, *Ethics and Infinity: Conversations with Philippe Nemo* (Pittsburgh, Pa.: Duquesne, 1985), trans. Richard Cohen, at 98-9.
[2] Sean Hand, (ed.), *Levinas Reader* (Oxford: Basil Blackwell, 1989), at 290.
[3] *Justice Miscarried*, *supra*, at 80.

借这些相同的标准就会比现代主义者的规则更加具体也更不隐匿,从而给正义赋予了一张面孔、一具身躯、一种性别和一个处境。对于杜兹纳和沃灵顿来说,这种挑战和这种道德责任可以通过"让故事流传开来,让叙述者、受述者以及所述事物不断相互转换,让法官和被告不断相互转换"①来协商解决。因此,对于言说无法言说之事的争议来作证的一种方式,正如利奥塔所言,就是要聆听他者用她自己话语讲述故事,而不是代替她讲述或者代表她来立法。利奥塔反对把正义观当作千篇一律的共识,而是看重微观叙述,在微观叙述中去聆听他者而不是评判他者。这个任务不简单:它包括找到新的流派、新的语言和新的习语来表达而不是吸收或指派他者的不同之处:"必须进行大量的研究工作,以便找到词组构成和词组连接的新规则,这些词组可以表达感觉所揭示的争议,除非人们想要立即通过诉讼解决争议,否则感觉拉响的警报没有一点用处。文学、哲学以及政治中可能存在的风险或许是通过给争议找到习语来为它作证。"②他认为,这个任务可以由这样的艺术家来承担,即此类艺术家不会因为先前建立的规则、评判标准以及熟悉的范畴而感到自我被束缚住了。③

文学和想象通常可以看作走向他者而无须对她侵犯或挪用时所遇困境的一个解脱方法。莫里森当然也怀有这样的希望:她说,"想象不仅仅是观看或注视,也不是毫发无损地成为他者。想象是为了作品而正在变成……作家想象非己之物、使陌生事物变得熟悉以及把熟悉事物神秘化的能力是对其能量的考验"④。让人感到希望的是文学和想象通常可以把我们从自我封闭中挽救出来,使我们能看见他者也能听见他者。虽然文学不能假装在日常物质层面给他者补救不公,但是它有能力帮助我们欣赏、理解和同情我们自身之外的东西,文学的这种能力是其他立法形式的一个起点。

通过文学与他者交流、表达或者接触的伦理任务是作家和读者共同完成的:正如西克苏指出的,"阅读是无限之旅"⑤,读者的想象以及对他者的表达和同情

---

① Costas Douzinas and Ronnie Warrington with Shaun McVeigh, *Postmodern Jurisprudence*: *The Law of Text in the Texts of Law* (London and New York: Routledge, 1991), at 110.

② Jean-Francois Lyotard, *The Differend*: *Phrases in Dispute*, trans. G. Van Den Abbeele (Manchester: Manchester University Press, 1983), at 13.

③ Jean-Francois Lyotard, *The Postmodern Condition*: *A Report on Knowledge*, trans. Geoffrey Bennington and Brian Massoumi (Minneapolis, Minn.: University of Minnesota Press, 1984), at 81.

④ *Playing in the Dark*: *Whiteness and the Literary Imagination* (London: Picador, 1993), at 4, 15.

⑤ Susan Sellers (ed.), *The Helene Cixous Reader* (London and New York: Routledge, 1994), at 172.

是这个过程不可或缺的组成部分。阅读的经历可以完美地将自我溶解到一个全新的不同的自我之中,而不是肯定自己的稳定性或者自治性。

第三节 挪用语言

相对于他者的自我可塑性以及对多样性的接受从来就是只在语言里发生。因此,寻找一门新的语言不同于寻找一些新的正义原则,在正义原则之中不存在脱离语境的真理标准。由于身份是在语言中建构的,所以语言及其破坏力能够构成、破坏、再构成身份。虽然殖民主义和奴隶制的终结在法律上意味着主权的改变,但是这并不意味着剥削的终结或者实际上的自主决定权。因此,白人至上的神话以及欧洲语言、欧洲文学和欧洲文化的普遍影响必须加以协商和进行竞争。对于后者的支配才是更加难以解除的,后殖民时期的作家和评论家近些年来已经将注意力转向到这一点。一方面,殖民时期的写作呈现出全知全能的态势,声称不加区分地在任何时候为所有人而发言。另一方面,殖民时期的评论家们根据这个线索来呈现文本和价值观,并从中发现所有这一切都是一成不变、普遍存在的。

因此,后殖民时期的作家和批评家的一个主要任务就是要挑战自由人文主义批评家的观点,即不论什么时间、地点、肤色和文化,文学都反映且赞美这些永恒的价值观。这类断言是为了白人中产阶级的利益而不是为了全人类的利益,一旦其本质被揭露出来,被殖民者就开始找到了他们的声音,并且要求重述他们的过去。① 西方作家不仅常常假定自己为权威代表着我们所有人说话,而且他们还把自己并不承认或者压抑在自己心中的那些品质赠予他者。② 所以,欧洲白人聪明的地方就是他者感情用事的地方;欧洲人文明化的地方就是他者野蛮的地方;欧洲人善良、得救赎的地方就是他者邪恶且迷失自我的地方。就像我们在加缪《局外人》中所看到的,阿拉伯人被刻画成耽于肉欲的懒惰的异类,跟欧洲人物不一样,他们是同质的、缺乏差异性。欧洲人假定自己有权给他者代言、命名和界定,这一点再次证明了知识是获得支配权的一个重要手段。后殖民期的写作和批评的一个主要后果就是给"种族"这个概念加上了双引号,也就是说,正

---

① See especially Frantz Fanon, *The Wretched of the Earth* (London: Penguin, 1967) [1961], trans. Constance Farrington.

② See especially Edward W. Said, *Orientalism: Western Conceptions of the Orient* (London: Routledge, 1978) and *Culture and Imperialism* (London: Vintage, 1993).

如芭芭拉·约翰逊所言,把它从本质主义和生物决定论的局限中解放出来,并把它作为历史环境、政治环境和社会环境的共同建构来描述其地位。① 为达此目的,他们不得不绞尽脑汁全力对付语言,对付这个过去用来压抑差异而非表达差异的语言。

对于黑人作家来说,就像对女权主义者一样,语言,无论是法律语言还是文学语言,自从奴隶制和殖民过程开始进行并且在语言中制度化了以后,就一直是争斗的战场。用英文写作的图书,正如霍米·巴巴(Homi Bhabba)所言,是殖民者控制被殖民者想象的一个最重要的象征符号,是"视为奇迹的符号"。② 一方面,军事力量、经济力量以及法律力量使得殖民者能够操控被殖民者,能够在被殖民者身上进行刻写;同时,语言通过在被殖民者灵魂上刻写殖民者的价值观而产生的控制和物化进一步加强了这些操控。③ 或者,就像黑人奴隶在《宠儿》中发现的,不只是他们的劳动力和身体,而且连他们是什么和是谁这些"定义"和意义都是"属于那些定义者,而不是被定义者"(190)。

由于这些价值观是刻写在语言里并且又是建立在语言里,所以为了表达新的价值观和新的主观性,我们不仅需要新的法律,还需要新的语言,或者正如莫里森所指出的,我们必须"打碎词语的脊梁":"弄清楚文化(或种族)差异这个问题的最重要也最令人困扰的一个切入点就是它的语言,它的语言无人监管,有煽动性、对抗性和操纵性,有创造性和破坏性,可以隐藏真相又可以揭露事实。"④ 许多黑人作家,尤其是女性作家小心谨慎地使用主人的语言以期击倒主人的房子。在奥黛丽·洛德(Audrey Lord)看来:"主人的工具永远不会击倒主人的房子。它们或许允许我们在他的游戏中暂时击败他,但是它们永远不会让我们带来新的变革。"⑤ 杰梅卡·金凯德(Jamaica Kincaid)则担心"我唯一能用来讲述犯罪的语言就是这个罪犯的语言。那么,这究竟意味着什么? 因为这个罪犯的语

---

① *The Feminist Difference: Literature, Psychoanalysis, Race and Gender* (London, UK and Cambridge, USA: Harvard University Press, 1998), at 11.

② 'Signs Taken for Wonders: Questions of Ambivalence and Authority Under a Tree Outside Delhi, May 1817', *Critical Inquiry* 12 (1), (1985), 144-65.

③ Nguigi Wa Thiongo, *Decolonizing the Mind: The Politics of Language in African Literature* (London: James Currey, 1981).

④ 'Unspeakable Things Unspoken: The Afro-American Presence in American Literature', in Harold Bloom (ed.), *Modern Critical Views: Toni Morrison* (New York: Chelsea House, 1990), at 210.

⑤ 'The Master's Tools Will Never Dismantle the Master's House' in Cherrie Moraga and Gloria Anzaldua (eds.), *This Bridge Called My Back: Writings by Radical Women of Color* (Latham, New York: Kitchen Table Press, 1983), at 99.

言只能表达出这个罪犯事迹的美德。"①

然而,霍米·巴巴则质疑权力和话语完全由殖民者掌控这个观点。他认为,霸权话语也是好恶相克、自相矛盾和一次多义的,因此外人可以侵扰它,再次撕开它的裂缝,利用它的歧义,从而挑战、扰乱和颠覆他们的权威。② 使用一种继承下来的语言是进退两难的,但是这种归属感与疏远感的双重意义,巴巴称作"混杂性",没有必要削弱,相反需要一个成长的机会:就是在"黑人身体与白人心智相冲突"的动力中③,就是在被殖民者为了自己的身份和界定而对于殖民者的文化既抗拒又依赖的二元对立中,同时就是在本土人对于白人文化既好奇又恐惧的矛盾中,新的流派才能得以开发,新的声音才能得以听见。此类声音中最漂亮的,正如我接下来对托尼·莫里森论述中所认为的,不是声称代表了一套普遍的价值观和信念的声音,而是那些精通变革、多样性和差异性的声音。它们没有指望虚构的决议来消除冲突和矛盾,而是旨在处理对他者在她那独特的不可复制的处境中所具有的那些具体的特殊性。

第四节　是赛思的故事,是玛格丽特的故事,还是托尼的故事?

在法律和文学作品中,诸如叙事、故事、历史、虚构和现实等词语不断被使用。这些术语,正如在本文其他地方指出来的,它们模棱两可、词义开放,并且通常都很冗赘啰嗦。因此《简明牛津词典》(the *Concise Oxford Dictionary*)把**故事**定义为"对想象的或过去的事情的描述;一种叙事";而把**叙事**定义为"根据发生顺序对相关联事件的口头或书面的描述",把**虚构**定义为"一个创造出来的想法或说明或叙事"。本章以及本书的一个重要观点就是"虚构""故事""叙事"和"现实"之间的区别是临时的而不是固定的。莫里森的《宠儿》就像马尔克斯的《死亡历史记录》(*Chronicle of a Death Chronicle*)一样阐述了这样一个道理,即叙述一个故事和根据过去真实事件有感而发后创造的小说之间的区分界限模糊不清。结果就是不再有可能分清"真实的"事情与"虚构的"事情,这不仅是因为

---

① *A Small Place* (London: Virago, 1988), at 13.
② 'The Commitment to Theory', *New Formations*, 5 (1988), 5-23.
③ Derek Walcott, 'What the Twilight Says: An Overture', *Dream on Monkey Mountain and Other Plays* (London, 1972), at 12. See also Abdul Jan Mohammed, *Manichean Aesthetics: The Politics of Literature in Colonial Africa* (Amherst, Mass.: University of Massachusetts Press, 1983).

莫里森的介入，而且是因为围绕着玛格丽特·加纳（Margaret Garner）的所谓真实事件已经掺和了虚构：法律以及白人记者企图编写这个故事，用法律的和报纸的读者能够理解和解释的语言来表达。这个故事远未完整：当法律宣布有罪裁定后报纸上对它的描写也就"结束了"，此外还有更多的臆测和流言。在这种情况下，莫里森企图重新讲述这个故事，企图窥探真相，否则真相永远藏匿不为人知。她希望文学和想象力可以有助于将我们至少从某些不完整的叙述、沉默或被迫沉默的证人以及不恰当或不充分的报道中拯救出来。

在讨论《宠儿》时，我主要关注那些跟我这个法律与文学研究有关的中心主题：莫里森解构了那些已有的概念如真相、知识、历史、自我、母性与家庭等概念；她对已有知识的解构被用来为他者作证，在这个故事里就是为那个杀害自己子女们的母亲作证。首先，莫里森如何打破语言常规，用"蔑视与尊重的组合"[①]来表达无法言说的那些东西。因为她使用的语言是奴隶主的语言，是那个犯下罪行的罪犯的语言，所以莫里森要寻找一门新的语言，"用正确的组合、钥匙、密码和声音打破了词语的脊梁。在声音之上叠加声音直到［她找到了］这种语言，当［她这么做］的时候，仿佛是足以震响一潭深水的声浪，又仿佛把栗子从树上震落下来"(261)。

《宠儿》讲述了一个年轻女人赛思（Sethe）的故事，她逃离奴隶制，在最后 18 年里一直跟她的女儿丹芙（Denver）以及她死去的女儿宠儿（Beloved）的鬼魂生活在一起，她们住的地方叫做"124 号"。赛思的生活完全沉浸在"击退过去"(73)这个严肃任务里："她对未来丝毫不感兴趣。她满脑子都是过去的事情而且还想要装进更多的过去，已经没有空间再去想象，更不要说对未来的日子有什么计划了"(70)。"她设想过一系列计划，逃离'甜蜜之家'（Sweet Home），这些计划彻底泡汤了，以至于她不敢再对生活有什么奢求了"(38)。相反，"未来就是把过去给埋葬"(43)，"把所有的一切都忘掉"(118)或者"记住的东西越少就越安全"(6)，同时"把过去从她脑海里给冲洗掉"(119)。但是随着另一个"甜蜜之家"的奴隶保罗·D(Paul D)的到来，过去又在她面前展开了，只是慢慢地展开，如同碎片一样。

跟所有病人都饱受创伤性神经症的折磨一样，赛思和保罗·D 全神贯注的不是创伤性事件本身，而是**不**记得什么事情，这同时证明了他们也无法忘记过去

---

① Danille Taylor-Guthrie (ed.), *Conversations with Toni Morrison* (Jackson, Miss.: University of Mississippi Press), at 187; hereafter referred to as *Conversations*.

的事情。① 莫里森把他们刻画成了在想要忘记和需要记得之间来回摇摆不定的人物形象；赛思的婆婆贝比·萨格斯(Baby Suggs)敦促她将过去的一切抛之脑后："把它们都放下吧，赛思，那些刀剑，那些盾牌……不要再琢磨战争了。忘了那些所有闹心的事情吧"(86)。可是过去不会消失，跟所有遭受压抑的事情一样，过去是它们的一部分，首先就是通过那个怨恨的、恶毒的婴儿鬼魂提醒人们过去还存在着，它打碎了镜子，"从另外一端掀起了地狱般的骚乱"(5)。保罗·D的到来本是要赶走这个鬼魂，不料却又带来了一个叫宠儿的年轻女子，而这个女人似乎就是赛思死去的那个女儿的化身。过去的存在以宠儿的形象贯穿于整个叙事之中，无论宠儿是幽灵还是附体的鬼魂，都在提醒人们"什么都未曾真正死亡"(36)，提醒人们时间不可以简单地划分为过去、现在和未来，时间无情地是一个整体：时间不是线性的，不是渐进的，时间总是现在的，固执地是现在的。

　　赛思发觉回忆是痛苦的，因为"任何死去又活来的东西都会给人造成伤痛"(35)。然而，保罗·D的出现则让痛苦变得可以承担，因为过去"也是他的，他也要去讲述、提炼、再讲述"(99)。尽管赛思和保罗·D都不想回忆过去，但是保罗·D还是把他的记忆存放在"一个烟盒里，并把烟盒埋在胸口，埋在他那一颗红心曾经安放的地方"(72—73)。当他们开始回忆，尤其是分享回忆的时候，他们的伤痛便开始愈合。通过他们的"回忆"，我们得知赛思和其他奴隶在"甜蜜之家"(这个地方"一点也不甜蜜，当然了也根本不是什么家"(14))的遭遇，白人男孩偷窃她的牛奶，她怀孕时企图逃跑却惨遭毒打，以及几周后她的行踪被"没有皮肤的男人们"发现。我们还得知赛思的母亲在被白人主人强奸后把生下的小孩全都"扔掉"了，我们得知"他们是怎样在海莉(Halle)的脸上涂黄油，给保罗·D吃废铁，烧死西克索(Sixo)，绞死她的母亲"(118)。我们得知那些"没能逃脱或者没有被绞死的奴隶是怎么被出租、被出售、被领回、被储藏、被抵押、被赢得、被偷走或被捕获"(23)。然而，最令人震惊的莫过于赛思为了不让自己的孩子变成黑奴而亲手杀死了她那个刚刚会爬的两岁大的女儿宠儿，这件事被断断续续地兜着圈子反复提及，尽管从来没有讲完整。

　　由于回忆对于赛思处理过去十分重要，所以莫里森认为这个集体回忆也是一种责任，不仅是对自我负责，而且是对被遗忘的祖先、对所生活的社会、对自己

---

① 'Beyond the Pleasure Principle', in *The Major Works of Sigmund Freud* (Chicago, Ill. : Chicago University Press, 1952), at 641；"我不清楚创伤性神经症患者在清醒的时候是否一直在回忆他们的遭遇。或许他们没有想起他们的遭遇而是在与之抗争。"

的过去、现在和未来负责。这部小说是根据玛格丽特·加纳的真实事件改编的，玛格丽特在1851年杀死了自己的孩子后企图自杀以便逃离奴隶制度。跟赛思一样，年轻女性奴隶的价格往往比男性奴隶要高，因为女性奴隶"是无须成本就可以自我生产的财产"(228)。玛格丽特·加纳的故事，就像莫里森讲述的，由于废奴主义者认为她应当受到谋杀罪的审判而变成了一个著名的事件。人们可能会认为，她应该为她自己的行为以及为她的孩子们负责，因为从法律上讲女性奴隶及其子女都是她的奴隶主的财产。但是在后来的审判中，废奴主义者失败了，审判玛格丽特的是她"真正的"罪行即叛逃。她叛逃罪名成立，被关进监狱，接着又被归还给了她的奴隶主。①

查阅这件案子的法律报告是试图了解总体的奴隶制度以及具体的玛格丽特·加纳情况的一个方法。然而，那个资讯不可能是全面的，就像我们在《一桩事先张扬的凶杀案》中所看到的那样，非裔美国人没有参与所谓"官方的"历史与法律的编写，这个事实进一步强调了那个资讯只能是片面的。的确，根据1850年《逃奴法案》(The Fugitive Slave Law 1850)的规定，逃跑的奴隶不能为自己辩护。② 莫里森在其著作中引用的奴隶们所撰写的叙事也是充满了空缺和沉默，故意排除了一些太过恐怖的经历以及白人读者可能会感到不悦的描述，因为那些叙事就是旨在给白人读者阅读的。尤其是那些叙述无法接触到奴隶们的"内在生活"；如果我们跟莫里森一样，不仅对奴隶制度感兴趣，而且也对"那些被称作奴隶的**无名者们**"感兴趣的话③，那么这个故事必须要用另外的方式来讲述或补充。跟本书一样，莫里森青睐的方式就是想象。

第五节 其他知识与其他历史

莫里森把玛格丽特·加纳的故事作为她的起点，写下《宠儿》来证明一段不被记录、不被讲述的历史，而且艺术地埋葬了那些"未被埋葬的或者至少未被正

---

① 这是莫里森在1989年接受采访时作出的解答；Conversations, supra, at 251。在一个早期的采访(1985年)中，莫里森说"他们把她关进监狱一段时间，我甚至不知道她故事的结局是什么"。Conversations, supra, at 207。

② 辛西娅·格里芬·沃尔夫(Cynthia Griffin Wolff)调查了报纸对于审判的描述，她指出玛格丽特·加纳被允许为她的孩子作短暂辩护，但依旧不能为她自己辩护。辛西娅跟进这个审判直到玛格丽特·加纳被判决，法院命令把逃亡者送归他们的主人。尽管俄亥俄州要求引渡玛格丽特·加纳，但是她的主人并不想卖掉她让她恢复自由，世人也不知道她回归奴隶生活后的故事：'"Margaret Garner": A Cincinatti Story', *Massachusetts Review*, 32 (1991), 417-40。

③ *Conversations*, at 257。

式埋葬的人和事"①。这对于黑人女性来说更加重要,因为她们的故事不仅没有被殖民者讲述过,也没有被奴隶叙事作品讲述过,后者往往关注从奴隶到自由人以及从自由人到奴隶的历程。② 由于历史记录无法让莫里森深入奴隶们的内在生活,对他们这些奴隶的记忆只能从想象中产生,并且很有必要借助另一门语言来表达。

作为一个美国文化的局外人,莫里森居住在霍米·巴巴称作的"混合空间"(hybrid space)里,她因而可以自由地挪用和批判主人的言语,一边使用这种语言,一边颠覆这种语言。首先要解构的是自启蒙运动以来西方世界所理解的真理概念和知识概念。按照福柯的说法,贾亚特里·斯皮瓦克(Gayatri Spivak)描述了帝国主义如何创造了"一整套已经被抛弃的知识,这套知识要么无法胜任它们的工作,要么阐述得不够充分:天真的知识,这些知识位于社会等级的低端,远未达到认知和科学性所要求的标准"③。莫里森旨在通过重新定义什么是历史以及质问那个淹没了主人之外所有其他人声音的所有叙述来发掘这些被征服的知识。莫里森跟其他后殖民时期的作家一样都面临一个相同的问题,即这些主人们都是力图否决莫里森她们对世界认知的有效性:正如加西亚·马尔克斯指出来的,"我们根据西方主人的而不是我们自己的模式来解读现实只会让我们更加不为人知,更加没有自由,更加孤独"④。他们面临的挑战就是要收回这些结构、提出其他认识方法和质疑帝国主义的知识,这些知识"遭到怀疑就是因为黑人遭到了怀疑"⑤。

对于梦境、迷信、神话、超自然的运用通常被贴上"魔幻现实主义(magic realism)"的标签,这个标签的定义来自西方哲学对于知识的分类,即它将知识分成两种,一种为常识性的或自然的知识(被理解为明显的、真实的因而也是高级的),另一种为"超自然知识"(被理解为虚构的、错误的因而也是低级的)。

---

① *Conversations*, at 209.

② See Valerie Smith, *Self-Discovery and Authority in Afro-American Narrative* (Cambridge Mass.: Harvard University Press, 1987), at 34; also Carole Boyce Davies, *Black Women, Writing and Idnetity: Migrations of the Subject* (London: Routlege, 1994).

③ Gayatri Chakravorti Spivak, 'Can the Subaltern Speak? Speculations on Widow Sacrificing', *Wedge 7/8* (Winter/Spring), 120-30, quoting Michel Foucault, *Power/Knowledge: Selected Intervies and Other Writings 1972-77* (New York: Pantheon, 1980), at 82.

④ 'The Solitude of Latin America: Nobel Lecture, 1982' in Julio Ortego (ed.), *Gabriel Garcia Marquez and the Powers of Fiction*, (Austin, Tex.: University of Texas Press, 1988), at 89.

⑤ 'Rootedness: the Ancestor as Foundation' in Mary Evans (ed.), *Black Women Writers (1950-1980): A Critical Evaluation* (Garden City, NY: Doubleday, 1984), at 342.

这个策略不仅仅是一个文体技巧更是政治性的技巧,因此它对这些分类提出了质疑,探究和打破了维持这个区分的利害关系。特别是在女权主义者和后殖民主义的作家看来,魔幻现实主义给那些被忽视的人们创造了一席之地,这个一席之地被"白人男作家已经排除在外,他们断定任何不可控的东西都是不存在的"[1]。

对于赛思和小说中其他人物来说,鬼魂的存在无须解释,也无须证明其合理性:赛思"想当然地认为——就像天气突然变化一样"(37),保罗·D进门就感觉到有鬼魂。贝比·萨格斯拒绝搬家这个建议,因为"搬家有什么用?……这个国家哪个房子的屋檐下没有死去黑人的冤魂"(57)。在这个语境中,赛思死去的女儿宠儿出现在门口让我们对什么是真实、什么是被诋毁为想象的产物感到困惑。批评家们虽然赞同宠儿的象征性身份(特别是象征了六千万"被遗忘也不被叙述的"黑奴(274),也是莫里森将此书《宠儿》献给那些死在贩奴途中(the Middle Passage)[2]的黑奴们,可是却不清楚她是如何象征的。如果她是一个鬼魂,那么跟《呼啸山庄》中凯西的鬼魂不同,她是"附了体的鬼魂",这一点使她更切合非洲传统迷信而不是来自欧美哥特派文学的那些主题。[3]

我认为,宠儿与其说是一个幽灵倒不如说是一场梦:对宠儿外形的描述强烈地让人想起了博尔赫斯的《圆形废墟》(*The Circular Ruins*),一个男子来到了一座破庙就是为了要"梦到"另一个人。[4] 正像"没有人看见他在那个无异议的夜晚(the unanimous night)从哪里冒出来;没有人看见竹子做成的独木舟沉入神圣的泥潭",在莫里森的文本中"一个衣冠楚楚的女人从水里走出来……没有人看见她出现在或碰巧路过(或走向)一座巨大的黄杨木寺庙"(50)。在博尔赫斯的故事中,这个老人惊恐万分地发现他梦见一个人的梦已经被那个梦见他的人梦到了。我很想知道,宠儿是赛思的梦之产物还是同一个赛思的产物?她希望"如果她真的出现了,我一定会好好跟她讲清楚"(4)。赛思梦见自己跟被她杀死的女儿解释她自己,这是不是也是一个幻想,一个不让她自己"做任何梦见她自己的梦"(20)的一个方法?

我在对博尔赫斯的解读中发现,梦有能力入侵、渗透和影响现实,赛思的

---

[1] Isabelle Allende in Peter Lewis, 'Making Magic', The *Independent*, 3 April 1993, 24-6; quoted in Linden Peach, *Toni Morrison* (London: Macmillan Press, 1995), at 12.

[2] "the Middle Passaage"是指贩卖黑奴时期从非洲西海岸到加勒比海的航程。——译者注

[3] Barbara Christian, 'Fixing Methodologies: *Beloved*', *Cultural Critique*, Vol. 24 (Spring 1993), 5-15.

[4] 我将在第十章论述这个故事。

"梦"让我们想起了坚持基于理性作出统一解释可能忽视掉的其他真理和其他法律。《宠儿》重新定义了什么是真理、什么是知识,也证明了任何叙事皆有可能掩盖了其他叙事,还证明了权威话语(法律的、历史的、宗教的以及政治的话语)是如何让其他声音都静默下来。玛格丽特·加纳的案件以及该小说中的赛思都有相应的法律报告,这个案件被废奴主义者用来阐释奴隶制度的残暴:赛思的代理律师"设法转向弑婴和野蛮哭喊,然后进一步将之变成废除奴隶制的一个案件"(260)。但是这些描述都没有还玛格丽特·加纳或者她的宝贝或者在贩奴途中死去的六千万奴隶一个公道。莫里森在尝试进入无声的静默世界时表明,对这些事件的现有描述是不完整的也没有代表性。奴隶制法律把奴隶定义为财产,却有意把奴隶们的声音给消音了,这些奴隶只是物品却不是法律主体,他们也无法给自己赋予法律主体地位。① 赛思也毫不在意那些对她自己案件的新闻报道,"赛思能够认得 75 个打印出来的词语(其中一半出现在剪报中),但是她知道她不明白的那些词语也没什么大不了,这并不比她必须作出的解释强到哪里去"(161)。小说中另一个逃离奴隶制的人物斯丹普·派德(Stamp Paid)最终成了肯塔基私刑(the Kentucky Lynchings)的见证人,他在描述所见暴行时漫不经心,"这些描述在文件和请愿书里都很详细,充满了'鉴于'(*whereas*)这个字眼,递交给那些法律机构审阅,真恶心"(180)。

读者想要听这些不同的描述必须准备参与其中来共同书写文本。这个文本没有经典现实主义传统所青睐的开头、中间和结尾,也没有全能叙述者负责告诉我们所有真相:相反,赛思的故事伴随着丹芙、保罗·D、社区和宠儿她自己的故事,也被这些后者的故事打破。因此,读者被警示要参与视角、经验和主观性的竞争中来。这种策略是黑人口头传统的延续,它让每一个人都能参与到讲故事和听故事的过程中,因而讲述者和故事也没有严格的区分。②

莫里森颠覆了权威知识,同时解构了西方对于时间的理解。虽然类似的对时间审问的伦理维度在博尔赫斯的小说中并不明确,可是在莫里森的文本里此类审问带有一个明显的政治信息:对于时间的审问不仅让我们想起了列维纳斯的"他者"的时间、黑奴的时间,而且还有精通非线性时间概念的女人的时间。赛

---

① J. Noonan, Jr., *Persons and Masks of the Law* (1976), 42; quoted in Betsy B. Baker, 'Constructing Justice: Theories of the Subject in Law and Literature', 75, *Minnesota Law Review* (1991), 581 at 582.

② See Suzan Willis, *Specifying: Black Women Writing the American Experience* (London: Routledge, 1987), at 14-6.

思说她很难"相信"时间(35),文本把时间演绎成任意的、循环的、重复的、矛盾的以及模棱两可的东西。赛思和她的两个女儿属于另一个不同的时间,不同于法律和制度的连续时间,生活在克里斯蒂娃所说的"女性时间"①里,这种女性时间是一种循环安排,连接的是重复、生殖和永恒而不是渐进、结局和抵达。

宠儿的回归,不论是以鬼魂的形式还是以实体的形式,不仅摧毁了生与死的区分,而且还摧毁了西方的历史观念即认为历史是直线形的、循序渐进的和有目的的。过去、现在和未来同时存在并且瓦解成为永恒的当下,"今天总是在这儿……明天永远不会来"(60)。在这个永恒的当下,空间也不遵循地理规则;随着过去的事情在所谓的现在一直发生下去,不仅记忆就连人物他们自己都同时存在于非洲、肯塔基和辛辛那提等不同地方,最痛快的是在行程中他们被迫或者试图从中间开始。因此,无论宠儿是一个符号、一个"真实的"人、一个梦还是一个鬼魂,这都不重要。要否定她模棱两可的身份,要根据已有的认识论图式来寻找或者说来溶解这个谜,就是要抢夺该部小说以及我们自己的有趣难题及其给我们带来的伦理挑战。当这个不受时间影响的永恒被保罗·D以及更加广泛的社会所侵扰时,这个挑战便成了设想一种安排,在这个安排里男人的时间和女人的时间、循环的时间和线性的时间、死人的时间和活人的时间、法律的时间和爱的时间都能够共存同处。这个挑战无法满足,除非我们也能设想出新的方法来认识我们自己和他人,尤其是准备承认我们不是分离的、安全的或自主的,因而也不是彼此竞争的,相反,我们总是并且永远都是彼此相关,我们确实是他者的延伸,从跟我们的母亲开始就总是这样,无法避免。

第六节　映射新的自我

我们努力突出和理解他人的时候常常遇到的困扰就是,我们倾向于把她看作一个简单的、不变的整体。相反,莫里森提醒我们这些身份根本不是静止的、稳定的或统一的:从赛思开始,人物刻画都是通过描述他们所有的紧张和冲突而展开的。赛思及其周遭事物,不论是有生命的还是无生命的(包括房子里弥漫着愤怒和温和的气息以及房子里活人和死人的欲望),都不是既有的、可知的或中心的,而是多样的、流动的、动态的以及社会上偶发的。此外,她传达出身份带来

---

① Julia Kristeva, 'Women's Time' in Toril Moi (ed.), *The Kristeva Reader* (Oxford: Blackwell, 1986). 我在第十章将进一步论述这个主题;"女人时代"也是我最后一章中的阿里阿德涅的时代。

的痛苦,这些身份不是那些肉体的寄居者所挑选、形成或发展出来的而是由其他人在他们身上刻写出来的。正如《一报还一报》所描述的,女性的身体是由白人男性的墨水刻写出来的,特别是赛思她自己给那个学校教师做出了墨水,然后那个教师用这个墨水在他的笔记本上记录下他奴隶的"兽性的"和"人性的"对比性格。赛思只记得她母亲的胸口有一个被圈起来的叉形记号,跟她母亲一样赛思身上也被烫出一个标记,准确地讲这个标记是由她的侄子们烫出来的,他们欺负她,偷她的牛奶,残暴地毒打她,在她的背上烫出了一块像是"野樱桃树"的标记。她在被烫标记时痛的咬掉了自己的舌头,这样从根本上剥夺了她说话的工具,这也隐喻她从此失去了发言权(202)。这种侵害伤到了赛思的背部神经,她丈夫亲眼看见了这一切却又无力阻止因而又精神崩溃了。赛思不愿意再谈及此事,当保罗·D问她事物怎样才算是"内部的",她回答"我没有走进过内部"(45)。然而,她背上的印记不断地提醒她,她的心灵"无家可归"(205),这反过来有时也会刺激她讲述她的故事诉说她的苦难。正如德勒兹和加塔利所言,"假如有人想把这个铭刻在赤裸身躯上的东西称作'写作',那么必须得说言语实际上是写作的前提,正是这个铭刻符号的残暴制度让人能够掌握语言,并且让人可以记下说过的话语"①。然而,赛思有一件事是难以言表的,即谋杀她女儿宠儿的一系列事情:"赛思知道她在房间里、在她身边、在这个话题周围所兜的圈子都会一直兜下去。她永远不会为了哪个刨根问底的人兜完这个圈子或者是把这个圈子给摁住不再兜。如果他们没有马上听明白——她也永远不会解释"(163)。

　　赛思的婆婆,她"忍受着60年来失去子女的痛苦,抢走她子女的那些人咀嚼她的生活然后又将之吐出来就像吐鱼骨头一样"(177),当被问及如何称呼她自己的时候她感到不知所措:"我不知道自己叫什么,我什么也不是"(142)。相反,悲伤成了荒凉的中心,那个没有自我的自我在这里安家落户。尽管悲伤的是她不知道她的子女们埋葬在何方,也记不起来他们活着的模样,但是事实是她对他们比对自己还要了解,从未有过一张示意图来发现自己是个什么样的人。然而,这个"示意图"是在他人肯定的目光中加以寻找的,所以它不是"一成不变的":目光的主体和客体居住在不同位置,受到阶级、种族、性和性别等其他要素的影响,它们的身份和自我理解随着每一次目光相遇而不断变化。莫里森坚持用多个叙

---

① Gilles Deleuze and Felix Guattari, *Anti-Oedipus: Capitalism and Schizophrenia* (New York: Viking Press, 1983) trans. Robert Hurley, Mark Seem, and Helen R. Lane, at 145.

述者、间断的时间顺序和碎片式的叙述加剧了身份的脆弱感。人不是完整的、稳定的因而也不是可知的,这个威胁的言论不仅影响了小说中的人物而且也影响了读者,就像莫里森她自己好像所期盼的,"读者被抢夺、被撕扯、再被扔进一个完全陌生的环境……就像奴隶一样从一个地方被抢夺到另一个地方再被抢夺到一个又一个不同的地方,毫无准备,也毫无防范"①。

伊芙琳·杰夫·施莱伯(Evelyn Jaffe Schreiber)在对《宠儿》进行拉康式的解读中描述了小说中黑人人物是如何从把自己视为白人(这往往多是男性)的眼中之物到逐渐地痛苦地开始把自己看作一个主体的转变过程。保罗·D意识到,是别人的看法界定了他的身份,不论这个人是善意的加纳一类的人还是凶狠的那个学校教师之流的人,"这一点困扰着他,关于他自己的男子气概,他无法使他自己感到满意。哦,他做了一些很男人的事情,可是,那是托加纳的福还是出于他自身的意愿?……是说它的白人让它出现的吗? 要是加纳某天早晨醒来后改变主意了呢?"(220)。客观化的极端例子就是那个学校教师把奴隶的性格分为畜生性格和人的性格,而主体化则是从跟他人联系、关爱他人并受到他人关爱开始的。跟"奴隶制的寄生本性[篡夺了]他者的主体性来为自己服务"不同,别人关爱的目光有助于获得自我认知和对自我价值的肯定。②

对自我的这种认识掩饰了这样一个事实,即西方法律体系取决于个体是稳定的、连续的、以自我为中心的和统一的这个概念。相反,贝比·萨格斯的布道将自我看作跟社会相关联的,提倡集体的而不是个体的政治行动。③ "声称对被解放的自我拥有所有权",这就要求进一步学会理解和体验自己的身体以及自己的欲望,在奴隶制社会里这些都是被禁言的而且服从于奴隶主的欲望。贝比·萨格斯的布道颠倒了传统的身心等级制度,该等级制度通过白人的大脑掌控黑人的身体这个二元性来为奴隶制和帝国主义辩解并维持它们的存在。她的布道敦促她的受众从关爱他们的身体开始,"他们的赐予生命的身体隐私部位",他们的"肉体,那个会哭也会笑的肉体,那个光着脚丫子在草地上跳舞的肉体。

---

① 'Unspeakable Things Unspoken: The Afro-American Presence in American Literature' in Harold Bloom (ed.), *Toni Morrison*, *supra*, at 228.

② Evelyn Jaffe Schreiber, 'Reader, Text and Subjectivity: Toni Morrison's *Beloved* as Lacan's Gaze Qua Object', *Style*, Vol. 30, No. 3, (Fall 1996), 445-61, at 457.

③ See April Lidinski, 'Prophesying Bodies: Calling for a Politics of Collectivity in Toni Morrison's *Beloved*' in Carl Plasa and Betty J. Ring (ed.), *The Discourse of Slavery: Aphra Behn to Toni Morrison* (London and New York: Routledge, 1994).

爱它吧,深深地爱它吧"(88)。①

记忆重现(rememory)这个概念加强了身份是相互关联的印象,因为记忆并不是个别人的财产,而是被描述为具有一个空间维度,过去的事情活鲜鲜地"就在那儿,就在世界上",任何人都有可能"偶然碰到"。② 赛思通过将她的故事放置在保罗·D故事的"旁边",这样她就能够记起并重述她的过去。这些被分享的经历的"含义",跟关于她的案件的法律报告的含义不同,并不指望是最终的、统一的或者是独白的,而是多个声音持续对话的(公开的)总和。这个故事借助多种多样且竞争对立的声音提醒我们,自我认可只有在跟他人的对话中才会产生,这样的对话让我们意识到我们"总是自己,同时也是他者"③。

第七节 构想的基础

将黑人这个他者呈现为可塑造的和不确定的这个决定并非没有矛盾:莫里森坚持认为"最佳的艺术是政治艺术,作家必须能够给自己的作品赋予毫无疑问的政治性,同时也赋予毋庸置疑的审美性"④。她将自己的政治议程描述成为非裔美国人主张其过去,并将非洲社区与她称作根基的祖先(the Ancestor as Foundation)重新连接起来。这就意味着她无法避免地要参与到身份的建构中,换句话说,就是沦为本质主义危险的牺牲品。对这位通常意义上的后殖民主义作家来说,对所失身份的渴望与后现代主义对过去或现在的稳定身份的否认发生了冲突。贾亚特里·斯皮瓦克质疑这种恢复底层民众的声音就是本质主义小说的主张,她认为没有哪个底层庶民能够了解并表达他自己,因为被殖民的底层**子民**无法挽回的都是异质的,而且它的身份就是它的差异性。⑤

在《宠儿》这部作品里,黑人社区一开始强烈谴责赛思,因为她看上去很骄傲,并且她拒绝认为自己的行为是有罪。她认为孩子是她的个人财产,这不仅挑

---

① This theme is the focus of David Lawrence,'Fleshly Ghosts and Ghostly Flesh:the Word and the Body in *Beloved*' *Studies in American Fiction*,Vol. 19 (1991),189-201.

② "如果房子被烧毁了,它就消失不见了,然而这个地——这个房子的情景——还依然存在,就存在于我的记忆里,但是就在那里,在这个世界上……当你突然想起另外一个人的时候它就在那里"(36)。

③ Luce Irigaray, *This Sex Which Is Not One*, trans. Catherine Porter (Ithaca, New York: Cornell University Press, 1985), at 217.

④ Toni Morrison, 'Rootedness: the Ancestor as Foundation' in Mary Evans (ed.), *Black Women Writers (1950-1980)* (Garden City, NY: Doubleday, 1984), at 344-5.

⑤ 'Can the Subaltern Speak?', *supra*.

战了奴隶制度,该制度否认她有权拥有自己子女,而且还因为不让子女跟社区接触从而冒犯了社区。赛思对宠儿过分的母爱(就像保罗·D所说的那样,这对于一个曾是奴隶的女人来说太"危险"了,因为她的子女的命运就像她自己的一样都总是掌握在奴隶主的手里)包括否认其他的爱,特别是与社区之间的联系。这个社区习惯了贫穷和自我否定的管理体制,所以认为贝比·萨格斯过度的慷慨是"轻率鲁莽"的,也是狂妄自大的。他们仍然需要学会认识到曾经为奴的人也有权利去追求自己的欲望、享受自己的生活或者分享如此丰富的人生。赛思因此被人说三道四,她不仅受到了白人法律体系的惩罚,也受到了黑人社区的惩罚,该社区认为监禁他人就是将其排斥在该社区之外。生活在这个社区里的人拒绝到赛思家串门,拒绝分享她的食物,而她也不会到别人家中去或分享他们的食物:"没有人跟我们说话,也没人来我们家,"丹芙说(14)。赛思拒绝接受来自社区里的帮助,即使是对那些像艾拉(Ella)这样同情她的人也不例外,换句话说,赛思在构建自我的过程中拒绝接受对他人的需求,这就是赛思高傲的自尊心的体现。

  然而在小说的最后,正是妇女团体过来解救赛思并把她带回到符号秩序的现实中。而促成这个和解的媒介就是赛思的女儿丹芙,她下定决心要离家出走,挣脱这个家庭的束缚到外面的公共领域里闯荡,到外面的世界里找份工作寻找帮助。这个文本表明社区在身份塑造过程中的重要性以及社区在解决自我和他者之间冲突的重要性,这就意味着我们既是个体又是社会组织中的成员,以及我们只有在跟他人联系的过程中才能获得真正的自由。莫里森的政见让人想起了汉娜·阿伦特(Hannah Arendt)的自由观,即自由是公民身份和参与公共事务而不是与人隔离互不干涉。① 阿伦特很明显主张以希腊城邦制度为模板让个体参与到公共舞台之中。莫里森也评价了希腊悲剧对她写作的影响,尤其对她在参与社区行动和叙述此事这两个方面的影响。② 在《宠儿》这本著作中,社区活动贯穿始终,就像是合唱在希腊悲剧中一样,起初谴责赛思,但是继而开始渐渐理解、接受并支持她。

  这本书的引言这样写道,"我会称他们为我的人民,可他们却不曾是我的人民;她的宠儿其实并不受宠",这句话表明,充满爱的社区的救赎品质可以帮助人

---

  ① Hannah Arendt, 'What is Freedom' in *Between Past and Future: Six Exercises in Political Thought* (Cleveland, Ohio: Meridian Press), 1961.

  ② *Conversations*, at 132 and 176.

们从白人男性的父权法律中解脱出来。① 然而,社区的作用不是意义单一明确的。当然在小说中奴隶制及其支持者们代表了绝对的邪恶。可是这个社区看见那个学校教师走向赛思却没有提醒她,这一点社区也要负一定的责任。宠儿的归来不仅提示她的咽喉被她的母亲给割断了,那段被压抑的过去依然存在,而且还提示这个社区由于其自身的嫉妒和"小气"并没有保护她免遭此劫。芭芭拉·约翰逊认为,假如莫里森的文本是坚持对"家"的承诺,这个承诺是在家这个语境中存在的,但这个家"已经不存在了,而且总是不复存在了"。② 此外,正是赛思作为一个局外人才让这个社区认识了它自己且界定了它自己,她标明了什么是内部的和什么是外部的区分界限。莫里森因而使这个被她歌颂的社区成了问题,这个歌颂与对局外人的歌颂是相称的。③ 因此,在本书的末尾,用本尼迪克·安德森(Benedict Anderson)的话来说,这个社区差不多就是"想象中的社区",可是莫里森暗示,这个社区是个体和集体所必需的基础。

社区对于实现自由的作用因为这个事件而变得更加复杂,即"解放你自己是一回事,声称对那个被解放的自我拥有所有权又是另一回事"(95)。莫里森认为,奴隶制结束本身对于自由的实现是不够的。贝比·萨格斯在这个恐怖的奴隶制度中先后失去了七个孩子,她是本书中第一个体验到自由的奴隶,这让她着实吓了一跳:她现存的儿子五年来放弃周日休息时间拼命挣钱就是为了把她从奴隶社会中赎买到自由社会,并且"给了她自由,就在自由还不值一提的时候"(23)。保罗·D说,自由意味着"到那里你可以热爱你的每个选择——不需要许可证就可以想做自己要做的事——好吧,**那**就是自由"(162)。尽管贝比·萨格斯短暂地体验到了"优雅"的状态,但是社区在赛思犯事之后又排除她和她的家人,让她生无可恋,"要么死去,要么就这么活着"(4)。赛思法律上的自由并没有让她从肉体的欲望中解脱出来,也没有从对她两个女儿的要求中解脱出来,也没有把她从不可言说的过去的羁绊中解脱出来。社区开始来帮助她跟这些欲望的相互冲突的需求进行谈判,但是她仅有一次准备面对这些欲望与之和谈:莫里森认为,社区不可以被强迫但是必须任人自由选择,而后它才能被赋予救赎的力量帮助自我实现自由。

---

　　① See Mae G. Henderson, 'Toni Morrison's *Beloved*: Remembering the Body as Historical Text' in Hortense Spillers (ed.), *Comparative American Identities* (New York: Routledge, 1991).
　　② *The Feminist Difference*, *supra*, at 75.
　　③ See Cynthia Davis, 'Self, Society, and Myth in Toni Morrison's Fiction' in Bloom (ed.), *supra*, at 14.

因此,至于社区作为基础或结论,这并没有通过简明扼要地表达黑人社区、黑人自我或者黑人历史得到实现:黑人社区的身份跟他者的身份一样不是固定的、可知的,它是流动的、不断变化的,而且在伦理道德上是矛盾的,对于我们读者而言幸好它也是无穷无尽的。

第八节 母性原型的再思考

在西方文化殿堂里,很少有哪个人物比亲手杀死自己子女的母亲更加有力量和更加令人毛骨悚然。艾德丽安·里奇(Adrienne Rich)认为,这个刻板印象创造出来是为了应对男人对母亲权力的恐惧,"给予或扣留营养和温暖的权力,给予或扣留生存的权力"。① 当然这就是赛思和《宠儿》以及莫里森其他小说中的其他母亲确实亲力亲为的事情。赛思的儿子们一旦长大成人羽翼丰满之后就离开了"124号"。"我认为他们宁愿跟会杀人的男人混在一起,也不愿意跟会杀人的女人同居一室"(205),这是他们姐姐的解释。赛思杀死了"她自己的最心爱之物",这唤起了自欧里庇得斯的《美狄亚》(Medea)以来西方文化界赋予会杀人的母亲们的所有恐惧。然而,跟美狄亚不同,赛思并不是"因为某个男人"而杀害她的孩子,她的行为是出于对孩子过度的爱和责任。约瑟芬·麦克唐纳(Josephine McDonald)在她描写18世纪和19世纪英国文学作品中杀婴行为的研究中发现,会杀人的母亲是如何习惯于担当急剧变革时期社会自身未解决以及不可能解决的渴望所带来的重担。杀人的母亲另外还被描述为终极性的他者即野蛮的未开化的女人,她抛弃了母性品质,威胁社会,要动摇社会的基础结构,另一方面,作为最终的母亲和英勇的殉道者,她牺牲了她最宝贵的财富,指出了那些结构的失败之处和压抑人性的地方。②

这些冲突和矛盾再一次在莫里森的文本中得以探究,该文本没有驱散或解决她行为中的矛盾和绝望,反而自始至终在文本中保留了这一点。通过做这些难以启齿和不堪设想的事情,赛思见证了黑人女奴面对"将她最好的部分……被

---

① Adrienne Rich, *Of Woman Born: Motherhood as Experience and Institution* (London: Vigaro Press, 1977), at 67.

② Josephine McDonald, 'Infanticide and the Boundaries of Culture from Hume to Arnold' in Susan C. Greenfield and Carol Barash, *Inventing Maternity: Politics, Science and Literature, 1650-1865* (Ky: University Press of Kentucky, 1999).

玷污"①的威胁时所感受到的绝望。弑婴不仅仅是一个例外的顺从行为,也因此被视为一种反抗行为,是无权无势之流可能采取的**为数不多的**反抗行为中的一个。② 尽管赛思自己认为这一切无疑是别无选择,可是黑人社区包括爱她的男人都拒绝宽恕她的行为。跟贝比·萨格斯一样,见证了赛思行为的读者既不能"赞同又不能谴责"她的"艰难抉择"(180)。

在莫里森本人看来,《宠儿》既是关于母性品质的作品,它是关于"谋杀作为母爱的一部分,养育的反常行为,以及爱的暴力",也是关于"做你自己与自己所爱之人以及与母亲之间的紧张冲突作为"。③ 作为母亲与作为有自主权的自我这两者之间的分裂,以及怀孕作为对身份挑战的极端情况的体验,④都在赛思对宠儿的讲述中描述出来了:"你趴在我的背上睡着了,丹芙睡在我的怀里,我感觉整个人都被劈成了两半"(202)。生完孩子后,紧跟着分裂的就是自我与他者之间区分的溶解,因为母性被体验为整体性和完整性:"我就是宠儿,她就是我的……我和她不可分,无论在哪里我都不可能停止想她,她的脸就是我自己的……她在笑,我就是她的笑声,我看见她的脸,她的脸就是我的……她在冲我笑,那是我自己的脸在笑"(210—213)。

赛思"浓烈的爱"的危险在于,就像保罗·D所说的,她完全融进了她的孩子;赛思没有把自己的身份看作分开的、自主的,她紧紧抓住母亲这个角色,把它视作这个身份唯一的稳定要素,要不然这个身份就会很脆弱。作为一个被她自己社区更加排斥的黑人女奴,赛思在过度的爱和母性中创造了她用社会的、法律的或金融的术语所无法给孩子们提供的东西。母子关系这个概念融为一体不仅对于母亲而且对于孩子都是危险的:正如伊利格瑞所言,"假如女人只是母亲,那么孩子就不会有女人的意象,那么因此就不会有性差异的意象"⑤。

赛思与宠儿之间的关系描述的越来越多,这些描述的语言让人们想起了吸

---

① *Conversations*, *supra*, at 207.
② 参见伊丽莎白·福克斯-真路维斯(Elizabeth Fox-Genovese)的观点,她认为奴隶制下的杀婴是在挑战奴隶主对奴隶孩子的财产权,是在将这个权利收归自己:*Within the Plantation Household* (Chapel Hill, NC.: University of North Carolina Press, 1988), at 324. Also Jon-Christian Suggs, Letter to the Editor, *Forum* 116。
③ *Conversations*, *supra*, at 5, 241, 286, 254。
④ See Julia Kristeva, 'Stabat Mater' in Toril Moi (ed.), *The Kristeva Reader*, *supra*,怀孕中体验的"分裂"在这里被描述为对主体身体作出的终极挑战形式。
⑤ Luce Irigaray, 'Etablis une genealogie de femmes' *Maintenant*, 12, 28mai 1979, at 44; quoted in Elizabeth Grosz, *Sexual Subversions*: *Three French Feminists* (St Leonard's, Aus.: Allen & Unwin, 1989), at 120.

血鬼及其受害者之间的关系。① 跟白人孩子喝赛思牛奶以及白人男性咀嚼贝比·萨格斯的人生然后"像吐鱼骨头"那样再把它吐出来所不同的是,宠儿真正地同时也是隐喻地开始用她自己"无穷无尽的欲望"来消耗赛思的生命。她的欲望,"几乎不可控"(59),就是要跟她母亲融为一体,而她的母亲也要跟她融为一体:"我和她分不开……她的脸就是我的,我想就在那儿盯着她的脸,一直盯下去"(210)。宠儿的胃口特别大难以填饱,尤其爱吃甜食,赛思不仅被宠儿的眼睛始终"舔着、尝着、吃着"(57),而且还被她拼命想让宠儿的食欲不断被满足的想法"舔着、尝着、吃着"。"宠儿长得越大,赛思就变得越小……宠儿吃光了赛思的生命,带走了它,用赛思的生命长大了也长高了她自己"(250)。

她们长大/缩小的过程相应地平行发展,但是也跟怀孕相反,因为是女儿"一天比一天长大"(239)而赛思却在缩小,仿佛赛思要试图钻进**宠儿的**子宫里以获得安全感。这样极端的自我与他人之间的身份识别再次提出了安吉拉·卡特的美女们与野兽们所面对的挑战,也就是找到一个人欲求另一个人所凭借的手段并非意味着另一个的灭亡。贝比·萨格斯的布道中谈及的分享食物与爱的社区是莫里森提出来解决"吃好"的一个方法。② 当母女关系从近乎完全相同的两个人之间的狭小区别中提炼出来然后在社区这个语境中再重新界定的时候,它对于母女二人潜在的毁灭性影响就可以检测出来了。这就是赛思通过她另外一个女儿丹芙的介入慢慢获取的教训,丹芙在当下走到外面的社区以此憧憬未来,而这个做法是赛思长期以来痛苦地忽视掉的。

因此,这个文本给母性意义提出了疑问而不是赋予了浪漫温情的色彩,这就提醒我们,正如帕特里夏·克劳夫(Patricia Clough)所主张的,母性的界限从本质上说不是固定不变的,从文化上说也不是固定不变的,而是一个斗争的战场。很显然,这就表明恢复女性作为母亲所担当的一切的体验是困难的,同时这也表明了只有跟想象在一起才会有记忆。③ 保罗·D 批评赛思太过于宠爱她的孩子,可是赛思对此却十分抵触,因为她已经拒绝法律、奴隶主以及黑人社区对她

---

① See Pamela E. Barnett, 'Figurations of Rape and the Supernatural in *Beloved*', *Proceedings of the Modern Language Association*, Vol. 112, (1997), 418-27.

② Jacques Derrida, 'Eating Well or the Calculation of the Subject', in *Points... Interview, 1974-1994*, ed. Elizabeth Weber, (Stanford, Ca.: Stanford University Press, 1993), trans. Peggy Kamuf and others; 这一点,我在第六章详细论述了。

③ *Feminist Thought*, (Oxford: Blackwell, 1994), at 58. These themes are addressed in greater detail by Barbara Hill Rigney, *The Voices of Toni Morrison* (Colombus, Ohio: Ohio State University, 1991).

行为的谴责:"对他来说难以入耳。爱得太浓了,他说。我的爱过去是太浓了。他对此又了解多少?……我要是告诉你我的一切,我也意味着我就是你的了。离开我的孩子,我是活不下去的"(203)。赛思本人很清楚"除非无忧无虑,否则母爱就是杀手"(132),但是纵览全书她给她自己赋予的任何身份全部都是围绕着做好一个母亲的职责而展开的:"她最宝贝的就是她的孩子们"(251),她坚持认为,甚至在小说结尾保罗·D敦促她去相信"你是你自己最宝贵的东西,赛思。你是这样的",她似乎还不相信,她在小说中最后的几句话也是问句,"我吗?是我吗?"(273)。

保罗·D没有弄明白的是,对于赛思以及对于其他母亲们来说,母性的体验不仅是撕裂而是"散布……对多样性的拥抱"。① 正如克里斯蒂娃所描述的那样,孩子的降临把母亲从她的单一性中提取出来,让她有可能接触到他人从而忘记她自己。② 正如玛丽亚·阿西娅(Maria Ashe)和伊丽莎白·托宾(Elizabeth Tobin)所详细论述的,《宠儿》代表了被压抑的母性话语,并且提醒我们母性的法律定义所缺失或忽略的地方,因为它们无法被抑制:特别是,法律坚持认为主体是可分离的、自给自足的,这一点不能令人满意地解释母子关系。③ 它进一步地提醒我们有必要对母性和家庭进行种族化与历史化的界定,通过创建不符合西方认为家庭是核心单位的主张来界定母性和家庭。母性话语可能很关键地提供了新伦理的开始,这种新伦理从母亲对于最陌生的同时也是最亲密的他者的关爱开始,动摇了个体是分开的、利己主义的以及高度自给自足的这个概念。

第九节 窃窃私语那些难以言喻的东西

《宠儿》把他异性这类伦常戏剧化了,它调解自我与他人之间的冲突,使我们能够在另一个人身上认识到我们自己以及我们与他人之间的亲近程度。从那个

---

① Barbara Hill Rigney, *The Voices of Toni Morrison*, supra, at 46.
② "然而,不能归人能指的异质性随着怀孕(文化与自然的门槛)以及随着孩子的出生(这把女人从唯一性中提取出来,然后让她有可能而不是肯定接触另外一面即伦理道德)猛烈地爆炸开来。" 'Stabat Mater' in Toril Moi (ed.), *The Kristeva Reader*, supra at 182.
③ Maria Ashe, 'The Bad Mother in Law and Literature: A Problem of Representation', 43, Hestings Law Journal (1992), 1017, and Elizabeth Tobin, 'Imagining the Mother's Text: Toni Morrison's *Beloved* and Contemporary Law', 16, *Harvard Women's Law Journal* (1993), 233.

定义上来说,这个文本达到了列维纳斯所说的邻近性(proximity)。① 正如玛丽亚·阿西娅、伊丽莎白·托宾以及罗宾·韦斯特(Robin West)已经论述的,哪里有做奴隶的母亲成了一个沉默的或者被迫沉默的受害者,哪里就会有她自己叙述的客体而不是主体,莫里森给了她发言权,这就证明了利奥塔的个体差异(differend),说出了不可言说之事。② 然而,要让这个不可言说之事被他人听见,莫里森必须要打碎词语的脊梁。作为一个黑人作家,她使用的语言是一种不经意就会表达出它试图隐藏的对白人优越感的无意识偏好的语言。因此,她不得不用语言来调整自己,永远警惕这门语言的陷阱和缺陷以便把它从它潜在的种族主义语调中解救出来。③ "西克索,这个野人"(11)意识到了语言的这个危险因而拒绝说英语,但是在《宠儿》以及莫里森其他小说中,正是女性才有可能推翻现有表达方式并创造出一门新的语言。这个任务,莫里森称作"词语工作",它是"令人崇敬的"④:它不仅仅取消了旧的意义,而且还创造出确保女人差异性的新的意义,创造出新的主体性,创造出阅读、写作和生存的新方式。

赛思意识到她的女主人有过一种不同的语言,她认为她当时听不懂或者已经忘记了。然而,这种语言依然保持它的威力,虽然没有词语的威力大,但是跟音乐、节奏和意象的威力差不多。这些东西慢慢浮现在赛思眼前,虽然是零零碎碎的:因为词语是不重要的,而信息才是,而且"这个信息——曾经是并且一直是就在那儿"(62)。"124号屋子里女人们的想法,无法言说的想法,没有言说"(199),这占据了克里斯蒂娃所谓的符号学领地(semiotic chora),这是一种母性语言,是男性语言和父权法律的前身。在赛思的儿子们以及保罗·D被宠儿赶走之后,这座房子就成了语义符号发号施令的牺牲品了,这种语言是像保罗和斯丹普·派德这样的男人无法理解的。这种语义符号可以在脉动、语调、节奏、矛盾以及男性语言的沉默中被感知,它威胁要打破、扰乱和动摇符号秩序。⑤

克里斯蒂娃想知道这种语言的颠覆性力量,但是也警告了过于充分地认可

---

① "亲近性的关系不能被降低为任何距离形态或者几何接触,也不能降低为邻居的简单'表征';它总是一项任务,一项责任,不合时代地早于任何承诺": Emmanuel Levinas, *Otherwise than Being, or Beyond Essence* (Kluwer: The Hague, 1981), trans. Alphonso Lingis, at 100-1。

② *Supra*; Robin West, 'Communities, Texts, and Law: Reflection on the Law and Literature Movement', *Yale Journal of Law and the Humanities*, Vol. 1 (1988), 129-56.

③ *Playing in the Dark*, *supra*, at xii-xiii.

④ The *Guardian*, 'The Looting of Language', December 9, 1993.

⑤ Julia Kristeva, *Revolution in Poetic Language* (New York: Columbia University Press, 1984), trans. Margaret Waller, at 50:"在'艺术'实践中符号学——符号的先决条件——被揭示出也在破坏符号。"

它可能会带来危害。"女人",她警告说,"要是符号秩序垮掉后也就没有什么可以笑谈的了……她可以从中获得乐趣,通过跟母亲相认,跟分娩生命的阴道相联系,她可以想象她是崇高的、被压抑的力量,这种力量通过与他者分裂开而重新产生……但是她却很容易死于动乱中"。① 在克里斯蒂娃看来,关键在于改变而不是摧毁符号秩序,要在法律范围内表达自我,要在法律范围内找到自己的方式去挑战和重新界定法律而不是消灭法律。在《宠儿》里,是丹芙意识到了语义符号的循环必须要被突破,以便找其他女人来帮忙解救她的母亲。这些女人们走到一起开始祷告,但就在那时"她们停下祷告后退一步回到起点。在起点处是没有词语的,起点处只有声响,而且她们都知道那个声响听起来像是什么……在赛思看来,它仿佛是清场扫地声,这个声音朝她走来,带着它所有的热量和即将爆发开来的叶子,就在这里女人们的声音在寻找合适的组合、音调、密码以及那个打破词语脊梁的声响。这些声音一个个叠加起来,一浪高过一浪直到它们找到了一切,当它们成功地找到了一切,那个无比响亮无比辽阔的声浪足以震响一潭深水,足以震落栗树上的坚果"(261)。

正如我在最后一章所论述的,这也是阿里阿德涅的语言,这种语言开始是没有词语的,只有情感,那种情感就是爱。我认为,律师在其迷宫里很害怕这种语言,力图否定它的精确性并且宣布在其法律体系中这种语言是无效的。它是感官的、复数的以及流动的。它超越且推翻了法律语言,后者坚持单数的、固定的和精确的意义。法律坚持把事件减少到可控的范畴内,结果摧垮了它们的复杂多样性。跟法律分类不同的是,莫里森描述了善良与邪恶、有罪与无罪之间的互惠本性。赛思出于爱谋杀了宠儿,这不是理性所倡导的,可却是单数的、独特的以及不可重复。通过让他者去死来得到她,赛思挑战了符号秩序对于欲望与死亡之间关系的坚决否定,这种关系和压抑,我们在《一报还一报》以及《呼啸山庄》里也都见到过。然而,莫里森没有给赛思免除罪责,黑人社区因为没有及时提醒她那个奴隶主已经冲她走过去,所以也没有免除她的罪责。与此同时,她警告我们不要去评价赛思,也拒绝去评价她本人。在后续的采访报道中她说,"尽管这么做无可厚非,可是赛思没有权力这么做"②。这种道德的模棱两可以及"弑婴在伦理责任方面的悖论"③贯穿于小说的全文。结果,正如玛丽亚·阿西娅和伊

---

① *The Kristeva Reader*, supra, at 150.
② *Conversations*, supra, at 272.
③ The phrase is Elaine Jordan's, 'Not My People': Toni Morrison and Identity' in Gina Wisker (ed.), *Black Women's Writing* (London: Macmillan Press, 1993), at 123.

丽莎白·托宾已经论述的,就是法律范畴所声称的道义专制主义得以避免,双方的有效性才得以维持。

更笼统地说,这个文本挑战了我们法律和法理中内在的一些假定,即法律是理性的、利己主义的、统一的、稳定的以及连贯的。它提醒我们法律对于有罪和无罪的定义没有穷尽我们借助这些概念所理解的东西,提醒我们法律语言常常用来排除和压抑而不是包容和解放人与事,以及法律常常建立在抑制和恐惧之上而不是在理性和赞同之上,它提醒我们法律对于自由意志以及责任的界定不是中立的或不言而喻的,它提醒我们对于那些在此类范畴之外的人而言法律语言排斥并压制他们而不是接纳和解救他们;以及最后它提醒我们法律坚持认为它的分类具有至高无上的合法性,这就歪曲了个体体验也压抑了他者性。

第十节　欲望的坚持不懈

用法律、文学或者法律文学来讲故事是追求知识、真理和完满的一种方式,期待他者的回应来表示自我以及期待自我的回应来认识他者。这样的沟通必须一定是发生在语言中,确保法律、文学或者法律文学中没有什么阅读或写作在政治上是中立的。"一切皆被诠释"①,我们所有读者都加入到了某种形式的"解释学暴力"中,给我们所阅读的东西带来了我们自己的假定关注。跟分析一样,这类解释是永无止境的,它提供的不是治愈而至多不过是临时性治疗。这个危害在于这些新的叙述排除了问题、解决了矛盾,换句话说,我们给文学赋予了全部真相、存在以及意义,而我们发现这些东西是法律所缺少的。如果文学和想象是被压抑的无意识法律,那么危险在于我们让文学成了新的女主人,她要满足我们对完整和整体的渴望。如果法律文本和法律规则企图控制、书写甚至代替我们对他者难以满足的欲望,那么文学文本坚持的不仅是同样的渴望还有同样的安慰。我们在阅读中把自己无法满足的欲望用语言转变为文本、空缺和对意义或法律或文本的不同理解,这就意味着,对文本的解释跟分析一样永远没有完成。在拉康看来,保留文本的他者性这个义务是一种伦理道德:理想化地讲,阅读体验应该导致读者而不是文本被改变。② 这个挑战就是我们解释性干预以及我们

---

① 'A Conversation with Michel Foucault', 38, *Partisan Review* 192 (1971), 200.
② See Elizabeth Wright, *Psychoanalytic Criticism: A Reappraisal* (Cambridge: Polity Press, 1998), at 99-119.

的暴力不应该是专横的,也不应该主张最后一个词语的终结发言权。

或许这个需求和这个挑战只有通过阅读和写作的实践才能遇到,阅读和写作的实践模糊了艺术与政治、伦理与审美、虚构与现实等之间的区分。此类实践没有声称要追求一个单一的、普遍的或者客观的真理,而是为了更多谦卑的解释工作却放弃立法的诱惑;让故事敞开结局,展望未来,回顾过去。结果就是在制度范围内挑战学术专业主义的局限及其对什么是知识的主张。通过容忍解释的空缺以及拒绝对这个方法的立法或许可以开阔而不是融合我们的视野,同时保持对法律和文学的忠诚,法律文学不相信整合对临时现象和各种现象的解释。在这个实践背后还存在一个假设和一个希望:这个假设就是我们通过互惠对话和互惠解释而不是单边的立法更有可能实现与他人的沟通和理解。这个希望就是,一个拒绝裁定、满足和关闭的美学可以帮助我们从伦理道德角度在不是自我的方面发现他者和在不是我们自己的方面发现自我。

因为企图书写自我和他者是虚幻的:我们所讲的故事是建构的、是临时性的、是部分的东西而不是事实、最终的、全面的东西。此外,我们使用的语言不是中立的而是从它所表达的文化中产生的,它总是已经借用过来的,总是已经为二手的东西。借助于这个承诺闭合、全面和决议的语言,新故事、新解释以及新的解决方案将会得以商谈并竞争胜出。

我们追求公平正义本身也是调节我们对他者有所欲求的一个方法:然而,就像宠儿的欲望一样,这个欲求是无止境的,没有满足也是无法满足的。我们承认我们永远不会得到它,但是我们也赞同杜兹纳和沃灵顿的看法,那就是我们千万不要一开始就宣布普遍法则,该法则要求所有人都把他者变成自我,把不同之处变成相同。在莫里森的《宠儿》里,正义只有在理解赛思自身独特的、不可复制的处境之后才能得到实现。然而,我们渴望赛思是与我们无法了解她的想法相匹配的,这个无知意味着正义总是一个难题:"极端的不对称,他者欲望的深渊将永远留下一个剩余物,法律和幻想对此都无法完全解释"。[1]

如果对他者有所欲求迫使我们去阅读和写作,那么这个同样的欲望确保我们所读和所写的故事从未完全令人满意。莫里森知道任何结局、任何简洁的回答或决议都会让人满意因而也是欲望的终极。她因此拒绝结局,让她的著作保持一个开放式的结尾,使用的语言充满了"空洞和空间"以便读者进入。"不能仅仅因为它停下来了就说它结束了。它还在逗留,然后再传递下去。它传递下去,

---

[1] Costas Douzinas and Ronnie Warrington, *Justice Miscarried*, supra, at 80.

后来会有其他某个人来修改它。"①莫里森经常把她的作品跟只有黑人音乐才可以试图表达的那些东西进行比较：爵士乐，她说，跟古典音乐不一样，古典音乐有完美的结尾，爵士乐"总是带给你一种边缘化的感觉。没有结束的和弦。它有很长的和弦，但是没有结束性的和弦。它让你感到坐立不安。它能够让你渴望听它并且会让你记住对它的强烈渴望。它从来就不能让你完全满足，它从不完全，它会让你渴望更多。它从不给你一个完整的数字。它给你一耳光再来拥抱你，再给你一耳光再来拥抱你"②。

  阅读和写作继续存在下去，因为我们对他人以及对他人的欲望有所欲求却从来就没有得到完全的满足。这是因为：一方面取决于缺乏，它的满足就会是缺乏的原因。另一方面，荒唐的是，我们期待我们自身的缺乏可以通过别人的缺乏来得以满足。他人也是前后矛盾的和困惑的，他者对我们的误解跟我们对她的误解是一样的多，她既不可能无条件地回应我们，也不可能永远回应我们。然而，这些悖论不如爱与正义的承诺有力量，因此我们坚持讲故事。在这个尴尬和僵局中，莫里森的美学提供了写作和阅读的伦理承诺，它可以说出他者的沉默和正义的难题，同时书写他者以及通过他者来书写我们自己。它在编织自身内部的途径，它超越语言且对抗着语言，它最终可以提供一个书写法律、文学以及法律文学的方法。

---

  ① Marsha Darling, 'In the Realm of Responsibility: A Conversation with Toni Morrison', *Women's Review of Books*, 5, March 1988, 6.
  ② *Conversations*, *supra*, at 115.

第十章

"努力梦想"[1]：博尔赫斯小说中女神的梦想[2]

---

[1] The Waterboys, *Dream Harder* (Getten Records Inc., 1993).

[2] References in the text are to Jorge Luis Borges, *Labyrinths*, (ed.), Donald A. Yates and James E. Irby (London: Penguin, 1970 hereafter referred to as '*Lab.*'; Luis Borges *Collected Fictions*, trans. Andrew Hurley (London: Penguin, 1998) hereafter referred to as '*CF*;' Jorge Luis Borges, *Selected Poems 1923-1967*, (ed.), Norman Thomas di Giovanni, (London: Penguin, 1985); hereafter referred to as *Poems*.

> 我们为什么要旅行,喃喃自语
> 像明星们的流言蜚语?
> 失魂落魄了吗?
> 是爱吗?
>
> ——马娅·安吉洛(Maya Angelou)

第一节 双重欲望:作者和读者

看书和写作产生于渴望,我们渴望他人的渴望,我们希望商讨、推延或者应对我们不能独处的情况。法律和文学让我们从这个无法逃避的孤独中暂缓一口气。法律,配备了国家机器的武力,威严地、据说也是结论性地在身体上书写着"正确答案"。文学同样雄心勃勃计划在灵魂上书写,作者和读者在彼此的互动中寻找最终的顿悟,在那一刻我们的困惑和痛苦也最终得以消除。[①] 写作和阅读,无论是法律方面的还是文学方面的,都暂时为这个缺少根基的世界制造了一个锚定的假象。然而,造成了这个渴望、产生这种探求的那些局限和恐惧同时也成了阻碍它实现的障碍物。如果阅读的体验提供了一种满足感,那么阅读结束之时也带来了一丝死亡的感觉:文本的快乐伴随着在文本明显结尾之时那种生离死别的体验,这反而促进了更多的阅读和写作,在甚至更多的作者和读者之间激发更多的交流。该研究永无止境,也没有抵达的可能,因此不断地讲述和再讲述、阅读和再阅读、写作和再写作这些故事,无论这些故事是旧事还是新事,法律方面的故事跟文学方面的故事一样多。

我们阅读和写作从根本上看还是我们不愿意绝望的证明,我们不愿意放弃阅读和写作,不管是法律的还是文学的。虽然我们理解能力有限,不能完全甚至

---

① 虽然有人充分地论述了法律是在主体的灵魂上书写,但是正如我们在下一章所表明的,女性的想象并非如此被捕获。See Peter Goodrich (ed.), *Law and the Unconscious: A Pierre Legendre Reader*, trans. Peter Goodrich with Alain Pottage and Anton Schütz (London: Macmillan, 1997).

哪怕是部分地理解,这让我们永远感到沮丧,虽然探索本身可以安慰、取代并且拖延我们直面我们的孤立、恐惧和荒谬,但是我们有能力创造和再创造新故事和新法律,这种能力表明绝望本身无穷无尽。卡夫卡的主人公被拒绝进入法律,据说羞辱而死,"像只狗一样"。然而,他的幽灵不仅一直出现在卡夫卡后来创作的那些小说中,而且还出没在无数读者的心智和想象中,他们在跟约瑟夫·K(Josef K)的阅读邂逅中体会到了他们自己的、同样也是瞬间的"释放"。总有更多的东西要说,总有更多的事情要做,总有一个剩余物,就像布朗肖说的,这个剩余物总是"悄悄地溜走,或者存在于未来"①,它阻止我们达到目的,也敦促我们乘我们还活着的时候多去研究、言说、阅读和写作。因为**永远**的希望以及结论、结局和永恒的希望只有在死亡中才能实现。

在本章我希望再次解开一些线索,一些本叙述所展开的线索,以免这些印刷着铅字的书页好像给这些线索赋予了一个它们自己及其作者都永远缺少的最终结局。我在致谢词里,像在许多对博尔赫斯作品的评论中很常见的一样,一开始我就说"本章研究所得归功于我的失眠以及在正式场合采访博尔赫斯时所提的一个问题"。

"叙事",巴尔特写道,"不是由叙述的欲望决定的而是由交流的欲望决定的:它是交流的媒介、代理人、货币和黄金准则。"②如果这就是作者的雄心壮志,那么读者的希望则一点也不谦虚:我们要在阅读中失去自我,把自己投入到文本所带来的快乐中,不是在字里行间认出了自我,而是设想出了不同的自我以及我们变成了他人而不是我们自己。③ 作者和翻阅此书的读者之间存在一个理解的东西,爱伦·坡称作"同感"(sympathy),作者大度地暗示文本中的事件和想法总是同时出现在作者和读者面前,同感也由此得以强化。④ 博尔赫斯让读者感受

---

① Maurice Blanchot, 'The Disappearance of Literature' in Michael Holland (ed.), *The Blanchot Reader* (Oxford: Blackwell, 1995), at 142.

② Roland Barthes, *S/Z*, trans. Richard Miller (Oxford: Blackwell, 1974), at 90.

③ See Paul Ricoeur, in Mario J. Valdés, (ed.), *A Ricoeur Reader: Reflection and Imagination* (Hemel Hempstead: Harvester Wheatsheaf, 1991), at 492-3:"在读者把文本应用到他自己身上的时候,这在文学中常常如此,他就在某些存在的可能性中认识到了他自己……但是与此同时,他也发生了变化;在阅读过程中变成了他人跟认出了自我是一样重要的",第 492—493 页。Also Jacques Derrida, *Positions*, trans. Alan Bass: 'Reading is transformational' (Illlinois: University of Chicago Press, 1981), at 63.

④ 给托马斯·H.齐福思(Thomas H. Chivers)的一封信(Letter to Thomas H. Chivers), quoted in Terence Whalen, 'Edgar Alan Poe and the Horrid Laws of Political Economy', *American Quarterly*, Vol. 44 (3), Sept. 1992, 381 at 410.

到了思考的乐趣,读者渴望结局、渴望世界、渴望人类。跟所有慷慨大度的创作者一样,他让他创作出来的客体以及他的读者都相信他们是自主的,相信他们自己思考出了这些想法指导了这些行动。① 就像爱人挑逗自己所爱之人一样,作者也能够延长、推迟和扩展这个关系和这份乐趣,作者可能会误导、迷惑、困惑读者,作者会暗示、省却或提示,而不是宣布、说明或主张。

博尔赫斯认识到这种读者欲望,给我们提供了一个极端的读者例子:这个读者不仅在文本中迷失了自我,而且还开始模仿、认同和融入这些词语,直到他成了跟作者几乎一模一样的人,而且他本人开始用这些词语来写作。在《皮埃尔·梅纳德,〈堂吉诃德〉的作者》(*Pierre Menard, Author of Don Quixote*)中,作者不是给评论家而是给读者杀死并取而代之,这位读者简直就是重新创造并重新书写了原来的文本。这就是梅纳德的"隐形"作品,"这个隐蔽的、没完没了的英勇事迹,无与伦比。而且——这就是人类的才能!——尚待完结"(《迷宫》,65)。为了重写《堂吉诃德》,梅纳德,这个20世纪伊始的一位巴黎居民,本来可以学习西班牙语,却参加了攻打摩尔人的战斗,于是忘记了这段干预主义时期的欧洲历史。这个路线被抛弃了,因为它太过简单也毫无意义:"在17世纪初创作《堂吉诃德》是一份合理的事业,很有必要,而且大概也不可避免"(《迷宫》,68)。相反,梅纳德根据他自身经历重新写作了《堂吉诃德》:最终产品在措辞方面跟塞万提斯(Cervantes)的文本十分相似,据他朋友和评论人士说,这比原作更加微妙,而且"几乎更加无限丰富。(他的诋毁者会说,这比原作更加含糊其辞,可是含糊就是丰富)"(《迷宫》,69)。任何一套词语虽然可能与另一个表达者的词语相同,可是不同的人在不同语境说出来的意思完全不同。对于作者和读者而言,在每次重写和重读这个文本时,写作体验和阅读体验都是不断变化的。

第二节 起源的梦想与整体的梦想

梅纳德"决心预见虚荣心,那个等候所有人努力的虚荣心,他投身到一项极其复杂而且一开始就注定徒劳无益的事业中"(《迷宫》,70)。博尔赫斯暗示,同样的虚荣激励着所有人的努力,同样的徒劳等候着所有人的努力,特别是智力的

---

① 博尔赫斯喜欢对他的读者说"这个故事是我的,但是更是你们的"in Richard Burgin (ed.), *Jorge Luis Borges: Conversations*, (Jackson, Miss.: University of Mississippi Press, 1998), at 231;后文简称《访谈录》(*Conversations*)。

努力:"没有什么智力活动在最终分析中不是徒劳无益的"(《迷宫》,69)。正如我在开篇第一章中所论述的,在所有这些努力中没有哪一个比寻找起始点更执着的了,一个超验的能指给宇宙万物赋予了意义。博尔赫斯创造出来的许多人物,无论是有意识地还是无意识地,都参与到这个起始点的探求中。博尔赫斯的"侦探们"用侦探侦查凶手背景、动机和身份的方式来寻找所有事情背后的起因,寻找起点的起点以及所有设计背后的最初设计者。然而,答案在另一个倒置的流派中就是反答案,它让探求者又回到了他最初出发的地方,回到了他自己,或者回到了死亡。读者再次体验他们的冒险的时候,反过来不禁为这个探求的徒劳而感到惊叹,但是也为探求者的英勇、虚荣以及常有的傲慢而感到惊叹。

激发这些探求的欲望是,单个字母或者单个物体能够包含整个宇宙,并且给它的秘密计划提供解答。"假如我们能够理解一朵花,那么我们就应当知道我们是什么,还会知道世界是什么"(《迷宫》,197),坦尼森(Tennyson)希望如此。"aleph"是希伯来字母表中的第一个字母,同时也代表了所有其他字母。在犹太教神秘哲学思想中,解密字母就是探索上帝和宇宙秘密。在本章标题的故事里,叙述者有幸目睹了"aleph"这个字母,诡异地从布宜诺斯艾利斯一座即将拆除的房子地下室台阶上见到了它。它是"一个小的彩虹色球体,光亮刺眼……直径两到三厘米,但是整个宇宙都包含在里面,就连大小也都没有减少"(《小说集》,283)。它的"中心无处不在,圆周却不见了"(《小说集》,282),在它那里可以同时看见宇宙的所有各种可能:"这里没有混杂,也没有混乱,世界各地从各个角度看都和平共处"(《小说集》,281)。这个"aleph"给叙述者赋予了无穷和永恒的体验,尽管它难以被言表:"主要问题——枚举甚至部分枚举这个无穷——不能解决。那个时刻,我……在'aleph'中看见了地球,也在地球中看见了这个'aleph',又在这个'aleph'中看见了地球,看见了我的脸,我的五脏六腑,也看见了你的脸,我感到头晕,我哭了,因为我的眼睛看见了那个秘密,那个假设的东西,它的名字被人们篡夺了,可是却没有人把它看作:不可思议的宇宙"(《小说集》,283—284)。

相似的经历也降临到《两毛硬币扎希尔》(The Zahir)的叙述者身上,他在布宜诺斯艾利斯的一家酒吧找零时得到了一枚难忘的硬币。跟坦尼森的花朵一样,这枚硬币可能也包含了"宇宙历史以及因果关系的无限连接",叙述者希望或许"在硬币背后我能发现上帝"(《迷宫》,197)。同样的,《神秘奇迹》(The Secret Miracle)中的死因犯偶然发现了那个神奇的字母可以让他在一幅印度地图上听见上帝的声音并且能够听见上帝在说话,他的最后一次祷告也得到了上帝的回应(《迷宫》,122)。在这些故事里,叙述者瞥见了永恒,虽然只是一瞬间,瞥见了所有的经历,它们同时汇集于一个点、一个时刻、一个物体或一个地方。他有幸见证了奇迹"跟神灵和宇宙结合在一起……跟所有过去的、现在的和将来的事物结合在一起……所有的因果……宇宙以及宇宙的贴心设计……起源……无貌之神……无限过程形成了一个简单的幸福"(《迷宫》,206—207)。

然而,这个经历只是转瞬即逝的,并不总是积极的或者予人启迪:男人(这里故意使用"男人"这个名词,因为没有哪个女人有幸或者不幸见证到了这个全部,我稍后会再次回到这个主题),博尔赫斯暗示,他永远注定要经历"永远不会到来的启示的迫切性"。① 《两毛硬币扎希尔》的叙述者无法忘记那枚硬币,它的形象对他而言"无法忍受":"当所有人日日夜夜在思考两毛硬币扎希尔的时候,那么地球和两毛硬币扎希尔究竟哪个是梦哪个才是现实?"(《迷宫》,197)这个被表述为寻找上帝或者寻找造物之秘密的探求没有导致启示反而又回到了探求者本身,或者正如隆洛特(Lonnrot)在《死亡与罗盘》(Death and the Compass)中所发现的,他探求上帝的难言之名确实让他找到了造物主,也就是他的死亡。他们一直在寻找的面容,即上帝的面容,不过是他们自己面容的痕迹:"人开始出去描绘世界。随着岁月的流逝,他的世界里住满了诸如省份、王国、山脉、港湾、轮船、岛屿、鱼儿、房间、工具、星星、马匹以及个体的意象。在死前的短暂时间内,他发现线条迷宫耐心地跟踪了他自己的容貌"(《小说集》,327)。在其他时候,我们认为他们一直在寻找的上帝就是那个在寻找另外一个上帝的**他本人**,"等等,直到最后,或者更好的是,时间无边无际。或许周而复始"(《小说集》,85)。因此,这些故事的叙述者一直在描述"失败的过程,挫败的过程"(《小说集》,241),他们描述的这个过程和这个寻找最终走向的是死亡,而且也只有走到死亡才会停止。

第三节 结构的梦想

寻找宇宙的秘密,寻找含有宇宙钥匙的那个"aleph"或者那个两毛硬币扎希尔,换言之就是试图理解宇宙的秘密计划,发现不是一个而是**那个**把它不相干的数据分类到和范畴化到一个综合的持久的结构里。

福柯声称《事物之秩序》(The Order of Things)的创作灵感产生于博尔赫斯对某部中国百科全书的描述,该百科全书把动物分为如下类别:(1)属于帝王

---

① Jorge Luis Borges, *Other Inquisitions 1937-1952*, trans. L. C. Simms (Austin, Tex.: Texas University Press, 1964), at 5.

的动物;(2) 防腐处理过的动物;(3) 驯养的;(4) 乳猪;(5) 海妖;(6) 传说中的动物;(7) 流浪狗;(8) 包含在当前分类中的动物;(9) 狂暴的动物;(10) 不计其数的动物;(11) 用精致的骆驼毛刷绘制的动物;(12) 其他动物;(13) 刚刚打碎大水罐的动物;(14) 远看像苍蝇的动物。① 通过对作家博尔赫斯的辨识,福柯以一个读者的身份从那本百科全书对于动物的奇怪分类中推断,任何对"事物秩序"进行分类、表征或者系统化的企图都涉及任意的选择,因而都歪曲了事实:"这本书首先产生于博尔赫斯的一段文章,产生于破碎的笑声里,我在阅读这段文字时所有我思想中熟悉的地标——我们的思想,那个具有我们年代和地理标记的思想——打碎所有有序的表面和所有平面,我们习惯于用它们来驯服五彩缤纷的现有事物……[包括]我们对于同一和他者的古老区分。"②

对于博尔赫斯而言,"对宇宙的分类没有哪一个不是随心所欲、妄加推测的。理由很简单,我们不知道宇宙是什么"③。不仅仅是百科全书、字典和图书馆从众多混乱、随意的材料中创造出有序的假象。任何凭借法律或者文学中的符号和语言想让世界变得有序的企图都是旨在捕获和驯服我们知识所不及的东西。然而,博尔赫斯及其后继者承认并且提请人们注意,他们的建构中存在着偶然性和人为性,可是法律语言却意在掩盖它的人为起源。因为渴望相信起始原点,相信宇宙有开端、发展和结束,它根据明显的规则和可预测的结果来运行,这跟不可能发现它是一样强烈的。

特隆(Tlon)星球的民族拒绝简化和范畴化的诱惑,依然是"天生的理想主义者"(《迷宫》,32);对他们来说,宇宙离开心智就没有什么物质形式的存在,而且"每个精神状态都是不可还原的:给它命名,也就是说对它分类,这样的简单事情都意味着歪曲"(《迷宫》,34)。宇宙对他们而言"不是物质在空间的集合,它是一系列不同的独立行为。它是连续的和临时的,而不是空间的"(《迷宫》,32)。由于语言是我们整饬我们体验的工具,特隆语言竭力避免它的陷阱:语言传达出这样的印象,即有物体独立存在于我们对它们的心理感知之外。而语言学术语难免是选择性的和任意的,对于不同的人在不同时间不同地点体验这个世界的各种不同方式只有部分而且常常是专制的印象。组词成句也给人强加了一个有序的假象,好像事物都是线性的、连续的和渐进的。这个印象跟我们对世界以及彼

---

① 'The Analytical Language of John Wilkins' in *Other Inquisitions*, *supra*.
② *The Order of Things: An Archaeology of the Human Sciences*, trans. Alan Sheridan (New York: Vintage, 1970), at xv.
③ 'The Analytical Language of John Wilkins' in *Other Inquisitions*, *supra*, at 104.

此的体验方式都不同,我们的体验方式是同时发生的。① 特隆语言拒绝这些轻率的表达,它没有名词,只有一大堆形容词和非人称动词。"例如:它没有跟'moon'对应的词语,但是有一个动词,用英语表达应该是'to moon'或者'to moonate'。The moon rose above the river(月亮从河面升起)"就是……"upward behind the onstreaming it mooned(流水背后向上升出了月亮)"(《迷宫》,34)。

因为对于特隆星球来说,没有东西存在于我们对它们的认识之外,所以客体因时存在这个观点也是陌生的。那些假定把事实彼此连接起来的教义或者暗指不同事件之间因果关系如物质主义的那些教义被视作"言语谬论"而遭唾弃(《迷宫》,35)。"身份"这个概念也是一个隐喻:我们不能认为星期二"丢失的"某个东西在"星期三"被找到了就是跟原来的一模一样,或者认为地平线上的一片烟雾、一块着火的田野、熄灭的半截香烟都是随意连接的。尽管科学包括哲学在特隆星球上都不存在,它们不过是"辩证游戏",追求的不是"真理,甚至也不是貌似真实的东西,反而是令人惊骇的东西。他们认为形而上学是虚幻文学的一个分支"(《迷宫》,34)。

该后记(此故事出版七年之后)说明了特隆故事的源起:在17世纪早期伦敦的"一个秘密慈善团体"出现之后,它要去开创一个国家。两百年后这个遭受迫害的兄弟会又在美国兴起了,这个苦行僧似的百万富翁以斯拉·巴克莱(Ezra Buckely)嘲笑这一计划的目标太过保守:"他告诉代理人,在美国开创一个国家的想法是可笑的,而是提议开创一个星球"(《迷宫》,40)。这个想法很自负、很狂妄自大,却也令人钦佩、让人觉得光荣伟大:"巴克莱不相信有上帝,但是他想要向这个不存在的上帝证明,终将一死的凡夫俗子也可以构想一个世界"(《迷宫》,40)。

这一理想主义或者说幻想,甚至在那些为了安全而坚持现实的人看来,都是难以抗拒的。"千百年来,理想主义从未停止对现实的影响"(《迷宫》,37)。要实现这个影响的关键工具就是**合熔尼**(hronin)的出现。这些是特隆星球人脑力活动的产物:起初它们是"分心和健忘偶尔产生的东西"(《迷宫》,38),但是一旦公认它们有能力修改我们对世界的认识,那么特隆人就会有意地系统地开始制造它们。它们的制造"为考古学家们承担了惊人的服务。这就可能质疑甚至修缮

---

① 《阿莱夫》(The Aleph)中叙述者也有同样的问题:"我眼中所见都是同时发生的,我要写的是连续的,因为语言是连续的"(CF,283)。

过去,这一点现在不比将来可塑性差或难以管教"(《迷宫》,38)。**合熔尼**很快就出现在叙述者的世界里:更多的特隆百科全书被发现了,布宜诺斯艾利斯的一个公主在她从法国普瓦捷(Poitiers)市带回来的银器中发现了一个一直在震动的指南针,一位年轻人在他口袋里发现了一个无法承受的沉重的圆锥体后就死了,这个圆锥体是特隆某些地区的神灵形象:"这就是幻想世界对现实世界的首次入侵"(《迷宫》,41)。

不久以后,幻想不仅入侵了现实而且成为唯一的现实。面对一个其设计不可理解也不可预测的世界,人们被引诱去设想另外一个人为设计的星球。"真相是它渴望屈服。十年前,任何有着秩序假象的对称性——辩证唯物主义、反犹太人主义和纳粹主义——都足以进入人们的心智。除了屈服于特隆星球,屈服于一个有序星球的微小却又巨大的存在证据,人们又能做些什么呢?"(《迷宫》,42)。无法理解控制其自身迷宫的法则,这个迷宫是由人性之外甚至非人类的法则控制却又无法抓住这些法则,这个世界渴望屈服于像特隆星球这样的迷宫,特隆星球已经是人为设计出来的,它"注定要被人解密"(《迷宫》,42)。对特隆这个有序世界着迷后,人们开始学习特隆语言和特隆历史从而忘记了他们自己的语言和历史。叙述者不再抱有希望提醒他们特隆的秩序是人造的,提醒他们"象棋大师的严谨,而不是天使的严谨"(《迷宫》,42)。叙述者自己抵制这个诱惑,特隆用孤独和徒劳来惩罚他,他顺从地接受这一切,他自己埋头阅读那些古老的书籍:"从今往后一百年内",他预言,"总有人会发现这个一百卷的第二套特隆百科全书。那么英语、法语和西班牙语都将从这个世界上消失。世界将属于特隆"(《迷宫》,43)。

博尔赫斯发现的这卷特隆百科全书在描述这个世界时是"没有可见的说教意图或者戏仿的语调"(《迷宫》,31)。博尔赫斯用同样的口气把真实的人和假想的人混合在一起,为了一个虚构的国家在真实的和虚构的百科全书中探究真实的和虚构的地图册,这个虚构的国家开始使它的存在在真实的布宜诺斯艾利斯这个地方被感受到了。这些著作者的入侵提醒我们,这些故事是虚构出来的,博尔赫斯更加庄严地警告我们,通过哲学、法律或者文学整饬世界有可能同样是虚构的、形而上学的游戏。他们的设计越让人满意、越是感情用事,他们就越有能力让我们吃惊并吸引我们,同时我们就越没有能力抵抗诱惑从而臣服于他们。谁能告诉我们,我们勤勉寻找的档案文件、我们法院和司法系统的架构和历史、我们用来理解法律世界的法律报告和教科书是否就是如此多的**合熔尼**呢?这些**合熔尼**是由强大的搞笑的智者为了自娱自乐故意制造出来的,我们在面对无知时强烈渴望可以从中获得宽心和安慰。

第四节 "天堂就是图书馆"？(《诗选》,129)

"宇宙(他人称之为图书馆)是由不确定的或许是无限多的六边形画廊组成的……画廊的分配是不变的。除了两边其余四边每边有五个长书架,总共二十个书架……一个自由的一边通向一条狭窄的过道,走过通道就到了另一个画廊,它跟第一个以及其余的画廊一模一样"(《迷宫》,78)。叙述者被画廊建筑的条理性和对称性所吸引,像图书馆里所有人一样在找"目录的目录"这本书,该书将会显示图书馆的起源、时间的起源以及所有起源背后的起源。所有的书无论多么不同都是由有限数量的符号(字母表中的字母、句号、逗号和空格)构成的,并且没有两本书是一模一样的,由此有思想家总结出,"图书馆就是全部"而且它完全包括所有语言的所有东西。这个发现受到了普遍的欢呼:"没有个人问题或者世界的问题,它们的雄辩解决方法不存在于某个六边形画廊里。宇宙是合理的,宇宙一下子夺取了无限维度的希望"(《迷宫》,82)。然而,这个胜利是短暂的:希望变成了沮丧,因为图书馆确定包含了答案只会增加绝望,该绝望来自那本从来就未找到的含有答案的书。欢庆变成了暴力,图书管理员们在神圣的楼梯间相互撕扯扭打起来,有的疯掉了,有的自杀了。

就像在"特隆"星球一样,短暂地希望一个想法或一个理论包含了那些答案,无论这个想法或理论是唯物主义、理想主义、共产主义,还是纳粹主义,这个短暂的希望都欺骗了探求者让他去探求更多的知识、更多的答案和更多的书籍,反而让他感到更加沮丧、更加孤独和更加一无是处。图书馆也许包罗万象,但是如果没有对这些万象进行分类和搜索的系统,那么图书馆所包含的任何秩序都依然是秘密的、不可解密的。真相,如果有的话,依然掩藏着不被探求者所发现。叙述者也默认了这个事实,即理解设计或者找到设计者这个任务是白费心思的。图书馆,一开始就存在,没有限制,没有止境,"孤独的、无限的、灯火通明,纹丝不动,藏有大量珍贵书籍,无用的、不腐的、秘密的"(《迷宫》,85)。叙述者自我安慰,认为图书馆是循环的,认为"同样的书卷以同样的无序在复制(如此重复就是一种秩序:有序)"(《迷宫》,86)。然而,循环模式只会加深这种搜索既白费力气又永无止境的印象:"显然没有谁指望会发现什么东西"(《迷宫》,83)。就像在卡夫卡的小说中,拯救不是来自终极知识或者启蒙而是来自死亡:叙述者期待着有朝一日其他尽心尽责的图书管理员把他抛出栏杆之外,"抛入深不可测的空中,我的身体没完没了地往下沉,然后腐烂,然后溶解在坠落时所产生的风中,无穷无尽"(《迷宫》,79)。

《记忆超人富内斯》(Funes the Memorious)用一种不那么卡夫卡式的手法引起的不是痛苦而是我们因为无法用一种表明总体秩序和目的的方法对信息进行分类而感到悲哀。"精确计时的"富内斯不用看时钟或天气就能知道时间,有着惊人的记忆天赋,能记住所有事情而且从不出错。富内斯在遭遇事故造成身体瘫痪之前,他"已经有了所有人类的问题:双目失明,两耳失聪,头脑糊涂,心不在焉",如同生活在梦里,"他睁开眼看却什么也看不见,竖起耳朵听却什么也听不见,什么事情都记不住,几乎每一件事都忘了"(《迷宫》,91)。然而事故发生之后,他从睡眠中醒来,我们其余人却注定还在昏睡:他发觉这个世界丰富多彩清晰锐利。确实,博尔赫斯暗示这个故事是在隐喻失眠。① 我们其余人昏睡或健忘时可能识别出餐桌上有三杯红酒,"富内斯却能够看见葡萄藤上所有的叶子、卷须和果实。"我们其余人能够看见黑板上画的一个圆圈,富内斯也能做到同样的事情,他"用矮种马的长鬃毛,用山坡上的一群牛,用不断变化的火焰和无数的灰烬,在醒来的很长一段时间内自始至终用死人的很多副面孔"能做到同样的事情(《迷宫》,91—92)。他能毫不犹豫地回忆起一天中所有的事情,可是每件事的重构都需要一整天……富内斯放弃了把他的记忆进行分类的打算,因为这个任务不仅没完没了而且也毫无益处。此外,他无法忘记事情的这个能力也让他无法思考:"思考就是要忘记差异,要概括,要抽象。在富内斯的丰富世界里,只有细节,这些细节几乎立即就在眼前"(《迷宫》,94)。他所有的知识没有带来什么启迪却是更多的沮丧,更多的迟钝,甚至更多的孤独;他成了他自己记忆的"永远的囚犯"。

没有借助用于选择和组织信息的工具来积累信息只会阻隔启迪而不是激发启迪,这个观点似乎精确地预测了用西方资本主义技术来激增数据这个噩梦。它也引起了法律专业的学生所面对的无用、痛苦以及徒劳的感觉,他们希望抓住法律系统的整体设计和计划,他们的希望被那些令人困惑且常常自相矛盾的信息狂轰滥炸,继而破灭了。这些信息的出处同样无法理解或沟通那个计划。有时候一个案例,一个理论(共产主义、自由主义、后现代主义),一个新方法(法律与哲学、法律与经济学、法律与文学)可以带来整体设计的幻觉,甚至是毋庸置疑的真理的幻觉。然而,更多的探求显示,这些短暂的狂喜时刻也是基于任意的、部分的以及前后矛盾的信息。假如有什么神灵设计了法律,那么就像设计那座

---

① *Conversations*, supra, at 29.

图书馆的神灵一样,他不再出现,他已经放弃了他的设计,或者假如他出现了,那么他将不会显露他自己。尽管这个探求并未结束,像该故事里的叙述者一样,她或许不得不听任这样的观点,即只有在混乱背后的设计才是循环周期。

或者,甚至更让人担忧的是,正如我在下一章进一步论述的,答案也许就是没有设计,或许迷宫里没有人身牛头怪物弥诺陶洛斯,或许这个探求是徒劳无益的,因为那里"根本什么都没有"。用秩序和设计的假象来引诱我们的那个法则空空如也,这不仅让那些试图进入其帝国的人感到困惑,也让它自己感到困惑。

第五节 偶然造就的秩序

从理论上讲,如果不是总要从实践上讲的话,区分那些自动发生的行为和那些没有媒介操控而发生的行为是有可能的,这一点至少在法律教义看来是一个普遍接受的真理。民法以及刑法上的犯法与辩护概念都假定,法律主体的行为是有意识的、自愿的,他们要不然本来可以用其他方式行动,本来可以同意不同条款,本来可以避免意外,本来可以避免犯罪。因果关系这个概念进一步认为,将来的事情可以由先前的事情中预测出来,"合理预见性"的程度决定了罪行或责任的本质以及惩罚和损失的严重程度。博尔赫斯的短篇故事《巴比伦彩票》(*The Lottery at Babylon*)通过引起我们设想"希腊人所不知道的东西就是不确定性"从而动摇了这些信念。

巴比伦是"一个让人头晕目眩的地方,在这里,彩票是现实的基础"(《迷宫》,55)。彩票系统开始是以一个"初级的"方式运行,在"光天化日"之下卖票抽签,赢家将赢得银币。这个系统仅仅针对人的一个机能即希望,可是很快便遭人漠视。刚开始的时候,一旦在幸运票中加入倒霉票,不仅奖励了赢家还惩罚了输家,"巴比伦人都来玩这个游戏"(《迷宫》,56)。穷人抗议他们被排除在这个恐惧和希望并存的"美味节奏"之外,他们劝这家公司把彩票搞成"机密、免费并对所有人开放"(《迷宫》,57)。奖励和惩罚也不再仅仅是货币的形式而是花样繁多:"游戏中幸运者可能会被晋升到智者委员会或者可以监禁敌人(公开的或私下的)或是在他漆黑的房间里找到那个一开始让他兴奋而后却又再也不想看见的女人。游戏中倒霉蛋则会遭受肉刑、各种不同的羞辱甚至死亡"(《迷宫》,58)。

该公司的运作很快便开始渗透到巴比伦人生活的每个角落;人人都参加进来,他们生存的每个细节都要受制于该公司的运营,以至于不可能区分偶发事件和预谋事件:"不确定性"不只是生活的一个方面,而是生活的**唯一**状态。"酒鬼会即兴创作一个荒谬的规则,睡着做梦的人会突然醒来并掐死睡在他旁边的女人,他们大概不是在执行该公司的秘密决定吧?"(《迷宫》,60)。虽然有些人认为这家公司从未存在过而且不认为"我们生命中神圣的混乱完全是世袭下来的传统",但是巴比伦人却认为这个观点十分可恶并拒绝接受(《迷宫》,61)。他们更愿意相信在他们每天所遇到的混乱的背后,有一个全能的计划在指导他们生活的方方面面,虽然那个计划跟一个被抛弃到变幻莫测的机会的世界别无二致。他们无法理解该公司调节机会的方法,这确实也是"调剂的机会"这个概念的同义反复,只会强化他们狂热地相信这家公司真的存在。

假如我们拒绝相信我们的生活和结构以及法律和爱不是一个包罗万象的总体设计的结果,而是"一个无限博弈游戏的结果",我们大概就不会遭遇同样的错觉了?(《迷宫》,61)。假如我们拒绝这个让人不安的怀疑,不是因为我们还没有被警告:彩票,我们在首页就被告知,是"其他共和国不知道的一个机制,或者在它们那里是以一种不完美的、秘密的方式来运作的一个机制"(《迷宫》,55)。机会大概是所有共和国的现实的基础,不仅仅在巴比伦,其他共和国也都不情愿支持这种可能性。偷了一张彩票的奴隶被命令烧掉他的舌头,这件事表明法律即设计所强加的秩序与彩票即机会所强加的秩序二者之间难以区分:因为法律给偷票的人规定了同样的惩罚。假如法律和彩票的运作导致同样的结果,那么我们在什么基础上来区分法律和彩票呢?在博尔赫斯的另一篇故事里,机会和命运的运作跟法律的运作再次难以区分:当僧侣伊斯特曼(Monk Eastman)这个"罪孽的供应商"被第无数次抓住的时候,警察感到松了口气,也对他的被捕感到好笑,而"法官早就十分精准地预言这个家伙要坐十年牢"(《小说集》,29)。

这个阻止我们去接受这种可能性的力量是强大的。就像卡夫卡的寓言故事《在法律面前》(*Before the Law*)中从乡下来的那个人一样,我们宁愿相信法律内部存在某个东西,无论这个东西对我们来说是多么隐秘或者多么难以破译。我们拒绝绝望,相反我们迫切地希望存在一个秘密的起源、一个秘密的设计,在我们抵达时这个起源或设计就会展现在我们面前,尽管这个旅程艰辛并且等待又是那么漫长。我们宁愿相信这家公司是按章办事,其工作人员精通业务,即使我们可能永远也见不到他们,即使我们很难听懂他们对我们所说的话。"该公司的每个个体都曾是(并且现在也是)无所不知、诡计多端……他们的步骤、他们的部署都是秘密的",他们的一个神圣的厕所也叫"卡夫卡"(Qafka),这绝非巧合(《迷宫》,58),这再次激发了"宇宙感",既复杂又难懂。

当官员的决定受到挑战的时候,这家公司"用它惯常的自由裁量权"不去正面回应。当可怕的犯错的可能性增加时,该公司回应说"彩票是在世界秩序中插入机会,接受错误并不是否定机会:反而是去证实它"(《迷宫》,58)。虽然这样的回答是同义反复有赘述之嫌,却可以安抚民心并且获得神圣经文的地位。因为,正如巴尔特所言,同义反复是"在恰当时候的昏厥,一个保留的失语症",它把言说者从无法解释的困境中解救出来,从而让他"在权威语言背后"得到庇护。同义反复所需代价相对较高:"拒绝语言,拒绝死亡,拒绝静止的世界"。① 实际上,错误成了法律,反过来这也说明了法律可能就是个错误。

法律,就像这家公司,很不愿意承认它也会犯错。通过上诉制度和进一步的立法工作,虽然错误不被承认,但是被吸收进法律神奇运作和再运作的内在部分讲,以便不可阻挡地走向进步。但是,法律是不是不仅仅企图调节机会,而且它本身也是一种博弈游戏,它的官员和制度竭力要把它呈现为有规划、有组织且绝对可靠的东西?人们可以进一步揭示,机会不是知识的例外而是**另一种**知识,或许是唯一的知识,唯一的真理。② 正如有人惊叹,"毕竟,如果机会不是逃离我们的原因的效果,那么机会又是什么?"③理性如果不能把机会吸收进它的体系,它就试图排除、忽视或者压抑机会的运作。

在西方思想界,机会或命运女神这个概念是跟女性联系在一起的,就像《俄狄浦斯法律》中所描述的,这一点绝非偶然。人为企图通过律法和理性来整饬世界只会把他们所不懂以及所不能控制的东西即机会和女性排除在外。然而,这个切除从来就不是完全成功的,正如我在最后一章中所表明的,伊俄卡斯忒这个遭受压抑的形象以及机会又回来了,不仅随着尼采的"爱命运"(*amor fati*)回来了,而且又随着作为法律制定者和真理承担者的女性回来了。

第六节 一个人就是所有人,就是一种文学

皮埃尔·梅纳德有能力逐字逐句地改写,没有直接转录,《堂吉诃德》是作者和读者之间认同的一个极端例子。既然我们的语言构成了我们的人格,重复别

---

① Roland Barthes, *Mythologies*, trans. Annette Lavers (London: Vintage, 1993) [1953], at 152-3.
② See Georges Bataille, *On Nietzsche*, trans. Bruce Boone (New York: Paragon Press, 1992).
③ Erchmann-Chatrian, '*L'Esquisse Mysterieuse*', quoted by Tzvetan Todorov, *The Fantastic: A Structural Approach to a Literary Genre*, trans. Richard Howard (Ithaca, New York: Cornell Univeristy Press, 1975 [1970]), at 110.

人的语言就意味着"人格的相互渗透",① 这就对我们相信自我的绝对自主提出了挑战。在博尔赫斯的故事里,身份不是单一的或者独一无二的,而是模糊不清的、不完整的、脆弱的,也是流动的、不定的以及模棱两可的,随着人物彼此融合,重复彼此的事迹,写着彼此的词语甚至死了彼此的死亡,身份经常溶解在一起。任何稳定的假象确实都是来自另一个人的存在,即"双面人",个体往往把他自己跟这另一个人进行比较和对比。在这些故事中,凶手跟受害者,叛徒跟英雄,间谍跟目标,耶稣跟犹大,父亲跟儿子,做梦的人跟被梦的东西,英雄跟懦夫,信徒跟异教徒,他们不仅享有彼此相似的性格特征,而且他们**就是**彼此。②

宇宙同一性这个概念,即叔本华认为"我即为其他所有人,任何人即为所有人"的学说(《迷宫》,99),在《不朽之徒》(The Immortal)中得以概括,这个人包含了所有人的身份,现在的、过去的以及将来的身份。他永无止境的存在意味着,他就是、已经是而且还将是所有的人。"没有人是任何人,单单一个不朽之徒就是所有的人……我是神,我是英雄,我是哲学家,我是魔鬼,我是世界,这就是我不存在的一个冗长乏味的表达方法"(《迷宫》,145)。梅纳德也明白这是他雄心壮志的任务要点。"从根本上来说,我从事的东西并不困难,"他说,"我应该只需永远不死才能把它完成"(《迷宫》,66)。记忆超人富内斯也有相同的看法:"我们都知道实际上我们都是不朽之徒,很快所有人都会做而且都知道所有的事情"(《迷宫》,92)。

只要时间无限就会有人来重写荷马史诗,这个主题意味着人物、事件、意象以及身份本身都不重要。既然每个人的经历都必定要被重复,独特和原创这些概念都不相干:每样东西以前都已经说过了、写过了、读过了,并且将来还得如此。然而,永恒的期望并没有把我们的努力解释为毫无意义、白费气力:虽然"不再保留任何被记住的意象",可是词语,"被代替的词语,被切断的词语以及他人的词语"依然存在(《迷宫》,148)。这个无尽的空间即永恒也是文学的无尽空间:文学和词语可能是"可怜的一小部分",但是它们也是对于死亡和遗忘的唯一的报复。

---

① Shilomith Rimmon-Kenan, 'Doubles and Counterparts: The Garden of Forking Paths' in Harold Bloom, (ed.), *Jorge Luis Borges*, *supra*, at 191.

② "双面人"这个主题在许多故事中重现,包括《叛徒和英雄的主题》(Theme of the Traitor and the Hero)、《三个版本的犹大》(Three Versions of Judas)、《圆形废墟》(The Circular Ruins)、《伊西多罗·科鲁兹的人生》(The Life of Isidoro Cruz)、《剑的形状》(The Shape of Sword)、《神学家》(The Theologian)、《死亡与罗盘》(Death and the Compass)。

对于博尔赫斯而言,这并不是指个体的或者连贯的文学,即那种标记了作者个人姓名和创作日期的文学,而是在希伯来思想界看来是集体的、累积的文学:"写作情境无关紧要,个体无关紧要,历史无关紧要,时间顺序也无关紧要。所有这一切都归功于一个作者即灵魂。"① 梅纳德本人也遭遇很多事情,直到他到达了"漫长文学时期的终点,然后开始意识到他不想用任何更多的书来拖累这个世界"②。梅纳德十分认真地听取了约翰·巴斯(John Barth)的建议,而且早在该建议提出来的几十年前就奉行了,约翰·巴斯认为"写出文学原创作品是有困难的,或许也是没有必要的"。博尔赫斯青睐无限退化这个概念,它也是"可能性已经枯竭"的另一个意象,因为文学形式和传统已经"疲惫不堪"。③

早在巴尔特和福柯之前,博尔赫斯就质疑把艺术当作财产而把艺术家当作财产拥有者,以及法律会承认并保障其财产权的这个现代主义观点。没有什么艺术品是原创的,因为它都是在早前艺术品的语境中创作的,因此"每个作家的贡献都是微乎其微的无穷小"(《迷宫》,32)。在特隆星球,图书没有署名,剽窃这个概念也并不存在,因为"知识是同一的、永恒的",而"所有作品都是一个作者创造出来的,这个作者是永久的、匿名的"(《迷宫》,37)。天才艺术家是个浪漫主义的概念,天才艺术家通过纯粹个人努力创造出一件独一无二的艺术品,在大规模生产和消费的年代很快就会被仿制品取代,仿造者比圣经《约伯记》(*the Book of Job*)的作者具有更多的"不确定性、匿名性以及恒久性"④。博尔赫斯坚持认为,"所有好的东西不属于任何人……而是属于那个语言、属于传统"(《迷宫》,282)。

面对似乎穷尽的文学主题和传统,作家可以利用的一个手段,正如巴斯所建议的也正如特隆星球的作家们所做的,就是"用所有可能想象出来的置换"来重复相同的情节(《迷宫》,37)。博尔赫斯喜欢说"宇宙的历史就是给出一捧隐喻的那些不同语调的历史"(《迷宫》,227),而且"当然,我没有说出什么新鲜玩意"⑤,或者《小说》的历史,"我在想这本书里是否有一句原创的句子"⑥。不过,他的复

---

① *Conversations*, *supra*, at 246.
② *Ibid.*, at 15.
③ John Barth, 'The Literature of Exhaustion' in Raymond Federman (ed.), *Surfiction* (Ohio: Swallow Press, 1975)[1967].
④ Jorge Luis Borges, 'the Book of Job', in Edna Aizenberg (ed.), *Borges and His Successors: The Borgesian Impact on Literature and the Arts* (Columbia and London: University of Missouri Press, 1990), at 267.
⑤ *Conversations*, *supra*, at 235.
⑥ *Ibid.*, at 91.

述不仅仅用皮埃尔·梅纳德的方式来复制原作,而且还运用了戏仿、讽刺和夸张,把原作重新语境化并改变了原作的意义。正如博尔赫斯本人所承认的,这对于被殖民的群体来说是一个很重要的策略:"不迷信却不敬地"看待欧洲经典"能够带来并且已经带来了幸运的结果"(《迷宫》,218)。

在《三个版本的犹大》中,是犹大而不是耶稣被假定为上帝之子,在《三十教派》(The Sect of Thirty)中,犹大在背叛基督之后把这些钱给扔了,它被描述为"我们灵魂救赎的价钱"(《小说集》,445)。侦探类别的陈词滥调同样也应用在《死亡与罗盘》中,最终当然被推翻,用爱伦·坡的奥古斯特·杜邦(Auguste Dupin)的模型塑造的侦探把他自己不仅引领破解了谋杀的神秘,也导致了他自己的被谋杀。另一方面,警察给出的看似漫不经心的解释结果却是惊人的准确。博尔赫斯对于异教徒的喜好也给那些置身主流文化之外的人一个发言权,那些人挑战且贬低权威,无论是在法律上还是在文学上。博尔赫斯一方面口头上赞成欧洲文学经典,另一方面却洗劫他的资源,开创了一门新的语言,因而开创了一个新的地理和身份,而这一切不仅仅是为了拉丁美洲大陆。①

第七节　其他时间与其他地点

稳定的、持续的身份这个概念是我们选择固定我们对自身和他人的体验的一个基础。通过把身份、流派、生活、梦想、真实的和虚构的地方、真正的和假想的人物变得模糊不清,博尔赫斯暗示我们所依靠的那些符合常理无可辩驳的概念不过是聊以自慰的幻觉。关于身份的故事自我溶解或自我重复,打碎了这个幻觉,给我们造成了一种眩晕的感觉,这种感觉我们以前都经历过,而且还将再次经历。与之紧密相关的时间概念的取消加剧了这种虚构的感受。博尔赫斯在

---

① 例如,卡洛斯·富恩特斯(Carlos Fuentes):"他这个令人眼花缭乱的散文,如此冰冷却灼伤了人们的嘴唇……基本上证明了这样一个事实即拉丁美洲缺乏语言,因而必须要建立一门语言。为了做到这一点,博尔赫斯模糊了所有类别,挽救了所有传统,扼杀了所有不良习惯,创造出一个新秩序,一个严格的高要求的秩序,在此基础上构建了讽刺、幽默和游戏……而且……也建立了一门新的拉丁美洲语言,该语言通过纯粹的对比揭示了传统上我们所认为的'语言'所具有的谎言、屈服和虚伪。"Quoted in Gene Bell-Villada, *Borges and His Fiction: A Guide to His Mind and Act* (Chapel Hill, NC: University of Carolina Press, 1981). Also Vargas Llosa: Borges shaped 'our personal geography out of an intense involvement with European literature'; quoted in Suzanne Jill Levine, 'Notes to Borges's Notes on Joyce: Infinite Affinities' in *Comparative Literature*, Vol. 49, (1997), 344-59, (1997) at 345.

《时间的新辩驳》(A New Refutation of Time)中想知道为什么"一旦物质和精神被否定,它们是连续的,一旦空间被否定,我不知道我们对于那个连续性即时间还有什么谈论的资格"(《迷宫》,256—257)。

博尔赫斯提醒我们,那种认为时间是绝对的、统一的、线性的和渐进的观点只不过是理解时间的同样是任意的众多方法中的一个。时间在他的小说中可以倒退回过去,正如赫伯特·奎恩(Herbert Quain)的小说《四月行军》(April March)中"死亡先于出生而存在,伤疤先于伤口而存在,伤口先于殴打而存在"(《小说集》,108)。或者分支向前进入无数不同的未来,它们自己再激增、分叉,就像在崔彭(Ts'ui Pen)的小说一样(《迷宫》,52)。时间可以是循环的,就像在赫拉迪克(Hladik)的戏剧《敌人》(The Enemies)开始于钟敲响七下也结束于钟敲响七下,而且钟声敲响时还伴随着第一幕第一个场景中第一个演员重复说出他已经说过的台词(《迷宫》,121)。时间也可以是静止不动的,就像在《神秘奇迹》中,在行刑队整装待命与开枪枪毙那个死刑犯之间的一瞬间,一整年都过去了。① 时间也可以拉长、缩短或者戛然而止。有些事情,特别是痛苦的事情比如心爱的人死了,却又可以在时间之外存在而且"没完没了地一直存在……,这要么是因为这个刚刚发生的过去好像跟将来是离散的,要么是因为构成这些事情的组成部分似乎不是连续不断的"(《迷宫》,52)。时间也可以无限划分,就像在奇诺(Zeno)的阿喀琉斯(Achilles)悖论一样,阿喀琉斯永远超过不了那头乌龟(《迷宫》,237)。或者,正如前苏格拉底哲学所教导的,时间、移动和变化可能是从永恒的现在想象出来的幻觉;过去的事情可能不过是现在的梦想,即便我们坚持把这些梦想称作"记忆"。就像伯特兰·罗素所假定的,过去可能根本就没存在过,我们全部一下子跳进了几分钟前,装满了对这个幻想出来的过去的记忆(《迷宫》,34)。时间也可以有可塑性,这样的话,过去可以任由人们修正和改写,就像在《南方》(The South)中所描述的那样,因为"现实偏爱对称,现实就是部分的过去时"(《小说集》,174)。事情可以永远地重现,就像在《圆形废墟》中那样,或者也可能存在于"一个发散的、收敛的以及平行的时间之网中,这张时间之网以令人目不暇接的速度不断在增长"(《迷宫》,53),虽然我们这些孤陋寡闻的凡夫俗子只能认识到为数不多的一些时间的可能性。

---

① 这个被博尔赫斯称作"谦逊的奇迹"(Conversations, supra, at 25)使得赫拉迪克完成了他的游戏并结束了他一生的工作,因此向他本人和上帝证明了他的存在,他自己和上帝知道这个奇迹。

《歧路花园》(The Garden of Forking Paths)中的叙述者复制(前两页丢失了)余秦(Yu Tsun)博士口述的声明,该声明表明英国军队在第一次世界大战中为何几天之后才发动攻击。余秦是德国军方的间谍,他自己坦白说,他就是"一个胆小鬼"。当他意识到自己即将被捕被杀时,他利用有限的时间和有限的资源即一些硬币和一把仅有一发子弹的左轮手枪设想出一个计划,藉此把英国新炮兵营的营地告诉他的德国长官,并且"向他证明一个黄种人可能会救出他的部队"(《迷宫》,46)。这个计划把他带到了英国一位著名的汉学家斯蒂芬·艾伯特(Stephen Albert)的房子。艾伯特的"花园路径岔口较多",这让余秦想起了他的祖上崔彭,崔彭曾经是中国云南的地方长官,可是却"宣布放弃世俗权力"以及放弃"专制与正义的乐趣",转而投身两件事:"创作一部比《红楼梦》人物还要多的小说,以及建造一个所有人都会迷路的迷宫"(《迷宫》,48)。在这个花园里,在英国树木下,余秦苦思冥想那个已逝的迷宫:"我想象它是无穷大……是迷宫的迷宫,这个蜿蜒铺展开来的迷宫可以包含过去和现在,甚至用某种方式还包含了天上的星星"(《迷宫》,48)。

然而,崔彭的迷宫从来就没有找到,余秦和其他崔彭后代对他这本书的出版深感遗憾,余秦认为这本书是"一堆不确定的自相矛盾的草稿……主人公在第三章死了,在第四章却又活过来了"(《迷宫》,50)。这跟其他虚构作品形成鲜明对比,在其他虚构作品中"每次遇到几个不同选择时,他[余秦]都会择其一而排其余;在崔彭的小说里,他择其一同时也择其余……这样,所有可能性的结果都产生了,每一个选择都是其他岔路的出发点"(《迷宫》,51)。艾伯特的解释是,那本书以及那个迷宫不是两个不同的工程,而是同一个相同的工程:他认为,崔彭造的迷宫是"符号的迷宫……崔彭一定说过:**我正抽身写书**。而在另一个时候又会说:**我正抽身建造迷宫**。每个人都曾同时设想过这两个工程,可是从没有人想过书和迷宫就是同一个一模一样的东西"(《迷宫》,50)。

艾伯特把崔彭的小说视为"一个谜语,或者一个寓言,它的主题就是时间……跟牛顿或叔本华不同,[崔彭]不相信时间是统一的、绝对的。他相信时间是无限级数的,时间在一张发散的、收敛的、平行的网中以令人目不暇接的速度不断增长。这张时间之网彼此接触、分岔、再分开,或者千百年来彼此毫不知晓,拥有**所有的**时间可能性"(《迷宫》,53)。余秦在遇见艾伯特之前时反思并反对将时间划分为过去、现在和将来:"每件事情精确地发生在人身上,就是在**现在**。千百年来,只有在当下,事情才发生"(《迷宫》,45)。不仅过去而且将来都混合到一个永恒的现在,所以将来跟过去同样不可改变:"将来已经存在"(《迷宫》,54)。

时间不是线性的而是同时发生的,过去、现在和将来共同存在于一个时刻。

跟其他概念一样,我们用来整理世界的概念,比如身份、法律文学、时间的概念也是心智的产物,"如果时间是一个心理过程,那么数以千万计的人或者即便是两个不同的人又如何共享它呢?"(《迷宫》,258)。德里达与博尔赫斯相呼应,他提醒我们,"时间在世界的真实存在称作人。时间**就是**人,人**就是**时间。"①文学中对于时间的拷问不仅仅娱乐人或者困惑人,而且可以引起伦理思考:在列维纳斯看来,不可逆的时间、无限的时间或者时间是存续的一段时间而不是线性的不断进展的时间,这些时间也都是他者的时间,并且这就给我们体验他异性开辟了道路。② 我们认为时间,正如转引自德里达所表明的,是人造的,这并非巧合:时间的概念不仅是文化的、偶发的,它还是男性的。阿里阿德涅的时间,就像我在最后一章所论述的,跟法律的时间不同,它不是一致的、线性的、正在进展的,而是不连续的、循环的、不可预测的;它是永恒的时间而不是终结,是连续的时间而不是到达的时间。

第八节 梦想出一个世界或者一个人

假如特隆星球的理想主义者创造了一个虚构的星球慢慢渗透并且影响地球上的现实,那么《圆形废墟》中主人公的抱负也毫不逊色:"指引他的目的,虽说是超自然的,可也不是没有可能。他想要梦到一个人:他想用十足的真诚梦到他,然后把他植入现实中"(《迷宫》,73)。他的方法如此显而易见以至于我们忘了我们一直都这样做:我们对日常生活中遇到的结构、规则和人物都不满意,于是我们在想象中创造了另外的、自主的世界和人物。我们的工具跟那个"隐蔽人"(the "obscure man")的一模一样,那个"隐蔽人"在那个无异议的夜晚(the unanimous night)上岸,没有人看见他,而且"也没有把那些刺破他皮肉的荆棘推到一

---

① *Speech and Phenomena and Other Essays on Husserl's Theory of Signs*, trans. D. B. Allison (Evanston: Northwestern University Press, 1973), at 85. Quoted and discussed in Paolo Bartolini, 'Spatialised Time and Circular Time: A Note on Time in the Work of Gerald Murnane and Jorge Luis Borges', *Australian Literary Studies*, Vol. 18 (2), (1997), 185-90.

② Emmanuel Levinas, *Time and Order*, trans. Richard Cohen (Pittsburgh, Pa.: Duquesne University Press, 1990) [1948] and *Ethics and Infinity*, trans. Richard Cohen (Pittsburgh, Pa.: Duquesne University Press, 1985) [1982]. See especially discussion in Costas Douzinas and Ronnie Warrington, *Justice Miscarried: Ethics, Aesthetics and the Law* (Hemel Hempstead: Harvester Wheatsheaf, 1994),他们认为这就是安提戈涅的时间和道德的时间。

旁(大概没有感觉)"(《迷宫》,72)。跟莫里森文本中宠儿的转世一样,他悄无声息地到来,不被人发觉,接着开始着手实施他那唯一的、神圣的任务,"睡觉和做梦"(《迷宫》,73)。

首先他梦到了一个圆形露天剧场,在那里他在给一群学生上课,他从中挑选出一个人,"把他从纯粹的表象中救赎出来,再把他篡改进现实世界里"(《迷宫》,73)。学生们被动地接受他的教诲,虽然他们非常值得他去关爱,可还是由于他们无法成长为个体的样子而遭受抛弃。他于是挑选出一个很像他自己的学生,"脸色蜡黄,有时候很执拗,个性鲜明,这些都复制了做梦者本人的那些特性"(《迷宫》,74)。如此坚持努力维持他的梦想以便把它变成现实,此项任务十分艰巨,"比用沙子编出一套绳索或者铸造出没有面容的风还要艰难"(《迷宫》,74)。然而,跟我们其余人对"试图浇铸梦中那个让人眼花缭乱的不合逻辑的东西"而感到绝望不同,这个隐蔽人坚持不懈,直到一天晚上功夫不负有心人,他终于梦到了"一颗扑通扑通跳动的心脏"(《迷宫》,74)。他睡了更长时间的觉,做了更长时间的梦,直到他对这颗心脏感到满意,然后再开始去做其他器官的梦。又过了一年,他才梦到了"一身骨架,一双眼睑。不计其数的头发大概是他最难完成的任务"(《迷宫》,75)。然而,就这样夜复一夜他梦到了一个完整的人,这个做梦者梦到他的梦造之物睡着了。火神答应了他的恳求,赐给了那个熟睡的幽灵以生命,就这样所有人包括火神和做梦者都认为他是个有血有肉的人。就在那一刻,"在做梦者的梦里,这个梦造之物醒来了"(《迷宫》,76)。

作为这个男孩的父亲和老师,做梦者发现分离会很痛苦,于是找借口一再拖延。跟圣经里的上帝(不)同,他重新做了"右肩,这可能是有缺陷的"。他继续睡觉,闭目思考:"现在我要跟我儿子在一起",或者偶尔地想,**我制造的孩子在等我,要是我不去他那里他就不会存在了**"(《迷宫》,76)。当他再也不能拖延他儿子"出生"的时候,他第一次亲吻了他,灌输给他"(这样他就永远不会知道他是一个幽灵,那样的话他会被认为跟其他人一样是一个人了)……完全遗忘他多年的学徒岁月"(《迷宫》,76)。然后把他带到另一座庙宇。几年后,做梦者听闻有个奇人可以经火不焚。这位老人想起了火神的话,担心他的儿子可能会"沉思他这个不正常的特异功能",可是马上又意识到他只是个意象。这个想法让他感到恐惧,"不要做人,不要做别人的梦中之物,多么羞耻的感觉,多么眩晕的感觉!"(《迷宫》,77)。他的担心被打断了,因为火也吞噬了他自己的庙宇,他向死神屈服,走进了火海。可是,却发现火焰在爱抚他而不是烧伤他:"带着宽慰、羞耻和恐惧,他明白了他也不过是表象,是别人的梦中之物"(《迷宫》,77)。

再次阅读这个故事,它向我们警示了这样的结局:我们得知,这个做梦者有时候"深感困惑他记得这一切以前都发生过"(《迷宫》,76)。路易斯·卡罗尔(Lewis Carroll)《爱丽丝镜中奇遇》(Through the Looking Glass)"如果让他梦见你……"对这个故事的题词强调了这样一个疑点,即,如果爱丽丝除了是国王的梦中之物以外就没有独立的存在,那么大概我们都是他人的梦中之物,而梦到我们的这个他人也是另外的他人的梦中之物,以此类推,永无止境。梦见造物已经被无数做梦者所梦到,他们梦到了其他梦者包括梦到了那个梦见我们的梦者,尽管理想主义者伯克利(Berkley)假定上帝是固定我们认知的终极梦者,但是在博尔赫斯看来却没有这样一个原始点只有更多无穷的退化。我们遇到了这个可怕的想法,即我们可能不比他人梦中的意象更为真实,不比他人写作的书中人物更少虚构,也不比象棋游戏中从不怀疑的卒子更多自主,这些卒子

> 没有意识到是棋手
> 规定了他们的命运。
> 他们不知道一个坚定不移的命运
> 操控了他们的意愿同时支付了战争计划……
> 上帝指挥着棋手,棋手又指挥着棋子。
> 可是在上帝开启尘世、时间、睡眠和痛苦之上
> 还有什么神灵呢?

(《诗集》,133—135)

为什么这种想法令人不安?"为什么地图包含在另一幅地图中以及一千零一夜包含在《一千零一夜》中会使我们心神不宁?为什么堂吉诃德成了《堂吉诃德》的读者以及哈姆雷特成了《哈姆雷特》(Hamlet)的观众让我们心神不宁?我认为",博尔赫斯说,"我已经找到了原因:这些颠倒表明,假如虚构作品的人物可以成为读者或观众,那么我们作为这些虚构作品的读者和观众可能就是虚构的"(《迷宫》,231)。

正如在特隆星球中,观念作为心智和想象力的产物实现了独立的存在,只是让我们别忘了这个独立性也是一个梦、一个幻觉,因为我们的梦也是由那个梦到我们的人的梦所指派的。这些事情得以在其中展开的那些圆形庙宇表明:会有更多的梦者,会有更多人重复同样的梦,以相同方式被梦到的人在智力特征和身体特征方面跟他的父亲都很像。历史没有示意变化或更少的进步,却示意了同样的人物和事件在循环往复地重现。艺术家创造出来的那些人物在艺术家词语

之外不会独立存在,做梦者跟艺术家一样试图创造上帝、模仿上帝而且也的确成为上帝。通过"父生"创造或发明了这些想法,我们可以获得那个老人在完成"他的人生目的"时所体验到的狂喜(《迷宫》,76)。然而,这个狂喜是瞬间的,其他人早已梦到了而且会再次梦到它,这并没有阻止我们塑造或"父生"新的词语、新的世界、新的人物和新的地点等等,直到死亡。

第九节　性的缺席:一个女人就是所有男人

我说"父生"因为母亲、自然生育还有实际上性本身都是只有在博尔赫斯小说的间隙和沉默的时候才存在。在《凤凰教派》(The Sect of the Phoenix)中博尔赫斯这样描述异教崇拜,他们团结在一个没有名称的仪式周围,他们的秘密确保他们永垂不朽;这个秘密"代代相传,但是好的用法是指母亲们不应该教给她们子女这个秘密,牧师也不应该教;主动参与到这个神秘中来是最低层个体的任务……这个活动本身是琐碎的、短暂的而且要求不做记录……这个秘密是神圣的,却总是有点荒唐,它的执行是鬼鬼祟祟的,甚至是在地下秘密进行的,而且行家对它都不提及。没有什么得体的词语来给它命名,可是人们都明白所有的词语都可以来指称它,或者更好地说不可避免地都暗指它……某种神圣的荣誉阻止某些忠实的信奉者不去执行这个十分简单的仪式;别的人都鄙视他们,而他们甚至更加鄙视他们自己"(《迷宫》,133)。正如在《歧路花园》中一样,谜底都不可以在字面找到而是隐藏在字里行间。跟这些异教崇拜的分子们一样,博尔赫斯详细叙述以免给行为命名,该行为既受到表扬又受到同样多的谴责,既被宣扬又被藏匿:这就是性的基本事实。

博尔赫斯为数不多的一个女主人公艾玛·如恩斯(Emma Zuns),是一位年轻的女士,她的性行为让人厌恶,而且男人从她身上激发了"几乎病态的恐惧"(《迷宫》,165);她和一位不知名的水手上床为的就是替父报仇,她父亲在名声被她那位无耻的老板玷污之后自杀了。她认为自己的行为是为了替父报仇这个事业而做出的"牺牲",这让她十分痛苦也十分恶心。与其说是以她父亲的名义倒不如说是以"她遭受屈辱的愤怒的名义。她在那个十足的不耻之后不能不杀死他"(《迷宫》,168)。在艾玛计谋背后是赤裸裸的乱伦主题:叙述者认为她在行动过程中想起了她的父亲而且"在那个时刻她危及了她那绝望的事业。她认为(她不能不这么认为),她的父亲对她母亲做了可怕的不齿之事,现在这个可怕的不齿之事也正发生在她的身上"(《迷宫》,167)。

第十章 "努力梦想"：博尔赫斯小说中女神的梦想　　299

作者希望通过他有限的力量以及纯粹的意志力产生一只老虎，①作者还模仿神圣的造物行为，用词语创造心智中理想王国去跟物质世界竞争而且有时候去入侵现实世界，臭名昭著的是，这个作者不太情愿描述人类行为或者不太情愿给人类行为命名，后者导致了生物的繁衍、持续和永恒。博尔赫斯这个作家和图书管理员保留了行为生命力的魅力，就像他的前辈们一样，并且还对埋首文字和书本而了此一生感到惋惜：在 34 岁的时候，他明确地表达，"生与死一直都是我生命中所缺乏的"。② 正如苏珊娜·吉尔·莱文（Suzanne Jill Levine）指出来的，博尔赫斯暗地里还嫉妒詹姆斯·乔伊斯（James Joyce），后者跟他不一样，死的时候"没有看见／双重野兽"。③ 博尔赫斯对精神控制的梦想，正如约翰·欧文所论述的，正是心智对物质世界的报复，物质世界一方面是"对抗精神世界沮丧的预防机制，另一方面又是防范身体的危险和羞耻所需求的预防机制"④。博尔赫斯的人物梦想着要回到起点，从那里可以创造一个符合我们梦想的世界，它比我们现在居住的世界更有秩序。正如我在解读《俄狄浦斯王》以及在下一章进一步论述时所建议的，它也是**男人**的梦想而不是**女人**的梦想，而且它还是要么回归到自己要么走向死亡的旅途。

　　女性在博尔赫斯小说中不是那么惹人注目，她们短暂的出现要么就是把她们托付给像艾玛·如恩斯那样的处女，要么就是把她们托付给像《阿莱夫》中的贝亚特丽丝（Beatriz）那样变化无常的人。在男性欲望经济中，比如在雷内·吉拉德的欲望经济中，欲望是三人间的，欲望客体凭借她是第三者的欲望客体这个事实来为欲望主体派生出价值。⑤ 女性在吉拉德文本中的出现，跟在博尔赫斯的同性社交世界里的出现一样，以及女性在生与死中同样多的出现，这都造成了男人之间的竞争和毁灭，她们造成的危害必须要通过杀死欲望客体即女性方能

----

　　① 《梦虎》（*Dreamtigers*）："这是一个梦，我的意志的纯粹消遣，而且既然我的力量有限，我要带一只老虎来"（*CF*, 294）。
　　② Quoted in Gene Bell-Villada, *Borges and His Fiction*, supra, at 263.
　　③ Suzanne Jill Levine, 'Notes to Borges's Notes on Joyce: Infinite Affinities', *Comparative Literature*, Vol. 49 (1997), 344-59, at 357.
　　④ *The Mystery to a Solution: Poe, Borges and the Analytic Detective Story* (Baltimore and London: Johns Hopkins University Press, 1994), at xiv.
　　⑤ "在欲望产生的时候，第三方总是在场的"：René Girard, *Deceit, Desire and the Novel: Self and Other in Literary Structure*, trans. Yvonne Freccero (Baltimore and London: Johns Hopkins University Press, 1965), [1961], at 21。

消除。①

在《入侵者》(The Interloper)中,女性是"仆人","只是一件物品","在欲望和所有权"之外无关紧要,她听命于两兄弟,他们俩共同占有她使她"残忍地服从"。她也是一个"侵入者",造成了两兄弟之间的竞争,所以为了恢复兄弟关系必须要牺牲掉她:当一个兄弟对另一个宣告他已经把她杀死了,"他俩相拥而泣,十分悲痛。现在他们又被另一个关系给联结在一起:那位让人悲伤的被牺牲掉的女人,以及必须把她给忘掉"(《小说集》,351)。假如我们接着吉拉德对于牺牲的分析,女人在这里就是为了恢复(男性)社会稳定所必需的牺牲品,男性社会的秩序也因她的存在而受到威胁。正如伊利格瑞所言,正是因为女人被视作交换物品而并没有作为主动的主体进入人际交往,牺牲才被认为是男性经济中的必需品。如果博尔赫斯的人物珍视女性带来的生育和传宗接代的过程,那么暴力也不会是唯一的解决手段,也就没有必要把她"切碎吃掉"。②

跟朱莉安娜(Juliana)在博尔赫斯文本中没有发言权不一样,跟伊菲革涅亚被父亲堵住嘴巴被剥夺发言权也不一样,当女性开始说话和写作,就像我在下一章中所论述的阿里阿德涅一样,她就能够打碎那个把她视为男人之间交换物品的男性经济。无论那些交换行为是巩固了男人之间的关系(如同列维-斯特劳斯的婚姻图式)还是打碎了男人之间的关系(如同吉拉德的欲望图式),情况就是这样。此外,正如男人认为他掌控了语言,可是语言却先于他存在并且使他感到沮丧,男人或许认为他可以交换女人,但是当女人像我下一章中的阿里阿德涅一样表达她们的独立欲望并用实际行动表达出来的时候,她们也会胜过男人,而且也能逃离男人的交换从而控制她们的企图。

女性在博尔赫斯同性社交世界里是缺席的,在那里男人彼此爱恨交织而且确实也成为对方,这是伴随对"女人气的"男人同等的压抑,男人的同性恋行为在《剑的形状》(The Shape of Sword)中也是十分露骨的。③ 一贯颇有绅士风度的

---

① 这个观点由莎侬·马格拉瑞丽(Sharon Magnarelli)进一步论述过,Literature and Desire: Women in the Fiction of Jorge Luis Borges, *Review Interamericana*, Vol. 113 (14), (1983), 138;马格拉瑞丽还认为博尔赫斯小说中女性跟文学联系在一起,她们还经常跟红颜色联系在一起,并且"跟异国情调、激情、急躁脾气、血腥和死亡联系在一起"。

② Luce Irigaray, 'Women, the Sacred and Money', *Paragraph*, 8, October 1986, 6-18.

③ Herbert Brant, 'The Mark of the Phallus: Homoerotic Desire in Borges' 'La Forma de la Espada' *Chasqui-Revista de Literatura Latinoamericana*, Vol. 25 (1), (1996), 25-38. 布兰特认为在《剑的形状》中莫恩(Moon)是个娘娘腔,害怕搏斗。社会认为同性恋男人是危险分子,因为他们既然已经背叛了他们的性别,他们也会背叛他们的民族。在莫恩的故事中,他对年轻主人公的想入非非已经转变为身份。"故事的最后一句话总结了社会对于同性恋千百年来敲脑门的教训:'现在你知道我是谁了,鄙视我吧!'"

博尔赫斯让他自己对《入侵者》改编的电影表达了愤怒和鄙夷:"真气人。这不是我写的故事……可是却用了我的故事标题,用了我的名字,还有用了乱伦、同性恋以及兽奸。真好笑"。① 人们可以进一步论述拒绝承认和拒绝表述同性恋欲望是作者压抑内在女性气质的另一种形式。在女性的确出现在博尔赫斯小说的地方,她们不是母亲,而且孩子们也都不在场。艺术家创作行为跟生育行为之间的类比暗示了天才跟女人之间不仅容易混淆而且还存在着竞争,女人有自然生育的能力,艺术家却企图人为创造出一些东西。② 博尔赫斯的母亲在他本人的生活中无处不在,可是却从未出现在他的小说中。博尔赫斯的母亲在他的小说里长期以来的缺席暗示了他自己要成为母亲这个无意识欲望,他要用写作来创造和产生一个世界。起源的欲望无须性甚至也无意借助身体便可产生,这种欲望在《圆形废墟》里实现了它的神化崇拜,在那里一个禁欲主义男人给他自己生出了一个儿子:通过纯粹的意志行为,通过让他自己愿意去梦到他,给他自己生出了一个儿子。

博尔赫斯的人物在这些故事里寻找起源的起源、设计背后的设计者、神的名字、字母、书籍、时刻、地点以及所有揭示同时也向他们证明其合理存在的他们的人生、意义及其存在。或许女性没有开始这些旅程,这一事实表明她们已经掌握了男性人物所追求的知识。博尔赫斯故事中女性的缺席进一步暗示另一个旅程的可能性,它不是回到自己或走向死亡的自恋旅程,而是走向他人的旅程。这不仅隐藏了对女性暗地里嫉妒而且还有对女性的恐惧。尽管博尔赫斯的人物经历了这个无畏的探索,可是他们却没有开始这样一个旅程即走向女性的旅程,女性是他们有意疏远的一个目的地,而且还制造障碍来阻挠到达这个目的地。正如亚当·菲利普斯(Adam Phillips)主张的,如果爱是一个知识的问题而且"爱人都是侦探",③那么博尔赫斯的侦探们没有试图探究更不要说解决的一个秘密就是女人。

由于既害怕又嫉妒女性的生育能力,博尔赫斯在纸上以及他的人物在他们的梦里做着创造生产的梦。他们的梦因而创造了另一个人。他们的梦也因而创造了一个完整的国家。他们的梦还因而创造了一个全部的星球(而且醒来后发现地球这个星球已经被他们梦中星球所入侵)。他们梦到神:神应允了他们的

---

① *Conversations*, supra, at 226.

② Elizabeth Bronfen, *Over her Dead Body: Death, Femininity and the Aesthetic* (Manchester: Manchester University Press, 1992), at 111.

③ Adam Phillips, *On Flirtation* (London and Boston, Mass.: Faber and Faber, 1994), at 40.

梦,让时间停了下来,让他们短暂的人生合理地走向永恒。总之,就像我在开篇第一章里所论述的,博尔赫斯及其人物从事的任务就是发明创造现实。可是有一个梦是他们不敢梦想的,那就是女人;在他们的梦里,他们躲避他们真正的梦想。实际上,他们做梦也正是为了**躲避**他们真实的欲望。

博尔赫斯对时间的驳斥究竟是什么?他没有试图包含克里斯蒂娃所称的"女性的"时间。这种时间博尔赫斯没有给它命名,这种时间不是线性的而是循环的、重复的和永恒的,而且假如就像博尔赫斯所主张的,书籍可能就是我们仅有的宇宙、我们仅有对不朽的承诺,可是许多这些故事中女性与文学的联系是否表明了欲望和沮丧在这些目标不可及的地方都是来自男性所欲求却又无法理解因而也无法占有女性的这个事实?马尔考姆·波微认为,拉康对于欲望的不可及性所开出的灵丹妙药就是文学,此外,马尔考姆还认为正是女性才指导拉康回到了文本的乐趣中,据说拉康抹掉了女性的"存在":"女性,从阳具束缚中被解救出来获得了自由,她们已经获得了男性一直以来所渴望追求的东西"[①]。博尔赫斯的人物同样也可以说嫉妒女性已经获得了他们这些人物所无法理解也不敢探求的那些欲望。跟男性律师如《一报还一报》中的安吉路一样,跟我最后一章中的弥诺陶洛斯一样,为了保护他们不受无法破译的女性欲望迷宫及其迫切需求的困扰,他们创造了他们自己的迷宫。然而,在这个过程中他们只是成功地囚禁了他们自己,而女性却是剩余物,是逃离迷宫和文本中的多余物。女性跟《一桩事先张扬的凶杀案》中的安吉拉一样,她还是真理的捍卫者,捍卫那个承诺躲避男性探求者的完整性、不朽性以及永恒性的真理。

第十节 "困惑而不是确信"[②]

博尔赫斯被指责从事的写作是逃避现实的、宽慰人的,如果说不是反动的:他本人承认他的目的不是提供政治的或道德的观点,而是要忠于情节或者更准确地说要忠于梦想:"我认为我在写作的时候没有什么道德目的",他说。[③] 即便他的有些坚定拥护者也认为他的作品里缺少政治信息:约翰·斯特罗克(John Sturrock)写道,"对于那些喜好道德主义或者针对社会问题的人来说,它们里面

---

① Malcolm Bowie, *Lacan* (London: Fontana,1991), at 148, 156.
② *Conversations*, *supra*, at 74.
③ *Ibid.*, at 121.

什么都没有,而对于那些喜好文学的人来说,它们里面什么都有"①。卡特·韦洛克(Carter Wheelock)总结道,"这些故事让人联想到高雅的侦探小说以及象征主义诗歌理论被运用到了散文里,它们完全缺少社会意识或者道德内涵:没有情感、没有性、没有当代性,它们没有挥舞什么旗帜,也没有什么指向。它们影射了所有的东西却又没有推荐任何东西"②。

然而,这个评价认为理论和实际、现实和虚构、生活和梦想、哲学和文学、政治和哲学之间存在着区别。假如博尔赫斯的作品有什么信息而且假如他的这部小说果真有什么信息,那就是,这些区别本身是任意的、有问题的和偶然的。对于博尔赫斯而言,虚构的故事即便不比报纸上描写的故事更真实,它也是真实的:"对于一方面论及现实而另一方面又论及文学的那些人,我十分气恼,好像文学不是现实的一部分似的。读一本书会让你感觉似乎曾到那里旅行过一样或者好像你被遗弃了一样"。③ 诚然,所谓的现实主义是报道了事故以及单单情景,可是文学能够使我们超越现世从而可以说更加"现实",而且让我们可以"脱离世间的束缚去写作一些长存的事情。我的意思是说我们竭力存在于永恒之中"。④博尔赫斯的作品跟马尔克斯的《一桩事先张扬的凶杀案》一样,都是质疑文学和现实的区别并使该区别成为一个问题,而且还暗示了认识"现实"的一些新方法,于是在此过程中刺激思考,而这样的思考将来某一天或许会变成行动。假如他的梦想向后拖延或者使我们远离生活,它用一些新的洞察力让我们可以返回到所谓的现实,这些新的洞察力告诉我们认识所生活的世界的方法。

与特隆星球的人相呼应,博尔赫斯没有指望哲学或者科学告诉我们什么"真理"。早在德里达之前,博尔赫斯就暗示了诗歌跟哲学没什么两样,它们都是在表达不解,"我已经认为形而上学更是虚构文学的一个分支"⑤。人想要去找到**那个**真理,这一点十分可憎,因为"怀疑"即对真理的调查更加令人兴奋也更有趣:他在后来的一次采访中说,最宝贵的礼物是怀疑,而不是爱和友谊。⑥ 对于自我与他者、黑夜与白天、过去与将来之间的差异所渴望的溶解只有在死亡的时候方能到来,正如我在对《呼啸山庄》解读时所提示的。只有死亡才能停止寻找、

---

① John Sturrock, *Paper Tigers: The Ideal Fiction of Jorge Luis Borges* (Oxford: Clarendon Press, 1977), at 4.
② 'Borges's New Prose' in Bloom (ed.), *Jorge Luis Borges*, *supra*, at 106.
③ *Conversations*, *supra*, at 10.
④ *Ibid.*, at 78.
⑤ *Ibid.*, at 57, 177.
⑥ *Ibid.*, at 241 and 245.

才能停止怀疑:人类在活着的时候不断在寻找。要相信有人已经找到了"真理",那个"确定的"文本就是屈服于令人慰藉的幻觉,即屈服于"宗教或者疲劳"。①

在法律的迷宫中,在大量不同的、矛盾的案件、学说、规则和原则背后所存在的观点或希望可能认为存在一个或多个理论,该理论能够把一致的法律观看作一个整体,而且即便不能将之合理化也是可以对之作出解释,这个观点或希望代表了对理论的神化,代表了它希望把我们不同的、不连贯的体验加以集成、综合、表达和固定。为了追求博尔赫斯的图式,我们主张,从历史上来看理论是偶然的,如同语言、男人、女人文化和理性一样偶然。我们承认这一点并非意味着放弃伦理思考和实践,或者不关心政治,不辨是非,追求虚无主义或实用主义。"做"或"教"理论并不意味着给出答案,而是要使问题可以不断被提出来,它并不意味着要改变世界,而是要创造出一个它可以被改变的空间。这不是宏大观点层面上的理论,而是阐明我们自己的假设并使我们可以再次成为孩子的理论,②我们不再想当然地看待这个世界,更不要说西方世界及其法令或法律制度。通过忍受解释的空隙,我们可以依然相信,整合或综合对不同现象的解释是靠不住的,而是要让它们可以被学术知识接受,也就是说要不断重新思考,不断重新定义所谓的法律知识。

博尔赫斯以及在他之后的福柯提醒我们整理事物有许多不能比较的方法,而且他们还提出这样的问题,即我们这些现代西方人如何整理事物或者我们自己的思考方法有些什么不足之处。博尔赫斯在他的百科全书中对动物的分类没有什么章法,同样地,对于真理、理性、有罪和无罪的法律分类也是乱七八糟。不断重新审视后者意味着要更好地知晓我们自己的分类是偶然的。正如肖莎娜·费尔曼(Shoshana Felman)指出的,这种方法对教育方面的价值在于教育人们要"在超越能力之上思考",③换言之,我们可以也应该向理论的局限性学习以及向我们自身的无知学习。

首先,我们必须记住阅读、教学和写作的方法在政治上不是中立的,而是我们在这个世界生活和存在的方法。作为学者,我们不认为先知和立法者们的作

---

① Jorge Luis Borges, 'Las versiones homericas' Discussion (Buenos Aires: Emece, 1966), quoted in Alfred Macadam, 'Translation as Metaphor: Three Versions of Borges' *Modern Language Notes*, Vol. 90, (1975), 747-54, at 749.

② Terry Eagleton, *The Signifcance of Theory* (Oxford: Blackwell, 1990), at 34.

③ Shoshana Felman, 'Psychoanalysis and Education: Teaching Terminable and Interminable', in *Jacques Lacan and the Adventure of Insight: Psychoanalysis in Contemporary Culture* (Cambridge, Mass.: Harvard University Press, 1987), at 15.

用是致力于规约任何对世界的改变,我们必须把我们自己看作"解释者",旨在解密我们的传统,始终承认它们以及我们自己都是偶然存在的。用福柯的话说,知识分子的作用不是去表达真理,不是"把他自己置身于'前列或者事外'以便表达集体的被扼杀的真理,相反,它是要与把他变成了'知识''真理''意识'和'话语'范围内的客体和工具的各种形式的权力作斗争"①。这个方法拒绝判决从而实现的不是融合而是开阔我们的视野,并揭露出我们视野的复杂性和偶然性。假如这就意味着我们成了"特定知识分子"而不是"普遍知识分子",②那么这就是道德要求的角色以及我们必须接受的角色。我们的困惑难以驱散这个事实不是接受答案的理由,这些答案是构建的而不是事实、是虚构的而不是真理、是临时性的而不是终极的。大概正如精神分析中一样,没有治愈,只有治疗,或者正如弗洛伊德本人所提示的"我们必须满足……已经清楚地认出了晦涩"③。

这个要求和角色的政治重要性再怎么说也不过分,假如我们同意,正如彼得·古德里奇所指出的,"去除解释的空间就是去除对话的所有可能性,就是榨干生活法令这个想法的最后一滴血而只留下它的一具空壳……批评法律研究面临的问题是重新占用解释空间和庄严空间以及由此重新创造出交际和交际泛滥所必须的距离"④。放弃解释的立法因此不是要放弃理论实践,理论从这个意义上说"没有表达实践、翻译实践或者服务于应用实践:这就是实践"⑤。

第十一节　幸运的是,女人一直在梦想

在寻找更多困惑而不是确定性的过程中,博尔赫斯模糊了随笔与小说、文学评论与文学、现实与幻想、生活与梦想之间的界限。他夜晚时分的自我在幻想着

---

①　'Intellectuals and Power: a conversation between Michel Foucault and Gilles Deleuze' in *Language, Counter-Memory, Practice: Selected Essays and Interviews by Michel Foucault*, D. F. Bouchard, (ed.), (New York: Cornell University Press, 1977), at 206.

②　Michel Foucault, 'Politics and the Study of Discourse' in *Ideology and Consciousness*, 3 (1978), 7-26, at 24.

③　'From the History of an Infantile Neurosis', in *The Standard Edition of the Complete Psychological Works of Sigmund Freud*, James Stratchey (ed.), (London: Hogarth Press, 1955), Vol. 17, at 105.

④　Peter Goodrich, *Languages of Law: From Logics of Memory to Nomadic Masks* (London: Weidenfeld & Nicolson, 1990), at 296.

⑤　'Intellectuals and Power: a conversation between Michel Foucault and Gilles Deleuze', *supra*, at 206.

不朽、永不枯竭的时光、单个物体的完整性、瞬间里的永恒性、完美的记忆以及一座完备的图书馆。① 文学给我们夜晚时分的自我许可了一个空间,在那里想象没有受到白天法令的束缚,在那里有另一种法律规则,在那里法律制定者是睡梦之神墨菲斯(Morpheus)而不是雅典娜。"我已经瞥见或者预见对时间的反驳,我自己并不相信,但是它通常在夜晚来见我,在疲惫不堪的昏暗光线里带着格言的虚幻力量"(《迷宫》,253)。然而,在白天,符号秩序再肯定它自己,那另一个博尔赫斯对于它的坚决要求也缓和下来:"不幸的是,世界是真实的;不幸的是,我还是博尔赫斯"(《迷宫》,269)。

然而,这个梦想继续消费着清醒时的做梦者:跟虚构的特隆星球一样,它们的教诲侵犯到地球,跟那位德国神学家一样,他们"在17世纪早期描述了想象中的蔷薇十字架(Rosae Crucis)社区——别人后来模仿他的预想建立了这样一个社区"(《迷宫》,269)。博尔赫斯的崇拜者们设想有一天将会有"一本博尔赫斯的百科全书……一群人的工作投身于歼灭外部世界取而代之建立一个人造的世界,一个用它自己不可避免的逻辑和秩序建造的世界。人类到时候将会蜕变为物质的存在从而获得概念这样的身份。于是那些未来几代的学者们将会忘记英语文学或者阿根廷文学或者拉丁文学的存在。这个世界就会是博尔赫斯"②。

博尔赫斯的梦想与幻想质问了现有范畴以及我们对于世界的理解。正如博尔赫斯本人论述卡夫卡一样,他的作品不仅影响了他的后继者的写作,而且还影响了我们对于他的后继者包括卡夫卡的解读。跟特隆星球上的居民一样,他捏造了一个新的世界、人物和事件,它们入侵并影响了我们现有的世界。跟崔彭的小说一样,它们不仅影响到未来还影响了过去。正是因为幻想和梦想不是在现实之外存在的也不是跟现实相对立的,我们才"渴望"屈服于它们。现实不仅总是已经任由想象渗透,而且想象也是现实的一部分,它遭受压抑的无意识一直在返回并且不断在破坏所谓的现实。正如我在开篇第一章所讨论的,现实与想象、法律与文学、生活与梦想共同存在相互重叠,不断地相互干扰相互渗透。

当然,即便是我们梦到的梦境也受到我们所掌握的语言的影响:记忆超人富

---

① 就作者和读者双方而言,文学是"好像",是"虚幻",是"言而无信的工作",关于这个观点可以参见 Maurice Blanchot, 'How is Literature Possible' and 'The Novel is a Work of Bad Faith' in, *The Blanchot Reader*, Michael Holland (ed.), *supra*。

② D. Balderston, *The Literary Universe of Jorge Lius Borges*, quoted in Evelyn Fishburn and Psiche Hughes, *A Dictionary of Borges* (London: Duckworth, 1996), at 1.

内斯发现很难接受"'狗'这个属类符号包含了如此多的不同大小不同形式的各不相同的个体,而且对于三点十四分的狗(从侧面看的)跟三点十五分的狗(从正面看的)应该叫同一个名字,他感到十分苦恼。他每次看到镜中自己的脸或者每次看到自己的手,他都会惊讶不已"(《迷宫》,93—94)。富内斯认为语言不是用来表征世界和现实的工具而是构成了世界和现实,并且把它的不一致性、困惑以及荒谬减少到便捷可控的范畴。博尔赫斯对于语言的局限性表达了同样的不安:"表象的世界最复杂,我们的语言已经实现的只是它许可的极少数的组合。为什么不创造一个词语,哪怕就一个词语,来表达我们同时认知的午后牛铃和远方日落?"①富内斯的悲剧就是我们的悲剧,没有语言,就不可能有交际,没有把普遍现象减少到特殊现象,也同样不可能有交际。正如博尔赫斯揣测的,只有天使可以无须语言直接交流。对于我们来说,"从来就没有天使,从来只有言语上的天使",我们的命运是,"使我们自己适应句法、适应叛逆的连接、适应不精确、适应不确定、适应过分强调、适应保留、适应我们言语中欺骗和阴暗的那一面。"②

  大概我下一章中阿里阿德涅的语言可以调解梦想与现实之间的僵局吧?诗歌和音乐可以调节天使语言与人类语言、律法与文学之间的僵局吗?它是否可以表明第三个方法即一个"奥比斯·特蒂乌斯"(orbis tertius)③可以让我们略微瞥见不可思议的未知世界?跟科学观察旨在直截了当地产生立竿见影的效果不同,爱伦·坡对比了诗歌和音乐处理问题时拐弯抹角的方法。④ 诗歌关注词语的表面和事物的表象,它使我们能够看见"真理",看见科学推理在其理解和范畴化的冲动中可能错过的"真理"。正如我在下一章中讨论的,爱伦·坡也指出,为了理解神秘事物,我们不仅需要成为数学家还需要成为诗人,不仅需要推理的能力还需要想象的能力,不仅需要法律语言而且还需要诗歌语言。博尔赫斯的小

---

  ① Quoted in James E. Irby, 'Borges and the Idea of Utopia' in Harold Bloom, (ed.), *Jorge Luis Borges*, *supra*, at 98.
  ② Quoted in Thomas R. Hart Jr., 'Borges' Literary Criticism' in Harold Bloom, (ed.), *Jorge Luis Borges*, *supra*, at 16-7.
  ③ 此处借用博尔赫斯的短篇小说《特隆、乌克巴尔、奥比斯·特蒂乌斯》(Tlön, Uqbar, Orbis Tertius)。——译者注
  ④ See discussion in Maurice J. Bennett, 'The Detective Fiction of Poe and Borges', *Comparative Literature*, Vol. 35 (3), (1993) 262-75.

说进一步表明,我们需要在抽象中思考,我们同样需要在意象中思考,①需要间接提及而不是直接表白:"在最坏的情况下,事情也是可以表达的;但是通过间接提及我们给读者带来了记忆,因而大量事情可以办成。"②诗歌和音乐可以重新撕开能指与所指之间的裂缝,回到意指之前的时候,而且可以揭示那些我们选择依靠且持续误以为是法律的符号的任意性。正如彼得·古德里奇推断的,大概"每当无意识简化为散文的时候,司法都会稍微胜过内部法律的诗学"③。从那个意义上说,在诗歌和音乐中写作和生活,不是侵犯现实或法律,而是到达更深层的真理,一个先前的或更伟大的法律。

　　正如克里斯蒂娃所主张的,符号秩序的语言、父亲的语言不是整体的或不受影响的,然而,它的裂缝和矛盾给母亲先前的、符号的语言留下了侵犯的空间。同样地,法律语言可以渗透进想象的语言以及梦的语言。法律如果不能成功地吸引感知以及主体的梦想,它确实就不能成功地劝说或引诱它的主体。④ 诗歌语言,尽管包含于符号之中,也可以扰乱和更新符号秩序。幸运的是,阿里阿德涅有她自己的梦想,不受法律梦想的指派或限定,也不跟法律梦想相符。正如我在下一章所主张的,诗歌、音乐、神秘以及节奏跟阿里阿德涅的语言要比跟律师在其迷宫中的语言关系更近一步。它更接近尼采的音乐这门"普遍语言",⑤而不是特定的法律,它或许是商谈理性与疯狂、自我与他者、人类与天使、临时与永恒之间差距的一个方法。它所颂扬的不是法律而是爱,不是词语而是肉体,不是情书而是情歌。

　　假如我们渴望屈服于特隆星球、屈服于梦想,那是因为它引起了更多的感性而不是理性。"理性",博尔赫斯主张,"永远不会放弃它的梦想"(《诗集》,219)。**但是理性也是在做梦**:理性的梦、梦以及噩梦都有能力扰乱我们的现实。尽管"这个世界,哎,是真实的",当梦征服了现实的时候,博尔赫斯给我们提供了其他可能性和其他时间的一个仿制品。而且这个仿制品是足够的。当我们思想模糊不清、捉摸不定的时候,我们夜晚时光的写作影射了它自己在我们白天的经历。做梦不是思考的侧面,也不是不理性的,而是我们思考过程的组成部分,也是我

---

　　① 这是博尔赫斯在其一篇论述纳森尼尔·霍桑(Nathaniel Hawthorne)的文章中所作的比较,载于《其他探讨》(*Other Inquisitions*),同上。
　　② In interview with Keith Botsford, 'About Borges and Not About Borges', *Kenyon Review*, Vol. 26 (1964), 723, at 732.
　　③ Peter Goodrich, 'Courting Death', in *Courting Death: The Law of Mortality* (London: Pluto Press, 1999), at 220.
　　④ See especially Peter Goodrich (ed.), *Law and the Unconscious: A Legendre Reader*, supra.
　　⑤ *The Birth of Tragedy*, trans. Francis Golffing (New York: Doubleday, 1956), at 98.

第十章 "努力梦想":博尔赫斯小说中女神的梦想

们自己的组成部分,它间接提及那些无法被忽视的真理。确实,用拉康的话讲,醒着的时候"**毕竟,我就说这个梦的意识**"。① 我们拒绝承认梦想就是拒绝接受我们欲望确实为真这个事实,我们或许会发现欲望比所谓的现实更加可怕。正如齐泽克指出的,"现实是幻想所建构出来的东西,它能给我们的欲望戴上面具"②。因此,我们走进我们欲望的真实部分的唯一方法就是借助梦。做梦不是另类选择,不是逃避现实,不是跟生活不同,而是生活的一部分,而且是我们身份中更重要的一部分。构成梦的那些东西也是把我们制造出来的东西映射为人类主体的东西。文学、艺术、诗歌、音乐可以给我们提供更多的意象、更多的示意图、更多符号、更多词语,藉此我们塑造和表达我们的梦,并且藉此塑造和表达我们自己。在梦中我们可以成为女神,重新创造世界,扰乱现有世界的法律,然后重新制定新世界的法律。理性无法理解、更不要说驯服和控制梦的王国,这就表明梦可以是智力的崇高形式,梦的逻辑或法律窃窃私语,我们却充耳不闻,这很危险。正如吉亚尼·瓦提摩(Gianni Vattimo)指出来的,关键在于"要知道人们正在做梦,而且仍然要继续做梦"③。幸运的是,总是有更多的东西需要梦到:它或许还不是法律,"它现在是否真实也没有关系,因为它会是真实的,随着时间的推移"④。

假如博尔赫斯笔下的角色在追求神明的过程中感到沮丧,神明永远不在那儿,总是在别的地方,假如他们的旅程引领他们回到了他们自身,走向了死亡,那么他们一直在寻找的神明会不会根本不是神,而是女神?女神不是固定的?女神是不具形体、无血无肉也不可知,却又是变化多端的有形物体?"一位女性神明",正如伊利格瑞观察到的,"还没到来"。⑤ 伊利格瑞认为:女性神明"尚未被人们认可。"未来的皮耶尔·梅纳兹们(Pierres Menards)和佩特拉·梅纳兹们(Petra Menards)必须更加努力地做梦:梦到一位同性恋神明,梦到一位女性神明。

---

① Jacques Lacan, *The Four Fundamental Concepts of Psychoanalysis*, trans. Alan Sheridan (London: Penguin, 1979) [1973], at 76.

② Slavoj Žižek, *The Sublime Object of Ideology* (London and New York: Verso, 1989), at 45.

③ 'Myth and the Fate of Secularization', *Res*, Vol. 9, (Spring 1985), at 34. Quoted in Richard Kearney, *Poetics of Imagining: From Husserl to Lyotard* (London and New York: Routledge, 1991), at 183.

④ Gabriel Garcia Marquez, *The Autumn of the Patriarch*, trans. Gregory Rabassa (London: Penguin, 1996) [1975], at 43.

⑤ Luce Irigaray, *Divine Women*, trans. Stephen Muecke (Sydney: Local Consumption, 1986), at 8.

梦是不可知的、让人害怕的、不可驯服的、不知疲倦的东西？梦是男人欲望的真实部分？理性和法律都不可以驯服它？梦是否也是我下一章论及的阿里阿德涅的梦？因为要对博尔赫斯展开论述，①一开始没有空间、时间、词语、法律或文学，但是在梦中、在女性神明所梦的梦中却是存在着情感。梦是间接提及的而不是直接表白的，是用意象而不是用文本间接提及的，是在音乐中而不是在词语中间接提及的；梦，就像这首摇篮曲，它"是爱"？

---

① 'In the beginning therer was an emotion', *Conversations*, at 243.

第十一章

重新开始:身陷迷宫的律师以及"从她走向永恒"[1]

---

[1] 'From Her to Eternity' in *The Best of Nick Cave and the Bad Seeds* (London: Music Records, 1998); for a performance, watch Wim Wenders, *Wings of Desire* (Connoisseur Videos, 1987).

在西方理性的历史中,新生事物的诞生是所有各种关心、期待、警惕和预防措施的对象。产前治疗是制度性的。当一门新科学诞生时,家庭圈子总是已经准备好惊奇、欢庆和洗礼。长期来看,如今每个孩子甚至弃婴都被认为是父亲的儿子,如果他是个天才,父亲们都会在"售票窗口"相互斗争,而不是为了赢得这位母亲以及亏欠她的尊敬。在我们这个满载的世界里期待有空间留给新生事物,甚至期待那个期待诞生的空间:"未来"。

——路易·阿尔都塞(Louis Althusser)

第一节 诞 生

这些成分都有了,方程式很简单,公式测试良好。

男人=理性;男人+理性=诞生;诞生+父亲=科学;

科学+命名=洗礼;洗礼+家庭=制度。

结果(用黑体大写,由于我们这里没有霓虹灯也没有扩音器):

孩子=父亲的儿子

然后重复:男人,用他的理性诞生出科学,成为父亲,该家庭总是已经准备好了它的诞生,十分惊奇一片欢腾,当这个孩子从"售票窗口"出现的时候就被捕获了,洗礼的时候把他浸入到制度里然后给他命名。不言而喻,"每个孩子,甚至弃儿都是被认为是父亲的儿子"[①]。

然后重复:儿子接受了父亲的命名、父亲的语言和法律,始终在他父亲理性

---

① Louis Althusser, *Writing on Psychoanalysis: Freud and Lacan*, trans. Jeffery Mehlman (New York: Columbia University Press, 1996), at 15.

光辉的指导下行事,等他长大成人后又生出自己的儿子,也就是说一门新科学。阿尔都塞以及此类故事的其他讲述者都会让我们相信,这门新科学杀死并取代老的科学,儿子据说杀害尊亲然后取代了父亲的地位。但是旧习惯却难以改变:新科学是旧科学的延续而不是否定。旧模式依然完整而且任由重复:更多的孩子,更多父亲的儿子出现了,杀死并取代他们的父亲,诞生出新的儿子,这个新生儿子后来又杀死并取代了他们。

然后重复。
然后重复。
然后重复?

"如果不是为了亏欠母亲的尊敬";一次失误?一个多余物?一个不情愿的承认?"**如果不是为了亏欠母亲的尊敬**":用黑体字;因为母亲无须大写字母、无须霓虹灯、无须扩音器去宣扬她对诞生的贡献。**如果不是为了那个男人**,[1]这个声音更大,宁愿把她藏在字里行间,顺便提及她,据说在超过她之前(因为更喜爱父亲而不是母亲,正如父亲弗洛伊德一样,阿尔都塞选择继续论述弗洛伊德,最终是智力战胜了感官享受,抽象战胜了身体,词语战胜了肉体:用弗洛伊德的话来说,文明战胜了野蛮[2])。

人们想知道这个男人即这个父亲是否在新生命诞生时出现在现场:他有没有看到孩子母亲的身体、生产时流出的血和眼泪、笑声和谵语、痛苦和狂喜?如果他看到了,那么他就避开了所有这一切的任何幻觉。那么怀孕的时间是什么呢?他当时有没有在场?(很关键的一次,但是,哎?再也没有了)。假如他当时在场,他有没有想过,假如只想过一次,假如只是很短暂地想过,他从事的行为大概不是受逻辑驱动而是受直觉驱动,不是受天性驱动而是受科学驱动,未必受明智驱动而可能是受疯狂驱动,不是受理性驱动而是受直觉驱动,不是受词语驱动而是受音乐驱动,不是受竞争驱动而是受关联驱动,不是受法律驱动而是受情感即称作爱的那份情感驱动?

回到1994年我教授"法律文学"(我认为是全英国第一门这样的课程)的第一年,我在教学的过程中惊讶地发现我自身存在着经典的阿莫多瓦(Almodovar)影片中女主角的迹象,从不十分确定她自己与《我为什么命该如此?》(*What Have I Done to Deserve This?*)或者与《崩溃边缘的女人》(*Women on the Verge*

---

[1] 原文这里是用大写字母。——译者注
[2] 'Moses and Monotheism' in *The Standard Edition of the Complete Psychological Works of Sigmund Freud*, (ed.), James Stratchey (London: Hogarth Press, 1953-1974), Vol. 23, at 113-4.

第十一章　重新开始：身陷迷宫的律师以及"从她走向永恒"　315

of a Nervous Breakdown)之间的距离。① 我的学生用他们的热情互动鼓励着我,与此同时他们若有所思地恳求我在跟那些影片中的女主角成为一体之前耐心等待这门课程结束。根本就不清楚的是,我答应了他们并且就这样照做了:我试图回想是什么使得我要在像英格兰布里斯托尔市(Bristol)这样奇怪的地方开设这样一门奇怪的课程,可是我心却不安,因为起初好像头头是道:这些灵感来自那位疯狂的哲学家(更糟糕的是,这位哲学家还是一个法国人),而且他自己又是受到一位喜好做梦的作家(又糟糕的是,这位作家是一个阿根廷人)的启发。

　　事情好像是这样的:那位阿根廷人没有一丝讽刺或轻慢地记述某部中国百科全书,在这本书里动物被分类成:(1) 属于帝王的动物;(2) 防腐处理过的动物;(3) 驯养的;(4) 乳猪;(5) 海妖;(6) 传说中的动物;(7) 流浪狗;(8) 包含在当前分类中的动物;(9) 狂暴的动物;(10) 不计其数的动物;(11) 用精致的骆驼毛刷绘制的动物;(12) 其他动物;(13) 刚刚打碎大水罐的动物;(14) 远看像苍蝇的动物。②

　　"正常的"人或许会同情地摇摇头,给博尔赫斯一些帮助,大概表示他著述太多。可是这个法国人更清楚:他宣布,这就证明我们的思维方式没有什么东西是"天然的";我们对于阅读、写作或学习的不同方法所作的区分也没有什么是"天然的";或者我们对于法律、文学、历史、神学、哲学、点金术、精神分析和巫术等不同学科之间的区别也没有什么是"天然的"。所有这些东西不仅是文化的、偶然的,而不是天然的、既定的,而且它们也是层级性的,那些人所进行的区分也是在描述他们自己感兴趣的"真理",他们认为它比别人的"真理"更加高级。哲学家,当然包括法律哲学家,认为他们的方法和资源要比诗人、画家、塔罗牌算命先生、肥皂剧、流行音乐家、卡通画家的观点更有可能发现有关这个世界的真理和有关法律的真理! 然而,为了表明这些过时的区分是区别"理性"和"疯狂"的"正常的"方式,这恰恰证明了福柯的观点。③

---

　　① Pedro Almodovar, *Women on the Verge of a Nervous Breakdown* (Universal Videos, 1985); Pedro Almodovar, *What Have I Done to Deserve This?* (Tartan Video,1984).
　　② Jorge Luis Borges, 'The Analytical Language of John Wilkins' in *Other Inquisitions*, 1937-1952, trans. L. C. Simms (Austin, Tex.: Texas University Press, 1964).
　　③ "这本书首先来自博尔赫斯的一篇文章,来自我们读到此文时的笑声,该笑声打碎了我思想中——我们思想中所有熟悉的关键标记,这些标记承载了我们年代的印记——打碎了所有有序的表面印记我们习惯用来驯化现有事物的狂野生长的所有层面……[动物在博尔赫斯中国百科全书中的奇怪分类威胁到了]要毁坏我们对于同一和他者之间的由来已久的区分", *The Order of Things*: *An Archaeology of the Human Sciences*, trans. Alan Sheridan (New York: Vintage, 1970), at xv。

剩下的就是地理学：假如我们对于法律和文学、理性和情感、伦理和美学的区分不是天然的或者神灵指定的，而是文化的和偶然的，那么这种观点也可以被抛弃，即我们只能通过理解更多的规则和原则以及通过使用我们的理性而不是感性从成文法和法律报告中找出"真理"。并非法律文学评论家熟练精通而且十分喜悦于她的后现代状况，认为她会从文学中发现法律的"真理"。她本人尽可能广泛地阅读，她会很满足于表达有许多学习、观察、思考和理解的方法，科学模式未必是唯一的或者最好的。她会认为判断未必产生于逻辑三段论，或者辩证推理未必是有效的或有价值的，审美的判断、基于情感的判断，或者神话和故事里激发的、探求的判断也可能跟智力计算一样可靠有价值，假如前者不比后者更少欺骗性或更少压抑性。

当然，跟所有研究一样，她从文学中所发现的也会受到她正在寻找的东西的影响。首先，那些从事研究的人们信心满满地宣称他们会让律师成为更好的男人，同时也会让男人成为更好的律师（大概女人无须提高或者根本不指望能提高）。但是，那么"谁来教其他律师成为人呢？"正如芝加哥的一位律师最近抗议怀俄明州一家律师事务所研究"把律师变成人"："其他律师？大错特错了"。她没有从事一项宏大的人类研究项目，而是满足于试图扩大将法律理解当作文化的一部分，这个文化与文学一起声称，至多文学比法律往往更快、更有可能挑战和质疑那个文化。

人们对此有不同的看法，例如，认为我们是理性的、自私自利的而不是自我毁灭、自讨苦吃的；认为我们跟他人的关系是基于敌对和竞争而不是联系和相关性；认为人类本能是要抵抗权威而不是拥抱权威；认为法律对于有罪和无罪的定义穷尽了我们根据那些概念所能理解的一切；认为就像那些定义是语言的建构一样，一门新的语言可以表达和重新界定我们对于那些概念的理解；认为法律语言的特性是包括、包含和解放而不是排除、限定和压抑；认为我们言行举止是自由的、负责任的而不是无意识的、不可知的；主张法律是建立在理性和赞同而不是压抑和恐惧的基础之上；主张事件是随意相关的而不是孤立的、间断的；主张我们对于复制与原创、符号与所指、心智与身体、理性与疯狂之间的区分是任意的偏见而不是自然的或不言自明的；主张梦想与想象的世界不仅是被压抑的或不知道所谓的真实世界，而且比真实世界更加真实；主张法律制度和法律语言并非完全统一或安全到足以抵制梦想和幻想世界的入侵；主张法律是有意设计出来的而不是机遇的结果；主张法律是正确答案所构成的无缝圈套，而不是错误的累积（或者，换句话说，错误的累积已经成了法律）；主张法律制度是道德价值观的教学场所;主张婚床是冲突和矛盾可能得以平息下来的地方,假如未必要得到解决的话;最后,主张结局、统一和同一性只有随着分解、只有随着死亡才能出现。

在探究这些主题时,法律文学学生并没有认为情感、想象、梦想和超自然是超越了她的探求范围。她将会指出律师和立法者虽然对于犯罪或非犯罪行为存在着争议,但是双方都认为犯罪行为是不齿的;然而在小说和流行文化中对于犯罪的诸多描述却反而将罪犯描绘为英雄,描绘成一个魅力无穷的人。她会主张,要把对文化和自我的理解排除在法律教育之外不可能导致有意义的变化。她也不会认为我们通过文学可以"更好地"理解事物,而只是认为我们可以用不同的方法来理解不同事物。而且如今有谁会理性(或者疯狂)到足以认为一种学习形式或一种知识要比另一种学习形式或另一种知识更加有效或更好呢?

就我所知,我的学生没有一个(男生或女生)表现出了阿莫多瓦苦恼的迹象,甚至诱人的是,他们非常享受它,或者至少是他们不断这样地说。当然,他们的观点和我的观点都不能决定法律文学方法是否适合你、适合那个选择、适合那个责任,因为作出决定的是你本人。我能做到的至多就是表明,假如你对博尔赫斯感到十分有趣而不是恼怒,假如你认为他的故事是荒唐的、药物引发性的而未必是"错误的",换句话说,假如你很乐意探索或推翻你自己的假定,竭尽所能地思考并且从中取笑,那么或许你就会非常喜欢法律文学。你甚至会像我、像我的许多爱与被爱的被试者那样甚至会爱上它。

第二节 旅 程

西方文学中的原型意象就是像尤利西斯(Ulysses)这样的人的旅程,他的长途跋涉历经磨难让他回归故里的时候更加苍老、更加勇敢也更加睿智。虽然这段回家历程似乎有点反高潮令人扫兴,(主人公毕竟一旦到达目的地除了等死便无事可做),正如一位希腊诗人所言,重要的不是到达目的地,甚至也不是目的地是什么、在哪里,而是我们在旅途中所遇到的事情、爱情、担忧、美好事物以及令人恐怖的东西:"假如你发现伊萨卡(Ithaca)很贫穷,可是伊萨卡没有欺骗你:伊萨卡给了你这段美好的旅程。没有她,你不会已经在路上了。"①

我自己微不足道的奇幻历险启程于一个悖论、一个矛盾:它跟随着索福克勒

---

① K. Π. Καβάφη, *Τα ΠΟΙματα 1897-1918*, trans. Aristodemov (Ικαροζ, 1963), at 28.

的俄狄浦斯的旅程以及后来跟随着从弗洛伊德、列维-斯特劳斯到拉康的那些俄狄浦斯们的旅程,而且还很想知道为什么这个神话被呈现出来是说明了人类心理的起源、法律的起源以及文明本身的起源。父亲担心他的权威以及他本人被推翻于是企图干掉自己的儿子。这个儿子很幸运地逃走了,经过艰难跋涉又回到了家中,并在此不知不觉地杀死了他的父亲还娶了他的母亲。他因而不仅在婚床这个私人领地而且在法律和王位这个公众领地都取代了他的父亲。俄狄浦斯最后的发现(anagnorisis),即他找到了自己的名字因而获悉自己犯下了弑杀父亲的罪恶,是在他认识并接受自己罪过的同时发生的。可是,这个承认并未阻止他不要对他的儿子们说出同样的诅咒,从而激发了未来父子之间的未来敌对状态。本章从三个角度分析了对俄狄浦斯的解释:从人文主义角度来分析这个故事,该故事被看作对阿波罗的指令"人啊,认识你自己吧"的诠释;从结构主义者的角度来解读这个故事,即建议将乱伦禁忌看作文明的关键所在;从精神分析的角度来解读这个故事,即把父亲的阳物或名字看作整合自我、法律和文明的原型能指。这个分析指出这些解释本质上是依照性别而分类的,同时这个分析还表明这些旅程复制了父亲所经历的旅程并导致了儿子的诞生,儿子反过来又推翻了父亲,正如阿尔都塞所论述的,每个出生于精神分析科学中的儿子回来后就杀死那个给了他生命的父亲。

我的解读探讨了某些旅程的可能性,这些旅程并不是围绕着认识自我以及回归自我的教诲展开的,而是围绕着超越自我接触外界的教诲展开的,也就是说接触外界不是认识自己而是他者,这些旅程不是导致了竞争和死亡而是人们的游荡甚至漫无目的的旅程。为什么要从第一起有记载的路怒症事件开始谈起呢?这个事件开启了孩子气的游戏,即谁先到那里谁就开辟了未来父子之间无尽的对抗和代替这条不归路。为什么不从母亲开始谈起呢?

假如对俄狄浦斯神话的描述忽视了从自我走向他者的这段旅程,这是因为,正如我对《奥瑞斯提亚》的解读中所指出的,他们忽视或者企图忽视那段跟随母亲一起开启的旅程。对母亲的抹除、对母亲的谋杀以及法律制度对于那个谋杀母亲的无罪开释都是用来建立法律制度以及文明本身。为了让这个"进步"得以实现,法律要求不仅要杀掉胆敢背叛自己丈夫、败坏丈夫完美伟大形象的不忠女人,而且还要杀掉贞洁的(在希腊语中,virtuous(忠贞的)= virgin(处女),很多文化中都是如此)女人,因为她的美貌和天真同样具有危害性:伊菲革涅亚在到达奥利斯这个地方后被她父亲作为一件婚姻物品献给另一个男人,她成了她父亲带领一群男人发动战争的牺牲品,她的父亲选择了战争这个"男性"游戏而不

第十一章　重新开始：身陷迷宫的律师以及"从她走向永恒"　319

是爱情这个"女性"游戏。我的解读表明了对母亲和对伊菲革涅亚的亏欠在这部戏剧的解读和表演中得以补偿的方法，特别是跟那些回应男人注视的人物以及跟那些拒绝被动接受表演的观众一起补偿对她们的亏欠。正如我在开篇第一章中所论述的，由于词语和其他符号不仅反映了现实而且还创造了现实，所以它们有可能重新撕开表征与现实之间的裂缝，再次回到词语出现**之前**的时代，回到神话和戏剧成为法律且开始要求被认真对待**之前**的时代。

在《一报还一报》中，法律不仅企图调节主体的欲望而且还企图取代和满足主体的欲望。法律企图规约人类行为是从词语开始并且总是从词语开始的：法律旨在命名人际关系并且因此将人际关系限定在法律范围内。人物或人际关系拒绝被命名，拒绝被固定，在法律命名之外游荡，威胁法律作为主要命名者的地位，法律没有选择它们，只有限制它们，如果必要的话再根除它们。这样的毁坏在《一报还一报》中似乎很成功，但是我的解读揭示了，不是戏剧中所有人物也不是每位观众都需要被说服。因为法律声称所表征的正义概念和怜悯概念不仅适合于权力、王位和政治的男性定义，而且还适合于性行为、欲望和家庭。通过利用文本中修辞的无节制和歧义，我不赞同把戏剧解释为教导"法律必须用恻隐之心来调和"或者教导婚姻代表了在戏剧过程中发生的多次身体交换的合理分配。我特别关注法律认为没有调节的欲望会威胁到社会的不稳定以及法律企图通过监管来控制欲望。然而，在这个过程中法律因为自身的定义、存在和不朽背叛了它自己对于欲望的依靠。相反，欲望主体必定需要法律，同时通过反抗法律来衡量他们欲望的强度和广度，无论是通过服从来正面衡量还是通过违反来负面衡量。虽然女性被描述为这些循环往复的欲望的交换物品——就像白纸有待欲望男人来书写一样——我指出了女性对于这些交换的反抗迹象。该戏剧是以多人婚礼而结束，但是婚姻不是清楚明白地表达它可以确保自我实现的或正义的安全。无论婚姻是由公爵指派的还是自由进入的，人们都一直怀疑婚姻可能是社会控制的另一种形式，不让男人和女人发声，以确保社会的层级分化。婚姻经常等同于死亡，这就暗示了欲望的终结，并且削弱了任何对于正义已经实现的信念：这些文本的剩余物暗示，有些区别和欲望是无法控制的，而且在戏剧结束的时候、在据说圆满解决之外它们还在固执地坚持着。

当玛丽亚·卡德纳尔（Maria Cardenal）不再扮演功成名就的律师角色的时候，她就是勾引男人的行家里手，她在高潮的时刻杀死那些男人。可是，她自己的欲望依然没有得到满足：直到她遇到了另一个像她本人的人，退役的斗牛大师迪亚哥·蒙特兹（Diego Montez）。对于这些贪婪的情人来说，爱的艺术跟猎杀的艺术难以区分:停止猎杀就是停止生存。它们关系的顶点只能是同一个:终极完满不仅仅是性行为的高潮而且还是只有死亡的高潮才能提供的闭合。企图否定鉴别色情与死亡的法律来的太迟了。执法者们别无选择只有承认尸体的面容看起来骄傲地满足着。

阿莫多瓦的《斗牛士》(*Matador*)①是对巴塔耶观点的颂扬,该观点认为色情"是对生命的赞同直至死亡"。② 在《一报还一报》中死亡与欲望之间的鉴别在《呼啸山庄》中又一次得以宣告。在巴塔耶看来,艾米莉·勃朗特"掌握了某种知识,这个知识把爱情不仅跟清晰联系起来而且还跟暴力和死亡联系起来——因为死亡似乎是爱情的真理,就像爱情是死亡的真理一样"③。《呼啸山庄》中凯瑟琳和希斯克里夫的关系拒绝被法律所命名和约束,凯瑟琳和希斯克里夫以两人的分手为代价战胜了法律。他们支持更加高级的法律,该法律同意这个爱情也要求这个死亡,他们的抗议不仅在该书其他人物的意识中保留了下来而且还在一代又一代读者的意识中保留了下来。艾米莉·勃朗特为我们描绘了一个没有区别的世界蓝图,这个世界没有区分统一性和同一性,在这个世界里爱情和死亡是唯一的真理、唯一的法律。她把哥特式和超自然的主题非正统(非法?)地融进了现实主义的表征,这迫使我们去猜想是不是就是外部世界才是不合理的、荒诞的、不真实的而且不公正的。凯瑟琳在镜子面前胡言乱语,她在镜子面前已经认不出来她自己,这让我们质疑是不是就是这个所谓的"通情达理的"奈丽和洛克伍德的"现实"世界已经失去了它的意义。凯瑟琳和希斯克里夫的关系既不能在法律中命名也不能在文学中命名,因为它存在于想象之中,存在于不受时间影响的地方以及存在于永恒之中。

在《局外人》中,我们发现荒诞作者要从无意义的体验中制造意义,从表达不能表达的体验中制造意义,从试图理解我们无法理解的过程中制造意义。加缪已经把上帝、法律、资产阶级道德以及浪漫爱情看作可以给我们无序世界授予秩序的超验能指因而拒绝接受它们,加缪给这个荒谬世界的僵局提供的解答是表达无意义的尼采意志,不是通过理性——法律偏爱的原型叙述——而是特别通过身体和感知以及通过艺术、文学和普通的美学来表达无意义。加缪的文本揭

---

① Pedro Almodovar, *Matador* (Iberoamericana de TV, SA, 1986).
② Georges Bataille, *Eroticism*, trans. Mary Dalwood (London and New York: Marion Boyars, 1962), [1957], at 11.
③ Georges Bataille, *Literature and Evil*, trans. Alastair Hamilton (London and New York: Marion Boyars, 1973) [1957], at 16.

示出法律对于身体、美和感知的恐惧,还揭示出法律企图把它们排除在外而青睐诸如理性、国家或上帝这样不具形体的道德的和任意的能指。我的解读表明,还存在另一个文本所不敢公开论及的恐惧,但是不管怎样,这个恐惧还是可以通过字里行间得以瞥见:对女人的恐惧和嫉妒,对于被母亲吞噬的恐惧以及无法逃离母亲的恐惧。默尔索嫉妒女人,我认为他还嫉妒阿拉伯人,因为女人和阿拉伯人都是"他者",他认为他们可以比他更能实现欲望;默尔索努力挣扎要去实现的东西(跟着感觉生活,忽视资产阶级道德的约束,保持沉默),女人和阿拉伯人轻松即可得到。

我认为,加缪优先考虑艺术、美和感知却忽视了女人,这使得他不可能让默尔索在临刑前有什么突然的发现(anagnorisis),加缪的这种不可能性不是暂时的,也不是仅仅直到现在而是直到永远;女人作为文本中被忽视的能指可以介绍时间的维度、连续性和永恒性。女性在加缪的文本中遭受压抑也没有意识,她却回过头来纠缠文本中不情愿承认、表达或讨论其情感的男主人公。默尔索竭力否定他自身存在的女性特质,竭力抛弃他的母亲,他母亲死了,他还竟然声称不去哀悼,可是他对母亲的看法在文本中一再不断地被恢复。人们可以辩称,打个比方说,要不是加缪一直愿意聆听女人,确切地说,要不是默尔索不回到海滩以躲避听见女人的哭泣,所有这一切也就不会发生!默尔索承认他自己身上存在着女性气质,可是一直等到他被处死前他才承认,他不再对父权法律抱有任何一丝幻想,牧师和地方法官试图用父权法律逮捕他,他反而开始迷恋爱、迷恋语言以及迷恋他那不在场的母亲的法律。

我在开篇第一章中就认为,文化表征不仅难免是而且总是政治性的,它们影响深远,如果不是比法律影响更加深远的话,法律却在话语层次中赋予它们比较低级的地位。情况就是这样,特别是那些广为人知、广为传播的故事,这些故事从法律主体和文化主体所谓成长岁月就开始如此。童话故事不仅是娱乐性的而且还是规范性的,诱人地给年幼孩童及其不断成熟的父母规范了性别角色和法规。这类故事不仅描述而且规定男人和女人在符号秩序的世界中应该具备的适当的行为模式。通过关注安吉拉·卡特对于诸如"美女和野兽""小红帽"和"蓝胡子"等传统故事的重新讲述,我发现了互文性是讲述不同的故事或者不同地重述古老故事的一种策略。卡特再次把萨德侯爵解读为一个道德哲学家,并且学他把母性身份去神秘化,继而打破了女性是美德牺牲品这个崇高目的的观念。与此同时,她拒绝接受萨德的女主人公贾丝廷和朱丽叶所带来的样式(她们俩都是根据男人制定的规则来界定的),而是青睐于自我与他人之间关系的样式,这个样式没有把自我贬低为他人,也没有把他人贬低为自我。跟伊利格瑞一样,卡特借助模仿这个策略玩起了模仿这个游戏来挑战父权制。她调戏男性哲学家、男性作家以及男性色情文学作家,以便为女性写出新的故事,同时展示出艺术具有阐明古老法律、打破传统结构以及设想新秩序和新身份的潜能。这些重述界定了男性范式之外的性别身份,而且不仅在神话和童话中书写女性,还在历史中书写女性。这些故事中成功的女主人公成了女作家,成了她自身故事和她自身性欲的权威,她不再依附男人欲望、父权规范和父权期望。这些再创造或"表演"揭露出性别在本质上是建构出来的,而且打破了本质主义者们对于性别和角色的界定。

假如在父权社会里父子关系主要是围绕着竞争而运动并且还导致死亡,那么母女关系也没有逃脱父权制的影响。在《呼啸山庄》和《一桩事先张扬的凶杀案》中,我们见证了真实母亲和代理母亲都把父权制的价值观内化了,而后也就成了该价值观的激情拥护者甚至有时候是心狠手辣的拥护者。正是母亲这位最常见的主要拥护者才有机会教育她的子女们所谓的成长之道,可是她却常常错过这样的教育机会,反而遵循父权制的苛刻要求教育她的男孩要成长为像**男人**而不是像**女人**那样的人,教育她的女孩要成长为像**女人**而不是像男人那样的人。正是母亲而不是父亲给她的女儿灌输了父权法律,要求她的女儿服从父权法律,甚至有时候还敦促她的女儿长大后做父权法律制度中的律师。正是母亲扼杀了女儿发现其自身法律的机会,扼杀了女儿成为其自身法律制定者的机会。当母亲或代理母亲属于较低社会阶层的人,就像奈丽一样或者像《一桩事先张扬的凶杀案》中的普拉·维卡略这样的代理母亲一样,她越发强烈坚持要求她的女儿走进父权法律体系中:母亲把父权法律制度看作她的女儿进入男人王国的机遇,她认为男人王国要比女儿王国更加高级,而且还把父权法律制度看作她女儿进入西方中产阶级男人王国的机遇,她自身作为仆人的地位或者她在殖民者控制下的童年教育告诉她,这个西方中产阶级男人王国比她自己的阶级或自己的纯真法律体系更加高级。然而,一旦进入跟法律相关的联系中,年轻女子就会发现"每一次亲吻都会留下一块瘀伤",每一次怀孕都是一个暴力,每一次生育都是一个挫败。①

就像詹姆斯接着唱道的,女儿能否逃避"母亲的符咒"?只有当女儿理解母

---

① 'Lullaby' in Jamaes, *LAID* (London: Blue Mountain Music, 1993) and 'Born of Frustration' in *Seven* (London: Phonogram, 1992).

第十一章　重新开始：身陷迷宫的律师以及"从她走向永恒"　323

亲并且向母亲展示自己的时候，当她认清母亲跟父权制、认清母亲经常跟西方父权法律和父权期望合谋并非出于恶意而是由于不知情的时候，她才能逃开。《一桩事先张扬的凶杀案》中的安吉拉开始明白她母亲自身也是父权意识形态的囚犯，然后学着跟她认为有可能获胜的势力站在一边。安吉拉超然于这些父权期望之外自强不息靠的不是和她闺蜜们密谋掩藏她的"羞耻"，而是发现了她自身不为人知的力量：写作。父权制当然不仅囚禁了女人，也囚禁男人。安吉拉的弟兄们虽然都被养大成了男人，可是他们显然不情愿担负起落在他们身上的责任，即他们不情愿杀死那个据说"玷污了"他们姊妹同时也"羞辱了"他们家族名声的那个男人。

　　数十年后，那场凶杀案依然在这个城镇作为一个"裸露的伤口"让那些当年经历惨案的幸存者们不断体验着、舔舐着，他们竞相讲述那桩凶杀案并且争夺那个写作和导出那场悲剧"真相"和"源起"的权力。叙述者像侦探一样把他们口头或书面表达出来的相互矛盾的故事和回忆并置一起，这只会让我们觉得真相不仅远离了该叙述者，而且即便果真存在真相，那么它一定是编造出来的而不是被找到的，是在文本上创造出来的而不是被发现出来的，是建构出来的而不是被侦查出来的。我认为，强调叙述者的沮丧以及在字里行间可以瞥见的是另一个难解之谜，不是凶杀案的谜而是女性性行为这个谜。安吉拉和镇上那个妓女都是这个不同真相的捍卫者，她们捍卫了这个不同的法律，而且有意义的是，她们跟此故事中其他女人不一样，她们俩逃出了男性对于女性的建构，然后成功地避免了跟父权价值观合谋。玛丽亚·阿勒贾德琳娜·塞万提斯的名字把她与女人的真理以及文学的真理连接起来并且宣告了另一个不同的法律，一个跟故事中的男人们执行起来苦不堪言的法律所不同的法律。男性法律是基于将女性作为契约交换的商品，于是在商品被认为"受损"而有瑕疵的时候它要求赔偿，所以，对男性法律的肯定是不会导致和解、有序或净化，反而给社会的每一个人带来了没完没了的痛苦。当这样的男性法律被执行时（在该镇的广场上屠杀圣地亚哥，所有民众都站在一旁观看），玛丽亚·阿勒贾德琳娜宣告了一个不同的法律，即爱的法律，这个法律没有指派跟他人之间竞争或消灭他人，消灭的是不管回报的、不管评判的以及不管投资或未来收益的付出。这个法律没有导致死亡或悲剧，它不仅隐喻地体现了而且也真实地体现了与他者之间的关系，而不是要把他者给吞噬掉：在玛丽亚"使徒般的大腿上"，爱与被爱的人都在"她流沙似的温柔里"迷失了自我。安吉拉同样地把她本人插入到文学和爱的队列中，战胜了她的母亲，在其公认的不耻事件之后她的母亲曾拼命要"把她活埋"，不仅如此她还开始了写作:这个写作主要是在夜晚进行,这样可以远离父权制及其忠实守卫者(她的母亲)的监视,这个写作宣告了一个不同的法律和一个不同的真理:她讲述的不是法律而是爱,不是死亡而是永恒,不是责任而是美好事物,这不是由男性神灵而是由女性神灵讲述出来的:不是男人生出来的雅典娜而是爱与美的女神维纳斯(Venus)讲述出来的。安吉拉通过写作把她自己插进了法律和历史中;她在写一个故事,这个叙述者尽管不断努力搜集尽可能多的证据可还是完全错过了这个故事;这个故事包含在她的情书中。历史掩藏在文本的字里行间,历史坚持超越死亡高潮,死亡让其余人物(圣地亚哥、谋杀他的那些人、看客们、叙述者)及其创造者哑口无言毫无掩饰。

正如在《俄狄浦斯》中一样,我们在博尔赫斯作品中遇见的人物们出发去寻找起源的起源、设计背后的设计者、神灵的名字、信件、书籍、时间、地点,这些将会给他们揭示并且合理地解释他们的生命、他们的意义和他们的存在。然而,此类寻找反过来又找到自我身上,那个捉摸不定的神灵面容结果不过就是他们自己的脸庞;他们的目的地不是别处却只是死亡。我在解读中提出为什么不去朝着他者开始旅程呢?我认为,女性在博尔赫斯故事里的缺席暗示了可能存在另一个旅程,不是那个导致回归自我、导致死亡的自恋旅程,而是朝向他者的旅程。我认为这里掩藏了一个对女性的私底下的嫉妒和恐惧:尽管博尔赫斯的人物都进行了英勇无畏的探险,可是他们没有开启一段朝向女性的旅程,女性是他们有意疏远的目的地,而且他们还制造障碍,不准靠近女性。

由于嫉妒女人有生育的能力,纸上的博尔赫斯及其在梦中的人物梦想着创造的梦想。博尔赫斯的同性交往的世界充满了做梦的人;他的人物做了许多梦。他们梦到且因此创造了另一个人;他们梦到且因此创造了一个国家;他们梦到且因此创造了一个星球(醒来后发现他们自己的星球即地球已被他们所梦的星球入侵了)。他们梦到了上帝:上帝会回答他们的梦,让时间静止下来,并将他们短暂的人生合理地变成了永恒。总之,正如我在第一章中所论述的,博尔赫斯及其人物所从事的工作就是发明创造现实。然而,有一个梦他们不敢做,那就是女人。在他们的梦里,他们躲避他们真实的欲望。他们做梦就是为了要躲避他们真实的欲望。在我的解读中,我敦促未来的皮耶尔·梅纳兹们更加努力地做梦:去梦到一位同性恋神明,梦到一位女性神明。

这些文本中的男人都害怕女人,于是他们把恐惧投射到女人身上,让她相信她是肮脏的、诡计多端的、不稳定的、欺骗人的。她的罪就是:爱。当男人跑开或是躲进他自己创造的自身监狱里,或者躲进被称作法律、理性、科学或上帝等名目繁多的迷宫里,女人已经游历了全世界,没有恐惧、内疚或羞愧。从他强加给女人的美其名曰为家的监狱开始,她就已经在旅程中了,这个旅程并没有让她回归到自我或走向死亡而是向外延伸朝向他者:"带给你我的爱。"①

第三节　身陷迷宫的律师

一个故事,不足三页纸的故事,正如同总是跟博尔赫斯在一起以及跟随博尔赫斯的任何一个皮耶尔·梅纳兹(而为什么不是一个佩特拉·梅纳兹)一样,这个故事表明了一枚小小的硬币中存在无限的可能,也表明了短暂瞬间中存在着无穷的永恒。

《爱斯特利翁的家》(The House of Asterion)②中的叙述者将一所房子即他自己的房子描述为无边无际无穷大,这所房子"是跟这个世界一样大;或者换句话说,它就是世界"(171)。房间、庭院、池塘、马槽的数量不计其数。虽然他知道"他们指责我傲慢无礼",但是他对他自己的伟大不报任何幻觉:"我的母亲是女王,这是有原因的;我不能跟平民百姓混为一谈,虽然我不足挂齿的威力想要这样"(170)。他沉思道,"或许我已经创造了星星和这座巨大的房子"。他把自己比作"错综复杂的太阳"(171)。"每九年",他告诉我们,"人们都要进入这座房子,这样我就可以把他们从邪恶中释放出来。我听见石头走廊深处传来了他们的脚步声或者他们说话的声音,我欢天喜地地跑过去找他们。这个仪式持续了几分钟。可是他们一个接着一个倒在地上,根本就无须血染我手"(172)。

在这个短暂的仪式之外,爱斯特利翁再没有人跟他分享他的生活或他的房子,虽然他渴望去展示它甚至大概渴望去炫耀它。他帅气、傲慢、骄傲,他绝望的自言自语打动了我们,他的自言自语充满了渴望:渴望有人陪伴,渴望有一个像他自己那样的人可以跟他聊天、玩游戏、一起说笑话、一起开怀大笑,"因为夜晚和白天都很漫长"(171)。爱斯特利翁渴望能从孤独中被救赎出来,渴望着"总有一天我的救世主就会来到"这个预言的实现。

---

① P. J. Harvey, *To Bring You My Love* (Hothead Music/EMI Music Publishing,1994),若要确认一个男性艺术家讲述的男人和女人所经历的不同旅程,请听水童合唱团(The Waterboys)的歌曲《满月》(The Whole of the Moon), *This is the Sea* (English Records,1985);"我画了一道彩虹,你捧在手心/我闪烁了一下,你发现了我全部心思/我流浪在外多年/你却只待在房间里/我看见了一牙新月/你却看见了满月。"

② Jorge Luis Borges, *Labyrinth*: *Selected Stories and Other Writings* (London: Penguin, 1970), at 170-2;文中所有参考页码皆出自此版本。

当忒修斯来杀他的时候,爱斯特利翁没有反抗:"'你会相信吗,阿里阿德涅?'忒修斯说,'那个弥诺陶洛斯几乎毫不反抗'"(172)。

"我对这个制度所幻想的",巴尔特的情人辩称,"是少得可怜:我想要的,我渴望得到的,不过就是一个结构而已"。① 博尔赫斯虚构的中国百科全书,无论它在我们看来是多么奇怪,该书表明了一个结构,这个结构可以用来把世上难以计数的动物进行分类。然而,它的陌生性和怪异性提醒我们,我们用来给世界分类而选择的任何范畴注定都是任意的、选择性的、不完整的。博尔赫斯认为,宇宙就是一个迷宫,太复杂太无穷大,人类难以阐述,难以解开其谜。人类在企图理解它的神秘、在企图接近这个弥诺陶洛斯的过程中创造了框架来整理他们的体验。文学、宗教、哲学、精神分析、游戏都是企图给混乱强加秩序,都是企图驯化且囚禁非理性的可怕的东西即不可理解的弥诺陶洛斯。我认为,在此过程中这些企图都成了人类自身的迷宫。

法律就是一个这样的迷宫,跟时间、空间或身份一样的概念或一样的抽象,它被设计出来就是要从混乱中创造出秩序。跟文学不同,法律不仅可以创造秩序而且可以通过它的刑罚机构把那个秩序强加到它的主体的躯体之上,如果不是强加到灵魂上的话。法律作为一个人造的迷宫还保留了人为设计的外观,引诱我们去相信原则上只要我们足够努力就可以解密它。然而,经过千百年来的建设,法律的设计已经很难被辨别,它给混乱强加秩序的企图已经成了它自身的迷宫,既迷惑了又启蒙了那些试图进入其中的人。

如同爱斯特利翁的房子一样,法律之门"日夜敞开,对人也对兽敞开着"(170)。可是,法律之门数量无限多,进入其中即便不是不可能也是很困难的。或许刚开始存在一个创造者、一个起源或者一个中心,但是那个中心现在不可能找得到。那些已经在途中的人发现他们自己失去了方向、无比困惑、无比沮丧。他们或许得出结论,从来就没有什么起源,假如有神灵创造了这个迷宫,那么这位神灵把它抛弃了或者这位神灵就是一个疯子、坏人、毫无怜悯之心、傲慢无礼、不关心他人。或者也许根本就没有神灵,法律工作就跟那家经营"巴比伦彩票"的公司一样,只不过就是在做一些投机的事情。假如在混乱背后存在一个秩序、一个原型设计,那么那个秩序现在丢失了或者隐藏起来了,留给我们的只是难解之谜。就像卡夫卡的约瑟夫·K一样,他们可能发现寻找的结果不是见到了上

---

① Roland Barthes, *A Lover's Discourse, Fragments*, trans. Richard Howard (London: Penguin, 1990) [1977], at 46.

帝而是带来了差辱的死亡。跟这位从乡下来的老人一样,他们等待一生想要走进去却发现这个门就在他们眼前给关上了。甚至令人更吃惊的是,迷宫里或许根本就没有弥诺陶洛斯,没完没了白费气力游荡为了寻找一个中心、一个起源或者一个意义,可是它们根本就不存在。① 就像布朗肖对《在法律面前》所作续集里的那个小男孩一样,他们可能发现"空荡荡……根本什么也没有,而且首先是从来就没有过什么东西"②。

我进一步认为,法律迷宫不仅让那些试图进入其中的人感到困惑而且让它自身也感到困惑:"所有一切一直以来而且永远地迷失其中了"③。爱斯特利翁承认他在自己的房子里迷失了:"有时候我会搞错"(171),他说,而且希望他的"救世主把(他)带到一个走廊和门都比较少的地方去"(172)。虽然那些试图进入法律或法律战场的人面临着两个答案(赢或输),可是法律迷宫的建设者们却面临着大量的选择,每一个选择都不仅会影响未来决策的方式,而且还会影响如何解读过去的决策。迷宫的建设者们永远一直不得不进行选择而且同样也会在迷宫中迷失他们自己,甚至比那些被引诱到迷宫门外的那些人更容易迷失自己。他们建造的用来保护法律神秘感的这座迷宫不仅让那些门外汉和所谓的入侵者感到不知所措,而且还让迷宫里面的怪物也感到迷惑不解:法律不仅被他者误解了,而且法律也同样地误解了它自己。④

法律,也跟弥诺陶洛斯一样杀了人却不知道自己有这样的威力,毫不知晓它可以引起害怕和恐惧这个事实:爱斯特利翁无法理解为什么人们在街上看见他会"祷告、逃跑或跪拜"(170)。因为弥诺陶洛斯不是邪恶的东西:他孤独,待在黑暗处,没有安全感,他谋杀他人没有预谋也不加区分。从弥诺陶洛斯的角度来看,如同从法律角度来看一样,"人类的面孔毫无血色如此扁平就像人的手掌一

---

① 博尔赫斯的一首十四行诗写道,"我过去一直在想迷宫里可能没有弥诺陶洛斯。我的意思是,假如有什么可怕的东西,那可怕是因为这个东西没有意义……因为是弥诺陶洛斯才让迷宫有存在的价值",in *Jorge Luis Borges: Conversations*, Richard Burgin (ed.), (Jackson, Miss.: University of Mississippi Press, 1998), at 86.

② Maurice Blanchot, *The Writing of the Disaster*, trans. Ann Smock (Lincoln and London: University of Nebraska Press, 1986), at 72. 关于《歧路花园》(*The Garden of Forking Paths*)中崔彭的迷宫,博尔赫斯说,"想到这一点,我就不禁觉得好笑,不是人在迷宫中迷失了,而是迷宫它自己在迷宫里迷失了。"Georges Charbonnier, *Entretiens avec Jorge Luis Borges* (Paris: Gallimard, 1969), quoted by D. L. Shaw, *Ficciones* (London: Grant & Cutler, 1993), at 39.

③ Ibid.

④ 当然了,爱斯特利翁排除了这个可能性:"另外一个荒唐的谎言就是,我,爱斯特利翁,也是一个囚犯。我要不要重复一遍,门都没有上锁,我要不要再补充一句,根本就没有锁"(170)。

样"(170);虽然爱斯特利翁杀死了每个进入房子的人,但是他承认"我不知道他们是谁"(172)。每张不同面孔所具有的独特特征,对于我们理解和同情他人在列维纳斯的思维中①所经历的遭遇是很关键的,可是爱斯特利翁在法律那里就完全不见了:"我的精神里面不存在烦人的细节,我的精神是给所有一切广阔宏伟的东西而准备的"(171)。它的作用就是要忽视细节,忽视差别,不加区分。

尤其让爱斯特利翁感到骄傲的是,在他房子里,人们会发现"没有女性排场"(no female pomp)(170)。

第四节 与弥诺陶洛斯共眠

我们都知道,阿里阿德涅给了忒修斯一团线好让他能够发现走出克里特岛迷宫的出路。一位慷慨的女人让雅典未来的立法者能够在遇见弥诺陶洛斯的时候战胜它,但是,我们都记得,阿里阿德涅的爱却被忒修斯丢弃了:在他回去的途中他趁阿里阿德涅熟睡的时候把她丢弃在纳克索斯岛(Naxos),或者根据此故事的另一个版本他把怀有身孕的阿里阿德涅丢弃在塞浦路斯岛(Cyprus)。② 重要的是,如同俄狄浦斯的(如同**所有男人的**?)旅程,忒修斯正在赶往另一个(意外的?)弑父的路上。他"忘了"把船帆的颜色由黑色改变成白色,因而错误地暗示了他的父亲爱琴(Aegus),让他父亲误以为他已被弥诺陶洛斯给杀死了。爱琴在失去儿子的悲痛和绝望中跳入大海,即后来被称作爱琴海(the Aegean sea)的大海里。忒修斯取代他父亲成为雅典新的国王和新的立法者的道路由此拉开了序幕。普鲁塔克(Plutarch)(以及弗洛伊德)可能会认为,从忒修斯角度来说这不仅仅只是疏忽,③这个主题我在论述《俄狄浦斯》那一章中已经探讨了。

被抛弃的阿里阿德涅能否进入迷宫亲自找到弥诺陶洛斯?在被抛弃的阿里阿德涅经过千百年甚至更长时间的努力之后,女性才被告知(或者她们自己找到

---

① "面孔'象征了'超越,既不是索引也不是符号,而是准确地无可简化地作为召唤我的一个面孔": Emmanuel Levinas, 'Beyond Intentionality' in *Philosophy in France Today*, Alan Montefiore (ed.), Cambridge University Press,1983), at 112.

② 在普鲁塔克对于第二个版本的描述中,忒修斯试图重新与在塞浦路斯的阿里阿德涅团聚可是却失败了:Plutarch, *The Rise and Fall of Athens*:*Nine Greek Lives*, trans. Ian Scott-Kilvert (Lonodn: Penguin, 1960) at 26-7.

③ "他忘记并疏忽了改变船帆颜色的这个指令,我认为,很难逃脱他弑父的罪责": *Plutarch's Lives*, trans. Bernadotte Perrin (Cambridge, Massachusetts: Harvard University Press, 1982), Vol. 1, at 197.

了?)进入法律迷宫的许诺。她们受到进入中心这个许诺的引诱,希望能够见到弥诺陶洛斯,她们已经承诺不杀他(就像忒修斯一样)而是去理解他、爱他并接纳他。她们发现弥诺陶洛斯即法律不是邪恶的,只不过是在他的形象中被包裹成独一无二、无所不在和无所不能。就像奥威尔作为大英帝国警察在缅甸(Burma)的角色一样,弥诺陶洛斯不得不杀死那些靠近他的人,奥威尔不得不枪杀那头大象,因为**别人一直在观看**。① 如果他表露出一丝软弱、一丝犹豫或者一丝勉强的话,那么他的名字、他的力量和他的权威都会遭人嘲笑。正如在《一桩事先张扬的凶杀案》中的彼得罗·维卡略和巴布洛·维卡略一样,弥诺陶洛斯被这个体制给困住了手脚,就像他困住了别人手脚一样。他宁愿去战斗,消灭他人,哪怕冒着消灭他自己的风险,也不愿意让他的"女性气质"的那一面表露出来。他宁愿去战斗也不愿意去献殷勤,宁愿去杀人也不愿意去爱人。

当阿里阿德涅走近法律,弥诺陶洛斯虽然缓慢地痛苦地可还是许下了让她进来把她也算在内的诺言。他提供了一些线索,虽然什么时候、什么地方以及提供多少线索是由他说了算。理论上看,他已经同意给予她同等权利、同等机会和同等报酬,然而,实际上,她发现她的男性同事一直都比她拿到更多报酬,当她开始质疑他的统治的时候,她被告知她在商讨地位和报酬的时候不是足够强势,这真是悖论中的悖论,在谈及骗人这件事情的时候,骗人的女人被告知她不如男人那么会骗人。或许是因为她对于更加重要的游戏,那些对她而言更加重要的游戏即爱情更感兴趣吧。

在他最孤独的时候,在漫长夜晚渴望有人陪伴的时候,爱斯特利翁不知不觉地给了阿里阿德涅很多,比他有意和原打算给她的还要多。她于是走近爱斯特利翁,可是她的靠近吓着他了:他一直在睡梦中梦见她,可是当她真的走来的时候他却迟疑了不愿意跟她打招呼,也没有表示任何欢迎,他也不会在他房子里或者在他床上给她留一点空间。法律给他找到了一些藉口:她穿错了衣服,她说错了话:"没有女性排场"可以进入法律的迷宫。她那令人难以驾驭的性欲,她那不可知的欲望,她那难以言表的情感,使他对她敬而远之。就像《一桩事先张扬的凶杀案》中的巴亚多一样,弥诺陶洛斯很不愿意泄露他女性气质的一面,假装"无视她的精神错乱胡言乱语"。

爱斯特利翁也是早就一直在玩这个游戏,比阿里阿德涅玩的时间还要久:他

---

① George Orwell,'Shooting an Elephant', in *Inside the Whale and Other Essays* (Harmondsworth: Penguin, 1962).

知道如何保护每个棋子,如何在每走一步后停下来,如何让一个卒子被用到各处去小心翼翼地守卫着国王,守卫着他的权威的重要来源。他给这位女律师提供了一些线索,改革了一些法规,让她相信法律的王国是对她敞开的。引用一首歌的歌词来讲,他"留下一条小径却一直被人改变着,为了让她的希望永葆活力";与此同时,他的信仰、他的理念(正义、平等和公正)一直在引领她前行。有时候,她甚至开始觉得"**她**就是**她**,是错的"①。

有些时候,法律对她的诉求充耳不闻,因为改变似乎是最终产品就像雕像一样:或许他是唯一的意象、唯一的幻觉、唯一的她所创作的她自己,这不比她梦中的声音真实到哪里去。毕竟给他雕刻塑像的正是她,她"雕刻出她脑海中所想象的他,用泥土和稻草制造出他的脸庞,用宝石给他安上了一双眼睛"②。有时候,法律的沉默和法律对于她的不同所表现出来的视而不见意味着她创造出来的他的意象开始消退。当她挑战他时,他告诫她不要太过分,不要越界,不要不尊重界限。一旦她好像就要哭出眼泪了,她就敢于谈论情感,谈论肉体这个罪恶中的最大罪恶。然而,眼泪是不允许冲破迷宫围墙的沉默:我们看到了律师对于玛丽在默尔索的审判中好哭的状态极不耐烦。更糟糕的是,女人,不可驯服,无法满足,她已经忽视了要掩藏她的身体;或许她甚至有意选择去展示她的身体。假如她所展示的是一个身怀六甲的身体,是一个侵犯了自然与文化界限的身体,是一个威胁着要给迷宫带来的不是爱斯特利翁悄悄渴望的痛苦和死亡,而是给法律带去生命和永恒的身体,那么这会有多么糟糕。③

法律许可接纳她的"不同",许可她适度的孕期权利,至少在工作场所是这样的。然而,即便在工作场所她也发现这些"权利"也是舍不得给她:她重返工作岗位,沿着走廊的回声重返工作岗位,她发现她的产假真的是一个假期,一段离开真正的工作即男人性生活的"一段休假"。阿里阿德涅及其女性朋友们可不在乎这些回声:阿里阿德涅回来了,穿着不同的衣服,说的话也变了,一直试图模仿他的语言,她努力地谈论着一些抽象的东西,避免提及身体(更不要说她自己的身体),竭力克制不谈欲望(更不要说她自己的欲望)。结果只发现她重新开始的努力再次招致怀疑:她在他的游戏中玩得越发成功,他就越发不信任她。弥诺陶洛

---

① 'Dream Thrum' in James, *LAID*, *supra*;表示强调的黑体字我是加上去的。
② *Ibid.*
③ 正如茱莉亚·克里斯蒂娃所主张的,女人怀了孕的身体,即便保证了符号秩序的延续,它也粉碎了父权法律和父权话语,'Stabat Mater' in Toril Moi (ed.), *The Kristeva Reader* (Oxford: Blackwell, 1986)。

斯宣告她是在炫耀,尽管这样的指控让人不安,可是阿里阿德涅并没有心灰意冷。不久前她就意识到,那份创设法律制度建造迷宫的合同里并没有她的份,可是她不在乎这些合同,不在乎这些交易,而且也不计较得失。没有遭受阉割焦虑的折磨,阿里阿德涅付出却不考虑保留、投资或回报。可是任何希腊人,特别是希腊女人给人送礼在男性"特有的"经济中就会遭人怀疑,因为礼物在那种经济中意味着权力和不平等。①

在学术这座迷宫里,"激进的"新方法引诱她去相信,门终于已经为她打开了:激进的法律学者承诺给法律教条去神秘化,解开隐藏在法律"中立"背后的政治,揭露法律制度等级分化的不公。她希望,包括揭露那些基于种族、性和性别的不公。她走的更进一步,希望这个承诺不要再次证明不过是个幻觉,"与其说是批评,不如说是虚伪"。② 因为她已经早就观察了那些国内外的批评学者又再次回到他们似乎已经告别了的相同的赛马中来,屈服于更高级别的身份和更多薪水的诱惑,"这辆囚车",正如尼克·凯夫在另一种语境中指出的,"这血腥的囚车装满了切断的人头和闪烁的奖品"。③

她斗胆要一张进入那个中心的地图,可是弥诺陶洛斯没有明白她的请求:爱斯特利翁说,我家那么多门一直都是敞开的;卡夫卡的牧师说,法律之门一直都是敞开的。女人走回去试图自己找到那幅地图,虽然很难找到,可是她坚持着,坚持在白天用她的书本来寻找,在夜晚用她的梦来寻找。她学着适应法律的要求,学着少索取一点,少一点,再少一点,愿意去等待,永远等待!最后她不再寻找什么东西,只要法律是良法、是公平的、是公正的。不是把她算在内,而是要求承认她并没有敲错门。但是他误解了她最后的愿望,她的绝望让他变得更加冷淡、更加疏远和更加陌生。那根曾经给她的线索现在狠命地往回拉,所谓的重大法律变革再次被打开并且被重新定义,而且都是对她很不利的。④ 法律也愈发变得更加防备、更加卑劣。假如她再多等一会,他就会变得很暴力。用尼

---

① 关于男性"特有的"经济,请参见 Helene Cixous and Catherine Clement, 'Sorties: Out and Out: Attacks/Ways Out/Forays', trans. Betsy Wing *The Newly Born Woman* (London: I. B. Tauris, 1996)。

② Costas Douzinas, Peter Goodrich, Yifat Hachamovitch (eds.), *Politics, Postmodernity and Critical Legal Studies: The Legality of the Contingent* (London and New York: Routledge, 1994), at 14. 若要参见该主题的最新研究,请参见 Peter Goodrich, 'The Critic's Love of the Law: Intimate Observations on an Insular Jurisdiction' *Law and Critique*, Vol. 10 (3), (2000), 343-60。

③ 'The New Romantic', *The Times Magazine*, 27 March 1999, at 18.

④ See, for example, Susan Faludi, *Backlash: The Undeclared War Against Women* (London: Vintage, 1992).

克·凯夫的话来说,她必须"走吧,赶快走吧"①。

第五节 历史:边缘处境中的女人

　　为何陷入僵局?为何走进了死胡同?为什么搞成这个死样子,彼此误解,缺乏沟通?会不会是因为她总是在说一种别样的语言,一种身体语言,一种感官语言,让他无法理解,也让他感到害怕?法律语言虽然很诱人,可是它是以词语开始又是以词语结束:这些词语空洞无形,不可触及,没有声音,也没有味道,总是小心翼翼,斟酌再三,慢吞吞。法律写作都是以自我为中心的,只跟他自己说话,也只为他自己说话,以便让他自己的形象、他的自我定义和他的存在永远长青。法律只有在她也是一个文本、一个没有形体的、空洞的词语的集合体时才肯承认她。然而,另一方面,她却想要超越词语不受词语的束缚。如若被迫使用词语,她就会沉溺于词语之中,词语却从她的指尖溜走,有时候在她寻找词语的时候,在她决定进行足够多尝试的时候,或者在她决定尽量少尝试的时候,词语却逃跑了。弥诺陶洛斯"极不耐烦",这让他自己怀疑沟通的重要性("就像哲学家一样",爱斯特利翁说,"我认为没有什么东西是可以通过写作这个行为来沟通的"(171)。跟弥诺陶洛斯不同,她无须去**寻找**词语,因为词语会来**寻找**她。她说的东西经常是法律无法理解、无法听懂和无法忍受的。她违反界限,僭越极限,而且好像都失控了。有时候她忘了援引先例,忽略了脚注,用一种非法的方式来写作;她**不像男人那样**来写作。她不担心会说一些荒谬的言论,不担心会说一些毫无意义的东西,她渴望与人沟通,渴望去接触他、去触碰他、去感动他。因为女人都爱倾诉,她跟法律讲她自己的人生故事,讲她的恐惧、她的希望和她的欲望。法律却指责她胡言乱语,指责她说得太多写得也太多,因为一代又一代的索福克勒斯们教育我们,"女人应该只见其人不闻其声"②。"你是说有人可以阻止她们写作却并未阻止?"她反驳道(她回应纪德(Gide),可是却已经忘了来源、缘起和权威)。可是他的意思是,她没有像他那样写作,她不是在说**他**的语言。

　　她的词语就是地图,她的梦想就是国家,她的赞歌表明了进入她的国家的途径,同时邀请并欢迎人们到她的国家去。**他**的词语冷淡、抽象,有逻辑性:竖起了

---

　　① Nick Cave and the Bad Seeds,'From Her to Eternity',*supra*.
　　② *Ajax*, 292, in Sophocles, *Electra and Other Plays*, trans. E. F. Watling (Harmondsworth: Penguin, 1953).

障碍,设立了界限,超然事外,保持距离,流放身体,流放了她。**历史**是线性的、渐进的,也是随意连接的;要他承认她,这可能会否定他数千年来所取得的那些进步,那些文明战胜野蛮的进步,那些抽象战胜具体的进步,以及他在《奥瑞斯提亚》中所颂扬的那些进步。她能指出,**那个**故事和**那个**进步是开始于流血、恐惧和眼泪,并且导致了不断重复的敌对、弑父和战争;它导致了死亡。她的故事是循环的,有时候步履蹒跚,伴有事故、扭曲甚至转变,向后移动,也向前移动;有时候同时向后和向前移动,站住不动,没完没了。

法律语言有时候好像可以容忍她不同的语言,可是她发现唯一的前提是她不可以太过分不可以说太多,要是她违反了这个限制,她的词语就会让他不安、沮丧甚至精疲力竭。弥诺陶洛斯宣告她疯掉了:她的语言不是抽象的、狡诈的,不是在明晰的范畴和层级中呈现出来的。弥诺陶洛斯自我意识十分强烈,兴奋对于弥诺陶洛斯而言就是"自我控制的一种狂喜",阿里阿德涅的放肆似乎是"卑贱的、粗野的和可耻的",违背了弥诺陶洛斯"高度繁荣富有的贵族生活理想"。①它不是法律的语言,它是诗歌的语言,是男性神明所禁止的,它可能是音乐的语言。此类"女性排场"是不可以进入法律迷宫的:它太混乱、太危险、太接近精神崩溃的边缘了。当她反驳道,疯狂和酒神狂女(Dionysus maenad)的胡话或许掩藏了另外一个真理,甚至更高级的真理。于是弥诺陶洛斯诉诸留给他唯一的反击手段:他指责道,"女骗子,你没有讲真话"。更糟糕的是,你一直以来使用同样的词语去进入其他王国、其他迷宫和其他法律。你一直以来追求了太多个弥诺陶洛斯,不只是法律的弥诺陶洛斯还有文学的弥诺陶洛斯,不只是哲学的弥诺陶洛斯还有音乐的弥诺陶洛斯,不只是理性的弥诺陶洛斯还有疯狂的弥诺陶洛斯:"阿里阿德涅,你是个娼妓,一个在'勾引我之前就已经勾引了很多人的'娼妓"。②

当法律宣告这个判决时,阿里阿德涅很可能在想他们是否有过沟通。虽然跟忒修斯不同,她是作为一个朋友而不是一个杀手出现的,然而弥诺陶洛斯从来就不考虑人际关系,他只能设想让她进入迷宫是以他自己的自我保护为代价。同时,阿里阿德涅抛弃法律是以眼泪为结局:她梦想进入迷宫结果却变成了一场噩梦,她的情歌结果变成了哭泣之歌,她的爱情故事结果变成了一个恐怖故事。

---

① 在另外一个对权威的"非法"混合中,这些术语借自亨利·詹姆斯(Henry James)对于《贵妇画像》(*The Portrait of a Lady*)中吉尔伯特·奥斯芒德(Gilbert Osmond)的描述,(London: Penguin, 1984)[1881], at 401, 480-1.

② 这是哈罗德·布鲁姆(Harold Bloom)描述男性作家浮躁沉思的一个延伸: *The Anxiety of Influence* (Oxford: Oxford University Press, 1973), at 61.

西克苏写道,对于一个已经失去所有一切的人来说,"语言便成了家园"①。虽然阿里阿德涅会说好几门语言,法律还是坚持要求她约束自我只说一门语言:即词语所构成的语言。当法律对于那些词语提出质疑的时候,那么她便无处可逃:否定她的词语就是否定她本人。

第六节 重新开始

玛丽娜(Marina)是一个色情影星,一个瘾君子。里奇(Ricky),二十三岁,大半生都是待在精神病院,法官已经宣布他现在精神健康可以自由走进社会中了。跟弥诺陶洛斯一样,里奇"在这世上孑然一身",可是却梦想着找到一份工作,梦想着结婚成家:"法官说我已经正常了",他提醒精神病院的院长,当这位女院长告诫他自由就意味着孤独的时候。里奇还深信,跟玛丽娜在一起他可以实现这个梦想。虽然玛丽娜应该不认识他,可他还是想出了一个万无一失的策略让她爱上他。首先,他表演头手倒立,可是她却对此很不以为然;于是,他就闯进她家,拿着把刀威胁她,塞住她的口,绑架了她。起初玛丽娜奋而反抗尝试逃跑,但是后来她开始怀疑她是否真的想要获救:在阿莫多瓦的电影最后部分,玛丽娜恳求里奇"捆着我! 绑着我!"②

阿里阿德涅是否已经爱上了爱斯特利翁? 她会不会像《呼啸山庄》中的凯瑟琳一样被一个没有差异的理想世界所引诱,被一个搞乱伦关系的同父异母的兄弟所逼近? 她会不会像她母亲帕西法厄(Pasiphae)一样爱上一头牛? 她是否已经开始喜欢上他一直以来在爱情和残暴之间的持续摇摆? 她是否已经成为像勒让德让我们相信的每个法律主体一样恋上了法律并对法律产生了情欲?③

有许多区别:就像夏娃(像**每个**女性?)一样,阿里阿德涅很好奇想知道迷宫里是什么。跟另一个局外人默尔索一样,她观察着,她被拜占庭政治所吸引、所

---

① *The Hélène Cixous Reader*, Susan Sellers (ed.), (New York and London: Routledge, 1994), at xxvii.
② Pedro Almodovar, *Tie Me Up! Tie Me Down*! (Enterprise Pictures, Eldeseo, 1990).
③ *Law and the Unconscious: A Legendre Reader*, trans. Peter Goodrich with Alain Pottage and Anton Schütz, Peter Goodrich (ed.), (London: Macmillan, 1997). 关于勒让德作品的导读,可以参见'Law's Emotional Body' in Peter Goodrich, *Languages and Law: From Logics of Memory to Nomadic Masks* (London: Weidenfeld & Nicolson, 1990). 关于从女性角度的批评研究,可参见 Alain Pottage, 'The Paternity of Law' in Douzinas, Goodrich and Hachamovitch, (eds.), *Politics, Postmodernity and Critical Legal Studies*, supra.

愉悦并且给深深地迷住了,但是她自始至终都是一个称作法律的舞台产品的旁观者。跟其他局外人一样,跟希斯克里夫一样,却跟卡夫卡的那位从乡下来的人不一样,她的欲望并未"已经属于法律"了。① 阿里阿德涅总是怀疑弥诺陶洛斯根本就不想让她走进迷宫,因为他担心她可能会发现迷宫里**本来就是什么也没有**。而且,跟里奇不同,法律从来就没有爱上过阿里阿德涅。不错,他是俘获了她;不错,他是用言辞引诱了她;不错,她是惊羡他的权力;不错,她是承认他很漂亮。然而,尽管那个引诱没有恶意而且也是发自肺腑,但是它充其量不过是一个仁爱的父亲在照顾他女儿时所作出的表现,它不是爱人之间的那种表现。阿里阿德涅抛弃法律,这让弥诺陶洛斯开始反思他自己对伟大的理解,可是他对爱情态度暧昧,这开始让她窒息,开始威胁到了她自身的自尊和高贵的血统。借用另一首歌的歌词,因为正是阿里阿德涅才是"从希腊走来,如此渴望知识",正是她才让她父亲米诺斯王(King Minos)"满负荷运转",但是她勇敢地抗拒她父亲的皇家命令,因为尽管她年轻爱管闲事,可是她还是"想知道普通民众是如何生存的,想知道普通民众在做什么,想要跟普通民众同甘共苦:**就像她父亲一样**"②。

当里奇在电影结尾部分给玛丽娜画一幅"他的人生轨迹图"的时候,弥诺陶洛斯总是完好地掩藏着他画廊的秘密。当里奇冒着生命危险给玛丽娜寻找毒品以满足她发作的毒瘾的时候,弥诺陶洛斯却一直让阿里阿德涅饿着肚子。即便弥诺陶洛斯确实曾经爱过她,可是他对人际关系的理解向来都是要吃掉对方,所以这差一点使他吞噬掉阿里阿德涅:当然没有任何恶意。当她的言语开始让他不舒服的时候,当她好像要拉伸拨弄他给她的那个线索弹出她翩翩起舞的旋律的时候,弥诺陶洛斯却用里奇最初追求玛丽娜的方式来结束他与阿里阿德涅的关系:扼杀她的声音。阿里阿德涅跟伊菲革涅亚一样,两人同样既不可驯服又天真无辜,跟野菊花一样,她让弥诺陶洛斯、让父亲阿伽门农、让她情郎都是十分心神不宁。她必须要被堵住嘴,被迫保持沉默,必须要被作为祭品牺牲掉:"于是我跟她说再见,跟她说所有的美女都必须要死去,然后跪下身去在她的齿间插入一朵玫瑰花。"③

阿里阿德涅跟欧里庇得斯的伊菲革涅亚一样,有时候对于这个死亡抱有幻想,但是这一次她从埃斯库罗斯的伊菲革涅亚身上汲取了教训,她不仅默默地抗

---

① 这是艾伦·西克苏在解读李斯佩克托(Lispector)和卡夫卡他们"面对法律"所采取的方法时多作的区分;in Hélène Cixous, *Readings: The Poetics of Blanchot, Joyce, Kafka, Kleist, Lispector, and Tsvetayeva* (Hemel Hempstead: Harvester Wheatsheaf, 1992), at 15.

② 'Common People' in Pulp, *Different Class* (Island Records, 1995).

③ Nick Cave and the Bad Seeds, 'Where the Wild Rose Grow', *supra*.

议而且还从祭坛上走开。她已经明白,她企图走进迷宫跟法律发生关系,无论它有多么刺激多么激动人心,可总是妄图解密那些无法被解密的东西,总是妄图规整那些无法规整的东西,总是妄图触碰那些不可触碰的东西。虽然她许可她自己在夜晚想象这一切,可是那些难以置信的东西在冰冷的英语的白天结果同样也是不可能的:弥诺陶洛斯再也不会让她进来了。她明白,她该是停止试图把他带出他的迷宫的时候了,她该是停止试图解密他的时候了。她在迷宫边缘徘徊了太久,有时候她好像就要崩溃就要疯掉了。然而,她的语言,那个过去一直威胁官方社会、威胁法律的语言让她撑下来了。这个语言结合了词语、意象和声音,在"令人不知所措的混乱沙漠中"撑了下来,被"绷紧的线索、半成形的、不断演变的、不可重复的冲突和外来冲突"撑了下来。① 弥诺陶洛斯却否定了那门语言的精确性,因为它不是他的语言,它没有说出他的真理,它没有遵循他的法律。

相反,弥诺陶洛斯一方面在表明她不可靠的同时也泄露了他自身的混乱和矛盾:正是法律召唤她到他的迷宫,到他的床上来,可是每次她的欲望,那个不是唯一的、无底的欲望靠近他的时候,他都是在惊恐万分中退却。跟《呼啸山庄》中的洛克伍德一样,他把凯瑟琳的幽灵锁在屋外,企图压制那些超出他理解范围的东西,结果却白费气力。而且正如洛克伍德承认他一直以来已经被"一个真正的女神所吸引,只是她没有注意到我",当这个女神回视他的目光时,他又躲回到自己的迷宫里,"卷缩进他的壳里,冷冰冰地,像只蜗牛"。

阿里阿德涅现在必须开始重新发现并建立她自己的法律,用她自己的语言在她自己的国度里建立她的法律。虽然她企图进入法律迷宫却未遂愿,但是她的旅程没有白费:重新编写了一首不同的歌曲,虽然她给了法律太多的东西,"比她原打算给予的还要多;法律也给了她太多东西,比他原打算给予的还要多"②。虽然对于弥诺陶洛斯而言她炙热如火,"就像屠夫眼里的小母牛",正如那首歌所唱的,"那种体验正是她学习所必需的"。③

阿里阿德涅现在可以说两种语言:她善于模仿,很快学会了他的语言,但是她还能记得另一种语言即母亲的语言。跟任何优秀学生一样,她学会了他的法

---

① Introduction to James/Eno, *WAH WAH* (New York: Blue Mountain Music, 1994).

② '(Song for my) Sugar Spun Sister' in *The Stone Roses* (Silverstone Records, 1989).

③ 'Baby's on Fire' in Brian Eno, *Here Come the Jets* (Virgin EG Records, 1973). See also Roberto Calaso's *The Marriage of Cadmus and Harmony*, trans. Tim Parks (London: Vintage, 1994),其中阿里阿德涅被描述为一种"疯狂的小母牛",它爱上了一个公牛,包括艾奥(Io)和阿里阿德涅自己的母亲帕西法厄;第10—11页。

律,可是她还记得另一种法律即母亲的法律。她理解理性的法律,但是她也知道爱的法律:她的模式和她的法律并不受这类任意的二元对立的限制。她可以同时生活在两种法律、两种司法和两个国家里,可以说两种语言,既说得有理又说得无理,既能在白天说也能在黑夜说,既主动又被动,既上得了厅堂又下得了厨房,既痛苦又快乐,既服从又反抗,既放荡不羁又墨守成规,她同时具有所有这些特性。有人认为这是精神分裂症的特征,也有人认为这是两面派的作风。她知道她已经找到了她自己版本的阿莱夫或者扎希尔。她已经拥有了博尔赫斯男性探究者花了一辈子时间去寻找的东西,而且事实上当那些极少数男性有幸见到阿莱夫的时候,他们却发现它的形象"不堪忍受",而她却张开双臂拥抱它、欢迎它。假如泛意义就是毒品和疯狂的世界,那么她从未想过要离开。因为对她而言,这不是无序而是更高级别的有序,不是混乱而是创新,不是缺点而是优点。假如这就是女性的状态,那么她以它为乐。

阿里阿德涅没有必要抛弃法律,她没有必要漠视、摧毁或杀死弥诺陶洛斯:不错,她用自己的方法越来越接近讨好她自我的解体。不错,弥诺陶洛斯不会因为他造成的痛苦而道歉,不会因为威胁要吃掉她而道歉:他确实对此毫不知情。法律在朝向进步(朝向死亡)的无情驱动中,没有盘查就赶走了他所撞上的路人而且差一点就杀死了这个路人。① 爱斯特利翁就把他的牺牲品丢在"他们倒下的地方",这些死尸可以帮助他区别一个又一个走廊(172)。而且正如我们在《奥瑞斯提亚》中所见到的,让法律迷宫蓬荜生辉的第一批尸体就是女人的尸体:一个惨遭杀害的母亲克吕泰墨斯特拉和一个作为祭品而被牺牲掉的女儿伊菲革涅亚。

但是,阿里阿德涅慷慨大方,主动要跟法律交朋友,她知道她可以把弥诺陶洛斯从他的孤独中解救出来,安抚他的饥渴,确保他不必吃独食。她还知道迷宫是一个黑暗的起居之地:这个迷宫,他创造出来保护他自己不受她的侵犯,可是也囚禁了他。弥诺陶洛斯也迷失其中,孤苦伶仃,直到现在,老朽驯服;不再是一个类阈态的存在而是某个困惑不定、前后矛盾的家伙,他的一生都献给了他所崇拜的法律和传统。跟《一报还一报》中的安吉路一样,他已经让自己的欲望屈服于法律的幻觉,竭力逃避不去承认他也是肉欲的猎物,结果却是枉然:他"很少承认他的血液也在流动"。他坚持一切"古老的、神圣的、传承下来的东西",不顾一

---

① 没有盘查就赶走路人这个比喻是《甜心俏佳人》(*Ally McBeal*)中的试验剧集"傻瓜夜出"(Fools' Night Out)中出现的。尽管艾丽是在谈论一般的男人和个别的比利,我把它延伸用来指法律,毕竟这一系列剧开头第一句话是:"法律和爱情是相同的:理论上很浪漫,可实际上会让你患上酵母感染症。"

切地妄图保全他那不堪一击的身份。因为很显然,法律这个弥诺陶洛斯不仅仅只是传统的,他就是传统的化身,就是"传统本身"。①

然而,这些传统的创立不仅没有与阿里阿德涅协商,更重要的是,其目的就是为了不让她进入这个迷宫。阿里阿德涅被排除在他们的利益之外意味着她也逃避了他们的成本代价:她感觉不到有必要去爱他们、有必要去和他们生活在一起或者有必要去尊敬他们以便确认她自身的身份;当他们威胁要让她窒息而死的时候,那就更没有必要了。此外,她可以利用她的年轻、她的热情和她的活力,(同样的精力却吓坏了千锤百炼却也日益衰老的弥诺陶洛斯),不仅去创造和不断再创造她自己的法律而且还向弥诺陶洛斯说明**他**的法律、**他**的理性和**他**的语言不过是一个糟糕透顶、无聊至极和死气沉沉的笑话。

阿里阿德涅还知道,这些传统以及用来保留这些传统而建造的那个迷宫都是人造物,而且既然是人造的,那么原则上它是可以被人解密的也是可以被人取代的。但是由于男人们越来越发现很难解密和重建他们自己的迷宫,由于卡夫卡的那位从乡下来的老人直到死在法律迷宫门外的台阶上也没有被许可进入该迷宫,由于约瑟夫·K 含羞而死,"像条狗一样",②所以女人可以帮助男人发现而且确实建造了新的入口。因为,跟爱斯特利翁的家不同,法律迷宫就是一个移动的、活跃的迷宫:"它乱糟糟的,而且它缠住我们却在不断增长。"③

女人已经书写了她自己和她的故事,她手持一面镜子照着弥诺陶洛斯,这样反映给他的不仅是他的完整感、美感和尊严(她也会非常乐意承认),而且还有他的荒谬、他的矫揉造作以及他的非现实性。女人长期以来为男人服务,反映男人的伟大,默认了她自己是男人恐惧、不安和孤独的储存库这个角色——反映了弥诺陶洛斯不敢承认他自己身上所存在的全部"女性"特征——可以把爱斯特利翁从他自己创造的迷宫中给拖出来并且向他表明他也被囚禁其中就像他虽然失败却一直企图囚禁她一样。女人没有继续用弥诺陶洛斯自身的映像喂饱他的肚子(就像弗吉尼亚·伍尔夫(Virginia Woolf)指出来的,女人把男人的形象放大了一倍),女人可以反射给他的是他自己的混乱和非现实。弥诺陶洛斯通过女人这

---

① 这些术语再次来自吉尔伯特·奥斯芒德在向伊莎贝尔·阿切尔(Isabel Archer)描述他自己时所说的话:"你说你不认识我,可是当你认识我,你会发现我有多么敬拜礼节……不,我不传统,我就是传统本身",也参见"他喜爱古老的、神圣的、传承下来的东西……他极其敬拜传统":*The Portrait of a Lady*, *supra*, at 362 and 480。

② Kafka, *The Trial* (Harmondsworth: Penguin, 1953), at 251.

③ 博尔赫斯这里描述的迷宫就是文学:Richard Burgin (ed.), *Conversations*, *supra*, at 16。

面镜子看见了他自己,他也可以清醒地反思他自己。

阿里阿德涅没有把线团给忒修斯,这次她自己拿着这根线由她自己也是为了她自己进入迷宫。她总是拿着她自己的笔("比喻阴茎"?),①她也总是有纸、有无限的空白。而且,正如一首儿歌所唱的,"花两便士买点纸和线,你就可以做出自己的翅膀"②。

阿里阿德涅开始写作:在她的写作中她不尊重体裁法则,她违反旧的规则,创造新的形式,发明新的体裁。她不写法律,不写文学,她写的是法律**与**文学。她混合了喜剧与爱情小说,混合了哲学与色情文学,混合了事实与虚构,混合了法律与音乐,混合了词语与意象,混合了夜晚的梦想与白天的"现实"。她一直在表达一个不同的真理、不同的法律和不同的现实,这个现实开始侵犯并感染弥诺陶洛斯的现实。她唱起她自己的歌谣,画出她自己的映像,写出她自己的诗歌。她听见自己的声音极其兴奋,她在墨水涌泉里游泳,如饥似渴地喝着墨水,"安安静静心满意足地"休息一会儿,然后再次跋涉于墨水瓶里。③ 她与弥诺陶洛斯险丧其命的遭遇没有导致她的死亡而是导致了一个新的创始。就像《一桩事先张扬的凶杀案》中的安吉拉一样,她"重获新生"了。如同另一位称作谢赫拉莎德(Scheherazade)④的叙述者,安吉拉和阿里阿德涅通过书写她们自己以及她们的故事逃离了死亡进入了她史(herstory)。阿里阿德涅最初寻找的东西在迷宫中心根本就不存在;弥诺陶洛斯没有给予她所欲求的东西,不是因为他不想给而是因为他没有什么东西可以给。她所欲求的不是待在迷宫里,迷宫里"本来无一物",而是要待在她的自我里。

阿里阿德涅开始梦起了她自己的梦想:梦到弥诺陶洛斯不知道如何做梦,梦到他不敢去做梦。这些梦想也不是受控于弥诺陶洛斯对她所做的梦,这些规则不是受控于他的约束,这些游戏不是听命于他的奖品,这些法律不是听命于他的限制。阿里阿德涅开始反射给弥诺陶洛斯她自己的法律、她自己的游戏和她自己的欲望:在这些梦里她既是做梦者又是被梦者,既是欲求者又是被欲求者,她欲求**因为**她被欲求:她自己。

阿里阿德涅跟阿莫多瓦的玛丽娜不同,她并没有爱上俘获她的人,她并没有

---

① Sandra M. Gilbert and Susan Gubar, *The Madwoman in the Attic*: *The Woman Writer and the Nineteenth Century Literary Imagination* (New Haven and London: Yale University Press, 1979), at 3.
② 'Lets Go Fly a Kite' in *Mary Poppins* (Walt Disney, 1964).
③ 这个意象由乔治·路易斯·博尔赫斯激发出来,'The Monkey and the Inkpot', *The Book of Imaginary Beings* (London: Penguin, 1974), at 101.
④ Scheherazade 是《天方夜谭》中的苏丹新娘。——译者注

遭遇到勒让德让我们相信的那个普遍人类状况的折磨即恋上法律且对法律产生情欲冲动。阿里阿德涅没有请求弥诺陶洛斯的庇护,事实上而是弥诺陶洛斯就像玛丽娜电影中的那位残疾导演一样需求玛丽娜来打败他对死亡的恐惧并且不断拖延影片的结束。正是那位残疾导演、正是弥诺陶洛斯、正是法律想要去引诱她,而不是相反。然而,当那个引诱威胁毁灭她的时候,她可以走开。比跟弥诺陶洛斯同眠要强得多,她发现在她进入法律之前、在法律迷宫妄图囚禁她之前她所知道的就是:她会飞。

第七节 害怕镜子,害怕女人

在霍夫曼(Hoffman)的《镜像失落记》(*Tale of the Lost Reflection*)中,一位女性乞求她那即将分手的情郎把他在镜中的映像给她留下。她的情郎同意了,因为他认为把他的映像留给她"不会有什么损失,因为任何映像不过就是个幻象,因为自我沉思导致虚荣,而且最终是因为这样的映像把自我分成了两半:真理和梦想"①。人类在理性的指导下于此宣布放弃镜子,因为它模糊了外表与现实、真理与表征以及原创与复制之间的区别。西方哲学家不信任镜子和反射,这一点本身就是个反射:反射出他们害怕看见颠倒的自我和颠倒的世界,反射出他们被引发去质疑那种认为人的身份与人的意象是分开的这种观点所提供的"智慧、尊严和安全感":"许多哲学家严格禁止看水中的镜像,因为看到颠倒的世界会患上眩晕症"。②

博尔赫斯写道,艺术应该像镜子一样"把我们自己的脸孔反射给我们"③。博尔赫斯的小说大概是由于这个原因充满了对镜子的不信任:"作为一个孩子",一位叙述者告诉我们,"我知道光谱复制或者实现的倍增所带来的恐怖"反射出

---

① 'The Tale of the Lost Reflection', discussed in Tzvetan Todorov, *The Fantastic*: *A Structural Approach to a Literary Genre*, trans. Richard Howard (Ithaca, New York: Cornell University Press, 1975), [1970], at 69-70.

② See E. T. A. Hoffman, 'Princess Brambilla' in *The Golden Pot*, (Oxford: Oxford University Press, 1992), trans. And ed. by Ritchie Robertson:"许多观众在这个镜子中看见整个自然界以及他们自己的影像,他们起身的时候都发出愤怒和痛苦的喊叫。他们说看到世界和自我那样倒置这是跟理性截然相反、跟人类的尊严截然相反、跟长期痛苦体验所获得的智慧截然相反。"

③ 'Ars Poetica' in Jorge Luis Borges, *Selected Poems* (ed.), Norman Thomas di Giovanni (London: Penguin, 1985), at 157.

了原因,而且"它们宇宙的哑剧在我看来好像很怪异"。① 由于镜子可以给我们照射出比我们想要看的还要多的东西,多到我们不堪目睹。镜子不仅反映了现实也因而确保了主体的身份和稳定性,镜子还会重复、繁殖和传播现实,让照镜子的主体失去方向而且还离心了该主体的自我感觉。跟梦一样,镜子还警示我们这个可怕的想法,即我们也不过是他处另一个更加真实的自我的镜像而已。②

对于许多人而言,迪士尼的《玩具总动员》(Toy Story)中最伤心的地方就是当巴斯(Buzz)开始发觉他根本就不是那个真正的巴斯光年(Buzz Lightyear),不是那个"负责保护银河系不受邪恶的札克天王(Evil Emperor Zurg)侵略的宇宙保护联盟的太空游侠(Space Ranger)",而不过是一个复制品、一个孩童的玩偶、一个玩具。当他看见电视屏幕上反射出来他的映像的时候,当成千上万个其他巴斯,每一个都跟他一模一样,正在一个咄咄逼人的广告活动中有待出售的时候,他的发现(anagnorisis)产生了。③ 正如埃米尔·罗德里格斯·莫内加尔(Emir Rodriguez Monegal)指出的,镜子通过显现出不在镜中却在镜外的一个颠倒的映像,镜子不仅是欺骗人的而且还可能导致"倒影反射",导致静观默想。就像斯芬克斯之谜一样,镜子可能让主体的自我意识开始觉悟,而且可以揭示出个人自我存在背后所掩藏的东西。④ 正如在俄狄浦斯的例子中,正如在巴斯的例子中,真相启示是痛苦的,它导致了悲剧,导致了裂变,导致了精神崩溃。然而,当俄狄浦斯毫无自我意识地逃开的时候,更加糟糕的事情还是发生在巴斯身上:稍后可见。

镜子里有"关于他们的荒谬的东西",不值得去信任,这一点我认为跟哲学家害怕女人是相关的。女人就像镜子一样有繁殖的能力,她没有发现镜子的模棱两可以及可恶的混乱,她寻找镜子,拥抱它的多重性,拥抱她自己以及她周遭世界的多重性。女人拥抱镜子却被男人贴上了虚荣、口是心非以及反复无常的标签。她知道这是因为男人们害怕镜子,他们嫉妒她的繁殖和传播的能力。她承诺将带来永恒,这在男人看来不是承诺而是威胁,正如乌克巴尔(Uqbar)的一个

---

① 'Covered Mirrors' in Jorge Luis Borges, *Collected Fictions*, trans. Andrew Hurley, (London: Penguin, allenLan, 1999), at 297.

② Paul de Man, 'A Modern Master' in Harold Bloom (ed.), *Jorge Luis Borges* (New York: Chelsea House Publishers, 1986).

③ *TOY STORY I*, (Los Angeles: Disney, 1995). In *TOY STORY II* (Los Angeles: Disney, 1999) 中,巴斯自我意识开始觉醒,这成了区分"真的"巴斯和其他"假的"巴斯的关键所在。

④ Emir Rodríguez Monegal, 'Symbols in Borges' Work' in Harold Bloom (ed.), *Jorge Luis Borges*, *supra*.

异教徒认为的,"镜子和交配都是令人憎恶的,因为它们产生了更多的男人"①。

相反,就像托多罗夫所主张的,或许正是通过镜子,而且我补充一句正是通过女人,我们才可能发现卓越而不是平庸,才可能发现神秘而不是简单。② 男人以及理性一直试图逃避不敢面对的神秘之物就是女人。女人希望得到她情郎的影像以及女人与虚伪掩饰之间的联想表明,哲学不相信镜子,这也是因为害怕女人。法律的弥诺陶洛斯害怕镜子,害怕女人,特别是害怕映射给他的不是他所谓的完满和伟大,相反,映射给他的却是不安全、非现实、他的饥渴和孤独的女人:他力争切除并投射到女人身上的所有"女性"特征,他不堪承受他自身存在的一切。弥诺陶洛斯有一段时间很高兴见到阿里阿德涅反射给他的他自己的映像,因为她已经在她身上发现了"一个反应敏捷想法丰富的心智",该心智(给他)保存了副本而且在一个抛光的优雅的平面上映射出了他的思想……他讨厌看见他的思想逐字逐句地被复制——这让它显得陈腐愚蠢;他宁愿让他的思想在复制中焕然一新,正如音乐让"话语"焕然一新……他发现他的思想在[阿里阿德涅]身上打磨出了银光闪闪的质地;[弥诺陶洛斯]可以轻拍她的想象让它发出银铃般的响声。③

然而,当阿里阿德涅开始把玩、拓展甚至扭曲弥诺陶洛斯他自己的形象的时候,当她不仅复制他的形象而且还贬低他的形象的时候,弥诺陶洛斯开始担忧,要是去照镜子,要是通过女人来看他自己,他可能会像俄狄浦斯、像安吉路、像洛克伍德、像巴斯一样看到他不愿意看见的东西,甚至他可能会崩溃。当克吕泰墨斯特拉给阿伽门农映射出不是他的伟大之处却是她自己的欲望的时候,当安吉拉向巴亚多讲述她没有他以及在他之前就发生的她史的时候,整个社会开始营救受伤的那一方:即悲痛欲绝的男人。

当阿里阿德涅利用她的想象给他反射的不仅是他的矫揉造作而且还有她自己的欲望和优点的时候,这有多么糟糕。男人在阿里阿德涅拿起的镜子中看见了他自己,他将被迫承认我们不知道,西方哲学坚持认为身体与心智、主体与客体、认知与被认知、现实与表征、原创与复制的分开不过是偏见,是武断的迷信,甚至是错误。他将不得不承认我们无法肯定,这些状态跟理性所倡导的那些状态相比没有什么不正常的地方:正如爱伦·坡所说的,"科学还没有告诉我们疯

---

① 'Tlön, Uqbar, Orbis Tertius' in *Labyrinths*, supra, at 27.
② "单纯简单的憧憬揭示出一个平凡的世界,没有任何神秘之物。间接的憧憬是唯一通往非凡的途径," Tzvetan Todorov, *The Fantastic*, supra, at 122。
③ *The Portrait of a Lady*, supra, at 401.

狂会不会就是理性的最崇高形式"①。所谓的疯子、孩子、瘾君子和女人所持的立场威胁要溶解这些区分已经表明该区分多么不堪一击。法律无法容忍这种可能性,于是着手监管、着手"治疗"、着手限制它们发生的可能性。它要求疯子、孩子、瘾君子和女人同意接受它的语言和它的规则,否则等待这些人的将是惩罚、压制和囚禁。对于女人而言,这种可能性并非如男人们所想的那般恐怖:因为它总是**男人的**理性。

柏拉图害怕戏剧、害怕剧院、害怕诗歌,我在第一章以及在解读《奥瑞斯提亚》的时候也这么认为,柏拉图试图把各种形式的演员、诗人和形象制造者从他的理想国里给放逐出去。他所关心的就是要保卫基本的、不变的身份不受模仿的危害;然而,这个基本的、不变的身份只是**男性的**身份。在柏拉图看来更糟糕的是,男人模仿女人。他不信任戏剧和艺术这一点总的来说是男性哲学家和男性立法者对女人的恐惧。伊利格瑞指出,柏拉图本人却依靠意象和模仿,特别是依靠女人,来宣告这些"真理"。接着伊利格瑞的论述,我认为女人可以利用她的模仿能力超越原创并在想象世界中创造出新的表征,这个想象世界可能反过来又进入符号秩序成为法律。她可以挪用一个用于映射男性完满、真相和相同性的工具仿制出一个用来表达差异包括性别差异的工具。通过颠倒存在与表征、现实与虚构,镜子、剧院和女人可以表达法律依靠戏剧和女人来创造它自己的根基。女人可以揭示社会结构的产品属性和偶然性,该社会结构否定它们自己的人造性并再次打开表征与现实之间的裂缝,这个裂缝早在现行惯例起初作为神话和戏剧出现后来却成为法律且(特别)认真对待它们自己**之前**就已经存在。女人可以把我们带回到词语诞**生之前**的时光。因为刚开始没有理性只有情感,没有词语只有音乐,没有情书只有情歌:摇篮曲。

女人尽管是模仿性动物,她也可以使用符号,她自己就是一个符号,来表达她的欲望,让她为人所知。虽然男性法律和男性语言横行其道阻碍女人的去路,可是总有空间让更多符号、更多模仿和更多戏剧存在。在这个过程中她可以向男性法律和制度表明它们自己所谓的现实、它们自身的戏剧性、它们自身对于诗歌的依靠以及它们对于她的镇压和欲求本质上都是在模仿。这个旅程没有导致死亡而是诗歌,一首她创造出来的诗歌,这首诗歌同时也创造了她。

尽管阿里阿德涅的旅程耗时千万载,但是她如今"比她过去更加年轻":在这个丰富的词语、诗歌和音乐的世界里,作为局外人的阿里阿德涅找到了一个家。

---

① Quoted in Tzvetan Todorov, *The Fantastic*, *supra*, at 39.

此外，对于这个家她并没有像弥诺陶洛斯那样捍卫她的所有权地位，而是一个"人人都可拥有的家"①。跟众多匿名者文学一样，跟所有文学一样，这个家不属于作者/所有者/版权拥有者，而是属于每一个人。

通过从忒修斯那里夺取了表征和立法的权力，阿里阿德涅已经注视着蛇发女怪戈尔贡（Gorgon），而且这次遭遇并没有弄瞎她的眼睛，却"打开了她的双眼，擦干了她的眼泪：她再也不会生活在该死的黑暗中了"②。此外，这位戈尔贡不仅美丽爱笑，她还已经超越了弥诺陶洛斯的"纯真年代"，而且跟阿里阿德涅一样随着时代而成长。跟弥诺陶洛斯怀疑沟通的必要性和有效性同时坚持书面文字的权威性不同，她手持一个移动电话，被痛苦折磨得发疯的小母牛任何时候都可以联系到她。

假如正如保罗·德·曼（Paul de Man）所言，"创造美丽起初就是一个口是心非的行为"③，假如写作总是掩饰，假如写作总是一个剽窃行为，那么给女人张贴的欺骗、口是心非以及反复无常的标签也掩藏了对她模仿、戏耍和冒险能力的暗自嫉妒。在《不朽之徒》中，博尔赫斯主张不朽与永恒的承诺在于"别人言语"中所剩下的东西。④ 那个无尽的空间即永恒，也是文学无尽的空间。许多这些故事里的女性与文学之间的关联表明，欲望所导致的沮丧以及这些目标不可及所导致的沮丧都是来自男人对女人的欲求却又无法理解女人因而无法拥有女人这个事实。死亡，在拉康看来是重新获得主体在语言入侵之前所体验的完满感的唯一途径，⑤死亡在女人看来并没有那么可怕，死亡也不是"结局"：女人以及作为文学的女人是生命对于死亡和遗忘的报复。

马尔考姆·波微认为，拉康发现治疗不可能实现的欲望的药方就是文学，而且，拉康发现正是女人，她的"存在"据说已被拉康抹擦掉了，才指引他再次回到

---

① 'Sly' in Massive Attack, *Protection* (Circa Records, 1994).

② 这是奥兰斯卡伯爵夫人（Countess Olenska）描述她与戈尔贡相遇时的情景，in Edith Wharton, *The Age of Innocence* (Harmondsworth: Penguin, 1996)[1920], at 237-9. 另外可参见最近的研究, Hélène Cixous, 'The Laugh of the Medusa' in Elaine Marks and Isabelle de Courtivron (eds.), *New French Feminisms* (Brighton: Harvester Wheatsheaf, 1980).

③ Paul de Man, 'A Modern Master' in Harold Bloom (ed.), *Jorge Luis Borges*, supra, at 23.

④ Jorge Luis Borges, Labyrinths, supra, at 149；"'当结局即将来到的时候……不再剩下任何被记住的意象；只剩下词语。'词语，被取代的、被破坏的词语，他人的词语，是千万年来岁月留给他少得可怜的东西。"

⑤ "当我们希望在主体身上获得连续言语表达之前就存在的东西，获得符号诞生初始的东西的时候，我们却在死亡中发现了它"：Jacques Lacan, *Écrits: A Selection*, trans. Alan Sheridan (London: Routledge, 1977)[1966], at 105。

文本的快乐中："女人，从阳物的奴役中被释放出来，已经拥有了男人一直渴望拥有的东西。"①男人迷宫里的律师嫉妒女人的狂喜和欲望，男人对此无法理解也不敢探究。于是他只好"在宗教经典中寻找，只好去解读诗人和分析家，只好研读关于人类行为的书籍：可是答案依然抗拒被发现"②。虽然尼克·凯夫困惑不解，虽然弗洛伊德承认在他的询问中存在同样的僵局，"她现在不是任何人的婴儿"这个推论就是像《一桩事先张扬的凶杀案》中的安吉拉一样，她现在是她自己的婴儿，是她自己的自由意志的女主人，她现在不认可他人的权威，只认可她自己的权威。"这个想要占有她的欲望"与此同时在她潜在的情郎看来已经变成了"一道伤口，像一个泼妇那样对他唠叨不停；那个小女孩非得要走了"。③为了保护他自己不受女性性行为这个难解迷宫的困扰，为了让他自己与该迷宫所坚持的要求保持一定距离，男人已经创造了他自己的迷宫。可是，在把她排除在外的这个过程中他只是成功地囚禁了他自己。

仿佛意识到自己只是个玩具，这对于巴斯光年来说并不是什么天大的悲剧，仿佛发现他不能飞并不是什么天大的毁坏，一个更大的灾难降临到他的身上：虐待狂希德（Sid）的甜心妹妹在他跌落下来的时候接住了他，给他穿上了女生的衣服，还给他喝印度大吉岭茶！法律无法容忍这个更加不幸的灾祸：胡迪警长（Sheriff Woody）急匆匆赶往现场，重申巴斯的理智及其男子汉气概，并让他再次全心投入到男生的游戏中：战斗。奋力反抗，也就是说，反击这个成为女人的威胁。

第八节　"欠母亲的尊敬"

在爱伦·坡的《失窃之信》(*The Purloined Letter*)故事中，大侦探奥古斯特·杜邦惊叹小男孩在概率博弈中一直能够赢。男孩解释说，当他想识破某个人一直在想什么或者他们是好人、坏人还是蠢货的时候，他试图根据对方的脸部表情来改变他自己的脸部表情。这个**模仿**或者**同一性**使他能够想象对方的思想和情感。杜邦继续说明，要解决一个谜团，不仅需要是个数学家，不仅需要"长期以来被视为**出类拔萃**的**那个**理由"④，而且还需要是个诗人。如果有能力累积完

---

① Malcolm Bowie, *Lacan* (London: Fontana, 1991), at 148, 156.
② 'Nobody's Baby', in *The Best of Nick Cave and the Bad Seeds*, supra.
③ 'From Her to Eternity' in *The Best of Nick Cave and the Bad Seeds*, supra.
④ Edgar Allen Poe, *Selected Writings* (Harmondsworth: Penguin, 1967), at 342.

全不同的数据却没有解读它们的想象力也是没有用的,需要想象力才能给旧的问题提供新的解决方案,需要想象力才能超越此时此地的框定。模仿能力在此表明了一个伦理维度:通过行动、通过模仿我们可以试图理解和体恤对方以及尽可能地认同对方,认同她的欲望和她的遭遇。当对方是一个文本特别是一个经典的文本的时候,它的"真理"已经得到了一代又一代批评家和读者的证实和重复,女人可以开始按照皮埃尔·梅纳德的方式重新改写那些文本,在这样做的过程中她会发现隐藏在文本字里行间的恐惧、希望和情感。她可以接着开始改写它们,有点扭曲,有点搞笑,有点不敬,甚至有点亵渎神明。

我在第一章以及在论述托尼·莫里森的《宠儿》时再次探究了道德和文学之间的关系,特别是肯定了想象力,它使我们能够设想那些超越现有法律和范畴之外新的存在的可能性。这个观点就是,文学给我们许可了一个空间,而这个空间是法律所不允许的,因为法律拒绝差异性,法律追求一致性和统一性,这就是在表征之前、在词语之前、在法律之前、在身份之前甚至在时间之前就存在的空间。在《宠儿》中,这个空间使我们可以想象和体恤那个杀死她自己孩子的母亲形象。莫里森在寻找这个空间的时候不仅解构了有关历史、知识和自我的本质的那些广为接受的话语,而且还解构了语言本身。因为现有的话语是用语言铭刻的,所以我们想象新叙事、新法律和新自我的能力取决于我们是否有能力并且是否愿意想象新的语言,或者借用莫里森的话来说,这取决于我们是否有能力并且是否愿意去"打碎词语的脊梁"。莫里森在一位母亲及其两位女儿的前俄狄浦斯言语表述中找到了一门这样的语言,这门语言是该小说中其他人物特别是男人们所无法理解的,而且还被他们认为是疯话:疯话是因为它威胁了符号秩序的稳定性。

在霍布斯(Hobbes)的处在自然状态中的孤独男人所留下的空间里,在洛克(Locke)的财产权利与敌对自我之间所留下的空间里,在笛卡尔的怀疑论所留下的空间里,在约翰·斯图亚特·米尔(John Stuart Mill)的独立自主个体所留下的空间里,这位母亲提供了一个自我与他者之间无差别关联的伦理道德。母子关系提醒我们,我们没有走进孤立的、不受约束的世界,我们走进的总是已经跟他人相关联的世界。这个走向他人的旅程是从母亲开始的,这个旅程却是许多男性人物所逃离的(在所谓的追求"上帝""自我认识"或者"法律"的探索中),尽管我们在渴望走向他人的过程中像赛思和宠儿一样冒着可能会把自己消融到他人身上从而失去我们的自我感知的风险,可是我们拒绝承认我们与他人之间关联性的伦理道德不仅剥夺了他人,而且同样剥夺了自我。

母性的体验尤其贬低了法律主体是独立的、自主的以及自私的这个概念,母性体验把自我从法律设想的统一性中拔出来扔进了相关性和关联性的危险和恐惧中。这种关系是从"这第一个身体、这第一个家、这第一个爱"①开始的,它虽然是痛苦地可也是快乐地要求更加紧密地认同他人的体验,并且提供一个与他人之间关系的模式,该模式向他人扩展而不是回归到自我,该模式也没有毁灭或者吞噬他人。解释和反映他人的这种能力既是那些亦已经历了歧视的人们的困境也是他们的特权,被迫边缘化所带来的痛苦也给批评主流霸权提供了自由,也为创造一个反霸权提供了自由。②

正是因为女人而且尤其是不起眼的女人在西方文学和西方文化中长期占据了他人空间,她的体验、梦想和恐惧才是可以用作更好地理解他人伦理的跳板。在这些文本中被另一种形式表征或者被压制的这些体验有时候被谴责或被讥讽为疯子的行为,被认为是酒神狂女离经叛道的胡言乱语。《一报还一报》中的玛丽安娜、《呼啸山庄》中的凯瑟琳以及《一桩事先张扬的凶杀案》中的安吉拉她们在不同程度上或用音乐或在镜子面前或在纸上表达了她们的欲望,好像要让人们相信,疯狂是女性状态,特别是恋爱中女性状态的一个延伸。③ 真理的言说者即《俄狄浦斯王》中神谕的言说者皮媞亚(Pythia)也是一个疯狂的女人,这绝非巧合,她讲的话,最好的时候是模棱两可,最坏的时候是不知所云。然而,法律的语言将会努力涵盖惩罚或压制这种癫狂,相反,想象的语言和诗歌的语言却竭尽可能地理解、表达和传递这种癫狂。正如吉尔伯特和古芭尔主张的,阁楼里的疯女人通过她的疯言疯语可以打破甚至推翻男性文本中的理性,因而是解构父权及其法律的一种方式。

法律和理性在朝向统一性的推动中企图排除差异、无意识、超自然的东西,企图排除夜间活动的东西、镜子、掩饰、彷徨、放弃、欢笑、疯癫、梦想和放肆。女人通过给法律照镜子可以提醒他,他妄图通过语言、通过隐喻想要获得的一切东西,她都可以通过身体实实在在地获得。正如南希·休斯顿所主张的,女人的生

---

① Luce Irigaray, 'The bodily encounter with the mother' in Margaret Whitford (ed.), *The Irigaray Reader* (Oxford: Blackwell, 1991), at 39.

② Bell Hooks, *Feminist Theory: From Margin to Center* (Boston: South End Press, 1984), at 15. 也参见托尼·莫里森认为黑人对于认识和接受差异具有特殊能力,因为"我们总是在意不同事物是怎么回事而不是对相同事物是怎么回事感兴趣"; Danille Taylor-Guthrie (ed.), *Conversations with Toni Morrison*, (Jackson, Miss.: University Press of Mississipi, 1994), at 162。

③ See Helen Small, *Love's Madness: Medicine, the Novel and Femal Insanity, 1800-1865* (Oxford: Clarendon Press, 1996).

育能力已经促使男人们为他们自己试图去发现一个结果同样惊人的类似的特性。要是那个欲望不能通过制定法律来得到满足,那么男人们就会毫不犹豫地通过发动战争来宣扬他们的男人气概。① 这种男人气概很脆弱而且必须要不断地被认可,这一点在他们坚持把同性恋排除在军队之外得到了进一步的证明。相反,女人的生殖潜能把她跟生命和永恒联系起来而不是跟战争和死亡联系起来,把她跟他人而不是跟自我联系起来。

当伊菲革涅亚没有默认她要死,当她没有把她自己献上祭坛,尤其是当她开始言说和书写她自己的时候,她可以超越甚至终结男性战争经济。因为**那个**经济正如阿里阿德涅所发现的既反复无常又不堪一击:一方面,正如列维-斯特劳斯亲属图式中所表明的,它把她看作为了巩固同性社交关系的交换物品;另一方面,正如吉拉德的三角欲望图式中所表明的,它把她看作维系同性社交关系的一个威胁。在这两种情况下,隐蔽的交换物品和欲望让男性探求者感到迷惑不解甚至沮丧万分:对于一代又一代男性哲学家、精神分析学家、音乐家和律师来说,她总是不为人知,总是在其他地方,总是不在场,他们必须承认,这个事实也是"她坚强力量的奥秘所在"②。圣地亚哥,正如我所认为的,是替罪羊的主要候选人,而且他的牺牲对于恢复社会秩序很有必要,不仅是因为他"玷污了"安吉拉,更重要的是因为,圣地亚哥通过鼓励黑白混血女孩之间的游戏和伪装,通过模糊母亲与情人、嫖客与娼妓之间的区分,他把女人这个神秘之物变得更复杂了,而不是**像个男人一样**把女人这个神秘之物溶解了。

女人与剧院(《奥瑞斯提亚》)、与机遇(《俄狄浦斯》)、与疯狂(《一报还一报》《呼啸山庄》)、与文学(《小说》《一桩事先张扬的凶杀案》)、与感官(《局外人》)、与欢笑和游戏(《血室》)以及与另一种语言(《宠儿》)之间的联想可以提供如下的可能性:新生婴儿、阿里阿德涅与弥诺陶洛斯的婚生子以及文学与法律之间的婚生子**未必**一定是男孩。或者,如果是男孩,那么它是"像男孩一样的那个爱与美之女神维纳斯",跟一代又一代男性律师直到迪士尼的胡迪都不同,这个男孩对于穿女生衣服这个想法毫不恐慌:孩子,无论是男孩还是女孩都十分乐意玩表演和

---

① Nancy Huston, 'The Matrix of War: Mothers and Heroes' in Susan Rubin Suleiman (ed.), *The Female Body in Western Culture: Contemporary Perspectives* (Cambridge, Mass.: Harvard University Press, 1986).

② Jean Baudrillard, *Seduction*, trans. Brian Singer (New York: St Martin's Press, 1990) [1979], at 6.

再表演性别游戏;总之,都十分乐意"一直泡在性别游戏中"①。新生婴儿没有必要是一门新"科学",正如在最初引述阿尔都塞的言论中,他坚持把它称为"科学",也把它称为音乐。而且,孩子不会忘记这种另外的语言即母亲的语言,孩子还会知道母亲的名字以及母亲的法律。

我跟《崩溃边缘的女人》之间的旅程不仅导致了悲剧而且还导致了喜剧和庆典:对女性而言,这些体裁类别无须区别。阿莫多瓦最后一部电影《关于我母亲的一切》(All About My Mother)肯定了我的非常规旅程:这部影片不仅献给母亲们,也献给那些表演的男男女女。因为,为人母就是在扮演一个角色,如同扮演一个角色就是成为另一个人一样。这个献词颠倒顺序则是"献给我的母亲,献给所有人,无论是男人还是女人,只要他们想成为母亲,献给所有扮演成女人的男人,献给所有已经扮演成女演员的女演员们"②。在此,扮演、掩饰、成为别人而不是自己的能力、成为男人或女人的能力以及产生新的自我的能力,无论是在舞台上还是在产科病房里都是被歌颂的,而不是被驱逐、被忽视或者正如本章一开始所引述阿尔都塞的言论被掩藏在字里行间。

第九节 欢笑的侦探

阿里阿德涅跟其他女人的交际首先开始于跟她母亲的交际,她在这些交际中提醒自己以及爱斯特利翁,迷宫是人造之物,它是故意造出来引诱和迷惑那些妄图进入其中的人。虽然她也曾傻乎乎地想要进入法律城堡,虽然她从未发现迷宫的入口,虽然她从未遇见弥诺陶洛斯(或许这个迷宫里面没有中心之地,也没有弥诺陶洛斯),可是她的这种探索却并没有白费气力。她不仅了解了她自己,而且她已经向弥诺陶洛斯有所表达了。阿里阿德涅并不畏惧爱斯特利翁,因为她发现他就是囚犯而不是什么神明。虽然他自己认为"天下无双"并且把自己比作"错综复杂的太阳",虽然他自己想象"他的太阳照耀在她的身上",而且跟所有自以为是神明的生物一样,他还声称"复活了并且照亮了他人",然而他却是渴望被人羡慕、被人崇拜和被人敬仰。③ 阿里阿德涅现在知道他不是弥诺陶洛斯,

---

① Listen to 'Venus as a Boy' in Bjork, *Debut* (London: Basi/One Little Indian, 1993) and 'Laid' in James, *Laid*, *supra*.

② Pedro Almodovar, *All About My Mother* (Renn Productions: Spain and France, 1999).

③ 这些术语借自 'Do You Love Me?' in *The Best of Nick Cave and the Bad Seeds*, *supra*, and 'Resurrection' and 'I wanna be adored' in *The Stone Roses*, *supra*。

他不过就是一只老鼠,一只不敢正视女人的老鼠;而且,这只老鼠已经放逐了身体、美学、音乐、幽默、游戏和情感,给他自己只留下一个洞穴(理性)、一门语言(抽象)和一个员工(心智);而且"这只老鼠只有一个无法长久存在的洞穴"①。

反过来,他认为阿里阿德涅是个小姑娘,他把她比作小老鼠,阿里阿德涅不仅进入他的迷宫,她还是"瀑布"、"在[他的]墙壁上冲刷出了许多洞"、"烧毁了他的房子"。在企图获得不可获得的东西的时候,阿里阿德涅发现法律游戏不是**她**"所设想的那样好玩"②。或许像《捆着我!绑着我!》(*Tie Me Up! Tie Me Down!*)中的玛丽娜一样,像《从容不迫》中的那个少女一样,阿里阿德涅"只有在成功的时候才会过来";然而她不是过来**反对**他人或**代替**他人,而是**跟着**他人、**为了**他人、特别是**走向**他人。阿里阿德涅现在可以教爱斯特利翁更多的游戏,各种不同规则、不同棋子和不同奖品的游戏。**他的**方法和**他的**技巧不好玩:理性就是糟透了的笑话,用力过了头,讲了一遍又一遍,很无聊;不仅无聊,而且麻木不仁。

法律坚持认为阿里阿德涅不可以不知情就跟他建立关系,原来他说的知情就是对**他的**了解,即认识他。法律坚持认为,女性律师必须经常努力学会了解他的一切。然而,法律却未曾想要去了解她。法律认为,一代代(男性)哲学家从柏拉图到尼采都坚定认为,了解是认识真理、学会理解、懂得去爱的先决条件。尼采不是也说过,既然这个世上没有谁是无拘无束的,那么人们倒不如**但愿**只在这世上唯一一个地方无拘无束,那便是希腊?阿里阿德涅没有试图进入他的迷宫而是邀请弥诺陶洛斯到**她的**家、**她的**国里来;这个希腊,不仅是柏拉图和亚里士多德的希腊,也是理性和知识的希腊;这个希腊不是那个因其美貌而放逐海伦、因其争取机会而谴责伊俄卡斯忒、因其无知而牺牲伊菲革涅亚的希腊;这个希腊也不是因为敢于给她皇室丈夫反映她自己欲望却不是他的伟大而谋杀克吕泰墨斯特拉的希腊;这个希腊不是那个放逐身体和情感的构想的希腊,而是讲究身心中庸之道的希腊;这个希腊也是酒神狄奥尼索斯、酒神狂女迈那得斯(Maenads)、美貌、游戏、剧院、感官、疯狂、放肆的希腊。

真相不是或者说不仅仅是心智、理性和知识的特权,而且也是机遇、幽默和疯狂的特权。感觉,不仅是了解;感觉,就是信任。看待解释有两种方法,德里达

---

① Quoted by Peter Goodrich, 'Courting Death' in Manderson (ed.), *Courting Death: The Law of Mortality* (London: Pluto Press, 1999), at 222.

② 这些术语来自我所听到的歌曲,它们依次是:'She's Waterfall' in *Stone Roses*, *supra*; 'Laid' in James, *LAID*, *supra*; 'Not My Idea', in Garbage, *G* (London and Los Angeles: Mushroom Records, 1995).

写道,"力争解读的一个方法就是**梦想**解读那些逃离游戏和符号秩序的真理和缘起,该方法认为解释是流亡生活必不可少的。"然而,还有一个方法,"尼采的**断言**,那是对于这个世界游戏、对于纯真成长的欢乐的断言,是对于没有缺陷、没有真理、没有缘起的符号世界的断言,这种断言是提供一个活跃的解释。**这种断言决定了非中心而不是中心的丢失**。而且它的游戏没有安全措施"①。

阿里阿德涅的风格没有马修·阿诺德(Matthew Arnold)所主张的文学之伟大在于"高度严肃性"这个特征。她说话不太正经,喜欢开玩笑,无厘头的玩笑,甚至让人感觉不太舒服。她很夸张,夸张得离谱:她不太注意什么当讲什么不当讲,她不太遵守语言的常规以及相应地也不太遵守法律的常规。这些不敬不是对现实的逃离或否定,而是对现实的**扩展**。它颠覆和贬低认识世界的传统方式:他的认识世界的方式。福柯坦言,正是"笑声"打破了他在看到博尔赫斯百科全书时的所思所想,正是"笑声"引发了他去质疑事物既定秩序之间由来已久的区别。假如宇宙是一个令人沮丧的迷宫,它的中心我们可能永远都找不到,阿里阿德涅十分赞同"嘲笑宇宙可以把我们从它巨大无比的重力中解放出来"②。知识不是真理、自由、真实性的唯一前提:"他妄图赶尽杀绝——可是他却**笑了**"③。

弥诺陶洛斯似乎没有幽默感。阿里阿德涅的幽默让他不自在,因为它损害了他的判断以及他的理性的稳定:它敢于探索甚至打破法律的极限和失败。正如安吉拉·卡特的小红帽一样,阿里阿德涅回视弥诺陶洛斯,兴致勃勃地回视,而且"当面冲着他"开怀大笑。这就是**她的**方式,不仅是因为"他**那种**方式不存在"④,而且因为他的方式即便存在也是枯燥乏味,因为**他的**方式只能导致死亡。

假如顶级侦探的特征是搜集线索和蛛丝马迹然后成功地揭示事情的来龙去脉,那么他便无异于学者认为自己所从事的工作就是要跟一群天资欠缺孤陋寡闻的门外汉解释这个世界。⑤ 从这种角度来看,从事法律文学工作的女性不是

---

① Jacques Derrida, 'Structure, Sign, and Play' in *Writing and Difference*, trans. Alan Bass (London: Routledge, 1978), at 292.

② Michael Richardson (ed.), *Georges Bataille: Essential Writings* (London: Sage, 1998), at 115.

③ Friedrich Nietzsche, *Thus Spoke Zarathustra*, trans. R. J. Hollingdale (London: Penguin, 1961), at 324.

④ *Ibid.*, at 213.

⑤ 该主题是由丹尼斯·波特(Dennis Porter)的《探究犯罪:侦探小说中的艺术和意识形态》(*The Pursuit of Crime: Art and Ideology in Detective Fiction*)中发展而来的,(London and New Haven: Yale University Press, 1981);特别是"教授与侦探"(The Professor and the Dectective)一章。

一名优秀的侦探而是一个反侦探。隆洛特,这位在博尔赫斯《死亡与罗盘》中的"纯粹逻辑学家"认为,通过搜集所有证据、所有可能得到的线索,通过运用他的智力和推理能力,他就一定能够查明真相,能够把事情查个水落石出。实际上,他得出唯一明确的答案,也是对所有人开放的答案,那就是死亡。然而,阿里阿德涅已经知道希腊父亲们有时候忘记了:"不确定性"①。跟希腊母亲伊俄卡斯忒一样,她对机遇或许是我们拥有的唯一秩序的这种可能性处之泰然。由于我们无法洞察迷宫的设计或者无法洞察我们位于其中的方位,因此所有解释都是可能的,但是没有哪一种解释可以被认为是最终的或确定的解释。真理不止一个却有很多,阿里阿德涅提供的认识真理的方法以及法律文学认识真理的方法是众多方法中的一种,即理解弥诺陶洛斯并与之共同生活,而不是要杀死弥诺陶洛斯。

　　对无知的探求,特别是在我跟俄狄浦斯一起的旅程的开始对自我认识的探求不仅仅是虚幻的,而且它还自命不凡,或许是一个男性的自命不凡。实际上,这种自命不凡被用作战斗的借口,对绝对知识的探求被引证为战争的主要原因,正如战争是那种由于知识局限而导致的一个清晰的悲剧例子。② 战争发动名义上是主张那个不堪一击的身份并创造"理想的社会",可是该社会维系多久只是取决于其他利益集团为政治经济原因剥削它们的流动性并再次撕开它们以便展开更多的谈判甚至往往是更多的战斗。③ 为了国家或国际安全起见,战争被引证为必需的,它们来自不安全感,有必要从外部找到敌人以避免跟内部敌人发生冲突。假如战争和死亡是探求知识的结果,那么就像杰圭琳·罗斯(Jacqueline Rose)所主张的,我们可以从"失败的伦理"中吸取教训,④可以从接受不确定性、从怀疑甚至从失败中吸取教训有所收获,然后把它们看作另一种知识,另一种真理。

　　女性法律文学中的"侦探"没有指望找到解决之道,甚至没有指望去积累或范畴化所有支离破碎的信息。她没有去寻找那个会揭开神秘面纱并达到德里达

---

　　① Jorge Luis Borges, 'The Lottery at Babylon', in *Labyrinths*, *supra*, at 55.
　　② Jacqueline Rose, *Why War? Psychonalysis, Politcs, and the Return to Melanie Klein* (Oxford UK and Cambridge USA: Blackwell, 1993), at 16.
　　③ See especially Benedict Anderson, *Imagined Communities: Reflections on the Origin and Spread of Nationalsim* (London and New York: Verso, 1991); Thomas Hylland Eriksen, *Ethnicity and Nationalism: Anthropological Perspectives* (London Chicago: Pluto Press, 1993).
　　④ "弗吉尼亚·伍尔夫认为嘲弄、贫穷、责备和蔑视是虚荣、自负和自大的解药……坚持失败,坚持嘲笑……假如你想避免参战——失败和嘲笑不会招致而是抢先占有了必胜信念。"Jacqueline Rose, *Why War? supra*, at 37.

称作"丰碑"(monument)的最终"解决之道"。她维系着这个神秘,开辟了多条路径,继续给未来的皮耶尔·梅纳兹们和佩特拉·梅纳兹们讲述这个故事。就像《歧路花园》中崔彭一样,她的旅程即她史并没有结束而是繁衍出更多分支,给新故事、新开端以及更多的再开端开辟了道路。隆洛特对他的凶手说,下次再见的时候应该把这个迷宫变成一条导致他自己甚至每位作者/读者死亡的直线,跟隆洛特不同,她宁愿维持迷宫无限弯曲和回转的复杂性。没有封闭,只有更多路径,更多未完结的故事。在词语扩散的过程中,阅读不是最终性的,而是在激发人们思考,不是说服人们相信,不是像在法律情形下通过先行存在、消息灵通的美学让人相信那**就是**伦理道德。

玩耍、游戏、机遇、冒险、幽默和有趣,这些都不是真理和现实的对立物,而是哲学家特别是律师早就摒弃的另一种真理和另一种现实。假如它们也是跟女性有关的属性,那么她拥抱它们,她嘲笑法律和男性律师无力嘲笑他们自己。她的词语不是驱逐这个神秘,而是保守这个神秘。她的词语影射其他神秘、其他过往和其他未来,她的词语触动、渗透、连接、统一、增长和传播:从她到永恒。

第十节 致 谢

一位年轻小伙子笨拙地徘徊在床前,一个声音盼咐他脱下衣服走到镜子面前。在镜子面前,他被告知亲吻他自己的嘴唇,抚摸镜子中的自己,然后再回到床上。刚开始,他有点难为情,可是随后这位小伙子似乎沉溺于被要求的自我情欲中,直至达到了高潮,那个声音便不再说话。先是一张脸,然后是一个身体走了过来,在床头柜上丢下一沓钞票。这个男演员演完了他的角色,导演关掉了摄像机。他们都对这个"表演"很满意。在阿莫多瓦的《欲望法则》(*Law of Desire*)中,[①]欲望一开始就是、过去是、现在也是"在成为其他事物之前就是模仿"[②]。

因此,这本书里的欲望是而且总是早已在那儿,正如欲望主体在遇见她之前都是歌颂他们的宠儿一样,正如他们在遇见她之前就知道他们会失去她一样。[③]

---

　① Pedro Almodovar, *Law of Desire* (Metro Pictures, 1993).
　② Mikkel Borch-Jacobsen, *The Freudian Subject*, trans. Catherine Porter (Stanford, California: Stanford University Press, 1988) [1982], at 26.
　③ 关于第一点的例子可以欣赏 'Something Changed' in Pulp, *Different Class*, supra, 关于第二点的例子可以欣赏 Nick Cave and the Bad Seeds, 'Do You Love Me?', supra。

没有哪个写作是在反射来自他人、为了他人的爱之外进行的,我有幸拥有众多镜子反射他人给我的这种爱,并使我能够珍视这份爱,尽管这些镜子没有授权我表达哪怕是部分地表达他们给我的这份爱。这些镜子,有的新鲜,有的清晰,有的老旧,有的是新得到的,有的令人迷惑,有的模糊不清。它们反射给我的,有的比我知道的还要多,有的比我知道的还要少,有的比其他那些人想让我知道的还要多,有的比其他那些人想让我知道的还要少。一个欲望是由多重迷宫和镜子、由各种想象和各种世界所调停和构成的:家庭、朋友、书籍、地点、法律、歌曲、电影、真实的意象和想象的意象。我经常迷失其中,在某些地方徘徊很久,比我本该徘徊的要久得多,并且无异于犯罪似的忽视了他人。因为欲望即便当它以词语开始又是以词语结束的时候,它都是一个犯罪。

我永远不胜感激以下亲朋好友:感谢哈利·麦克维(Harry McVea)宽容我没完没了抱怨那些无数杯拿铁咖啡,要是我对布里斯托尔(Bristol)这座城市有什么值得最怀念的地方,那便是哈利无穷的耐心、美意以及对倍感挫败的我绝对信任。感谢帕努·闵启恩自始至终敦促我"不要歉疚"我过去一直试图所做的以及我打算要做的(绝非巧合的是,当我 1992 年在特伦特河畔斯托克(Stoke-on-Trent)市第一次参加批评法学会议时遇见帕努的时候,他戴着一顶"坏种子乐队"棒球帽——他是我所遇到的第一个听说该乐队的律师,却见证了永恒)。感谢彼得·古德里奇的研究、话语和友谊,它们从来都是我灵感的源泉。感谢我在伯贝克学院(Birkbeck)的同事们,他们无论在人情方面还是在理智方面都给予我最热情的欢迎。感谢彼得·古德里奇、帕努·闵启恩、科斯塔·杜兹纳(Costas Douzinas)、理查德·韦斯伯格(Richard Weisberg)、亚当·杰尔里(Adam Gearey)以及伊恩·格兰特(Iain Grant),他们定期给我提出一些高水准的评阅意见。感谢托马斯(Tomas)一直为我敞开他无数道门,他的图书馆在本研究最无助的时候成了我的全部世界和天堂。感谢英勇的探究者本·卡普思(Ben Capps)在我苦苦思索的时候帮我上网查资料。感谢理查德·倪(Richard Nee)和迈克·迪尤(Mike Dew)的悉心指导,使我这个技术白痴没那么烦恼。感谢我在布里斯托尔市的同事们,他们和我一起聊一些无关痛痒的闲话,也谈论一些实用信息,谈论法律和爱情、伦理与审美、心智与身体,他们是:艾琳(Aileen)、安德鲁(Andrew)、布伦达(Brenda)、劳拉(Laura)、保罗(Paul)、罗德(Rod)、露丝(Ruth)以及其他同事;当威尔大楼(Will Building)迷宫般的走廊威胁着要把这些言谈的第二部分给淹没的时候,他们总能及时出现在这个走廊附近给我援助。

感谢我阅读组的那些漂亮的妈妈们,她们能够容忍我长时间喋喋不休地对着书本独白,远远超过这个非凡环境本该允许的时间。感谢牛津大学出版社的米凯拉·库尔萨德(Michaela Coulthard)和马修·戈登(Matthew Cotton),他们通过电子邮件不断激励我"振作起来!"他们的激励话语一再从我的电脑屏幕上跳下来,让我在书桌前后都倍感轻松;不可思议的是,当我有时辨认不出歌中所唱的是"她知道在黑暗中该躲到哪里"还是"她在黑暗中无处可逃"的时候,他们也总会出现在我面前给我指引。① 感谢卡琳·利陶(Karin Littau)和伊恩·格兰特,他们对书籍和友谊有着高标准的要求,有时候要求高得令人生畏。感谢菲利普(Philli)用他的《美妙绝伦》(Absolutely Fabulous)和永不驯服的能量提醒我,那种阅读和写作有时候会是反社会的。感谢卡洛琳(Carolyn)、萨拉(Sarah)、罗莎(Rosa)、萨利(Sally),她们向我这个新来者和学习迟缓者暗示美学先于伦理学而存在并传道于伦理学。感谢贝斯(Beth)和艾拉(Ella),她们毫不费力地把审美和伦理完美结合起来。感谢夏洛特(Charlotte)、卡洛琳(Caroline)、简(Jane)和艾达(Ada),她们跟我分享极大的快乐以及作为母亲可能带来的最强烈的痛苦;我希望这本书中对于母性的歌颂也是藉此机会纪念八年前发生的那个不幸,那个失去所造成的不幸永远出现在我的脑海里。感谢迪亚(Dia)、爱莎(Elsa)和阿里斯蒂(Aristi)(我一直都会这么叫她)。

此外,我还十分感谢马克(Mark μου),他经常有特色地指出,"把那个小样儿给我放在门口",那个小样儿总忘不了超越甚至推翻我所谓严肃文本的自负。他总是而且永远都会收拾几乎不像样的爱之残渣、落日余晖,并把它们用音乐和色彩送回给我,甚至连它们的疯狂都没有驱散:"瘾君子时尚""厌食症的抗议"或者我最爱听的那句话,"这是我所见到的最漂亮的一团糟"。② 感谢超级棒的卡里斯(Charis μου),她用符号、希腊语、英语清清楚楚地提醒我,"小心点,妈咪",然后就是我们一直以来都爱听的**那**三个字,**任何**语言都讲的那三个字"我爱你"。要是按照皮耶尔·梅纳兹的方式来改写阿莫多瓦最近的献词,这些献词将会献给无数我未曾提及的美惠女神卡里忒斯(Charites)们,献给我的诗人们,献给我的意象创造者们,献给我的旋律编织者们,还要献给那个跟我一起进入永恒的人——我的儿子。

---

① 'She's a Star' in *The Best of James*, *supra*.
② P. J. Harvey, *Is This Desire?* (London: EMI Music Publishing, 1998).

感谢这份隐形的工作,无论是他们的还是我的,感谢夜间活动的,感谢没有表征的以及无法表征的;感谢未完结的。因为欲望这个犯罪,无论是法律的、文学的,还是法律文学的,都不是以词语而开始,也不是以词语而结束;它先于词语而存在并超越词语之外,超越知识之外,超越法律之外。它就是它自己的法律,它要求它自己的惩罚;未满足的,无法满足的,永远在主体面前或前面,总是在其他某个地方。在《欲望法则》的结尾场景中,帕布罗(Pablo)——阿莫多瓦著作中刻画的最富有激情的这位客体和主体把打字机扔过了他情人的尸体,扔出了窗外,扔进了万丈深渊;更多期待的、循环的、燃烧的欲望,熙熙攘攘。

索　引

行为
　　　自愿的和不自愿的　287
西奥多·阿多诺　12
阿伽门农　71、75、76
佩德罗·阿莫多瓦　314、317
路易斯·阿尔都塞　313—314、318
安提戈涅　55、79、87、295
阿里阿德涅的故事　232
亚里士多德　4、17、22—23、39
艺术
　　　暗示虚构　29
　　　作为镜子　332
　　　作为财产权　291

米哈伊尔·巴赫金　190
罗兰·巴尔特　35、66、90
乔治·巴塔耶　85、101—103、129、
　　132、143
让·鲍德里亚　24
美女与野兽　189、197、204
丹尼尔·贝尔　245
《宠儿》
　　　黑奴　254、257—258

杀死自己子女　265
区分界限模糊　214
赛思的谴责　262
梦一场　257
他异性伦常　268
有鬼魂在　257
与之相关的历史　256—259
语言应用　269—271
母女关系　266—268
关乎母性　265—268
其叙事性　256—257
映射新自我　259—262
遭受压抑　270
人物赛思　262、266
奴隶制终结　264
故事　252—255
文本本质　259
主题　253
女性圈子　263—264
凯瑟琳·贝尔西　101、116
布鲁诺·贝特海姆　189
霍米·巴巴　251—252、256
圣经　219

黑人作家
　　语言　250—251、269
　　　　莫里斯·布朗肖　30、103
蓝胡子　195
奥古斯都·波尔　38
豪尔斯·路易斯·博尔赫斯　257—258
　　人物探索　280—281
　　造梦　324
　　梦幻之间　306
　　文学界限不清　305
　　作品中有女性气质的男人　300
　　遁世作品　303
　　"爱斯特利翁的房子"　326
　　《迷宫》，参见《迷宫》中的
　　"巴比伦彩票"　287—289
　　梦中精神支配　299
　　《事物之秩序》　281
　　事物之秩序　282
　　人物身世探寻　324
　　作品中的困惑　302—305
　　梦中结构　281—284、326
　　时间观　292—293、302、306
　　作品中的女性　298—302
　　《两毛硬币扎希尔》　280—281
马尔考姆·波微　15、344
艾米莉·勃朗特的身世　128
　　《呼啸山庄》，参见《呼啸山庄》
朱迪斯·巴尔特勒　92

阿尔贝·加缪
　　基督教观点　162
　　作为殖民者　176

婚姻中强烈的理智抽象
　　与道德热情　175
　　著名的卡夫卡　161
　　生死冲突　173
　　《西西弗斯神话》　160、172、178、
　　　　182、184
　　《局外人》，参见《局外人》
　　不愿谈及种族主义　176
雅克·拉康　15
安吉拉·卡特　15、58、137、188—
　　211、218、232、267、303、321
文献记录的意义　213
《一桩事先张扬的凶杀案》
　　人物安吉拉　229、231—232、235、
　　　　239、323—324
　　故事的根据　214
　　圣经类比　219—220
　　高潮　213—214
　　死亡之不可避免性　240
　　区分界限模糊　214
　　成为侦探故事　222
　　希腊神话与传说的动机　220—221
　　乱伦　231
　　标题里的反讽　213
　　执法人员　223
　　借助记忆　224—225
　　大男子主义的男人　233
　　混合流派　214
　　母女关系　323—324
　　女性之间秘密的积聚　236
　　建构历史的叙述者　225—226
　　拒绝原创性和独特性　218

人物普拉西达·利内罗 233
真实事件 214—215
使用重复手段 240
牺牲的主题 232
人物圣地亚哥 219—221
维护社会规范 227—229
法律中的时空 235—236
真相 215
人物维卡略兄弟 230
挑选牺牲品 230
隐居的女性 232—233

市民
  守则 74
艾伦·西克苏 16、27、49、53、62、181、249、334
帕特里夏·克劳夫 267
克吕泰墨斯特拉的故事 64、75、76—81、85、87—92
柯福瑞 75—76、79—80、91
塞缪尔·泰勒·柯勒律治 97
殖民地时期
  终结 250
  影响 177
  罪恶感 178
  权力与话语 252
与狼为伴 200
阿兰·科斯特 179
罗伯特·科弗 13
文化简介 54
保罗·德·曼 344
死亡
  与情欲主义有关 142

不可避免性 174—175
直觉 148
母亲 145
宗教语言 241
雅克·德里达 5—6、10、12、14、16、23、90、205、214、240、295、303
欲望
  文化 120—123
  制度 114—118
  法律与语言的主体 118—119
  法律监管 103
  显现 100
  《一报还一报》 100—103
  模仿 353
  执拗 271—273
  前语言的 135—137
  禁止相互依赖 103
  颠覆性 140—144
  读与写 278
侦探小说
  预期 223
  阻止侦探 221—223
  本性 45
  心理分析 46
  讲故事 221
阿林·黛蒙德 127
E.R.多兹 44
科斯塔·杜兹纳 247—249
戏剧家
  社会价值教导 17
帕特里夏·达恩科 201
西蒙·杜林 12

特里·伊格尔顿 7、12、19、21、114、122、132
翁贝托·埃科 187
玛丽·埃尔曼 128
情绪
  关注文学与艺术 15
  现代性 14
情欲主义
  关于死亡 119
  后果 84
  人兽区分模糊 85
道德
  他异性 204—206、248、269
  文学 346
  后基本主义的 247—250
  无差别相关性 346
《欧墨尼得斯》 75—76

童话故事
  艺术 157
  女作家的讲述 174—177
  美女与野兽 197—199、204—205
  蓝胡子 195
  与狼为伴 200
  他异性伦理 204
  过度写作 190
  立法的诱惑 189—191
  重写神话 189—190
  戏仿 207
  重男轻女的偏见 188
  挪用色情想象 204—206
  再造 196—201、321
  立法的性别区分 191—193
  女性地位 193—195
弗朗茨·法侬 176
父亲
  律法 49
  想成为母亲 70
  谋杀 89—92
  儿子 313—314
  超验能指 61
虚构
  定义 252
  异想天开 148、152
米歇尔·福柯 6、12、15、77、246、256、281—282、291、315
西格蒙德·弗洛伊德 86、148、179、205
  女性性行为观念 49—50
  俄狄浦斯观念 47—48、63
  《图腾与禁忌》 50

性别
  表述行为 92
  阅读习惯的影响力 128—129
  角色规范控制 227
雷内·吉拉德 39、230—231
彼得·古德里奇 10、115、120、145、217、305、308
约翰·古尔德 72
安德烈·格林 38
格林兄弟 190—191

悲剧性弱点
    概念 41
历史
    挪用 218—221
    经验主义 217
    区别性的虚构 217
    记忆 224
    科学化 216
E.T.A.霍夫曼 340
荷尔德林 39、45
玛格丽特·霍曼斯 136

身份
    语言建构 250
    稳定持续的概念 292
想象力
    能力 19
    声称创造生命 19—20
    存在方式 20
    变形潜能 21
永生
    女人提供 85
帝国主义
    意识形态 9
乱伦
    法律防范本质 54
    禁止 48、52
    禁忌 52、140
        无法摆脱的语言 55
继承
    规则 73
罗斯·伊利格瑞 23、49、50、53、
57、64—66、80、86、89、117、196—197、204—208、228、343
约翰·欧文 60
罗斯玛丽·杰克逊 191
正义
    困惑 248
    现代主义思维 247

弗朗斯·卡夫卡 278、285
理查德·科尔尼 18
杰梅卡·金凯德 251
亲属关系
    法则 51—54
        无法摆脱的语言 55
知识
    幻觉 61
    探求 352
茱莉亚·克里斯蒂娃 26、58、144、160、179、187、207、259、268—270、302、330

多米尼克·拉·卡普拉 216、240
《迷宫》
    《圆形废墟》 295—298
    人物富内斯 286、290
    《歧路花园》 294、353
    图书馆 285—287
    《巴比伦彩票》 287—289
    《时间的新辩驳》 293
    无剽窃概念 291
    后记 283
    重写《堂吉诃德》 279、289、297

《凤凰教派》 298
梦的建构 281—284、326
《三个版本的犹大》 292
雅克·拉康 49、51、54—59、62、78、89、99、117、122、144、155、261
语言
　　模糊性与不确定性 40
　　挪用 250—252
　　黑人作家 251
　　儿童入口 100
　　约束条件 27
　　文化的或种族的差异性 251
　　压抑性的梦 27
　　作为答案的人类主体性 16
　　身份 250
　　挑战意识形态 16
　　法律的
　　　　日常经验概括 28
　　　　角色 25—26
　　　　科学的 26
　　局限性 40
　　母亲 308
　　音乐 308
　　过程 15
　　表达现实的能力 15
　　科学与法律的区别 26
　　战场 14—17
　　扩展 30
　　符号秩序 306—309
法律
　　改变定义范围 11
　　人为建构 3

对人为性的检测 28
引起害怕和恐惧 327
越界 99
回应变革诉求 330
缺乏沟通 332
去除差异性 347
害怕情色 102
外部强制 110
意象集合 90
无法忍受不确定性 221
意图的界定 165—167
迷宫 326—328、334—340
信任语言 222
美学与审美 11
男人占主导 229
处理物质世界 3
叙述 168
理解的本质 8
门的敞开 226
书写正确答案 277
自我与他者之间的仲裁 99
沉默证人 167—171
理论 4
发现真理 315—317
决意去解释 165—167
F. R. 利维斯 8
法律小说
　　作用 25
克劳德·列维-斯特劳斯 35、52—53、73、88、114、116、135、204、228
伊曼努尔·列维纳斯 247—248
苏珊娜·吉尔·莱文 299

文学
    歧义　26
    改变定义范围　11
    人为建构　3
    对人为性的检测　28
    培养更好的律师　7
    提供法律批评　7—8
    参与文化建设　8
    用脏手接触　98
    研究教育意义　10
    无尽的空间　290
    异想天开　29—30
    身份与历史在创造中的作用　21
    意识形态实践的一部分　8
    意识形态
        打破连续性幻觉　29
    旅行这个意象　317—325
    发现真理的法则　315—317
    立法形式　11
    给男人和女人　128
    道德观教导　7—8
    哲学区分　5—6
    政治本质　10
    激进潜能　12
    阅读的第一步　98
    现实主义小说　8
    现实区分　22
    灵魂创造　277
    身份　9
    挑战永恒价值观　250
    世界的映射　14

逻辑
    肛门　87
    奥黛丽·洛德　251
    让-弗朗索瓦·利奥塔　17、30、249
    凯瑟琳·麦金农　246
    加夫列尔·加西亚·马尔克斯
    《一桩事先张扬的凶杀案》，参见
    《一桩事先张扬的凶杀案》
    文学形式　214
    《百年孤独》　215
    解读现实　218
婚姻
    等于死亡　121
    作为武器的欲望　122
    制度　114—118
    包含财产权与性　121
    对个人激情的公开制裁　114
    规则　73
    社会控制的工具　116
    马涩·莫斯　83
    汤姆·麦考尔　55—56
    约瑟芬·麦克唐纳　265
《一报还一报》　99
    对巴拉丁的描写　110—111
    喜剧颠覆　108—111
    识别欲望与死亡　320
欲望　100—103
    监管　104
    管理　318—319
    双重身份的公爵　104—105
    女性性行为与权力，
        庆祝　117

对詹姆斯一世的描述 106—107
法律与语言的欲望主体 118—120
人物卢西奥 108—110
婚姻等于死亡 121
婚姻制度 114—118
正常性行为的界定 104
恩威并济 114
政治权威性 105—108
压抑 271
权力的统治者 104、108
企图控制性行为与生殖 103
非正式关系的解决 122
女性地位 111—114

安妮·梅勒 19
拟态
 批评 22
 谴责 27
 良药与毒药 22
 恐惧 22—25、69—72
 暗示（就是） 22
 作战 70—71
 利用女人 71
弥诺陶诺斯的故事 328—332、334—340、341—344
镜子
 艺术 340—341
托尼·莫里森 250—252
 参见《宠儿》
 政治议程 262
 创作描述 272—273
母亲
 前符号语言 308

杀死自己子女 265
跟女儿的关系 322—323
妄图成为 86
隐喻 87
无差别关联的伦理道德 346
母之法 64
劳拉·穆尔维 59、91、202
神话
 谴责 36
 重写童话 189—190
 希腊人对待女性的方式 73—74
 母亲之法 64—66
 自然化与规范化过程 35
 规范层面 36
 俄狄浦斯的 37
 社会 35
 走进剧院 75—78
 悲剧 37—39
 利用 37
 价值 37
 西方文化 180

名字
 意义 56—58
叙事性
 不完整 4
 定义 252
 欲望 4
 交流 278
 线性的 4
 不是中立的 5
 有特权的 5

克里斯多夫·诺里斯 246
玛莎·努斯鲍姆 18

俄狄浦斯 203—204、299
    了解真相的能力 47
    挽救评论家 44
    情结 49、100
    意识罪恶 55
    侦探故事 46
    民间故事图式 58—61
    弗洛伊德的观点 46—48、63
    伊俄卡斯忒的角色 62—63
    神话 37
    确立人类生存的对立面 46
    索福克勒斯的戏剧 41—44
    象征主义 55—56
    词语 40
克里斯汀安·奥利维尔 63
《奥瑞斯提亚》 69—71、86—88、128、180、231—232、318
源起
    想法 62
《局外人》
    荒诞 163—165
    阿拉伯人 174—177、250
    人物 161—163
    情绪表达 164
    弗洛伊德式解读 179
    文学模式 162
    人物玛丽 168
    意义，获得与强加 160
    体验无意义 320
    人物默尔索 161—174、178—184
    默尔索与母亲和解 181
    叙事与无序 159—161
    叙事秩序 181—184
    道德参与 173
    沉默的必要性 159
    审判 168—170
    工人阶级价值观与语言以及对法律的蔑视怀疑 175

卡罗尔·佩特曼 53、204
父权
    授予 50
    不确定性的后果 103
父权制度
    其本质 60
    受害者 132—135
夏尔·佩罗 188、190—191、195、200、202
玻尔修斯的故事 65—66
阴茎
    父权法则 55
    律法 49—51
    超验能指 57、61、117
哲学
    依靠语言 5
    文学与审美 10
    文学区分 5
    使用诗歌技巧 6
    特权本质 5
柏拉图 5、17、20、22—24、27、32、

70—72、86、343
戏剧
　　文本　90
埃德加·爱伦·坡　278、292、307
诗歌
　　与真相的关系　20
诗人
　　批评　22
　　宣称　19
色情文学
　　再利用　201
　　服务与女人　201—204
丹尼斯·波特　223
实证主义
　　法律理论　29
后现代主义
　　批评家　245
　　破坏性　246
　　幽灵　245—247
弗拉基米尔·普洛普　58

阅读
　　渴望　277
　　结局　277—278
　　非政治中立的　304
现实主义
　　艺术　164
现实
　　表达能力　15
　　强加的虚构　25
　　没有认识到艺术模仿　29
　　虚构渗透　25

区分文学　22
代表　23—24
代表
　　源起对抗　22—23
　　现实　23—24
艾德丽安·里奇　265
伯特兰·罗素　293

牺牲
　　作为符号的身体　84
　　暴力与谋杀　84
伊芙琳·杰夫·施莱伯　261
查尔斯·西格尔　38、52
性行为
　　正常行为的界定　104
　　制定法无法解决　120
　　控制社会的一种手段　105
威廉·莎士比亚
　　部分年龄　97
　　更加关注　98
　　不变　97
　　解读　97—98
《一报还一报》，参见《一报还一报》
　　原型女权主义者　111—112
　　反抗政法权威　111
　　地位　98
伊莱恩·肖沃尔特　127
社会
　　门外汉的见解　5
　　价值观教导　17
索福克勒斯　40—41

贾亚特里·斯皮瓦克 256、262
故事
  建构 272
  定义 252
  作用 4
顺序
  规则 73

教导
  非政治中立的 304
剧院
  重返童年 93
  所描述的自我与行为 93
  一簇簇符号 90
  与女人有关的联想 348
理论
  概念与可能性 246
  历时性偶然 304
忒修斯的故事 328—332
时代
  概念 293—294
茨维坦·托多罗夫 16、27、30、147、342
极权主义
  主宰词语的意义 17
《玩具总动员》 341、345
悲剧
  高潮 39
  强调灰色地带 75
  神话 37—39
  成为替罪羊 39
  来源 40

让-皮埃尔·韦尔南 35—36、38、40、84—85
皮埃尔-维达-纳奎特 38
处女
  崇拜 228
  监督 228

罗尼·沃灵顿 247—248
卡特·韦洛克 303
海登·怀特 216—217、226、240
珍妮特·温特森 56、122
维特根斯坦 6
莫妮卡·威蒂格 53
女性
  繁殖能力 341
  获得自主权 209
  理解他人伦理 347
  交易 53、88—89
  害怕 22—25、69—72
  女权主义批评 127—129
  生育能力 85
  希腊社会中 72—75
  她史 332—334
  质问意识形态 69
  不守妇道 78
  与内在相关 92
  语言 58
  有能力诞生生命 73
  成为文学 235—236
  男人制定的规则 194
  利用模仿 71
  扮演母亲角色 194

起源，成就与正义 65
必须要推翻 81
关系的意义 179
性行为
  弗洛伊德的观点 49—50
  对社会构成威胁 228
作为符号 89
使用符号 94、343
根据社会规则、传统和定位 132
特殊性的传递 26—27
躲避刻板印象 87
与剧院的联想 348
贩卖 111—114

工艺品
  既有话语和文本的一部分 187
  创意和天赋的产品 187
  赋予某种意义 187

写作
  产生渴望 277
  非政治中立的 304

《呼啸山庄》
  凯瑟琳的地位 132—135
  童年回忆 146
  对比 135—136
  抛弃传统道义 138—140
  凯瑟琳之死 145
  死亡象征 148—149
  识别欲望与死亡 319—320

元素 146
情欲与死亡之间的关系 143
描述邪恶 129—130
哥特式元素 146—147
人物希斯克里夫 130
极乐世界观 138—140
乱伦主题 140
人物洛克伍德 154—155
母女关系 321—322
人物奈丽 152—155
父权制度的牺牲品 132—135
前语言欲望 135—137
现实叙述 148、152—155
压抑 270
第二部分的主题 150—151
性别之战 128
社会法律和习俗 149
社会规则和传统 132
特定社会背景下的爱情 149—152
颠覆性欲望 140—144
超自然的存在 147
拒绝符号秩序 144—145
内外的符号秩序 155
违法的流派 146—149
暴力 130—132

斯拉沃热·齐泽克 100、177、221、309